KB042331

유고(1872년 여름~1874년 말)

니 체 전 집
KGW III 4
5

# 유고(1872년 여름~1874년 말)

## Nachgelassene Fragmente Sommar 1872 bis Ende 1874

이상엽 옮김

책세상

## 일러두기

1. 이 책은 독일에서 출간된 《니체전집 *Nietzsche Werke, Kritische Gesamtausgabe*, vol. III 4(Walter de Gruyter Verlag, 1978)》을 완역했다.
2. 주요 인명은 처음 1회에 한하여 원어를 병기했다.
3. 본문에 나오는 단행본과 잡지는《 》로, 논문, 단편, 시, 음악, 미술 작품은〈 〉로, 인용 문은 " "로, 강조 문구는 ' '로 표시했다.
4. 원서에 사용된 그침표(:), 머무름표(;), 말바꿈표(―) 등은 원서 표기방식을 살렸다. 문장이 완결되지 않은 경우는 원고 그대로 ―――로 표시했으며, 니체의 자필 원 고에 철자 등이 누락되어 원서 편집자들이 보충해 넣은 부분은〔 〕로 표시했다.
5. 원서에서 자간을 벌려 표기되어 있는 부분은 고딕체로, 원서에서 굵은 서체로 되어 있는 부분은 굵은 서체로, 그리스어로 쓴 것은 이탤릭체로 구분하고 그리스어 발음 에 따라 처음 1회에 한해 알파벳을 병기했으며, 니체가 라틴어로 쓴 부분은 처음 1 회에 한해 라틴어를 병기했다.
6. 이 책에 사용된 맞춤법과 외래어 표기는 1989년 3월 1일부터 시행된 〈한글 맞춤법 규정〉과《문교부 편수자료》에 따랐다.

# 차례

19 = P I 20b. 1872년 여름~1873년 초 · 7

20 = Mp XII 3. 1872년 여름 · 139

21 = U I 4b. 1872년 여름~1873년 초 · 143

22 = N I 3a. 1872년 9월 · 157

23 = Mp XII 4. 1872/73년 겨울 · 163

24 = U II 7a. 1872/73년 겨울 · 193

25 = P II 12b. 54. 55. 52. 1872/73년 겨울 · 201

26 = U I 5b. 1873년 봄 · 209

27 = U II 1. 1873년 봄~가을 · 231

28 = Mp XIII 1. 1873년 봄~가을 · 265

29 = U II 2. 1873년 여름~가을 · 275

30 = U II 3. 1873년 가을~1873/74년 겨울 · 405

31 = Mp XIII 5. 1873년 가을~1873/74년 겨울 · 433

32 = U II 5a. 1874년 초~1874년 봄 · 443

33 = Mp XIII 4. 1~5. 1874년 1월~2월 · 487

34 = U II 6. 1874년 봄~여름 · 497

35 = Mp XIII 3. 1874년 봄~여름 · 519

36 = U II 7b. 1874년 5월 · 537

37 = U II 7c. P II 12a, 220. P II 12b, 59. 58. 56. 1874년 말 · 541

38 = Mp XII 5. 1874년 말 · 557


해설 · 563
연보 · 578

[19 = P I 20b. 1872년 여름~1873년 초]

19[1]

　　모든 것은 진정한 정점에서 그리고 하나로 만난다—철학자의
사상, 예술가의 작품, 좋은 행위.

　　한 민족의 전체 삶이 그 민족의 최고 천재들이 제공한 형상을
얼마나 순수하지 못하고 혼란스럽게 재현하고 있는지 제시되어야
한다 : 천재들은 대중의 산물이 아니다. 그러나 대중은 천재들의 반
복 낭음(朗吟)이다.

　　그렇지 않다면 그 관계는 어떤 관계인가?

　　천재와 천재 사이에는 보이지 않는 다리가 존재한다—이것이
한 민족의 진정한 실재의 '역사' 이다. 다른 모든 것은 매우 좋지 않
은 요소를 지닌 수많은 그림자 같은 변형이고, 숙련되지 않은 손들
의 복사이다.

　　한 민족의 윤리적 힘 또한 그 민족의 천재들에게서 나타난다.


19[2]

　　소크라테스 이후 도덕의 특징—모두 행복주의적이고 개인적이다.


19[3]

　　예술가와 철학자가 고향으로 느끼는 세계를 새로 만들어내는 것.

19[4]

쇼펜하우어에 대한 머리말―지하 세계로의 입구―나는 너를 위해 검은 양을 많이 희생시켰다―다른 양들은 무엇에 대해 항의하는가.

19[5]

위대한 예술 세계에서―그들이 어떻게 철학을 했던가! 완성된 삶에 이른다면, 철학함은 끝난단 말인가? 아니다 : 이제야 비로소 진정한 철학함이 시작된다. 현존재Dasein에 대한 그들의 판단이 더 많은 것을 말해준다. 왜냐하면 현존재는 상대적인 완성과 모든 예술적 치장과 환상을 목전에 두고 있기 때문이다.

19[6]

고대인들은 우리보다 훨씬 더 고결했다. 왜냐하면 그들에게는 우리보다 유행이 훨씬 더 적었기 때문이다.

고대 예술가들의 고결한 에너지!

19[7]

언론에 대한 대립―공공적으로 생각하는 사람들―우리 공공적으로 가르치는 사람들.

우리는 민족을 영원히 걱정한다―우리는 일시적이고 시간적인 것에서 자유로워야 한다.

좀더 새로운 철학 세대의 과제의 모습.

자기 자신을 극복하는, 즉 시대적인 것과 시대정신을 극복하는 요구.

19[8]

쇼펜하우어의 특징 : 고독, 고귀한 사회 안에 있는 것.

19[9]

그리스 철학자들은 그리스의 정신을 모방할 수 있기 위해 시대정신을 극복했다 : 그들은 영원한 문제에 대한 해답을 찾고자 하는 욕구를 표현하고 있다.

19[10]

인간은 예술과 철학의 세계에서 '지성의 비사멸성'을 위해 작업한다.

오직 의지만이 비사멸적이다—인간의 두뇌를 전제하는 교육에 의한 지성의 비사멸성이 얼마나 빈곤한지 비교하는 것 :

이것이 자연을 위해 어떠한 궤도에서 등장하는지 사람들은 본다.

—그러나 어떻게 천재가 동시에 자연의 최고 목표로 존재할 수 있단 말인가!

역사를 통해 계속되는 삶과 창조를 통해 계속되는 삶.

이때 아름다움 안의 플라톤의 창조—그러므로 천재의 탄생을 위해 역사를 극복하는 것이 필요하다. 역사는 아름다움에 담그고 아름다움으로 마쳐시켜야만 한다.

성상적ikonisch 역사 기술에 반대한다! 그것은 자체에 야만적 요소가 있다.

그것은 위대한 것과 유일한 것에 대해서만, 즉 모범에 대해서만 말하면 된다.

이와 함께 새로운 철학 세대들의 과제가 파악되었다.

비극 시대의 모든 위대한 그리스인이 실제로 역사가들에게 얻은 것은 아무것도 없다 : ― ― ―


19[11]

무차별적 인식 욕구는 무차별적 성 욕구와 동일하다―그 비천함의 징후!


19[12]

시간화하는 모든 요소와 의식적으로 싸워야 하는 철학자의 과제―따라서 예술의 무의식적 과제를 지지하는 것.

한 민족은 이 두 가지를 통해 자신의 모든 특성을 통일하는 데 이르고 최상의 아름다움에 이르게 될 것이다.

학문에 대항하는 현재의 과제.


19[13]

비극 시대의 철학자.


철학자는 하나의 예외처럼 민중과 완전히 떨어져 있는 것은 아니다 : 또한 의지는 철학자를 통해 무엇인가를 원한다. 철학에서의 의도는 예술의 경우와 마찬가지다―자신의 고유한 찬미와 구원.

의지는 순수와 고귀함을 추구한다 : 한 단계에서 다른 단계로.

　　교육과 문화로서의 현존재 형태―인간의 두뇌보다 높은 곳의 의
지.


5　　19〔14〕

제한된 인식 욕구.


　　일곱 명의 현인―철학의 서사적-아폴론적 단계.


10　　19〔15〕

　　다른 민족과 구별되는 그리스인의 욕구들은 그리스인의 철학에
서 표현되고 있다.

　　그러나 그것은 바로 그들의 고전적인 욕구들이다.

　　그들이 역사를 다루는 방식은 중요하다.

15　　고대에서 역사가에 관한 개념의 점차적인 변질―호기심 강한
박학다식 같은 것으로의 해소.


　　19〔16〕

　　과제 : 철학적 천재의 목적론을 인식하는 것이다. 진정 그는 다
20　만 우연히 나타나는 방랑자에 불과할까? 진정한 철학자라면, 여하
튼 그는 한 민족의 우연적인 정치적 상황과 연관되지 않고 민족을
넘어 영원히 존재한다. 그리고 그렇기 때문에 민족과 우연히 연관되
어 있는 것이 아니다―이때 특수한 민족은 개인으로 등장한다. 말
하자면 민족의 욕구는 세계의 욕구로 설명되고 세계 비밀의 해답으

로 이용된다. 이제 자연은 분리를 통해 자신의 욕구를 순수하게 직관하는 데 성공한다. 철학자는 쉼 없는 흐름 속에서 휴식에 이르는 수단, 즉 무한한 다양성을 경멸하고 존재하는 유형들을 의식하는 수단이다.

19〔17〕

철학자는 자연의 작업장에서의 하나의 자기 현시이다―철학자와 예술가는 자연의 작업 비밀에 대해 말한다.

철학자와 예술가의 영역은 곤궁과 떨어져 현대사의 혼잡 위에서 산다.

시간의 바퀴 안에 제동기로 존재하는 철학자.

철학자들이 등장하는 시대는 매우 위험한 시대이다―즉 바퀴가 점점 더 빨리 돌아갈 때―철학자들과 예술이 사라져버린 신화의 자리에 들어선다. 그러나 그들은 우선 멸시받는다. 왜냐하면 동시대인들의 주의 깊은 관심은 비로소 아주 천천히 그들에게 향할 것이기 때문이다.

자신의 위험을 의식한 민족은 천재를 탄생시킨다.

19〔18〕

신화로부터의 자유. 탈레스. **프로테우스로서의 하나의** 요소!

현존재의 비극적인 것. 아낙시만드로스.

우주의 예술적 놀이. 헤라클레이토스.

영원한 논리. 파르메니데스. 언어 투쟁.

모든 생물에 대한 연민. 엠페도클레스. 노예.

척도와 수. 피타고라스. 데모크리토스.

(시합. 헤라클레이토스.)

(사랑과 교육. 소크라테스.)

*지성nous.* 가장 작은 설정. 아낙사고라스.

19〔19〕

우리는 우리에게 철학을 가르치려 하는 어느 누구도 인정할 수 없다. 예를 들어 다비드 슈트라우스David Strauss를 인정할 수 없다. 그가 자신의 특수한 역사적-비판적 분위기에서 부풀어오를 경우 그를 어떻게 해볼 도리가 없다.

19〔20〕

소크라테스 이후 공공의 행복은 더 이상 보존될 수 없다. 그래서 개별자들을 구원하려는 개인주의 윤리가 등장한다.

19〔21〕

역사적 배후와 함께 과격하게 진행되는 무차별적 인식 욕구는 삶이 늙어버렸다는 표시이다 : 개인들이 나빠짐으로써 야기되는 위험은 크다. 그러므로 그들의 관심은 그것이 어떠한 것이든 전격적으로 인식 대상에 매몰되어 있다. 일반적인 욕구는 그렇게 미미한 것이 되었고 개인을 더 이상 묶어둘 수 없다.

독일인은 학문을 통해 자신의 모든 한계를 찬양했다. 그들은 학문을 전파했다 : 신뢰, 겸손, 자기 절제, 성실, 순수, 질서에 대한 사랑은 가족 내에서의 덕목들이다 : 그러나 그것들은 또한 무형식성,

완전한 삶의 비생동성, 편협성이다―독일인의 한계를 넘는 인식 욕구는 궁핍한 삶의 결과이다 : 독일인은 인식 욕구 없이는 편협하고 악의적일 것이다. 그럼에도 불구하고 종종 그렇다.

현재 우리에게는 예술의 배후로 삶의 고귀한 형식이 주어져 있다―또한 이제 다음 단계는 선택적 인식 욕구, 즉 철학이다.

무서운 위험 : 미국적-정치적 군중의 무리와 고삐 풀린 학자의 문화가 서로 융합하는 것.


19〔22〕

아름다움은 선택적 인식 욕구에서 다시 힘으로 등장한다.

쇼펜하우어가 글을 아름답게 쓰는 것은 대단히 기이한 일이다! 또 그의 삶에는 대학 교수의 삶보다 더 많은 양식이 있다―그러나 황폐한 주변 환경!


오늘날 아무도 어떤 책이 좋은 책인지 모른다. 그것을 모범적으로 써서 보여주어야 한다 : 그들은 작곡을 이해하지 못한다. 출판은 이를 위한 감정을 더욱 황폐하게 만들고 있다.


고귀한 것을 확립할 수 있는 것!


19〔23〕

성상적 역사 기술과 자연과학에 대항하는 강력한 예술의 힘이 필요하다.

철학자란 무엇이란 말인가? 부지런히 북적대는 가운데 현존재

16  유고(1872년 여름~1874년 말)

의 문제, 즉 영원한 문제들 자체를 강조하는 것이다.

철학자는 절박하게 필요한 것을 인식해야 하고 예술가는 그것을 창조해야 한다. 철학자는 일반적인 고통을 가장 강하게 체험해야 한다 : 고대 그리스 철학자들이 그랬던 것처럼 철학자라면 누구나 곤궁을 표현한다 : 그는 그 균열 속으로 들어가 체계를 만든다. 그는 이런 균열 속으로 들어가 자신의 세계를 건설한다.

인간을 평안하게 만들 수 있는 가능한 한 모든 수단을 수집해야 한다 : 사멸하는 종교들에서!

철학과 학문이 미치는 영향의 차이를 명확히 하는 것 : 마찬가지로 그것들의 생성의 차이를 명확히 하는 것.


19〔24〕

학문을 파괴하는 것이 아니라 지배하는 것이 중요하다. 말하자면 학문은 자신의 모든 목표와 방법에서 전적으로 철학적 관점들에 의존하고 있으나, 학문은 이것을 쉽게 잊는다. 또한 지배적인 철학은 어느 선까지 학문의 성장이 허용되는가 하는 문제를 숙고해야 한다 : 철학은 **가치를 규정해야** 한다!


19〔25〕

학문이 야만적이게 하는 영향들을 증명하는 것. 학문은 쉽게 '실천적 관심'에 봉사하는 데 몰두하고 있다.


19〔26〕

쇼펜하우어는 가치 있다. 왜냐하면 그는 소박한 일반적 진리들을 상기시키기 때문이다 : 그는 이른바 '통속성'을 훌륭하게 표현하여 알리는 것을 감행한다.

우리에게는 고귀한 대중철학이 없다. 왜냐하면 우리에게는 대중 관객에 대한 고귀한 개념이 없기 때문이다. 오늘날 대중철학은 관객이 아니라 대중을 위해 존재한다.

19〔27〕

진정 하나의 문화를 획득하려면, 무제한의 인식 욕구를 중단하고 다시 하나의 통일성을 만들어내는 엄청난 예술적 힘이 우리에게 필요하다. 철학자의 최고 위엄은 무제한의 인식 욕구를 집중시켜 통일성으로 묶어내는 데서 드러난다.

이렇게 고대 그리스 철학자들을 이해할 수 있다. 그들은 인식 욕구를 통제한다. 소크라테스 이후 점차 인식 욕구가 통제에서 벗어나게 된 일은 어떻게 일어났는가? 우선 소크라테스와 그의 학파 자체 내에서도 그러한 경향이 보인다 : 인식 욕구는 행복한 삶에 대한 개인의 관심을 통해 제한되어야 한다. 이것은 나중의 저급한 단계이다. 예전에는 개인이 아니라 그리스인이 중요했다.

19〔28〕

위대한 고대 철학자들은 그리스의 일반적 〔삶〕에 속한다 : 소크라테스 이후 분파가 형성된다. 철학은 학문에 대한 통제를 점차 상실하게 된다.

중세에는 신학이 학문에 대한 통제를 넘겨받는다 : 현재는 위험한 해방의 시대이다.

일반적 행복은 다시 통제를 원하고 동시에 이를 통해 고양과 집중을 원한다.

어떤 국민경제학 교의에서처럼, 우리 학문의 자유방임 : 사람들은 무조건 유익한 성공을 신뢰한다.

칸트는 어떤 의미에서 해로운 영향을 미쳤다 : 왜냐하면 형이상학에 대한 믿음이 상실되었기 때문이다. 아무도 그의 '물자체Ding an sich'가 통제 원칙이라고 생각할 수 없을 것이다.

현재 우리는 쇼펜하우어의 기이한 현상을 파악한다 : 그는 아직 학문의 지배에 유용한 모든 요소를 수집한다. 그는 윤리와 예술의 가장 심층적인 근원 문제들을 다룬다. 그는 현존재의 가치에 대해 질문한다.

바그너와 쇼펜하우어의 경이로운 통일! 그들은 동일한 욕구에서 발원한다. 독일 정신의 가장 심층적 특성들이 여기서 전쟁을 준비하고 있다 : 그리스인의 경우에서처럼. 사려의 회귀.

19〔29〕

6세기와 5세기의 세속화에 내포된 거대한 위험에 대한 묘사 : 식민지의 번성, 부, 감각성.

19〔30〕

문제 : 우리 음악을 위한 문화를 찾는 것!

19〔31〕

철학적 인간은 어떻게 살아야 하는가에 대한 방법을 기술해야 한다.

19〔32〕
    우리 문화의 표피성을 특징적으로 묘사하기 위하여 : 다비드
슈트라우스, 우리의 연극, 우리의 시인, 우리의 비판, 우리의 학교.

19〔33〕
    나의 과제 : 모든 진정한 문화의 내적 연관성과 필연성을 개념화하
는 것이다. 문화의 방어 수단과 구원 수단. 이러한 것들이 민족의
천재와 갖는 관계. 모든 위대한 예술 세계의 귀결은 하나의 문화이
다 : 그러나 그것은 종종 적대적인 대항운동으로 인해 그러한 완결
된 예술 작품에 이르지 않는다.
    철학은 수백 년을 가로지르는 정신의 산맥을 확립해야 한다 : 이
와 함께 모든 위대한 것의 영원한 유익함.
    학문에는 크고 작음이 없다―그러나 철학에는 그것이 존재한
다! 학문의 가치는 법칙에서 측정된다.
    고귀한 것을 확립하는 것!
    우리 시대에는 영웅적 힘을 발산하는 책들이 얼마나 비정상적
으로 결핍되어 있는가!―플루타르크도 더 이상 읽히지 않는다!

19〔34〕
    칸트는 (비판의 두 번째 머리말에서) 말한다 : "나는 믿음을 위
한 자리를 얻기 위해 지식을 지양해야만 했다. 그리고 형이상학의 독단
론, 바꿔 말해 순수이성 비판 없이 형이상학에서 어떤 득을 보려고

하는 편견은 도덕성에 위배되고 또 어느 시대에서나 독단적인 온갖 불신앙의 진실한 원천이다." 대단히 중요하다! 문화적 위기가 그를 움직였다!

'지식과 신앙'이라는 별난 대립! 그리스인은 이에 대해 어떻게 생각했을까! 칸트는 이것 외에 다른 대립을 알지 못했다! 그러나 **우리는**!

문화적 위기가 칸트를 움직인다 : 그는 하나의 영역을 지식에서 구조하려 한다 : 모든 높고 깊은 것의 뿌리, 즉 예술과 윤리를 이 영역에 놓는다—쇼펜하우어.

다른 한편 그는 어느 시대에서나 알 만한 가치가 있는 것을 모두 수집한다—윤리적인 민족의 지혜와 인간의 지혜(7현인의 입장, 그리스 대중철학자들의 입장).

그는 믿음의 요소들을 분해하고 기독교 신앙이 인간의 심층적인 욕구를 해결하는 데 얼마나 부족한지 보여준다 : 현존재의 가치에 관한 문제!

지식과 지식의 투쟁!

쇼펜하우어 자신은 우리가 의식하지 못한 사유와 지식에 주의를 환기시킨다.

종교를 위해서? 또는 예술적 문화를 위해서?—이제 인식 욕구의 통제가 나타나야 한다 : 나는 두 번째 입장을 지지한다.

나는 덧붙여 성상적 역사 인식의 **가치**와 자연에 관한 물음을 던진다.

그리스에는 예술적 문화(그리고 종교?)를 위한 통제, 즉 완전한 이탈 상황을 방지하기 위한 통제가 있다 : 우리는 완전히 이탈된 것을 다시 재차 통제하길 원한다.


19〔35〕

　　비극적 인식의 철학자.

　　그는 고삐 풀린 인식 욕구를 통제한다. 그러나 하나의 새로운 형이상학을 통해서는 아니다. 그는 새로운 신앙을 세우지 않는다. 그는 형이상학의 파괴된 토대를 비극적으로 인식한다. 그러나 그는 결코 학문의 화려한 소용돌이 안에서 만족할 수 없다. 그는 새로운 삶을 건설한다 : 그는 다시 예술에 권리를 되돌려준다.

　　절망적 인식의 철학자는 맹목적인 학문에 전념할 것이다 : 어떤 희생을 치르더라도 지식을 위해.

　　비극적 철학자의 경우, 형이상학이 의인화 현상일 뿐이라는 사실이 현존재의 형상을 완성시킨다. 그는 회의주의자가 아니다.

　　이때 하나의 개념이 창조될 수 있다 : 왜냐하면 회의는 목표가 아니기 때문이다. 인식 욕구는 자신의 한계에 이르고, 이제 지식에 대한 비판으로 나아가기 위해 자기 자신에 대립한다. 최상의 삶에 봉사하기 위한 인식.

　　사람들은 스스로 환상을 원해야 한다 ― 여기에 비극적인 것이 있다.


19〔36〕

　　마지막 철학자 ― 그가 탄생하기 위해서는 많은 세대가 필요하다. 철학자는 단지 삶에 봉사하기만 하면 된다. '마지막', 이는 물론 상대적이다. 우리의 세계를 위해서. 그는 환상과 예술의 필요성, 즉 삶을 지배하는 예술의 필요성을 증명한다. 우리에게 비극 시대의 그리스에서와 같은 일련의 철학자들을 다시 탄생시키는 것은 불가능하다. 현재 오직 예술만이 그들의 과제를 완수할 것이다. 단지 예술로서만 그러한 하나의 체계가 여전히 가능하다. 현재의 관점에서 볼 때 그리스 철학의 전체 시대는 또한 예술의 영역으로 환원된다.

학문의 통제는 현재 여전히 오로지 예술을 통해서만 일어나고 있다. 지식과 박식에 대한 가치 판단이 문제이다.

거대한 과제와 이런 과제 안에서의 예술의 고귀함! 예술은 모든 것을 새롭게 창조해야 하고 완전히 단독으로 삶을 새롭게 탄생시켜야 한다. 그리스인들은 예술이 무엇을 할 수 있는지 우리에게 보여준다 : 우리에게 그리스인들이 없다면, 우리의 믿음은 아마도 신기루에 불과할 것이다.

이때 하나의 종교가 침투하여, 즉 진공 상태 안으로 침투하여 자신을 건설할 수 있는지는 자신의 힘에 달려 있다. 우리는 문화로 방향을 선회한다 : 구원의 힘으로서 '독일적인 것'!

여하튼 그것이 가능한 종교는 크나큰 사랑의 힘을 가져야 한다 : 지식은 예술의 언어에서 부서지는 것처럼 종교가 가진 사랑의 힘에서도 부서진다.

그러나 예술은 그뿐만 아니라 어쩌면 종교를 창조할 능력이, 신화를 탄생시킬 능력이 있지 않을까? 그리스인들의 경우처럼.


19〔37〕

그러나 현재 파괴된 철학과 신학은 아직까지 학문 내에서 지속적인 영향을 미치고 있다 : 뿌리가 말라 죽었을지라도, 가지에서 얼마 동안 삶을 유지한다. 역사적인 것은 특히 신학적 신화에 대항하는 힘으로, 한편 철학에 대항하는 힘으로 폭넓게 발전했다 : 절대적 인식은 역사적인 것과 수학적 자연과학에서 축제를 벌인다. 여기서 실제로 완성될 수 있는 가장 미세한 것이 모든 형이상학적 이념보다

5 더 높은 것으로 간주된다. 이때 확실성의 정도가 가치를 규정한다. 인간에 대한 필수 불가결성의 정도가 가치를 규정하는 것이 아니다. 이것은 신앙과 지식의 오래된 투쟁이다.

이것은 야만적인 편협성이다.

곳곳에서 지배하고 있는 환상의 힘처럼, 이제 철학은 오직 모든

10 인식의 상대성과 의인화적 성격을 강조할 수 있을 뿐이다. 따라서 철학은 폭발적인 인식 욕구를 더 이상 제어할 수 없다 : 더욱더 많이 확실성의 정도에 따라 판단하고 더욱더 작은 대상을 추구하는 인식 욕구. 하루가 지나면 누구나 만족스러워하는 반면, 역사가는 나중에 그들이 망각에 빠지는 것을 방지하기 위해 파내고 발굴하고 조

15 합한다 : 또한 작은 것이 영원해야 한다고 한다. 왜냐하면 그것은 인식할 수 있기 때문이다.


우리에게는 미적 척도만이 유효할 뿐이다 : 위대한 것은 역사에 대한 권리가 있다. 물론 성상적 역사가 아니라 생산적이고 고양시키

20 는 역사적 회화에 대한 권리가 있다. 우리는 발굴자들을 쉬도록 할 것이다 : 그러나 우리는 영원히 살아 있는 것을 장악할 것이다.

시대의 중심 주제 : 가장 작은 것의 위대한 영향들. 예를 들어 역사적 발굴은 전체로 볼 때 어떤 웅대한 것이다 : 그것은 점차 알프스를 갈아 부수는 허약한 식물 생장과 같은 것이다. 우리는 작은 도

구를 가졌으나 웅대한 도구를 많이 가진 위대한 욕구를 본다.

사람들은 반대로 생각할 수 있을 것이다 : 위대한 것의 작은 영향들! 즉 이것이 개인을 통해 주장된다면 말이다. 이를 파악하는 것은 어렵다. 전통은 종종 사멸한다. 위대한 것을 향한 증오는 일반적이다. 그것의 가치는 질에 기인한다. 질은 항상 지지자가 적다.

위대한 것은 오로지 위대한 것에만 영향을 미친다 : 아가멤논의 성화가 봉우리에서 봉우리로 번쩍 솟아오르는 것처럼. 민족의 위대한 자가 은둔자나 유배자로 보이지 않도록 하는 것이 문화의 과제이다.

그렇기 때문에 우리는 우리가 지각한 것을 말하고자 한다 : 광채를 뿜는 것이 빛 바랜 반사광이 되어 골짜기 아래로 사라질 때까지 기다리는 것은 우리의 사안이 아니다. 끝으로 말하자면 가장 작은 것의 위대한 영향들은 바로 위대한 것들의 영향의 여파이다. 가장 작은 것이 눈사태를 일으켰다. 이제 우리는 이를 저지하기 위해 노력해야 한다.

19[38]

역사적인 것과 자연과학은 중세에 대항하기 위해 필요했다 : 신앙에 대항한 지식. 이제 우리는 지식에 대항하여 예술을 설정한다 : 삶으로의 회귀! 인식 욕구의 통제! 도덕 및 예술 본능의 강화!

이것은 우리에게 독일 정신의 구원으로 등장한다. 독일 정신이 다시 구원자로 존재할 수 있기 위해!

우리는 이런 정신의 본질을 음악에서 깨닫는다. 우리는 이제 그리스인들이 어떻게 자신의 문화를 음악에 의존하도록 만들었는지 이해한다.

19 = P I 20b. 1872년 여름~1873년 초  25

19〔39〕

누군가가 진공 상태가 되어버린 곳에 신화적 건물을 세워 이를 통해 믿음을 불러일으킨다면, 즉 그가 어떤 특별한 욕구에 상응한다면, 이때 종교가 창시될 것이다.

이런 것이 다시 일어날 수 있는 가능성은 순수이성의 비판 이후 없을 것 같다.

대신 나는 미적 가치들을 기반으로 하여 균열 안으로 예술 작품을 만드는 매우 새로운 유형의 철학자-예술가를 상상할 수 있다.

다행히도 선함과 동정심은 한 종교의 부패와 성장에 의존하고 있지 않다 : 반대로 선한 행위는 보통 종교적 명령에 의해 규정된다.·의무를 따르는 선한 행위들의 경우는 대개 윤리적 가치가 없으며 강요된 것이다..

종교가 완전히 몰락할 경우 실천적 도덕성은 많은 상처를 입을 것이다. 벌을 주고 상을 주는 형이상학이 꼭 필요한 것처럼 보인다.

윤리를, 즉 강한 윤리를 창안할 수만 있다면! 이를 통해 사람들은 인륜성도 지니게 될 것이다.

그러나 윤리는 강한 개별적 인격들이 앞서 존재함으로써 형성된다.

나는 유산자 대중 안에서 선이 생겨나리라고 생각하지 않는다. 그러나 아마도 그들을 윤리적으로, 즉 전통에 대한 의무를 지닌 자로 만들 수는 있을 것이다.

인류가 지금까지 교회 건설을 위해 사용했던 것을 이제 교육과 학교를 위해 사용한다면, 인류가 지금까지 신학에 쏟은 지성을 이제 교육에 쏟는다면.

19〔40〕

그리스인들과 그들의 신들의 관계에서와 같은 **자유로운 창작 방
식!**

우리는 역사적 진리와 비진리의 대립에 너무나 익숙하다. 기독
교 신화가 철저히 역사적이어야 한다는 것은 웃기는 일이다!


19〔41〕

문화의 문제가 올바르게 파악된 적은 거의 없다. 문화의 목표는
한 민족의 최대 **행복**이거나 그 민족이 지닌 **모든** 능력을 자유롭게
발전시키는 데 있지 않다 : 문화는 그러한 발전들이 올바른 균형을
이루는 데서 나타난다. 문화의 목표는 현세의 행복을 넘어선다 : 위
대한 작품을 창조하는 것이 문화의 목표이다.

그리스인의 모든 욕구에는 통제하는 통일성이 있다 : 우리는 그
것을 그리스적 의지라고 부른다. 이러한 각각의 욕구는 오직 영원
속에 존재하는 것을 시도한다. 고대의 철학자들은 이러한 욕구에서
세계 구성을 시도한다.

한 민족의 문화는 그 민족의 욕구들이 통일적으로 통제될 때 드러
난다 : 철학은 인식 욕구를 통제하고, 예술은 형식 욕구와 망아(忘
我)를 통제하며, *아가페agapē* 는 *에로스erēs* 를 통제한다.

인식은 **고립시킨다** : 과거의 철학자들은 그리스 예술이 총체적
으로 표현해낸 것을 고립적으로 표현한다.

예술과 고대 철학의 내용은 일치한다. 그러나 우리는 인식 욕구
를 통제하기 위해 예술의 고립된 부분이 철학으로 쓰인 것을 본다. 이
것은 이탈리아인들에게서도 나타나고 있음이 틀림없다 : 삶과 예술

안에서의 개인주의.

19[42]

　　발견자, 여행자, 식민지 개척자로서의 그리스인들. 그들은 배우
는 것을 이해한다 : 무서운 학습 능력. 우리 시대는 그들의 지식 욕
구가 얼마나 고귀했는지 믿지 못할 것이다 : 그리스인들에게 모든
것은 오직 삶이 되었다! 우리에게 그것은 인식으로 머물러 있다!

19[43]

　　인식의 가치 문제가 중요하다면, 달리 말해 어떤 아름다운 환상
이 믿음을 얻어 인식과 완전히 동일한 가치를 획득하게 된다면, 삶
은 환상을, 즉 진리로 간주된 비진리를 필요로 한다는 점을 사람들
은 알게 된다. 진리에 대한 믿음이 필요하다. 그러나 환상으로도 충
분하다. 즉 '진리들'은 논리적인 증명이 아니라 자신의 영향을 통해
증명된다. 힘의 증명을 통해 증명된다. 진리와 영향은 동일한 것으
로 간주된다. 이때 사람들은 또한 폭력에 굴복하는 것이다. 일반적
으로 논리적 진리 증명이 일어나는 것은 어떻게 설명할 수 있는가?
'진리'와 '진리'가 투쟁하는 가운데 진리들은 반성적 연합을 추구한
다. 모든 현실적 진리 추구는 성스러운 설득 투쟁을 통해, 투쟁의 *파토
스pathos*를 통해 세상에 등장했다. 그렇지 않으면 인간은 논리적 원
천에 전혀 관심을 갖지 않는다.

19[44]

　　철학자의 목적론을 문화 안에서 규정하는 목적.

우리는 문화에 통일성이 존재했던 시대의 그리스인들에게 묻는다.

중요한 것 : 가장 풍족한 문화에서도 철학은 존재한다. 무엇을 위해?

우리는 위대한 철학자들에게 묻는다. 아아, 그들은 몰락했다! 자연은 얼마나 경솔한 방향으로 가고 있는가!


19〔45〕

철학적 천재는 예술과 어떤 관계에 있는가? 직접적인 관계에서는 그다지 배울 것이 없다. 우리는 물어야 한다 : 그의 철학에서 예술이란 무엇인가? 예술 작품? 그의 학문 체계가 파괴된다면, 무엇이 남는가? 그 남아 있는 것이란 지식 욕구를 통제하는 것, 즉 그 안에 함유되어 있는 예술적인 것임이 틀림없다. 왜 그러한 통제가 필요한가? 학문적으로 볼 때, 인식 욕구를 미혹시키고 일시적으로만 충족시키는 것은 환상과 거짓이기 때문이다. 이러한 통제에서 철학의 가치는 인식 영역에 있는 것이 아니라 삶의 영역에 있다 : 현존에의 의지는 좀더 고귀한 현존재 형식을 위해 철학을 사용한다.

예술과 철학이 의지에 대립할 수 있다는 것은 불가능하다 : 마찬가지로 도덕도 의지에 봉사한다. 의지의 절대 지배. 가장 나약한 실존 형식 가운데 하나는 상대적 열반Nivāna이다.


19〔46〕

모든 것은 가능한 한 확실하게 언명되어야 하고, 또한 '의지' 같은 전문 용어는 모두 도외시되어야 한다.

19[47]

　현재는 세계 고안(일명 철학)의 아름다움과 웅대함이 세계 고안의 가치를 결정한다 — 말하자면 세계 고안은 예술로 평가된다. 아마도 세계 고안의 형식은 변화할 것이다! 고정된 수학적 형식(스피노자의 경우처럼)—괴테에게 매우 편안한 인상을 남겼던 그러한 형식은 바로 미적인 표현 수단으로만 권리를 지닌다.

19[48]

　법칙은 확정되어야 한다 — 우리는 환상을 통해서만 살 수 있다 — 우리의 의식은 표면적인 것을 감지한다. 많은 것이 우리 시야의 배후에 은폐되어 있다. 인간이 자신을 완전히 인식하는 것에 대해 결코 두려워해서는 안 된다. 또한 삶에 필요한 지레의 작용법칙과 역학법칙, 건축과 화학 형식 같은 모든 것을 매순간 완전히 파악하는 것에 대해 결코 두려워해서는 안 된다. 아마도 모든 것은 도식을 통해 인식할 수 있을 것이다. 그러나 그것은 우리의 삶을 위해서는 거의 아무것도 변화시키지 못한다. 게다가 그것은 모두 결코 인식할 수 없는 힘들에 대한 표현 형식일 뿐이다.

19[49]

　물론 우리는 우리 지성의 피상적인 성격을 통해 지속적인 환상 속에서 산다 : 말하자면 우리는 살기 위해 매순간 예술을 필요로 한다. 우리의 눈은 우리를 형식에 고정시킨다. 그러나 우리가 그런 눈이 점차 몸에 배도록 가르친 당사자라면, 우리는 우리 자체 안에 예술의 힘이 주재하고 있음을 감지한다. 그러니까 우리는 자연 자체에서 절대 지식에 대항하는 메커니즘을 감지한다 : 철학자는 자연의 언어를 **인식**하고 말한다 : "우리에게는 예술이 필요하다". 그리고 "우리는 지식의 일부분만 필요할 뿐이다".

19[50]

　온갖 유형의 **문화**는 무수히 많은 사물이 베일로 은폐되는 것과 함께 시작된다. 인간의 진보는 이런 은폐에 달려 있다―순수하고 고귀한 영역에서의 삶과 저급한 자극의 종결. 덕으로 '감각'에 투쟁하는 것은 본질적으로 미적 유형이다. 우리가 우리를 인도하는 별로 위대한 개인들을 이용한다면, 그들의 많은 부분을 베일로 감춘다. 즉 우리는 그들이 탄생할 수 있도록 만든 모든 상황과 우연을 은폐한다. 우리는 그들을 숭배하기 위해 우리에게서 그들을 유리시킨다. 모든 종교에는 이러한 요소가 있다 : 무한히 **중요**한 것으로서 신적인 보호 아래 있는 인간들. 그렇다. 모든 윤리학은 우리가 각각의 개인을 무한히 **중요**하게 받아들이는 데서 시작한다―잔혹하게 놀이하면서 진행하는 자연과는 다르게. 우리가 좀더 개선되고 고귀해졌다면, 유리시키는 환상이 그것을 만들어낸 것이다!

　이제 자연과학은 그것에 절대 자연 진리를 대립시킨다 : 물론 고귀한 생리학은 이미 우리의 생성에서, 즉 인간의 생성뿐만 아니라 동물의 생성에서도 예술의 힘을 파악할 것이다 : 예술적인 것은 또한 유기적인 것과 함께 시작한다고 생리학은 말할 것이다.

19[51]

　칸트 이론의 귀결. 학문으로서 형이상학의 종말.

지식의 야만적 영향.

예술 욕구로서의 지식 통제.

우리는 오로지 이런 예술의 환상을 통해서만 산다.

모든 위대한 문화는 이런 통제를 통해 존재한다.

고대 그리스인의 철학 체계.

비극이 창조했던 것과 동일한 세계가 현시된다.

여기서 우리는 철학과 예술의 통일성을 문화를 위한 것으로 파악한다.

위대함과 숭고함의 미적 개념 : 이를 위해 교육하는 것이 과제이다. 문화는 '위대함'이 정의되는 방식에 의존한다.


19〔52〕

절대 지식은 염세주의에 이른다 : 예술은 이에 대한 치료제다.

철학은 교육을 위해 반드시 필요하다. 왜냐하면 철학은 지식을 예술적 세계 고안으로 끌어들이고 이를 통해 지식을 고귀하게 만들기 때문이다.


19〔53〕

인류의 영원한 작품은 숨겨지지 않고 몰락하지 않는다는 근심이 **쇼펜하우어**를 철저히 규정했다 : 그는 헤라클레이토스의 운명을 알고 있었다. 그리고 그의 첫 번째 판본은 파기되었다! 그에게는 아버지의 신중함이 있었다 : 호감을 주지 못하는 그의 모든 본성적 특성과 프라우엔슈테트Frauenstädt와 같은 문필가와의 교류는 여기에서 설명할 수 있다. 이때 명예욕은 인류를 위해 미리 배려된 본능

이다 : 그는 세계의 전개 과정을 알고 있었다.

확실히 사람들은 인류의 좀더 위대한 숭고함을 생각할 수 있다 : 그러나 그렇다면 그는 글을 쓰지 못했을 것이다! 그는 아름다움 속에서 계속되는 창조를 동경했다!

19〔54〕

아마도 비유기적 자연에서의 화학 변화들은 예술적 과정으로도, 즉 하나의 힘이 상연하는 모방의 역할로도 간주될 수 있을 것이다 : 그러나 그 힘이 상연할 수 있는 역할들은 더 많다!

19〔55〕

나는 현학적인 만족만 채우기를 원하는 사람들에게 그것이 쉽지 않도록 만들었다. 왜냐하면 나는 최종적으로 전혀 그들을 고려하지 않았기 때문이다. 인용이 없다.

19〔56〕

현명한 금언들을 가지고 있었던 7현인의 시대는 명확하게 받아들여지지 않았다. 그러나 누군가가 금언을 자기 것으로 할 때에야 비로소 매우 중요하게 받아들여질 것이다.

19〔57〕

그리스 철학자들의 연대기.

리듬.

제주(祭酒)를 바치는 여인들Choephoren.

19[58]

　이 시대의 문헌학자들은 나와 내 책을 고려하기에는 적합하지 않은 것으로 증명되었다 : 이 경우 내가 그들이 무엇인가를 배우기를 원하는지 원하지 않는지 스스로 결정하도록 내맡기는 것은 거의 당연한 일이다. 그러나 나는 어떤 방식으로든 그들의 요구를 들어 주는 경향이 내게는 없다고 느낀다.

　현재 '문헌학'이라 불리고 있는 것, 내가 의도적으로 중립적으로만 명명하는 이것은 이번에도 내 책을 무시할 것이다 : 왜냐하면 내 책에는 남성적 본성이 있고 유약한 남성에게는 쓸모가 없기 때문이다. 대신 그들에게는 교정베틀에 앉아 있는 것이 어울린다.


19[59]

　의견diadoxai과 이것의 원천에 대하여(고대 철학의 역사 속에서).

　아폴로도로스는 그것을 위해 투쟁했다 : 누가 그것을 바로 세웠는가?


19[60]

　고대 그리스에서 철학 분파들의 생성.

　그리스 정신의 가장 심층적 변화에서.

　피타고라스 학파와 함께 시작, 플라톤은 그들에게서 배운다.

　아카데미는 유형을 제시한다. 그것은 그리스적 삶에 대한 저항 단체이다.

　예전의 철학자들은 그리스적 본성이 지닌 개별적 욕구들의 고립이다.

우리는 철학 분파의 정신이 예술의식으로 이행, 즉 철학이 예술로 이행하는 것을 체험한다. 거기에서 철학과 문화의 분리.

소크라테스 이후의 모든 윤리학의 피상성! 고대 그리스의 심층적인 윤리학은 말과 개념으로 자신을 표현하지 않았다.

19[61]

헤라클레이토스는 디오니소스적 요소에 대해, 피타고라스에 대해서, 또 많은 지식에 대해서도 거부감을 가지고 있다. 그는 하나의 아폴론적 산물이고 신탁을 말한다. 사람들은 그 신탁의 본질을 해석해야 한다. 그는 고통을 느끼지 않는다. 그러나 어리석음을 느낀다.

19[62]

철학이 예술인가 학문인가 하는 것은 굉장히 난처한 문제이다.

철학은 목적과 생산의 측면에서 볼 때 하나의 예술이다. 그러나 철학은 수단, 즉 개념으로 표현하는 것을 학문과 공유한다. 그것은 일종의 시의 창작 형식이다.―철학은 안락한 상태에 머물러 있어서는 안 된다 : 그렇기 때문에 우리는 하나의 유형을 발견하고 특색을 만들어내야 한다.

철학자의 본질을 기술하는 것. 그는 시를 쓰면서 인식하고 인식하면서 시를 쓴다.

그는 성장하지 않는다. 나는 철학이 다른 학문들과 같은 발전을 하지 않는다고 생각한다 : 철학자의 어느 한 영역이 점차 학문의 손으로 넘어갈지라도. 헤라클레이토스는 결코 낡은 것이 될 수 없다. 그것은 경험의 한계들을 넘어서 있는 시 작품이고 **신화적 욕구**의 전개이다 : 그리고 본질적으로 형상 속에서. 수학적 표현은 철학의 본질에 속하지 않는다.

5      신화 창조의 힘을 통한 지식의 극복. 칸트는 이상하다—지식과 믿음! 철학자와 종교 창시자의 내적 친화성!


19[63]

      특별한 문제 : 철학 체계의 소모성! 예술에서와 마찬가지로 학
10    문에서도 엄청나다! 종교에서도 **비슷하다** : 그것은 이상하고 별난 것이다.


19[64]

      지각하는 존재는 살기 위해 환상이 필요하다.
15    문화를 수정하고 추진하기 위해 환상이 필요하다.
      만족할 줄 모르는 인식 욕구는 무엇을 원하는가?
      —여하튼 인식 욕구는 문화에 적대적이다.
      철학은 인식 욕구를 통제하려 한다 : 철학은 문화의 수단이다.
      예전의 철학자들.

20

19[65]

      철저히 비인격적이고 차갑게 글을 쓰는 것. '나'와 '우리'가 아니라.

19〔66〕

　　우리 오성은 평면 능력Flächenkraft이고 피상적이다. 또한 우리
는 그것을 '주관적'이라 부른다. 오성은 개념을 통해 인식한다 : 말
하자면 우리의 사유는 표제화하는 것이고 이름을 붙이는 것이다.
그러니까 그것은 인간의 자의를 초래하는 것이지 사물 자체를 표현
하는 것이 아니다. 단지 계산〔하면서〕 그리고 단지 공간 형식 안에서
만 인간은 절대 인식을 가진다. 즉 인식될 수 있는 모든 것의 최종
경계는 양적 성질들이다. 오성은 질적 성질을 이해하지 못하고 단지
양적 성질만을 이해할 뿐이다.

　　그러한 평면 능력의 목적은 무엇인가?

　　개념에는 우선 형상이 조응한다. 형상이 근원적 사유이다. 말하
자면 눈의 거울에서 사물의 표면이 총체적으로 파악된다.

　　형상이 한 측면이고, 산술 문제는 다른 측면이다.

　　인간의 눈에 비친 형상들! 그것이 인간의 모든 본질을 지배한
다 : 눈으로부터! 주관! 귀는 소리를 듣는다! 동일한 세계에 대한
완전히 다른 경이로운 고안.

　　예술은 봄의 비정밀성에 토대를 둔다. 또한 귀의 경우 예술은 리
듬, 조율의 비정밀성 등에 토대를 둔다.


19〔67〕

　　반영된 형상의 위대한 특성을 집중적으로 지각하는 것은 우리
안에 존재하는 힘이다. 또한 원래의 비정밀성을 무시하고 동일한
리듬을 강조하는 것도 우리 안에 존재하는 힘이다. 그것은 예술적
힘이 틀림없다. 왜냐하면 예술적 힘은 **창조하기** 때문이다. 예술적

힘의 중요 수단은 생략하고 간과하고 무시하는 것이다. 말하자면 반
학문적이다 : 왜냐하면 예술적 힘은 지각된 모든 것에 대해 동일한
관심을 두지 않기 때문이다.

단어는 단 하나의 형상을 함유한다. 여기에서 개념이 탄생한다.
5    그러니까 사유는 예술적 힘을 전제한다.

모든 표제화는 형상을 만들기 위한 시도이다.

우리는 모든 진정한 존재와 피상적인 관계에 있다. 우리는 상징
과 형상의 언어로 말한다 : 그런 다음 우리는 중요한 특성을 강조하
고 주변적 특성을 망각하면서, 예술적 힘을 통해 어떤 것을 첨가한
10   다.


19〔68〕
예술의 변명.


15   탈레스는 이미 오래 전에 사라졌다―그러나 폭포 앞에 서 있는
조각가는 그가 옳았음을 여전히 인정할 것이다.


19〔69〕
우리의 국가적, 사회적 공공의 삶은 이기주의의 균형으로 나아
20   가고 있다 : 어떻게 사랑의 힘과 무관하게 순전히 이해관계에 관련
된 이기주의의 영리함만을 통해 견딜 만한 현존재를 목표로 할 수
있는가의 문제 해결.

이 시대는 종교와 마찬가지로 예술에도 거부감을 가지고 있다.
이 시대는 내세를 지시하는 데서 오는 보상도, 예술 세계의 찬양을

지시하는 데서 오는 보상도 받아들이려 하지 않는다. 이 시대는 그 것을 불필요한 '시', 재미 등으로 간주한다. 우리의 '시인들'은 이에 조응하고 있다. 그러나 예술은 매우 진지한 것이다! 새로운 형이상학은 매우 진지한 것이다! 우리는 형상을 통해 너희가 전율을 느낄 정도로 세계를 바꾸길 원한다. 그리고 그것은 우리의 손에 달려 있다! 너희의 귀를 막아라. 너희의 눈은 우리의 신화를 볼 것이다. 우리의 욕설은 너희에게 적중할 것이다!

학문은 이제 학문의 공리성을 보여주어야만 한다! 학문은 이기주의에 봉사하는 부양자가 되었다 : 국가와 사회는 행복의 수단으로 학문을 받아들였고 **자신**의 목적을 위해 학문을 착취하고 있다.

정상적인 상태는 **전쟁**이다 : 우리는 특정한 시기에만 **평화조약**을 체결한다.


19〔70〕

그리스인들이 자신의 예술시대에 어떻게 철학을 했는지 아는 것이 나에게는 꼭 필요하다. **소크라테스** 학파는 아름다움의 바다 한가운데 앉아 있다—사람들은 그들에게서 무엇을 감지하는가? 예술을 위해 엄청난 것이 소비되었다. 이에 대해 소크라테스주의자들은 적대적이거나 이론적인 태도를 취했다.

반대로 고대 철학자들 중 일부에서는 비극을 창조했던 것과 같은 비슷한 욕구가 지배적이다.


19〔71〕

철학자의 개념과 유형들.—그들 모두에게 공통적인 것은 무엇인가?

그는 자신의 문화에서 탄생하거나 아니면 자신의 문화에 적대
적이다.

그는 화가처럼 관조적이고, 종교인처럼 공감적이며, 학자처럼
인과적이다 : 그는 자신 안에서 세계의 모든 소리가 공명하도록 만
들고 자신에게서 이런 전체 소리를 개념으로 만든다. 대우주로 팽창
하는 것과 이때 신중히 관찰하는 것―배우나 연극적 시인이 자신을
변화시키면서 이때 신중함을 유지하고 외부로 자신을 투사하는 것
과 마찬가지로.

주물제작으로서의 변증법적 사유가 그 위에 부어진다.

플라톤은 이상하다 : 변증법의 신봉자, 즉 저 신중함의 신봉자.


19〔72〕

철학자들. 철학자의 본성에 대한 기술.

학문적 인간과 예술가 옆의 철학자.

예술을 통한 인식 욕구 통제,

개념을 통한 종교적 통일 욕구 통제.

고안과 추상의 병립은 별난 것이다.

문화에 대한 의미.

진공 상태로서의 형이상학.


19〔73〕

미래의 철학자? 그는 예술적 문화의 최고 법정이 되어야 한다.
말하자면 온갖 과도함을 통제하는 치안당국이 되어야 한다.

19〔74〕

그러나 우리는 모든 표제화와 보편 개념을 '철학적인 것'이라 칭하지 않을 것이다. 모든 무의식적인 것과 직관적인 것도 마찬가지다 : 또한 문헌학적 판독에서조차도 의식적 사유로는 완전히 해결할 수 없는 창조가 존재한다.

19〔75〕

철학적 사유는 모든 학문적 사유 안에서 감지될 수 있다 : 판독에서도. 그것은 미리 쉬운 전제로 비약한다 : 오성은 그 배후에서 어렵지만 숨가쁘게 움직인다. 그리고 오성은 유혹하는 마술적 형상이 등장한 후 새로운 전제를 찾는다. 거대한 공간의 무한히 빠른 비행! 그것은 단순히 빠른 속도만을 의미하는가? 아니다. 그것은 환상의 날갯짓, 즉 가능성에서 가능성으로의 계속되는 비약이다. 그 사이 이 가능성은 확실성으로 받아들여진다. 어디에서나 가능성은 하나의 확실성이 되고 다시 하나의 가능성이 된다.―

그러면 그러한 '가능성'이란 무엇인가? 예를 들어 '그것은 아마 그러할 것이다'라는 착상. 그러면 그런 착상은 어떻게 생기는가? 때때로 정말 우연하게 : 비교와 어떤 유비(類比)를 발견하게 된다. 이제 확장이 등장한다. 상상은 빠른 유사성 직관에 있다. 반성은 나중에 개념을 통해 개념을 평가하고 검토한다. 유사성은 인과성으로 대체될 것이다.

그렇다면 '학문적' 사유와 '철학적' 사유는 단지 그 정도에서만 구분되는가? 아니면 영역에 따라?

19〔76〕

　　학문과 구분되는 독특한 성질을 가진 철학은 존재하지 않는다 : 어디에서나 동일하게 사유된다. 증명할 수 없는 철학이 대개의 학문적 법칙보다 더 큰 가치를 지니는 이유는 아름다움과 숭고함을 통한 철학함의 미적 가치에 있다. 철학함이 학문적 구조로 증명될 수 없더라도, 그것은 이미 예술 작품으로 주어져 있다. 그런데 그것은 학문적인 것에서도 마찬가지가 아닐까?—

　　달리 표현하면 : 순수한 인식 욕구가 아니라 미적 욕구가 결정한다 : 잘 증명되지 않는 헤라클레이토스의 철학이 아리스토텔레스의 모든 법칙보다 더 큰 예술적 가치를 지니고 있다.

　　말하자면 인식 욕구는 한 민족의 문화의 상상에 의해 통제된다. 이때 철학자는 최상의 진리의 격정으로 인해 고무된다 : 그의 인식의 가치는 그에게 진리를 보장한다. 모든 수확을 보장한다. 그리고 몰아가는 모든 힘은 예견하며 던지는 이런 조망 속에 놓인다.

19〔77〕

　　사람들은 상상이 창조하는 것을 눈으로 관찰할 수 있다. 유사성은 과감하게 지속적으로 형성되어간다 : 그러나 또한 완전히 다른 관계, 즉 대조는 대조를 만들어낸다. 끊임없이 만들어낸다. 이때 사람들은 지성의 뛰어난 생산성을 본다. 그것은 조각가의 삶이다.

19〔78〕

　　사람들은 자신이 찾는 것을 이미 사유 안에서 상상을 통해 가지고 있어야만 한다—그리고 나서야 비로소 반성이 그것을 판단할 수 있다. 반성은 습관적이고 자주 입증된 연쇄고리에서 그것을 측정하고 이를 통해 판단한다.

형상적 사유에서 '논리적'이란 기본적으로 무엇인가?—

건조한 인간은 거의 상상을 필요로 하지 않고 적게 가지고 있다.

여하튼 그것은 예술적인 것이고 형식을 창조하는 것이다. 그리고 형식 속에서 어떤 기억이 갑자기 떠오른다 : 이런 형식은 기억을 강조하고 이를 통해 기억을 강화한다. 사유는 하나의 강조이다.

뇌 속에는 사유를 위해 사용되는 것보다 매우 많은 형상들의 연속이 존재한다 : 지성은 신속하게 유사한 형상들을 선택한다 : 선택된 것은 다시 매우 다양한 형상들을 만들어낸다: 그러나 지성은 다시 빨리 그중에서 하나를 선택한다 등등.

의식적 사유는 다만 표상들 속에서 하나를 선택하는 것일 뿐이다. 추상으로까지는 매우 긴 여정이다.

1) 형상들을 많이 창조하는 능력 2) 유사한 것을 선택하고 강조하는 능력.

벽과 벽지에 열광하는 환자는 그런 태도를 취한다. 건강한 사람만이 벽지를 투사한다.


19〔79〕

예술적 힘은 이중으로 존재한다. 형상을 창조하는 힘과 선택하는 힘.

꿈의 세계가 옳음을 증명한다 : 이때 인간은 추상으로까지 계속 가지 않는다. 또는 : 그는 눈을 통과해 쇄도하는 형상들에 의해 유도되거나 변형되지 않는다.

사람들이 저 힘을 가까이 보게 될 경우 예술적으로 완전히 자유로운 발견이란 없다 : 그것은 아마도 자의적인 것이고, 그래서 불가능한 것이다. 대신 신경작용들의 세밀한 영향을 평면에서 보았을 때 : 그것들은 클라드니 도형처럼 소리 자체와 관계 있다 : 그렇게 형상들은 배후에서 운동하는 신경작용과 관계 있다. 가장 민감한 움직임과 진동! 예술적 과정은 절대적이고 필연적으로, 생리적으로 규정된다. 모든 사유는 우리에게 피상적으로, 자의적인 것으로, 우리의 자의 속에서 현상한다 : 우리는 무한한 행위를 깨닫지 못하고 있다.

예술적 과정을 뇌와 무관하게 생각하는 것은 인간의 지독한 질병이다 : 그러나 이것은 의지와 도덕 등에서도 마찬가지다.

욕망은 분출을 원해 뇌에 압력을 가하는 생리적 과잉의 상태일 뿐이다.

19〔80〕

결과 : 단지 정도와 양에 따라서만 차이가 있다 : 모든 인간은 예술적이고 철학적이고 학문적이고 등등.

우리의 가치 평가는 질이 아니라 양과 관계 있다. 우리는 위대한 것을 숭배한다. 물론 이것도 비정상적인 것이다.

왜냐하면 작은 것이 미치는 거대한 영향을 숭배하는 것은 결과에 대한 경탄일 뿐이고 아주 작은 원인에서 비롯된 불균형에 대한 경탄일 뿐이기 때문이다. 우리는 아주 많은 영향들을 합산하고 통일적으로 직관함으로써만 위대하다는 인상을 가진다 : 즉 우리는 이런 통일을 통해 위대함을 만들어낸다.

그러나 인류는 희귀한 것과 위대한 것을 숭배함으로써만 성장한다. 희귀하고 위대한 것으로 습관화된 것, 예를 들어 기적조차 이런 영향을 미친다. 놀라움은 인류의 최상의 부분이다.

19[81]

눈앞의 형상들을 선택적으로 전개하는 것으로서의 꿈.

지성의 왕국에서 모든 질적인 것은 양적인 것일 뿐이다. 개념과 단어는 우리를 양적인 것으로 이끈다.

19[82]

아마도 인간은 아무것도 망각할 수 없을 것이다. 관찰과 인식의 조작은 그것을 완전히 다시 지울 수 있기에는 매우 복잡하다. 즉 언젠가 뇌와 신경 체계가 만든 모든 형식은 이제부터 즉시 반복된다. 동일한 신경작용이 동일한 형상을 다시 만들어낸다.

19[83]

철학적 사유는 학문적 사유와 전형적으로 동일한 유형이다. 그러나 철학적 사유는 위대한 사물과 사안과 관계 있다. 위대함의 개념은 변화할 수 있는 개념이고, 일부는 미적이고 일부는 도덕적이다. 그것은 인식 욕구의 통제이다. 그 안에 문화의 의미가 있다.

그러나 형이상학이 제거된다면, 인류에게는 점차 다른 많은 것들이 다시 위대하게 나타날 것이다. 나는 철학자들이 다른 영역들을 선호할 것이라고 생각한다 : 바라건대 그 영역은 그들이 새로운 문화를 위해 유익한 영향을 미칠 영역일 것이다.

위대함에 대한 법칙 제정과 '이름 부여'는 철학과 관련 있다 : 이름을 부여하는 행위는 "그것은 위대하다"고 말하고 이를 통해 인간을 고양시킨다. 그것은 도덕의 법칙 제정과 함께 시작한다 : "그것은 위대하다"는 로마인이 황금시대에 결코 버리지 않았던 7현인의 입장이다.

19[84]

모든 인식의 기본적인 자료는 대단히 민감한 쾌와 불쾌의 감정이다 : 신경작용이 쾌와 고통에 형식을 부여하는데, 바로 이 표면 위에 본래의 비밀이 있다 : 감정은 동시에 형식을 투사한다. 그러면 이 형식은 다시 새로운 감정을 만들어낸다.

적합한 운동으로 자신을 표현하는 것은 쾌와 불쾌의 감정의 본질이다 : 이런 적합한 운동은 다시 다른 신경을 감정으로 유발하는데, 이를 통해 형상의 감정이 생겨난다.

19[85]

지혜와 학문.
**철학자들에 대하여.**

사멸하지 않는 자, 아르투르 쇼펜하우어에 바치다.

19[86]

*지혜 sophia* 와 지식 *epistēmē*. 지혜는 선택을, 즉 취미 판단을 내적으로 소유하고 있다 : 반면 학문은 그런 섬세한 감각과 무관하게

인식할 만한 가치가 있는 모든 것을 향해 돌진한다.

19〔87〕

　　다윈주의는 형상적 사유의 경우에도 옳다 : 좀더 강력한 형상
은 좀더 미미한 형상을 먹어치운다.

19〔88〕

　　"사랑스럽고 비열한 독일에서!"

19〔89〕

　　철학자는 무엇인가? 고대 그리스인들에게 대답하는 것?

　　탈레스. 신화학자와 철학자

　　아낙시만드로스. 비극적 세계 관찰. 비극.

　　헤라클레이토스. 환상. 철학자 안의 예술적인 것. 예술.

　　피타고라스. 신비와 철학. 종교.

　　아낙사고라스. 목적. 정신과 물질.

　　파르메니데스. 제논. 논리적인 것. 논리.

　　엠페도클레스. 사랑, 증오. 법과 사랑의 도덕. 도덕.

　　데모크리토스. 수와 척도. 모든 물리학의 전망. 자연철학.

　　피타고라스 학파. 종파 단체.

　　소크라테스. 철학자와 문화. 문화.

　　철학자들의 생성 그리고―미래 문화를 위한 철학자의 법정.

19[90]

사유가 쾌 또는 불쾌와 함께 일어나는가의 문제는 대단히 본질적인 문제이다 : 막대한 고통을 받는 사람은 사유에 그다지 적합하지 않은 자이다. 또한 그는 거의 멀리 나아가지 못할 것이다 : 그는 자신을 억압한다. 그리고 이 영역에서는 아무것도 쓸모가 없다.

19[91]

모든 자연과학은 다만 인간과 인간학을 이해하려는 시도일 뿐이다 : 좀더 정확히 말해, 그것은 엄청난 우회로를 통해 항상 인간으로 다시 회귀하려는 시도일 뿐이다. "네가 지금 최종적으로 존재하는 곳이 너의 본질이다"라고 최종적으로 말하기 위한 인간의 대우주를 향한 팽창.

19[92]

때때로 비약을 통해 이른 결과는 그것의 귀결로부터 즉시 진리와 수확이라 증명된다.

천재적인 연구가는 올바른 예감에 의해 인도되는가? 그렇다. 그는 충분한 근거 없이도 바로 가능성들을 본다 : 그리고 그가 어떤 것을 가능한 것으로 간주할 때 그의 천재성이 드러난다. 그는 자신을 위한 대강의 증명을 매우 빨리 건너뛴다.

실험과 자료 수집의 영원한 반복에서 인식은 오용된다. 반면 결론은 사소한 것에서 추론된다. 또한 문헌학에서도 그렇다 : 자료의 완전함은 많은 경우에 쓸데없는 것이다.

19〔93〕

    도덕적인 것도 지성과 원천이 다른 것이 아니다. 그러나 이때의 구속적인 연쇄 형상들은 예술가와 사상가의 경우와 다르게 작용한다 : 그것들은 **행동**을 자극한다. 유사성을 지각하는 것과 **동일화하**는 것이 필수적인 전제라는 점은 매우 확실하다. 그 다음에는 고유한 고통을 회상하는 것. 그러므로 선하게 존재함은 : 아주 쉽게 아주 빨리 동일화하는 것을 의미한다. 그러므로 그것은 배우의 경우처럼 하나의 변신이다.

    이에 반해 모든 정직함과 모든 권리는 이기주의의 균형에서 발생한다 : 서로 해를 입히지 않는 상호 인정. 그러니까 영리함에서. 확고한 기본 법칙의 형식 속에서는 다시 다르게 나타난다 : 확정된 성격으로. 사랑과 권리는 대립적이다 : 정점은 세계를 위한 희생이다.

    가능한 불쾌 감정을 선취하는 것은 공정한 인간의 행위에 영향을 준다 : 그는 이웃에게 상처를 줄 때의 결과를 경험적으로 알고 있다 : 그리고 자기 자신에게 상처를 줄 때의 결과도 알고 있다.

    반대로 기독교 윤리는 모순이다 : 기독교 윤리는 자기 자신과 이웃을 동일시하는 데 토대를 둔다. 이때 다른 사람에게 선행을 하는 것은 자기 ─ 자신에게 ─ 선행하는 것이고, 다른 사람에게 고통을 주는 것은 자기 자신을 고통스럽게 하는 것과 동일하다. 사랑은 통일을 향한 욕망과 연결되어 있다.


19〔94〕

    거의 만장일치로 우리의 학식 있는 천민-공화국으로 추방되기 위해서는 고귀한 세리(稅吏)의 진실한 단어 하나로 충분했다.

19〔95〕

　　나는 이 책에서 현재의 학자들은 고려하지 않고 있다. 그래서
내가 마치 그들에게 무관심한 것 같은 인상을 주고 있다. 그러나 사
람들이 진지한 사물들을 신중하게 숙고한다면, 역겨운 광경으로 인
해 방해받지는 않을 것이다. 이제 나는 반대의 마음으로 그들에게
말하기 위해 내 눈을 그들에게 돌린다. 그리고 나는 그들에게 무관
심하지 않다는 것을, 그들이 나와 같기를 희망한다는 것을 그들에
게 말한다.

19〔96〕

　　철학이 그리스에서 시작하게 한 사람은 위대한 수학자였다. 여
기에서 추상과 비신화에 관한 감정이 싹튼다. 그러나 그는 반신화
적 신념 때문에 델피에서 '현인'으로 간주된다 : ─ 오르페우스주의
자는 추상적 사유를 우의적으로 보여준다.
　　그리스인들은 동양에서 학문을 받아들인다. 수학과 천문학은 철
학보다 더 오래되었다.

19〔97〕

　　인간은 진리를 요구하고 인간과의 도덕적 교류에서 진리를 행
한다. 모든 공동생활은 여기에 바탕을 둔다. 사람들은 서로의 거짓
이 가져올 나쁜 결과를 예측한다. 여기에서 진리의 의무가 생성된
다. 사람들은 서사적 작가에게 거짓을 허용한다. 왜냐하면 이 경우

에는 해로운 영향이 식별되지 않기 때문이다.—즉 거짓을 받아들일 수 있는 것으로 간주하는 곳에서는 거짓이 허용된다 : 만약 거짓이 해롭지 않다면, 거짓의 아름다움과 위엄은 허용된다. 그렇게 사제는 자신의 신들의 신화를 창조한다 : 이것은 신들의 숭고함을 정당화한다. 자유로운 거짓의 신화적 느낌을 다시 생동하도록 만드는 것은 매우 어렵다. 아직도 위대한 그리스의 철학자들은 죄다 이런 거짓의 정당화 속에서 살고 있다.

진리를 알 수 없는 곳에서는 거짓이 허가된다.

모든 인간은 밤에 꿈속에서 끊임없이 거짓말을 하고 있다.

진리 추구는 한없이 느리게 진행된 인류의 소득이다. 우리의 역사 감정은 세상에서 완전히 새로운 것이다. 이것이 예술을 완전히 억압하는 것은 아마 가능할 것이다.

어떤 대가를 치르더라도 진리를 말하는 것은 소크라테스적이다.

19〔98〕

## 철학자.
예술과 인식의 투쟁에 대한 관찰들.

19〔99〕

학자-공화국 대신 '학자-중우정치'.

19〔100〕

헤라클레이토스가 자신의 언어를 아폴론과 시빌레와 비교한다면, 대단히 교훈적이다.

19[101]

　　감각은 우리에게 무엇인가를 속인다.


19[102]

　　진리와 거짓은 생리적이다.

　　도덕법칙으로서의 진리―도덕의 두 가지 원천.

　　진리의 본질은 영향에 따라 판단된다.

　　영향은 증명되지 않은 '진리들'을 수용하도록 유혹한다.

　　그렇게 힘을 통해 존재하는 '진리들'의 투쟁 속에서 진리에 이르는 다른 길을 찾고자 하는 욕구가 나타난다. 그곳에서 모든 것이 설명되거나 아니면 범례나 현상에서 진리로 상승하거나.

　　논리학의 경이로운 발견.

　　논리적 힘이 점차 우위를 차지하는 것 그리고 지식 가능성의 제한.

　　예술적 힘의 지속적인 역반응과 지식 가치가 있는 것으로의 제한(영향에 따라 판단된다).


19[103]

　　철학자 속에서의 투쟁.

　　그는 자신의 보편적 욕구 때문에 좋지 못한 사유를 하게 된다. 세계를 전체적으로 보는 관점에서 탄생한 거대한 진리의 격정에 의해, 그는 전달의 당위를 느끼게 되고 이것을 다시 논리화한다.

　　한편으로 낙관주의적 논리 형이상학이 생성된다―점차 모든 것을 독살하고 속이면서. 독재자로서 논리는 거짓을 만들어낸다 : 왜냐하면 논리는 독재자로서 존재하지 않기 때문이다.

다른 진리의 감정은 사랑에서 유래한다. 힘의 증거.

행복을 주는 진리를 사랑으로 말하는 것은 : 개인의 인식과 연관된다. 그는 그 인식을 전달하지 않아도 된다. 그러나 그 인식에서 솟아 넘치는 축복이 그가 전달하게끔 강요한다.

19〔104〕

완전히 솔직하게 존재하는 것—허구적 본성 속에서 인간의 장엄하고 영웅적인 소망! 그러나 아주 상대적으로만 가능하다! 이것은 비극적이다. 이것이 칸트의 비극적인 문제이다! 이제 예술은 완전히 새로운 위엄을 얻는다. 이에 반해 학문은 한 단계 떨어진다.

19〔105〕

예술의 진실성 : 이제 오직 예술만이 정직하다.

우리는 그렇게 엄청난 우회로를 통해 다시 자연적인 태도로 회귀한다(그리스인의 경우). 지식으로 문화를 건설하는 것은 불가능한 것으로 증명되었다.

19〔106〕

하나의 진리를 위한 투쟁과 **절대적** 진리를 둘러싼 투쟁은 완전히 다른 것이다.

19〔107〕

무의식적 결론들은 내가 생각하도록 자극한다 : 아마도 어떤 형

상에서 형상으로 이동하는 것일 터이다 : 그런 다음 마침내 이르게
된 최종의 형상은 자극과 동기로 작용할 것이다.

무의식적 사유는 개념 없이 실행되는 것이 틀림없다 : 즉 직관
속에서.

그러나 이것은 관조적인 철학자와 예술가의 추론 방식이다. 그
는, 누구나 생리적이고 인격적인 충동 속에서 동일하게 행하는 것
을 행하고 이것을 비인격적 세계로 전달한다.

이런 형상적 사유는 처음부터 엄밀하게 논리적인 본성을 가진
것은 아니다. 그러나 어느 정도는 논리적이다. 그리고 철학자는 형
상적 사유를 개념적 사유로 대신하려고 노력한다. 본능도 그런 형
상적 사유로 존재하는 것처럼 보인다. 형상적 사유는 최종적으로
자극과 동기가 된다.


19[108]

스토아 학파의 윤리적 힘이 얼마나 강했는지는 그들이 의지의
자유를 위해 자신의 원칙을 깼다는 데서 드러난다.


19[109]

도덕 이론에 대하여 : 정치에서는 종종 정치가가 자신의 적대
자가 하게 될 행동을 예측하고 그 행동을 미리 한다 : "내가 그것을
하지 않는다면, 그가 그것을 한다." 정치적인 기본 법칙으로서의 하
나의 방어 유형. 전쟁의 입장.

19〔110〕

　규범적 신학과 무관한 고대 그리스인들 : 누구나 그것에 대해 시를 창작할 권리가 있다. 그리고 누구나 자신이 원하는 것을 믿을 수 있다.

　철학적으로 사유하는 그리스의 엄청난 대중(신학으로 수천 년 동안 지속적으로 전개되면서).

　위대한 논리적 힘들은 예컨대 개별 도시들의 종교 교단에서 나타난다.

19〔111〕

　오르페우스주의자는 비조형적으로 상상하고 비유할 때는 한계가 있다.

　논리적인―――

19〔112〕

　스토아주의의 신들은 단지 위대한 것에만 관심을 두고 미미한 것과 개별적인 것을 소홀히 한다.

19〔113〕

　쇼펜하우어는 도덕철학이 도덕성에 미치는 영향을 부정한다 : 예술가가 개념에 따라 창조하지 않는 것처럼. 기이한 일이다! 모든 인간은 이미 하나의 지성적 존재라는 것은 옳다(수많은 세대를 거쳐 유효한?). 그리고 개념을 통한 자극의 감정이 불러오는 더욱 강력한 흥분은 이런 도덕적 힘에 강력한 영향을 미친다. 새로운 것이 형성되는 것은 아니나 한 측면으로 창조적인 에너지가 집중된다. 예컨대 정언명법은 사심 없는 덕의 감정을 매우 강력하게 만들었다.

이때 우리는 여기서 개별적으로 탁월한 도덕적 인간이 모방의 마술을 하고 있는 것 또한 보게 된다. 철학자는 이런 마술을 준비해야 한다. 최고 유형의 법칙이 점차 진정한 법칙으로 간주될 것임이 틀림없다 : 다만 다른 사람들에게는 제한일지라도.

19〔114〕

스토아 학파는 헤라클레이토스를 병 속에 넣어 새롭게 해석했고 오해했다. 에피쿠로스 학파도 데모크리토스의 엄밀한 원칙에서 허약한 것을 검게 만들었다(가능성들).

세계 안의 최고의 합법칙성. 그러나 헤라클레이토스의 경우는 낙관주의가 아니다.

19〔115〕

세계에 대한 모든 종교와 철학과 학문의 과정 : 그 과정은 매우 조야한 인간화와 함께 시작하고 순화하는 것을 결코 멈추지 않는다.

게다가 개인은 항성계를 자신에 봉사하는 것으로 관찰하거나 자신과 관련 있는 것으로 관찰한다.

그리스인들은 자신의 신화에서 자연 전체를 그리스적으로 변형시켰다. 말하자면 그들은 자연을 인간-신들의 변장과 가장으로만 보았다. 이렇게 볼 때 그들은 모든 현실주의자의 적대자였다. 진리와 현상의 대립은 그들 속에 깊숙이 자리 잡고 있었다. 변신은 특수한 것이다.

탈레스는 이것을 법칙으로 표현했다 : 모든 것은 물이다.


19[116]

직관은 유(類)개념과 연관되는가 아니면 완전한 유형과 연관되는가? 그러나 유개념은 항상 좋은 모범에 비해 멀리 뒤처져 있다. 완전한 유형은 현실을 넘어선다.

윤리적 의인화 : 아낙시만드로스 : 법정.

헤라클레이토스 : 법칙.

엠페도클레스 : 사랑과 증오.

논리적 의인화 : 파르메니데스 : 오직 존재.

아낙사고라스 : *지성*

피타고라스 : 모든 것은 수이다.


19[117]

세계사를 중요한 철학적 인식에 따라 측정하고 이런 인식에 적대적인 시대를 도외시한다면, 세계사는 매우 짧을 것이다. 우리는 어느 곳에서보다도 여기 그리스인들에게서 활동성과 창조적 힘을 본다 : 그들은 위대한 시대를 완수한다. 그들은 실제로 모든 유형을 창조했다.

그들은 논리의 발견자들이다.

이미 언어는 논리를 창조하는 인간의 능력을 암시하고 있지 않은가?

확실히, 그것은 놀랄 만한 가치가 있는 논리적인 조작과 구별이다. 그러나 그것은 단번에 이루어진 것이 아니라 끝없이 긴 시기의 논리적인 결과이다. 이때 본능의 생성에 대해 생각할 수 있다 : 매우 서서히 성장한다.

수천 년 동안의 정신적 행위는 언어에 기록되었다.

5

19〔118〕

세계가 얼마나 무한히 복잡한지 인간은 비로소 매우 천천히 알아차린다. 우선 인간은 세계를 매우 간단하게, 즉 자기 자신처럼 피상적으로 생각한다.

10 그는 자기 자신과 자연의 최종 결과에서 출발한다. 그리고 그는 힘을, 즉 자신의 의식 속에 등장하는 것과 같은 원초적 힘을 생각한다.

그는 가장 복잡한 메커니즘의 작용, 즉 뇌의 작용이 마치 최초부터 동일한 방식으로 작용했을 것이라고 간주한다. 이런 복잡한 메커니즘은 짧은 시간에 어떤 것을 이해할 수 있도록 만들기 때문에,
15 그는 세계의 현존재를 아주 최근의 것으로 파악한다 : 창조자는 그리 많은 시간이 들지 않았을 것이라고 생각한다.

그렇게 그는 '본능'이라는 단어로 무엇인가를 설명했다고 믿는다. 그리고 더 나아가 무의식적인 목적 행위를 사물의 원초적 생성
20 으로 전용할 것이다.

시간, 공간, 인과적 지각은 최초의 지각과 함께 주어진 것처럼 보인다.

인간은 자신이 자신을 아는 만큼 세계를 안다 : 즉 세계의 심층은 인간이 자신과 자신의 복잡함에 놀라는 만큼 드러나게 된다.

19〔119〕

주어진 것과 존재하는 모든 것은 언젠가 존재하지 않았고 그렇기 때문에 또한 언젠가 존재하지 않게 될 것이라는 점을 철저히 밝혀야 한다. 헤라클레이토스의 생성.

19〔120〕

인간의 도덕적, 예술적, 종교적 욕구를 세계의 기초로 만드는 것은 기계적 욕구와 마찬가지로 합리적이다 : 즉 우리는 충격도 중력도 알고 있지 않다.(?)

19〔121〕

우리는 하나의 유일한 인과성의 참된 본질에 대해서는 모른다.
절대적 회의 : 예술과 환상의 필요성.

19〔122〕

아마도 거대한 성좌 주변을 전체 태양계와 함께 회전하면서 운동하는 에테르로 중력을 설명하는 것.

19〔123〕

현존재의 형이상학적 의미도, 윤리적 의미도, 미적 의미도 증명할 수 없다.

19〔124〕

세계 안의 질서. 놀라운 진화의 매우 힘들고 더딘 결과가 세계의 본질로 파악된다―헤라클레이토스!

19[125]

모든 세계 구성은 의인화임이 증명될 수 있다 : 칸트가 정당하다면, 모든 학문도 그렇다. 물론 여기에는 순환논법이 존재한다―학문이 정당하다면, 우리는 칸트의 토대를 지지할 수 없다 : 칸트가 정당하다면, 학문은 정당하지 않다.

그런데 칸트에 대해서는 항상 이의를 제기할 수 있다. 그의 모든 원칙에 동의한다 할지라도, 세계가 우리에게 현상하는 것으로 존재한다면, 이런 경우 수많은 가능성이 존재한다. 그건 그렇고 개인에게는 이런 모든 입장이 쓸모없는 것이다. 아무도 이런 회의 속에서는 살 수 없을 것이다.

우리는 이런 회의를 넘어서야 한다. 우리는 회의를 망각해야만 한다! 우리는 이 세계에서 얼마나 많은 것을 망각하지 않아도 되는가! 예술, 이상형, 평균율.

우리의 구원은 인식이 아니라 창조에 있다! 우리의 위대함은 최고의 가상과 고귀한 격동에 있다. 우리가 우주와 아무런 상관이 없다면 우리는 우주를 경멸할 권리를 원한다.

19[126]

마지막 철학자의 끔찍한 고독! 자연은 그를 꽉 붙들고, 독수리가 그 위에서 서서히 떠돌며 움직인다. 그리고 그는 그렇게 자연에 소리친다 : 망각을 달라! 망각을!―아니다. 그는 거인처럼 고통을 견뎌낸다 ―최고의 비극 예술에서 화해가 그에게 주어질 때까지.

19〔127〕

　'정신.' 뇌가 만들어낸 것을 초자연적인 것으로 관찰하는 것! 게다가 신격화까지 한다면 얼마나 바보 같은 일인가!

19〔128〕

　수백만의 부패하는 세계 중에서 한 번 가능한 한 세계를! 이 세계도 부패한다! 이 세계는 첫 번째 세계가 아니었다!

19〔129〕

플라톤 이전의 철학자들.　　　　시학.

플라톤.　　　　　　　　　　　운율론.

소크라테스 학파.　　　　　　　수사학.

19〔130〕

제주를 바치는 여인들.　　　　라틴어 문법.

노동과 나날.　　　　　　　　그리스어 문법.

서정시인.

신의 인식자.

19〔131〕

**오이디푸스.**

마지막 철학자의

자기 자신과의

대화.

후세의 역사에서 나온
단편.

　　나는 나를 마지막 철학자라 부른다. 왜냐하면 나는 마지막 인간
5 이기 때문이다. 아무도 나 자신으로서의 나와 말하지 않고, 내 목소
리는 내게 죽은 자의 목소리처럼 들린다. 너의 사랑스러운 목소리
와 함께, 너의 모든 인간 행복의 마지막 기억의 숨결과 함께 단 한
시간 동안 나는 교류한다. 나는 너를 통해 내 고독을 속이고, 잡다
함과 사랑 속에서 나를 속인다. 왜냐하면 내 마음은 사랑이 죽었다
10 고 믿는 것을 거부하기 때문이다. 내 마음은 가장 고독한 고독의 공
포를 견뎌내지 못하고 마치 내가 둘인 것처럼 말하도록 나에게 강
제한다.

　　나는 아직 너를, 내 목소리를 듣는가? 너는 저주하면서 속삭인
다. 그러나 너의 저주가 이 세계의 오장육부를 터지게 해야 할 텐
15 데! 그러나 이 시대의 오장육부는 아직 살아 있다. 그리고 그것은
동정심이라곤 없는 눈동자로 더욱 빛나고 차갑게 아직도 나를 쳐다
본다. 그것은 예전처럼 멍청하고 우둔하게 살고 있다. 그리고 단 하
나만이 죽는다―인간.―하지만! 나는 아직 너를 듣는다, 사랑스런
목소리! 이 우주에서 마지막 인간인 나 외에 하나가 더 죽는다 : 마
20 지막 탄식, 너의 탄식은 나와 함께 죽는다. 지연된 탄식! 탄식! 내
주위에서 탄식한다. 마지막으로 탄식하는 인간 오이디푸스.

19〔132〕
　　내가 그 밖에 참된 것으로 간주하는 다원주의의 당혹스러운 결

론. 우리의 모든 숭배는 우리가 영원한 것으로 간주하는 질적 속성과 연관된다 : 도덕적으로, 예술적으로, 종교적으로 등.

본능을 통해서는 합목적성을 설명하는 문제를 단 하나도 해결할 수 없다. 왜냐하면 바로 이런 본능이 이미 끝없이 길게 전개된 과정의 산물이기 때문이다.

의지는 쇼펜하우어가 말하는 것처럼 자신을 적합하게 객관화하지 않는다 : 가장 완전한 형식에서 출발할 경우에나 그렇게 보인다.

또한 이런 의지도 자연의 매우 복잡한 최종적 산물이다. 신경이 전제된다.

그리고 중력 자체도 : 간단한 현상이 아니라 다시금 태양계 운동과 에테르 등이 미친 영향이다.

그리고 기계적 충격도 복잡한 것이다.

**원초적 요소로서의 세계 에테르.**


19〔133〕

모든 인식은 매우 특정한 형식에 반영된 것이다. 이런 형식이 처음부터 존재한 것은 아니다. 자연은 형태나 크기를 모른다. 대신 사물은 단지 인식을 위해서만 크거나 작게 등장한다. 자연에서 무한한 것 : 자연은 어디에서도 경계를 알지 못한다. 오직 우리에게만 유한한 것이 존재한다. 시간은 무한한 것으로 분리될 수 있다.


19〔134〕

탈레스에서 소크라테스까지―오직 인간을 자연으로 전이하는 것―산 위에서처럼 자연 위에서의 인간의 거대한 그림자 놀이!

소크라테스와 플라톤. 인식과 선은 보편적이다. 처음의 아름다움. 예술가의 이념들.

| | |
|---|---|
| 피타고라스 학파 | 수. |
| 데모크리토스 | 요소. |
| 피타고라스 | 인간은 과거의 산물이 아니라 회귀이다. 살아 있는 모든 것의 통일성. |
| 엠페도클레스 | 동물과 식물 세계가 도덕적으로 이해된다. 보편적인 성적 충동과 증오. '의지'는 보편적이다. |
| 아낙사고라스 | 태초의 것으로서 정신. |
| 엘레아 학파 | |
| 헤라클레이토스 | 예술가의 형성적 힘은 태초의 것이다. |
| 아낙시만드로스 | 법정과 처벌은 보편적이다. |
| 탈레스. | |

과거의 신들과 자연. 종교는 다만 좀더 비은폐된 표현일 뿐이다. 점성술. 목적으로서의 인간. '세계 역사.'

범주로서의 칸트의 사물 자체.

철학자는 욕구의 지속적 전개이다. 우리는 이 욕구 때문에 의인화된 환상을 통해 자연과 지속적으로 교류한다. 눈. 시간.

19〔135〕

철학자는 언어의 망에 포획되어 있다.

19〔136〕

　　나는 인식을 원하는 **한** 철학자, 즉 인류의 철학자의 거대한 발전
을 묘사하고 추체험하길 원한다.

　　대부분의 사람들은 충동의 지배하에 있다. 그래서 그들은 무슨
일이 일어나는지 결코 깨닫지 못한다. 나는 무슨 일이 일어나는지
말하려 하고 깨닫게 하려 한다.

　　이때 하나의 철학자는 모든 학문 추구와 동일하다. 왜냐하면 모
든 학문은 오로지 철학자의 보편적 토대에 근거를 두기 때문이다.

　　모든 인식 욕구 안에서의 거대한 통일성을 증명하는 것 : 연약
한 체질의 학자.


19〔137〕

　　과제 :

　　이른바 추상.

　　표피로서의 형식.


19〔138〕

예술의 변명.


　　서론.

　　필요한 거짓과 데카르트의 신의 신실성veracité du dieu.

　　예술에 대항하는 플라톤.

　　　　1. 언어와 개념.

　　　　2. 표피로서의 형식들.

3. 진리의 격정.

4. ─ ─ ─

19〔139〕

무한성은 태초의 사실이다 : 유한성이 어디에서 유래하는지만 설명하면 된다. 그러나 유한성의 관점은 순전히 감각적이다. 즉 하나의 미혹이다.

어떻게 감히 대지의 본성에 대해 말할 수 있단 말인가!

무한한 시간과 무한한 공간에는 목표란 없다 : 존재하는 것은 어떤 일정한 형식 속에서 영원히 존재한다. 어떤 형이상학적 세계가 존재해야 하는가는 결코 예측할 수 없다.

인류는 그런 모든 유형의 발판 없이도 지탱할 수 있음이 틀림없다─예술가의 거대한 과제!

19〔140〕

시간 자체란 어리석은 것이다 : 시간은 단지 지각하는 존재에게만 있다. 공간도 마찬가지다.

모든 형태는 주관에 귀속된다. 그것은 거울을 통해 표면을 파악하는 것이다. 우리는 모든 질적인 속성을 제거해야만 한다.

우리는 사물을 존재하는 그대로 사유할 수 없다. 왜냐하면 우리는 결코 사물을 사유할 수 없기 때문이다.

모든 것은 존재하는 대로 존재한다 : 즉 모든 질적인 속성은 정의할 수 없는 절대적인 사태를 알려준다.─예컨대 클라드니 도형과 진동의 관계처럼.

19〔141〕

모든 지식은 분리, 구분, 제한에서 생성된다 ; 전체에 대한 절대적 지식이란 없다!

19〔142〕

보편적 감정으로서의 쾌와 불쾌? 나는 그렇게 생각하지 않는다.

그러면 예술적 힘은 어디에서 등장하는가? 확실히 수정(水晶) 속에서. 형태의 형성 : 그러나 이때 직관적 존재가 전제되어야만 하지 않은가?

19〔143〕

언어를 보충하는 것으로서 음악 : 음악은 언어가 표현할 수 없는 수많은 자극과 자극 상황을 재현한다.

19〔144〕

자연에는 형식이 없다. 왜냐하면 내부와 외부가 없기 때문이다.

모든 예술은 눈의 거울에 바탕을 두고 있다.

19〔145〕

인간의 감각적 인식은 분명 아름다움을 향한다. 그것은 세계를 미화한다. 우리는 어떤 다른 것을 붙잡으려 하는가? 우리가 감각을 넘어 원하는 것은 무엇인가? 끊임없는 인식은 황무지와 추함으로 나아간다.—예술적으로 직관된 세계에 만족하는 존재!

19[146]

사람들이 사물을 그 자체로 인식하기를 원하면, 곧바로 그것이 그 세계가 된다—인식은 하나의 척도로 반영되고 평가될 때에만 가능하다(지각).

우리는 세계가 무엇인지 알고 있다 : 절대적이고 무조건적인 인식은 인식과는 무관한 인식 의욕일 뿐이다.


19[147]

이른바 무의식적 결론은 모든 것을 보존하고 있는 기억으로 환원될 수 있다. 기억은 유사한 유형의 경험들을 제공하고 여기에서 행위의 결과를 이미 알고 있다. 그것은 결과의 예측이 아니라 느낌이다 : 동일한 원인에 따른 동일한 결과는 기억의 형상을 통해 만들어진다.


19[148]

우리는 칸트의 물자체와 불교도의 참된 사물의 본질을 너무 쉽게 혼동한다 : 즉 현실은 완전히 가상을 의미하거나 진리에 완전히 조응하는 현상을 의미한다.

비존재로서의 가상과 존재자의 현상으로서의 가상이 서로 혼동되었다.

가능한 모든 미신이 진공 상태 안에 등장한다.


19[149]

철학의 전개 과정 : 우선 인간이 모든 사물의 창시자로 사유된

다—점차 사물은 개별 인간들이 소유한 특성의 유비에 따라 설명된다—사람들은 최종적으로 지각에 이른다. 중요한 질문 : 지각이 모든 물질의 원초적 사실인가?

잡아당기는 것과 밀어내는 것?

19〔150〕

역사적 인식 욕구—생성 속에서 인간을 파악하고 이때 또한 기적을 제거하는 역사 인식의 목표.

이런 욕구는 예술 욕구가 가진 엄청난 힘을 빼앗는다 : 인식은 매우 사치스럽게 존재한다. 이 때문에 현재의 문화는 결코 고귀해지지 않을 것이다.

19〔151〕

점성술처럼 직관하는 철학 : 말하자면 세계의 운명을 인간의 운명과 연결하는 것 : 즉 인간 최상의 진화를 세계 최상의 진화로 관찰하는 것. 모든 학문은 이런 철학적 욕구에서 자양분을 얻는다. 인류는 우선 종교들을 파괴하고, 그런 다음 학문을 파괴한다.

19〔152〕

창조와 연관되어 있는 미적 감각.

19〔153〕

인간은 칸트의 인식이론도 즉시 인간을 찬미하기 위해 사용했다 : 세계는 오직 인간 안에서만 실재성을 갖는다. 세계는 공처럼

인간의 머리 속에서 이리저리 던져진다. 사실상 그것이 의미하는
것은 다만 다음과 같은 것일 뿐이다 : 사람들은 예술 작품이 존재하
고 이것을 관찰하는 어리석은 인간이 존재한다고 생각할 것이다.
물론 이 어리석은 자가 스스로 예술가이고 형식을 만들어낸다는 조
건하에서는, 그것은 그에게 뇌의 현상으로 존재할 것이다. 그는 과
감하게 주장할 수 있을 것이다 : 나의 뇌 밖에는 결코 어떤 현실도
존재하지 않는다.

지성의 형식은 매우 서서히 물질에서부터 생성되었다. 지성의
형식이 진리에 조응하는 것은 본래 가능한 일이다. 새로운 것을 발
견하는 도구는 어디에서 왔단 말인가!

나는 거울에 바탕을 두고 형태를 지각하는 것이 주요 능력이라
고 생각한다. 시간과 공간은 다만 평가된, 즉 하나의 리듬에 따라 평
가된 것일 뿐이다.

19〔154〕

너희는 형이상학으로 도피해서는 안 된다. 대신 실천적으로 생
성하는 문화에 적극적으로 희생하라! 그렇기 때문에 나는 몽상적 이
상주의에 강력히 대항하고 있다.

19〔155〕

모든 인식은 하나의 척도에 따라 평가한 것이다. 어떤 척도와
무관하게, 즉 어떤 제한 없이 인식은 존재하지 않는다. 내가 인식의
가치 자체에 대해 묻는다면, 이것은 지성의 형식 영역에도 마찬가
지로 적용된다 : 척도로 사용하기 위해, 나는 좀더 고귀하거나 최소

한 확고한 하나의 입장을 택해야 한다.

19[156]

우리가 지성의 세계 전체를 자극과 지각으로 환원시킨다면, 이런 매우 보잘것없는 지각은 거의 아무것도 설명하지 못한다.

법칙 : 인식하는 자와 무관한 인식이란 존재하지 않는다. 또는 객체 없이 주체 없고, 주체 없이 객체 없다. 이러한 것은 전적으로 옳지만 대단히 진부한 것이다.

우리는 사물 자체에 대해 아무것도 말할 수 없다. 왜냐하면 우리는 인식하는 자, 즉 평가하는 자의 입장을 제거했기 때문이다. 하나의 질은 우리를 위해 존재한다. 즉 그것은 우리에게 평가되어 존재한다. 우리가 척도를 제거한다면, 도대체 무엇이 질이겠는가!

무엇이 사물인지는 오직 사물 옆에 존재하면서 평가하는 주체에 의해서만 증명될 수 있다. 사물의 본성 자체는 우리와 관련이 없다. 오로지 사물이 우리에게 영향을 미칠 때만 관련 있다.

이제 질문해야 한다 : 그런 평가하는 존재가 어떻게 생성되었는가?

식물도 하나의 평가하는 존재이다.

19[157]

사물에 대한 인간들의 엄청난 합의는 그들이 지닌 지각 도구와의 완전한 동종성을 증명한다.

19〔158〕

　　식물에게 세계는 이렇고 저렇다—우리에게도 이렇고 저렇다.
우리가 양자의 지각 능력을 비교한다면, 우리는 우리의 세계관이
더 옳은 것으로, 즉 진리에 조응하는 것으로 간주한다. 그런데 인간
5　은 천천히 발전했고 인식은 아직도 발전하고 있다 : 즉 세계는 더욱
더 참되고 완전해지고 있다. 물론 그것은 다만 하나의 반영, 좀더 명
확해지는 하나의 반영이다. 그리고 거울도 완전히 생소한 것, 사물
의 본질에 속하지 않은 것이 아니다. 그것은 마찬가지로 사물의 본
질로 생성되었다. 우리는 거울을 좀더 적합하게 만들려는 노력을
10　보고 있다 : 학문은 자연적 과정을 지속적으로 전개한다.—그렇게
사물은 더욱 순수하게 반영된다 : 지나친 의인화에서 점차 해방되
는 것. 식물에게 전체 세계는 식물이고 우리에게는 인간이다.


19〔159〕

15　　한 원자가 다른 원자에 미치는 충격은 마찬가지로 지각을 전제
한다. 그 자체로 낯선 것은 상호적으로 작용하지 않는다.
　　세계에서 지각의 성장이 아니라 의식의 성장이 중요한 것이다.
그러나 모든 것이 지각을 소유한다면 또한 설명될 수 있다.
　　모든 것이 지각을 소유한다면, 우리는 매우 작은, 비교적 큰, 매
20　우 큰 지각 중심의 혼잡함을 보게 된다. 이런 지각의 복잡함은 크건
작건 '의지'라 이름 붙일 수 있다.
　　우리가 질에서 벗어나는 것은 어려운 일이다.

19[160]

　　인류의 무의식적 목표에 관해 말한다면, 나는 이것을 틀린 것으로 간주한다. 인류는 하나의 개미둑 같은 그런 전체가 아니다. 아마도 사람들은 한 도시와 한 민족의 무의식적 목표를 말할 수 있을 것이다 : 그러나 대지 위의 모든 개미둑의 무의식적 목표에 관해 말하는 것이 어떤 의미를 갖는가!

19[161]

　　매우 자주 섬광같이 빠르게 결과로 나타나고 서서히 완전하게 체험되는 지각과 반사 작용은 추론 절차, 즉 인과성의 감정을 만들어낸다. 공간과 시간은 인과적 지각에 의존한다.

　　기억은 만들어진 반사 작용을 보존한다.

　　의식은 인과적 지각과 함께 시작된다. 즉 기억이 의식보다 오래된 것이다. 예컨대 미모사나무의 경우, 우리는 기억을 가지지 의식을 가지는 것은 아니다. 식물의 경우 기억에는 물론 형상이 없다.

　　그러나 기억은 지각의 본질에 속하는 것임이 틀림없다. 즉 사물의 원초적 본성[임]이 틀림없다. 그런 다음 또 반사 작용.

　　그것은 자연법칙의 불변성을 의미한다 : 지각과 기억은 사물의 본질에 속한다. 하나의 요소가 다른 것과 접촉하면서 바로 그렇게 결정되는 것은 기억과 지각의 사안이다. 언제가 그는 그것을 배웠다. 즉 요소의 운동은 **생성된** 법칙이다. 그렇다면 그 결정은 쾌와 불쾌를 통해 주어진 것임이 틀림없다.

　　바로 쾌, 불쾌, 지각, 기억, 반사 작용이 물질의 본질에 속한다면, 인간의 인식은 매우 깊이 사물의 본질에까지 이를 것이다.

자연의 전체 논리는 쾌와 불쾌의 체계 속으로 용해된다. 모든 것은 유쾌한 것을 붙잡고 불쾌한 것에서 달아난다. 이것이 영원한 자연법칙이다.

19[162]

기억은 신경이나 뇌와 아무런 관련이 없다. 그것은 원초적인 본성이다. 왜냐하면 인간은 지난 세대의 모든 기억을 어디서나 가지고 있기 때문이다.

기억의 형상은 상당히 인위적이고 기이한 것이다.

19[163]

오류를 일으키지 않는 기억에 대해 말할 수 없는 것과 마찬가지로 절대적으로 합목적적인 자연법칙의 행위에 대해서도 말할 수 없다.

19[164]

그것은 무의식적인 추론인가? 물질은 추론하는가? 그것은 자신의 개별적 존재를 위해 지각하고 투쟁한다. 우선 '의지'는 변화 속에서 자신을 보여준다. 즉 쾌와 불쾌 앞의 공포에서 사물의 본질을 변형시키는 자유의지의 한 유형이 존재한다.―물질은 프로테우스적인 일정한 수의 질을 가지고 있다. 물질은 이 질을 매번 공격할 때마다 강조하고 강화하고 전체를 위해 투입한다.

질은 단지 일정하게 변형된 어떤 하나의 물질의 행위인 것처럼 보인다. 각각 척도와 수의 비례에 따라 등장하면서.

19[165]

우리는 단 하나의 실재만을 알고 있다―사고의 실재. 이것이 사물의 본질이라면!

기억과 지각이 사물의 질료라면!

19[166]

사고는 우리에게 실재에 대한 완전히 새로운 형식의 개념을 준다 : 사고는 지각과 기억으로 구성된다.

19[167]

실제로 세계 속의 인간은 함께 꿈꾸는 **어떤 하나의 꿈속에서의** 한 사람으로 자신을 파악할 수 있을 것이다.

19[168]

그리스 철학자는 명백하고 분명하게 행위를 전개한다. 그리스인들은 이러한 행위를 통해 그들의 문화에 이를 수 있었다.

19[169]

1. *의견diadoxai*이란 없다.

2. 다양한 유형들.

19[170]

철학자들은 위대한 정신의 소유자들 중에서 가장 고귀한 계급이다. 그들에게는 관객이 없다. 그들은 **명예**를 필요로 한다. 자신의 최고의 기쁨을 알리기 위해, 그들은 증명을 필요로 한다 : 따라서 그들은 예술가들보다 불행하다.

19[171]

우리는 현재 독일에서 학문의 번영은 야만적인 문화에서나 가능하다는 것을 보고 있다 ; 마찬가지로 유용성은 학문과 관련이 없다(화학이나 자연과학 연구소를 우대하는 데서 그렇게 보임에도 불구하고, 게다가 순수 화학자는 '권위자'로 유명해졌음에도 불구하고).

학문의 번영은 고유한 삶의 정기를 가지고 있다. (알렉산드리아 문화와 같은) 몰락하는 문화와 (우리 문화와 같은) 반(反)문화는 학문의 번영을 불가능하게 만들지 않는다.

게다가 인식은 아마도 문화의 대체물일 것이다.

19[172]

인식과 문화가 서로 이질적으로 존재할 수 있는 이유는 아마도 오직 학문들의 분리에서 비롯된 인식의 개별화일 것이다.

인식은 철학자 안에서 다시 문화와 관계한다.

철학자는 지식을 포괄하고 인식의 가치에 대한 질문을 던진다.

이것은 문화의 문제이다 : 인식과 삶.

19[173]

예컨대 중세의 암흑은 정말 지성적 인간 천재의 건강을 위한 시기, 즉 숙면의 시기인가?

또는 : 암흑은 고귀한 목적의 결과물인가? 책에 자신의 숙명이 있다면, 아마도 책 한 권의 몰락도 일정한 목적이 있는 숙명일 것이다.

목적은 우리를 혼란스럽게 만든다.

19〔174〕

철학자의 행위는 은유를 통해서 계속된다. 통일적 지배의 추구. 모든 사물은 측량될 수 없는 것을 추구한다. 자연의 개별적 성격은 드물게 확립되고 따라서 지속적으로 파악되는 중이다. 천천히 또는 빨리 파악되는가는 완전히 인간적인 질문이다. 무한히 작은 측면을 자세히 관찰할 경우, 모든 발전은 항상 무한히 빠른 것이다.

19〔175〕

인간에게 진리란 무엇인가!

믿음 속에서 진리를 소유하는 가장 고귀하고 순수한 삶은 가능하다. 인간에게는 진리에 대한 믿음이 필요하다.

진리는 사회적 욕구로 등장한다 : 진리는 나중에 전이를 통해 그것이 필요 없는 곳에서도 모두 적용된다.

모든 덕은 곤궁에서 생성된다. 공동체와 함께 진실성에 대한 욕구가 시작된다. 그렇지 않다면 인간은 영원한 은폐 속에서 살게 된다. 국가의 건설이 진실성을 자극한다.—

인식에의 욕구에는 도덕적 원천이 있다.

19〔176〕

세계의 매우 작은 부분도 세계가 얼마나 가치 있는지 보여줄 것임이 틀림없다—인간들을 보라. 그러면 너희는 너희가 세계에서 취해야 할 것이 무엇인지를 알게 될 것이다.

19〔177〕

경우에 따라서 곤궁은 인간 공동체의 실존 수단인 진실성을 만들어낸다.

욕구는 때때로 훈련을 통해 강해지고, 이때 욕구는 전이를 통해 부당하게 전파된다. 욕구는 성향 그 자체가 된다. 특성은 일정한 경우를 위한 훈련에서 생겨난다.—그렇게 우리는 인식에의 욕구를 가진다.

이런 일반화는 중간에 등장하는 개념을 통해 일어난다. 이런 특성은 어떤 잘못된 판단과 함께 시작된다—진실하게 존재함은 항상 진실하게 존재함을 의미한다. 여기에서부터 거짓으로 살지 않으려는 성향이 생성된다 : 모든 환상의 제거.

그러나 그런 성향은 하나의 망에서 다른 망으로 계속 뒤쫓는다.

선한 인간은 또한 이제 진실하게 존재하기를 원하고 모든 사물의 진리를 믿는다. 공동체의 진리뿐만 아니라 세계의 진리도 믿는다. 이와 함께 본질 규명의 가능성도 믿는다. 도대체 무엇 때문에 세계가 그를 미혹한단 말인가?

말하자면 그는 하나의 성향을 세계로 옮겨놓는다. 그리고 그는 세계도 자신에 대해 진실하게 존재해야 한다고 믿는다.

19〔178〕

　　나는 인식의 목적에 대해 묻지 않는다 : 그것은 우연히 생겨난 것이다. 즉 이성적으로 의도된 목적과 함께 생긴 것이 아니다. 그것은 특정한 경우에 필요한 사유와 행위 방식의 확장이나 확고하고 안정된 정립에 의해 생긴 것이다.

　　인간은 본성적으로 인식을 위해 존재하지 않는다.

　　서로 다른 목적을 위해 필요한 두 특성―진실성―그리고 은유―는 진리의 성향을 만들었다. 즉 도덕적 현상은 미적으로 일반화되어 지성적 욕구를 만든다.

　　이때 본능은 바로 습관이다. 습관은 종종 그렇게 추론하고 이것에서 어떤 의무를 유비에 따라 *kata analogon* 대체로 항상 그렇게 추론해야 한다.


19〔179〕

　　자연은 인간을 오직 환상으로 둘러쌌다.―이것이 인간의 고유한 요소이다. 그는 형식을 본다. 그는 진리 대신 자극을 지각한다. 그는 꿈꾼다. 그는 자연을 신적 인간으로 상상한다.

　　인간은 의도되지 않은 두 성질을 결합함으로써 우연히 인식하는 존재가 되었다. 그는 언젠가 중단할 것이고, 아무것도 일어나지 않게 될 것이다.

　　그것들은 오래된 것이 아니다. 그것들이 스스로 존재하는 것을 중단했다면, 아무것도 일어나지 않았을 것이다. 그것들은 계속되는 사명과 목적이 없다.

　　인간은 최고의 장중한 동물이다. 그리고 그는 마치 세계의 중심

이 자신의 특성 주위를 돌고 있기나 한 것처럼 자신의 모든 특성을
대단히 중요하게 생각한다.

유사한 것은 유사한 것을 떠올리고 비교한다 : 이것이 바로 인
식이다. 즉 신속하게 동종의 것을 포괄하는 것이다. 유사한 것만이
유사한 것을 지각한다 : 하나의 생리학적 과정. 기억과 동일한 것은
또한 새로운 것의 지각이다. 사유가 사유에 미치는 것이 아니라—
— —


19〔180〕

거짓에 대하여.


헤라클레이토스. 진리의 영원성에 대한 믿음.
그의 작품의 몰락—언젠가 모든 인식의 몰락.
그런데 헤라클레이토스에게 진리란 무엇이란 말인가!
의인화주의인 그의 이론의 서술.
마찬가지로 아낙시만드로스. 아낙사고라스.
그리스 민족성과 헤라클레이토스의 관계. 그것은 그리스적 우주이
    다.
진리의 격정의 생성. 인식의 우연적 생성.
거짓과 환상. 인간은 이 속에서 산다.
거짓과 진리 언어—신화, 시.
모든 위대한 것과 살아 있는 것의 토대는 환상에 있다. 진리의 격정
    은 몰락에 이른다(여기에 '위대함'이 있다.) 무엇보다도 문화
    의 몰락.

엠페도클레스와 희생. 엘레아 학파. 플라톤은 국가를 위해 거짓말을 필요로 한다.

그리스에서 특이한 존재를 통한 문화의 분리.

반대로 우리는 종파적으로 문화로 회귀한다. 우리는 엄청난 지식을 철학자 안에서 다시 제한하려 하고 이를 다시 모든 인식의 의인화를 통해 설득하려 한다.


19〔181〕

인식의 객관적 가치―인식은 더 좋게 만들지 않는다. 인식에는 세계의 궁극적인 목표가 없다. 인식이 생겨나는 것은 우연적이다. 진실성의 가치.―그러나 진실성은 좀더 개선시킨다! 진실성의 목표는 몰락이다. 진실성은 희생한다. 우리의 예술은 절망적 인식의 복사이다.


19〔182〕

인류는 아름다운 몰락 수단을 인식에 가지고 있다.


19〔183〕

그러나 인간이 그렇게 그리고 달리 존재하지 않는 것은 확실히 그의 작품이다 : 인간이 환상(꿈)으로 잠수하고 표면(눈)에 의지하는 것은 그의 본성이다. 진리 추구가 최종적으로 다시 그의 근본 본질로 나타날지라도 이것이 경이로운 것일까?

19〔184〕

자신의 삶이 거짓과 관련 있어도 자기 자신은 거짓말을 하지 않은 어떤 사람에 대해 들을 때, 우리는 위대하다고 느낀다—어떤 정치가가 진실성 때문에 국가를 파괴할 경우에는 더 그렇다.

19〔185〕

우리의 습관은 의무의 왕국으로 자유롭게 전이함으로써, 즉 우리가 범해서는 안 되는 것을 개념적으로 수용함으로써 덕성이 된다 ; 즉 우리의 행복을 우리가 범해서는 안 되는 것보다 소홀하게 간주함으로써 우리의 습관은 덕성이 된다—이와 같이 개인의 희생을 통해 또는 적어도 눈앞에 떠오르는 그러한 희생의 가능성을 통해.—개인이 자신을 적게 고려하기 시작하는 곳에서 덕성과 예술의 왕국이 시작된다—우리의 형이상학적 세계. 사물의 본질에서 볼 때 도덕적인 것에 조응하는 것이 아무것도 없다면, 의무가 특히 순수할 것이다.

19〔186〕

사고는 결코 기억에 영향을 미치지 않는다. 사고는 수많은 세련된 변형을 통과한다. 말하자면 사고는 어떤 물자체에 조응하는데, 이것은 기억 속에서 파악된 유사한 물자체이다.

19〔187〕

개인은 생성이 뿌리를 두는 다리이다. 원래 모든 특성은 단 한 번뿐인 행위일 뿐이었다. 그 후 동일한 경우에 종종 반복되었고, 최종적으로 습관이 되었다. 개인 안의 수많은 본질은 모든 행위에 참여하고, 개인의 특별한 변형은 하나의 습관과 일치한다. 어떤 개인 안에서 모든 것은 아주 작은 세포에 이르기까지 개별적이다. 즉 그것은 모든 경험과 과거에 참여한다. 따라서 **창조의 가능성**.

5  19〔188〕

플라톤까지
그리스 철학의 역사를
중요한 사안에 따라
이야기하다.
10                    F. N.


19〔189〕
서론.
1. 탈레스 아낙시만드로스 헤라클레이토스 파르메니데스 아낙〔사
15    고라스〕엠페도클레스 데모크리토스 피타〔고라스 학파〕소크라
테스.
1장.
2장.


20  19〔190〕
그리스 철학의 역사.
서론.
1. 탈레스.
2. 아낙시만드로스.

3. 헤라클레이토스.

4. 파르메니데스.

5. 아낙사〔고라스〕.

6. 엠페도클레스.

7. 데모크리토스.

8. 피타〔고라스 학파〕.

9. 소크라테스.

첨언.


19〔191〕

진리와 거짓에 관한 서론

1. 진리의 격정.

2. 진리의 생성.

3. ― ― ―


19〔192〕

고대 그리스 철학자들의 정치적 의미. 마찬가지로 그들의 은유
능력으로 증명하는 것.


19〔193〕

우리의 연극적 장치가 가장 저급한 형식에서만 보존되는 것처
럼 우리의 사회적 친화성은 선술집에서 보존된다.

19〔194〕

　　인류는 불가능한 것에서 번식한다. 이것이 인류의 덕성이다—
"얘들아, 서로 사랑하라"와 같은 정언명법이 그러한 불가능한 요구
이다.

　　이와 같이 순수 논리는 불가능한 것이다. 학문은 불가능한 것에
서 자신을 보존한다.


19〔195〕

　　철학자는 위대한 존재 가운데 가장 희귀한 존재이다. 왜냐하면
인식은 인간 본래의 재능이 아니라 단지 부수적인 것이기 때문이
다. 그리고 그렇기 때문에 또한 위대한 존재 가운데 가장 고귀한 유
형이다.


19〔196〕

　　우리는, 그리스인들이 과거와 이웃에게 배웠던 것처럼 배워야
한다—삶을 위해, 즉 위대한 선택과 함께 학습된 모든 것을 즉시 버
팀대로 사용하면서. 사람들은 이 버팀대 위에서 높이—그리고 모든
이웃보다 더 높이 움직인다. 즉 현학적이지 않게! 삶에 쓸모없는 것
은 참된 역사가 아니다. 물론 너희가 이런 삶을 얼마나 위대하게 받
아들이느냐 또는 얼마나 저급하게 받아들이느냐가 중요하다. 누군
가 역겹게도 한심한 현대의 편파적 관점과 덧없는 교육에 로마 역사
를 연관시키고 이를 통해 로마 역사에 생명을 부여한다면, 그는 모
든 것을 죽이고 미라로 만드는 단순한 학자보다 과거를 더 잘 이해
하는 것이다. (이 시대에 종종 그렇다고 언급되는 역사가 몸젠

Theodor Mommsen.)

19〔197〕
    야전사령관의 수행 과정에서 소크라테스의 태도는 매우 기이하다.
왜냐하면 정치적인 사안에서 그의 진실성이 드러나기 때문이다.

19〔198〕
    우리의 자연과학은 인식의 목표 안에서 몰락을 향해 가고 있다.
    우리의 역사적 교양은 모든 문화의 죽음을 가져온다. 역사적 교
양은 종교에 대항하여 싸운다―그 밖에 역사적 교양은 문화를 파
괴한다.
    그것은 무서운 종교적 억압에 반발하는 인위적인 반응이다―
이제 극단적으로 도주하면서. 어떤 척도도 없이.

19〔199〕
    독일인은 결코 참된 문화 창조에 적합하지 않다 : 왜냐하면 게
르비누스Gervinus 같은 유형의 정치적 멍청이가 오만불손한 잡상
인의 일을 마치 문화를 위한 묘안이나 되는 것처럼 내세우고 있기
때문이다. 불사조는 독일에서 자신의 황금알을 낳는 것을 경계해야
할 것이다.

19〔200〕
    현재에도 여전히 전쟁의 영예를 찬양하는 트럼펫 소리가 자신
을 중심으로 울려 퍼지게 하는 구역질 나는 독일 문화.

바로 우리의 유명한 문헌학 교실에서나 존재할 수 있는 못난 선생들.

19〔201〕

다비드 슈트라우스 같은 존경받을 만한 성경 비판가조차 헤겔적 운무가 점차 사라졌을 때에는 대중음식점의 주방장처럼 말하기 시작한다. 알다시피 그렇게 '교육받은' 독일인들은 오로지 도주한 신학의 후보자로서만 자연과학을 다룰 줄 알고 '기적'이 아주 노골적으로 나쁜 평판을 얻은 것으로 보이는 곳에서만 경청한다.

게다가 현재 사람들은 그의 편협한 속물성에 진심으로 기뻐하는 것을 배운다—속물은 자신의 무죄를 상실했다(릴Riehl). 속물과 우리 신문의 분위기를 띠는 천박한 '학자'는 친밀하게 손을 내민다. 그리고 본의 사이비 철학자 위르겐 보나 마이어는 마찬가지의 환호 속에서 염세주의를 파괴하고 릴 얀 또는 슈트라우스는 9번 교향곡을 파괴한다.

바로 프라이타크Freitag의 소설과 같은 그런 서적 판매상의 졸작이 어떤 효과를 나타내는지 알고 있는 사람은 지금 너무나 적다 : 우리의 퇴색된 문학 상업주들은 용감하고 기괴해져서 세 명의 폭력배가 함께 말하는 것처럼 말한다—또는 그들은 화가 슈빈트의 유형으로 연약한 바다 요정을 보고 기뻐한다.

너희가 위대하지 않다면, 너희는 위대함을 조심해야 할 것이다.

19〔202〕

나는 좋은 책에 대한 어떤 신의 섭리에 대해 아무것도 감지할

수 없다 : 대개 나쁜 책들은 자신을 보존하는 더 좋은 전망을 가진다. 아이스킬로스, 소포클레스, 핀다로스가 항상 다시 필사된 것은 기적같이 보인다. 여하튼 우리가 고대 문학을 소유하고 있다는 것은 정말로 가장 우연한 사건이다.

19〔203〕
쇼펜하우어가, 자기 저작의 첫 번째 판이 파지로 파기되고, 근본적으로 의미 없는, 즉 걱정스런 문인의 작업으로 간주되는 것을, 그리고 자신의 이름이 오랜 실종에서 서서히 등장하는 것을 우리 시대에 체험할 수 있다면———

19〔204〕
추상은 환유, 즉 원인과 결과의 바꿔치기이다.
바로 모든 개념이 하나의 환유이고 인식은 개념 속에서 일어난다. 우리가 진리를 추상으로 분리할 경우, '진리'는 어떤 힘이 된다.

19〔205〕
거부하는 도덕은 가장 위대하다. 왜냐하면 그것은 정말 불가능하기 때문이다. 자신의 모든 감각과 신경이 예!라고 말하고 모든 힘줄과 세포가 저항하는 반면, 인간이 맑은 의식으로 아니오!라고 말한다면 이는 무엇을 의미하는가.

19〔206〕
인식이 몰락을 재촉한다는 무시무시한 가능성에 대해 말할 때,

나는 결코 현재 살고 있는 세대에게 감사하고 싶지는 않다 : 그들은 그러한 경향에 대해 아무것도 알지 못한다. 그러나 15세기 이래 학문의 전개 과정을 본다면, 틀림없이 그러한 힘과 가능성이 나타나고 있다.

19[207]

자연의 진실성을 믿지 않고 곳곳에서 변신과 위장과 변장을 보는 인간, 황소에서 신을 보고 말에서 현명한 자연의 정초자를 보며 나무에서 요정을 보는 인간―이제 그가 스스로 진실성의 법칙을 세운다면, 그는 자신에 대한 자연의 진실성도 믿을 것이다.

19[208]

모든 '우리를'과 '우리가'와 '내가'를 제거할 것. 또한 '부문장'이 있는 문장을 제한할 것. 온갖 인위적인 단어를 가능한 한 피할 것.

19[209]

인간은 자신에게 사물을 적응시키고 인식하는 것을 더 많이 배웠다. 하지만 인간이 좀더 완전해진 인식을 통해 사물에서 멀리 떨어진 것은 아니다. 이때 인간은 식물보다 진리에 더 가까이 있다.

지각된 자극과 운동을 향한 시선이 서로 연관되면서 우선 인과성이 경험법칙으로 나타난다 : 두 개의 측면, 즉 일정한 지각과 일정한 시선의 형상은 항상 함께 나타난다 : 하나가 다른 것의 원인임은 하나의 은유이고, **의지와 행위에서 차용된** 것이다 : 유비 추론.

우리가 의식하는 유일한 인과성은 의지와 행위 사이에 있다―
우리는 이것을 모든 사물에 옮겨놓는다. 그리고 우리는 항상 함께
일어나는 두 가지 변화 사이의 관계를 해석한다. 의도 또는 의지는
명사로 존재하고, 행위는 동사로 존재한다. 의욕하는 존재로서의
동물―그것이 그의 본질이다.

특성과 행위에서 : 우리의 특성이 행위를 만든다 : 하지만 원래
는 우리가 행위에서 특성을 이끌어내는 것이다 : 우리는 특성을 받
아들인다. 왜냐하면 우리는 일정한 유형의 행위를 보기 때문이다.

즉 : 최초의 것은 행위이다. 우리는 행위를 특성과 연결시킨다.

우선 행위에 대한 단어가 생성되고, 여기에서 특성에 대한 단어
가 생성된다. 모든 사물에 옮겨진 이 관계가 인과성이다.

우선 '보다'이고 그런 다음 '관점'이 생성된다. '보는 자'는 '보
다'의 원인에 해당한다. 우리는 의미와 의미 기능 사이에 규칙적인
관계를 지각한다 : 인과성은 이런 관계(의미와 의미 기능의 관계)
를 모든 사물에 옮겨놓는 것이다.

원초적 현상 : 그것은 눈에서 지각된 자극을 눈에 연관시키는
것이다. 즉 감각의 자극을 의미와 연관시키는 것이다. 말하자면 원
래 존재하는 것은 자극일 뿐이다 : 자극을 눈의 능동적 행위로 지각
하고 그것을 보다로 이름 붙이는 것이 인과적 추론이다. 하나의 자
극을 하나의 행위로 지각하는 것, 수동적인 것을 능동적인 것으로 지
각하는 것이 첫 번째 인과적 지각이다. 즉 첫 번째 지각이 이미 이
러한 인과적 지각을 불러온다. 자극과 행위의 내적 연관은 모든 사
물로 전이된다. 이같이 '보다'라는 단어는 자극과 행위를 연관시키
는 하나의 단어이다. 눈은 자극에 대해 능동적이다 : 즉 본다. 우리는

우리의 감각기능을 통해 세계를 해석한다 : 즉 우리는 어디에나 인과성을 전제하고 있다. 왜냐하면 우리는 스스로 그러한 변화를 지속적으로 체험하기 때문이다.

19[210]

    시간, 공간, 인과성은 우리가 사물을 해석할 때 사용하는 인식의 은유일 뿐이다. 자극과 행위가 결합된다 : 우리는 그것이 어떻게 존재하는지 알 수 없다. 우리는 어떤 본래의 인과성도 이해하지 못한다. 그러나 우리는 그것을 직접 경험한다. 모든 고통은 행위를 불러일으키고, 모든 행위는 고통을 불러일으킨다―이렇게 가장 일반적인 감정도 이미 은유이다. 그렇게 이미 지각된 다수성이 시간과 공간을 전제한다. 선형적이고 병렬적으로 전제한다. 시간 속에서의 병렬은 공간 지각을 만든다.

    시간 지각은 원인과 결과의 감정과 함께 존재한다. 그것은 다양한 인과성 속에서의 속도를 묻는 질문의 대답이다.

    공간 지각은 은유를 통해서야 비로소 시간 지각에서 추론된다―혹은 역으로?

    두 가지 인과성이 서로 나란히 영역화된다―

19[211]

    나는 적시에 진지하게 철학 공부에 입문할 가치가 있는 자들에게 도움이 되고자 시도한다. 이런 시도는 성공할 수도 실패할 수도 있다. 나는 이런 시도가 능가될 수 있다는 것도 잘 알고 있다. 나는 다만 저 최고의 철학을 위해 모방되고 능가되기를 바랄 뿐이다.

상아탑 내의 어떤 직업—철학자의 안내를 신뢰하지 않으면서 플라톤을 읽는 사람들에게 충분히 좋은 이유에서 권장될 수 있다.

당신들은 특히 허튼 생각들을 먼저 잊어야 하고 간단하고 자연스러워져야 한다.

5 잘못된 길로 빠져드는 위험.


19[212]

서론. 인물과 이론의 유형들은 서론에 필요하다. 그것은 간단해야 하고 좀더 쉽게 개관되어야 한다.

10 철학이 무엇인지 명료해야 한다. 특히 문화 안에서의 철학의 과제.

비극 시대에 철학한 사람들이 그리스인들이었다는 것을.

역사의 의미 : 식물의 변신. 예.

(이상[적인] 역사와 '성상적' 역사—후자는 불가능하다.)

15 일상적인 인물을 통한 여과에 대해. 쇼펜하우어, I, XXVI. 편집에 대한 반감.

모범적으로 쇼펜하우어의 철학에 관한 질문과 칸트 비판. 쇼펜하우어, I 290.


20 19[213]

고대 역사가의 유형에 따라.

2. 그리스인들을 정당화한다.

3. 탈레스.

19〔214〕

그리스 비극 시대의 철학.
고대 그리스의
철학 대가들에 대한
요약 보고.

19〔215〕

다양성을 정복하는 유일한 방법은 우리가 유(類)를 만드는 것
이다. 예컨대 일정한 수많은 행위 방식들을 대담하다고 명명하는
것이다. 우리는 그런 행위 방식들을 '대담한'이란 표제어로 지칭하
면서 그런 행위 방식들을 설명한다. 기본적으로 모든 설명과 인식
은 표제화일 뿐이다.—이제 과감한 비약을 통해 : 즉 우리가 사물의
다양성을 어떤 한 특성의 수많은 행위로, 예컨대 탈레스의 경우와
같이 물의 수많은 행위로 관찰한다면, 다양성은 하나로 일치된다.
이때 우리는 전이를 보게 된다 : 추상은 수많은 행위를 통합하고 원
인으로 간주된다. 모든 사물의 다양성을 통합하는 추상(특성)은 무
엇인가? '묽은', '촉촉한' 특성. 전체 세계는 촉촉하다. 그러므로 촉
촉하게 존재하는 것이 전체 세계이다. 환유! 하나의 잘못된 추론. 술어
가 술어들의 총합(정의)과 혼동되었다.

이오니아 학파의 경우 논리적 사유는 그다지 훈련받지 못했다.
그것은 매우 천천히 발전한다. 그러나 우리는 잘못된 추론을 환유,
즉 수사적이고 시적인 것보다는 더 올바른 것으로 파악하게 될 것
이다.

모든 수사적 형상(즉 언어의 본질)은 논리적 오류이다. 여기에서

이성이 시작된다!

19[216]

우리는 처음에 어떻게 철학이 생성되었는지, 마찬가지로 어떻게 언어가 생성되었는지 알고 있다. 그것은 비논리적이다.

이제 진리와 진실성의 격정이 부차적으로 등장한다. 이 격정은 우선 논리성과 아무런 관련이 없다. 그것은 단지 의식적으로 기만해서는 안 된다는 것을 말할 뿐이다. 그러나 언어와 철학에서의 기만은 우선 무의식적인 것이고 대단히 어렵게 의식된다. 그러나 동일한 격정을 지닌 다양한 철학들(또는 종교 체계들)의 병존을 통해 매우 특별한 투쟁이 벌어진다. 적대적인 종교들이 병존하는 경우, 한 종교는 다른 종교를 참되지 않은 것으로 설명하면서 자신을 일으켰다 : 체계의 경우도 마찬가지다.

이것은 몇몇 사람들을 회의로 이끈다 : 진리는 솟아오르는 샘물에 있다! 그렇게 그들은 한탄한다.

소크라테스의 경우 진실성은 논리를 소유하는 데 있다 : 논리는 올바른 표제화의 무한한 어려움을 알고 있다.

19[217]

전의적 표현은 우리의 감각 지각이 바탕을 두고 있는 무의식적 추론이 아니다. 유사한 것을 유사한 것과 동일시하는 것—어떤 사물과 어떤 다른 사물에서 어떤 하나의 유사성을 찾아내는 것은 원초적 과정이다. 기억은 이런 행위를 통해 존재하고 지속적으로 연습한다. 혼동이 원초적 현상이다.—이것은 형상을 본다는 것을 전제한다. 눈앞의 형상은 우리의 인식에 결정적인 것이다. 다음에는 우리의 청각 리듬이다. 우리는 눈으로는 결코 시간 표상을 할 수 없을 것이고, 귀로는 전혀 공간 표상을 할 수 없을 것이다. 촉감에 인과 감정이 조응한다.

처음부터 우리는 단지 우리의 눈을 통해서만 형상으로 본다. 우리는 단지 우리의 소리만을 듣는다―이로부터 외부 세계의 수용까지는 확장된 단계이다. 예컨대 식물은 외부 세계를 지각하지 못한다. 촉감과 동시에 지각 형상은 두 개의 지각을 경험적으로 병렬한다. 이 두 지각은 항상 서로 관련되어 나타나기 때문에 연관의 표상을 일으킨다(은유를 통해―왜냐하면 연관되어-현상하는 모든 것이 서로 연관되어 있는 것은 아니기 때문이다).

추상은 매우 중요한 결과물이다. 추상은 지속적으로 기억 속에 확립되고 고착된 인상이다. 추상은 매우 많은 현상들에 적합하고, 그러므로 개별적인 것에 대해 상당히 대략적이고 불충분하다.

19〔218〕

거짓 세계에서의 진리의 격정.

다시 철학의 최고 정점에 있는 거짓 세계.

이런 고귀한 거짓의 목적은 제한되지 않은 인식 욕구를 통제하는 것.

도덕에서 인식 욕구 생성.

19〔219〕

거짓 세계에서 진리의 격정은 어디에서 오는가? 도덕에서.

진리의 격정과 논리.

문화와 진리.


19[220]

사소한 모든 인식은 욕구를 내적으로 크게 충족시킨다: 그러나 진리가 아니라, 진리를 발견했다는 믿음으로. 이러한 욕구 충족은 어떤 유형인가?


19[221]

문화는 어떤 통일이다. 오로지 철학자만이 그 외부에 존재하는 것처럼 보인다. 그는 멀리 있는 후세를 향해 있다―명성.

그리스인들이 철학을 했다는 것은 기이한 일이다. 아름다운 거짓.

더욱 기이한 일은 인간이 여하튼 진리의 격정에 이른 것이다.

진정 인간 안의 형상은 그를 둘러싼 자연보다 더욱 강력한 것이다 : 그들을 둘러싼 자연에도 불구하고 거미줄 같은 고리를 창조하는 15세기의 독일 화가들처럼―신앙심 깊은 예전의 전통에 규정된 채로.

플라톤은 **변증법**이 지배하는 새로운 국가를 원한다. 그는 아름다운 거짓의 **문화**를 거부한다.


19[222]

현재 독일에서는 아무도 철학을 하지 않기 때문에, 독일인들은 철학자가 진정 어떤 존재인가라는 질문을 이해하지 못한다. 따라서 누군가 독일인들을 고려하지 않고 대신 그들에게 호소하면서 그들 안에서 철학자로 살아갈 수 있었다는 것은, 지속적인 경이이고 최종적으로는 악의적 비방으로 전환될 경이이다. 유령과 마찬가지로 독일인들은 현재 불려 나오게 되는 것을 참을 수 없다.

독일인들 가운데 철학자로 태어나는 것은 절망적인 곤경이다!

19〔223〕

도덕 본능 : 어머니의 사랑―서서히 사랑 자체로. 마찬가지로 성적 사랑. 나는 어디서나 전이를 인식한다.

19〔224〕

자연에서는 많은 것이 습하다 : 자연에서는 모든 것이 습하다. 습기는 자연의 본질이 된다 : 습기가 자연의 본질이다. 그렇게 탈레스.

19〔225〕

자기 자신과 타인에 대한 인간의 비진리 : 전제는 무지이다― 실존하기 위해 필요한 것이다(스스로―그리고 사회 안에서). 진공 속으로 표상의 기만이 등장한다. 꿈. (자연에도 불구하고 과거 독일 화가들을 지배했던) 전래된 개념들은 시대마다 서로 다르다. 환유. 완전한 인식이 아니라 자극이다. 눈은 형태를 제공한다. 우리는 표면에 매달려 있다. 아름다움을 향한 경향성. 논리의 결핍, 그러나 은유. 종교. 철학. 모방.

19[226]

모방은 모든 문화의 수단이다. 이를 통해 서서히 본능이 만들어진다. 모든 비교(원초적 사유)는 하나의 모방이다. 이처럼 최초의 유형들이 오직 유사한 유형들만을 강력하게 모방하는 방식, 즉 가장 위대하고 강력한 유형들을 모방하는 방식이 형성된다. 모방을 통한 이차적 본성의 형성. 창조에서 무의식적인 모방이 가장 기이한 것이다. 이 경우 이차적 본성의 형성.

우리의 감각은 더욱더 자연을 모사하면서 자연을 모방한다.

모방은 형상의 수용을 전제한다. 그런 다음 수용된 형상은 수천 개의 은유로 지속적으로 전이된다. 모든 것에 영향을 미치면서.

유사한 것—


19[227]

어떤 힘이 모방을 강요하는가? 은유를 통해 낯선 인상을 전유하는 것.

자극—기억의 형상.

은유(유비 추론)를 통해 연관된다.

결과 : 유사성이 발견되고 새롭게 활기를 띤다. 반복된 자극은 기억의 형상에서 다시 한번 일어난다.

자극을 지각한다—이제 많은 은유에서 반복된다. 이 경우 비슷한 형상이 서로 다른 표제에서 몰려나온다.

모든 지각은 서로 다른 영역으로의 전이를 통해 자극에 대한 다양한 모방을 목표로 한다.

자극이 지각된다.

관련된 신경으로 전이된다.

거기, 전이에서, 반복되다 등.

하나의 감각 인상에서 다른 감각 인상으로의 번역이 일어난다 : 많은 사람들은 일정한 소리에서 무엇인가를 감지하고 맛을 본다.
5  이것은 무척 일반적인 현상이다.


19[228]

인식이 바로 전이의 유효성을 인정하지 않고 은유와 무관하게 일관성 없이 인상을 확립하려 한다면, 모방은 인식에 대립적이다.
10  그것은 이런 목적을 위해 지각된다 : 인상은 개념을 통해 속박되고 제한되며, 그런 다음 죽고 벗겨지고 개념으로서 미라가 되고 보존된다.

그러나 은유 없이 '진정한' 표현과 진정한 인식은 존재하지 않는다. 그러나 이에 대한 기만이 존재한다. 즉 감각 인상의 진리에 대한
15  믿음이 존재한다. 가장 일반적인 은유인 통상적인 은유는 이제 진리로 간주되고 이상한 것의 척도로 간주된다. 사실상 이때 습관과 새로운 것, 통상성과 희귀성 사이의 차이만이 존재할 뿐이다.

인식은 가장 선호된 은유 안에서의 작업일 뿐이다. 즉 더 이상 모방으로서 지각되지 않는 모방이다. 그러므로 인식은 당연히 진리
20  의 왕국으로 진입할 수 없다.

진리 욕구의 격정은 서로 다른 은유의 세계들이 서로 통일되어 있지 않고 투쟁한다는 관찰을 전제한다. 예컨대 꿈과 거짓 등과 습관적이고 통상적인 견해들 : 이 중 하나는 드문 견해이고 다른 하나는 좀더 빈번한 견해라는 것. 즉 관습적인 것은 예외적인 것에 대항

하여 싸우고, 규칙적인 것은 비습관적인 것에 대항하여 싸운다. 따라서 꿈의 세계에 대해 일상의 현실을 중시하는 것.

그러나 드문 것과 비습관적인 것은 좀더 자극적인 것이다―거짓은 자극으로 지각된다. 시.

5

19[229]

정치 사회에서는 확고한 일치가 필요하다. 정치 사회는 은유의 통상적인 사용에 기초를 두고 있다. 모든 비습관적인 은유 사용은 정치 사회를 동요시키고 더욱이 파괴시킨다. 그러니까 모든 단어를
10 대중이 사용하는 것처럼 사용하는 것이 정치적인 적합성이고 도덕이다. 진리로 존재하는 것은 사물의 통상적 의미에서 이탈하지 않는 것을 말할 뿐이다. 진리는 비현실에 대립하여 존재하는 것이다. 최초의 관습은 '존재하는 것'으로 간주되어야 할 것에 대한 관습이다.

그러나 진리로 존재하려는 욕구가 자연으로 전이된다. 그러면
15 그 욕구는 자연도 우리에게 진리로 존재하는 것이 틀림없다는 믿음을 만들어낸다. 인식 욕구는 이러한 전이에 토대를 둔다.

'진리' 안에서 우선 통상적인 습관적 은유가 이해된다.―그러니까 통상적으로 사용하는 것이 습관이 되어 더 이상 환상으로 지각되지 않는 환상 : 망각된 환상, 즉 하나의 은유라는 것이 망각된
20 은유.

19[230]

진리에의 욕구는 얼마나 실재 세계와 거짓 세계가 대립적인가에 대한 끈질긴 관찰에서 시작된다. 그리고 그것은 관습적인 진리가

무조건 유효하지 않을 경우 인간 삶이 얼마나 불안정한가에 대한 끈질긴 관찰에서 시작된다 : 이는 인간 사회가 존재하기 위해서는 확고한 관습이 필요하다는 도덕적 신념이다. 어디에선가 전쟁 상황이 종료되어야 한다면, **전쟁 상황은 진리의 확정과 함께**, 즉 유효하고 구속적인 사물의 표시와 함께 시작되어야 한다.

속이는 자는 비현실적인 것을 현실적으로 현상하도록 하기 위해 표현을 사용한다. 즉 그는 확고한 토대를 오용한다.

다른 측면에서 볼 때 항상 새로운 은유에 대한 욕구는 존재한다. 그것은 시인, 연극인 등에서, 특히 종교에서 분출한다.

이제 철학자는 종교가 지배적인 영역에서 영원한 신화적 거짓 유희의 감정을 가지고 '현실적인 것', '지속적인 것'을 찾는다. 그는 지속적인 진리를 원한다. 즉 그는 확고한 진리 관습에 대한 욕구를 새로운 영역으로 확산시킨다.


19〔231〕

가장 오래된 일신론은 바로 빛나는 하나의 천공을 생각하고 그것을 신이라 부른다. 매우 제한적이고 유연하지 못하다. 다신론적 종교는 정말 진보한 것이다.


19〔232〕

구술적 예술! 독일인이 문필가가 될 수 없는 이유가 여기에 있다!

19〔233〕

　　괴테는 동화를 이야기할 수 있었다. 헤르더Johann G. Herder
는 설교자였다.

　　《파우스트》는 4개 강음 운문에서 민족적으로 유일한 수사적 발
전이다.


19〔234〕

　　나는 온갖 비열한 행위를 꿰뚫어보는 명민한 천사처럼 인식의
가치 문제를 다루려 한다. 악의적이지 않고, 또한 감정 없이.


19〔235〕

　　모든 자연법칙은 다만 하나의 x가 y나 z와 맺는 상관관계일 뿐
이다. 우리는 자연법칙을 xyz의 상관관계로 정의한다. 여기에서 또
한 각각은 우리에게 다만 다른 xyz의 상관관계로 알려질 뿐이다.


19〔236〕

　　엄밀히 말하자면, 인식은 동어 반복의 형식을 취할 뿐이고 공허
하다. 우리를 촉진하는 모든 인식은 비동일적인 것의 동일화, 즉 유사
한 것의 동일화이다. 따라서 인식은 본질적으로 비논리적이다.

　　우리는 어떤 하나의 개념을 이런 과정을 통해서만 획득하는데,
나중에는 마치 '인간'이란 개념이 사실이나 되는 것처럼 만든다. 하
지만 인간의 개념은 다만 우리의 모든 개별 특성들이 제외되면서
형성된 것일 뿐이다. 우리는 자연이 그러한 개념에 따라 움직인다
고 전제한다 : 이때 자연은 한번 의인화된다. 또한 개념도 의인화된

상태이다. 우리에게 개념을 제공하는 것은 개별적인 것을 무시하는 것이고 여기에서 우리의 인식이 시작한다 : 표제화 속에서, 유를 편성하면서. 그러나 그러한 것에 사물의 본질이 조응하지는 않는다 : 인식 과정은 사물의 본질을 알아맞히지 못한다. 무차별적 특성들이 아니라 수많은 개별 특성들이 하나의 사물을 규정한다 : 이러한 특성들의 동일화가 여러 사물을 하나의 개념 안에서 파악하는 계기를 준다.

우리는 특성의 운반자로 본질을 만들고, 이런 특성의 원천으로 추상을 만든다.

예컨대 나무 같은 하나의 통일성이 특성과 연관관계의 다양성 속에서 우리에게 현상하는 것은 두 가지 방식의 의인화이다 : 우선 이렇게 경계가 그어진 통일성으로서 '나무'는 존재하지 않는다. 어떤 하나의 사물은 임의로 (눈에 따라, 형식에 따라) 잘라낸 것이다. 모든 연관관계는 절대적으로 참된 연관관계가 아니라 다시 의인화된 표현이다.

19〔237〕

철학자는 진리가 아니라 세계를 인간으로 변신시키려 한다 : 그는 자기 의식 속에서 세계를 이해하기 위해 전력을 다한다. 그는 **동화**를 위해 전력을 다한다 : 자신이 어떤 것을 의인화해 올바로 설정했다면, 그는 만족한다. 점성술사가 개별 개인들에게 봉사하기 위해 세계를 관찰한다면, 철학자는 세계를 인간으로 관찰한다.

사물의 척도가 되는 인간은 마찬가지로 학문의 사고에도 해당된다. 결론적으로 모든 자연법칙은 의인화된 연관관계의 총합이다.

특히 수 : 모든 다양한 법칙의 해답과 수 형식에서의 법칙의 표현은 하나의 *변환metaphora*이다. 이는 귀가 멀어 음악과 소리를 클라드니 도형에 따라 판단하는 사람과 같다.

19[238]

가장 어렵게 발전한 것은 확실성의 감정이다. 우선 사람들은 설명을 추구한다. 하나의 가설이 많은 것을 설명할 경우, 그 가설은 모든 것을 설명한다는 결론이 생겨났다.

19[239]

아낙시만드로스는 우리 세계의 모순적 성격을 발견한다 : 세계는 자신의 특성에서 몰락한다.

19[240]

세계는 현상이다―그러나 우리만이 세계가 현상하는 원인은 아니다. 다른 측면에서 볼 때 세계는 비실제적이다.

19[241]

우리의 체험은 우리의 개성을 규정한다. 말하자면 우리의 개성은 모든 인상적 느낌에 따라 마지막 세포에 이르기까지 규정된다.

19[242]

정의의 본질 : 연필은 길쭉한 등등의 물체다. A는 B이다. 이때 길쭉한 것은 동시에 알록달록하다. 특성들은 단지 상관관계를 포함

하고 있을 뿐이다.

　일정한 물체는 동시에 이러저러한 상관관계이다. 상관관계는 결코 본질일 수 없다. 단지 결과로 나타난 본질일 뿐이다. 종합 판단은 사물의 결과에 따라 사물을 기술한다. 즉 본질과 결과가 동일시
5　된다. 즉 하나의 환유이다.

　그러니까 종합 판단에는 환유가 존재한다.

　즉 이것은 잘못된 동일화이다.

　즉 종합적 결론은 비논리적이다. 그런 것을 사용할 경우, 우리는 결과를 원인으로 관찰하는 대중의 형이상학을 전제하는 것이다.
10　'연필' 개념은 '사물'로서의 연필과 혼동되어 있다. 종합 판단에서 "이다"는 잘못된 것이다. 그것은 전이를 포함하고 있다. 전혀 다른 영역 두 개가 나란히 설정된 것이다. 이 두 영역 사이에서는 결코 동일화가 일어날 수 없다.

　우리는 순전히 비논리적인 것의 결과 속에서, 무지와 잘못된 지
15　식 속에서 살고 있고 사유한다.


19〔243〕

　비진리의 세계 :

　꿈과 깨어남.
20　짧은 자기 의식.

　가냘픈 기억.

　종합 판단.

　언어.

　환상과 목표.

사회의 거짓된 관점.

시간과 공간.


19〔244〕

모든 세계의 진리의 격정은 어디에서 오는가?

그것은 진리를 원하는 것이 아니라 믿음과 무엇인가에 대한 신뢰를 원한다.


19〔245〕

**철학자의 목적론에 대한 질문**―철학자는 사물을 역사적으로도 심정적으로도 살피지 않는다.

그의 질문은 인식의 가치에 대한 질문으로 확장된다.

철학자에 대한 새로운 표현―그에게는 명성이 필요하다. 그는 인식에서 얻는 **유용함**을 생각하지 않는다. 그는 인식 자체 안에 존재하는 유용함을 생각한다.

그가 세계를 진정으로 파괴할 단어를 찾았다면, 너희는 그가 그 것을 말하지 않을 것이라고 믿는가?

그가 인류에게는 진리가 필요하다고 믿을 경우, 이는 무엇을 의미하는가?


19〔246〕

도대체 인식의 가치는 무엇인가?

거짓 세계―진리는 서서히 올바른 자에게 온다―모든 덕성은 악덕에서 생겨난다.

19[247]

　　1. 학식과 편안함 앞에서 달아남.

　　2. 명성과 철학자.

　　3. 진리와 순수한 형이상학으로서의 진리의 가치.

19[248]

　　주요 부분 : 의인화로서의 체계.

　　거짓 속에서의 삶.

　　진리의 격정은 사랑과 자기 보존을 통해 매개된다.

　　모방과 인식.

　　기만을 통한 무한한 인식 욕구 통제.

　　성상적 역사 기술에 대항하여.

　　종교.

　　예술.

　　불가능과 진보.

　　인식의 가치에 대한 악령의 관찰, 경멸. 점성술.

　　비극적인 것, 즉 칸트 이후 인식의 체념.

　　문화와 학문.

　　학문과 철학.

　　위대한 자의 법칙 제정.

　　아름다움 속에서의 지속적인 창조.

　　논리학자.

　결론 : 목적 없이 생성되다. 우연적으로 불가능한 것을 추구하면서.
　　도덕적이고 역사적으로. 삶을 경멸하면서. 진리로 숭배된 환영은 동일한 결과를 낳고 마찬가지로 형이상학으로 간주된다.

19[249]

　은유는 한 측면에서 유사하게 인식한 것을 동일하게 다루는 것을
말한다.

19[250]

　이때 명성은 자신을 속인다 : 결코 아무도 창조자 자신이 창조
의 감정을 느끼는 것과 같은 정도로 창조의 감정을 다시 느낄 수는
없을 것이다. 그리고 완전한 평가 또한 결코 가능하지 않다.

19[251]

　발견된 진리에 대한 신뢰는 사람들이 그것을 전달하길 원한다
는 점에서 드러난다. 사람들은 그것을 두 가지 방법으로 전달할 수
있다 : 우선 진리가 미치는 영향을 통해 전달한다. 그래서 다른 사
람들은 이 영향을 통해 거꾸로 토대의 가치에 의해 설득된다. 또는
매우 확실하고 이미 인식된 진리의 생성과 논리적 착종을 증명함으
로써 전달할 수 있다. 착종은 특수한 경우들을 일반 법칙 아래 올바
르게 종속시키는 데 있다―착종은 하나의 순수한 표제화이다.

19[252]

　수학적 원이 자연적 원과 관계하는 것과 마찬가지로 예술 작품
은 자연과 관계한다.

19〔253〕

왜 우리는 기만당하고 싶어 하지 않는가?

—우리는 그것을 예술에서 원한다. 우리는 최소한 많은 것에 대해 무지를 갈망한다. 다시 말해 우리는 많은 것에 대해 기만도 갈망한다.

삶에 필요하기 때문에, 그는 기만당하기를 원치 않는다. 즉 그는 자신을 보존할 수 있어야 한다. 그는 그런 욕구의 영역에서 믿음을 가질 수 있기를 원한다.

그는 다만 적대적인 기만을 거부할 뿐이다. 그는 즐겁게 해주는 기만을 거부하지 않는다. 그는 나쁜 기만으로서의 기만당하는 것을 멀리한다. 그러니까 기본적으로 기만이 아니라 기만의 결과가, 말하자면 나쁜 결과가 문제다. 즉 자신의 신뢰에서 나쁜 결과를 낳는 기만이 일어날 경우, 그는 기만을 비난한다. 이 경우 그는 진리를 원한다. 즉 그는 다시 편안한 결과를 원한다. 진리는 단지 적대적인 기만에 대한 대항 수단으로 고려될 뿐이다. 진리가 요구하는 것은 : 기만을 통해 인간에게 나쁜 짓을 하지 말라는 것이다. 인간은 진리의 순수한, 결과 없는 인식에 무관심하다.

자연 또한 인간을 그렇게 준비시키지 않았다. 진리에 대한 믿음은 즐겁게 만드는 일정한 결과에 대한 믿음이다.—그러면 진리를 요구하는 모든 도덕성은 어디에서 기인하는가? 지금까지 모든 것은 이기적이다. 아니면 : 어떤 경우에 진리에 대한 요구는 영웅적이고 개인에게 부정적일까?

19〔254〕

철학자는 진리를 추구하는가?

아니다. 그렇다면 그에게는 확실성이 더 중요할 것이다.

진리는 차갑다. 진리에 대한 믿음은 강력하다.

19〔255〕

삶에 대한 예술의 지배 ―자연적인 측면.

문화와 종교.

문화와 학문.

문화와 철학.

문화에 이르는 세계시민의 길.

로마의 예술 개념과 그리스의 예술 개념.

실러와 괴테의 경쟁.

'교양인'에 대한 묘사.

독일인에 대한 잘못된 개념.

살아 있는 싹으로서의 음악.

19〔256〕

자연적인 초기 단계에서 한 민족은 공통의 원초적 예술을 소유하고 있을 때만 통일적이다.

19〔257〕

몇몇 개념의 결과는 유리(遊離)를 통해 강렬해질 수 있다. 그래서 그것은 다른 욕구들의 힘을 자신에게 잡아당길 것이다. 예컨대 인식 욕구.

미세한 부분까지 규정되어 해부된 자연은 이제 다시 번식하고 유전한다 : 이런 자연은 상승하고, 마침내 그런 측면으로의 흡수 작용은 일반적인 강건함을 파괴하는 데까지 이른다.

19〔258〕

인간은 진리에 무관심하다 : 이는 진리에 접근하는 유일한 형식으로서 동어 반복을 나타낸다.

그러면 진리 추구는 올바로 표제화하는 것, 즉 개별적인 경우를 주어진 개념에 올바로 종속시키는 것을 말한다. 그러나 이때 개념은 지난 시대에서와 마찬가지로 우리의 행위이다. 전체 세계를 올바른 개념들 아래 묶어내는 것은 바로 개별 사물을 원초적으로 인간적이고 가장 일반적인 상관관계 형식 아래 정돈하는 것과 다르지 않다 : 그러니까 개념을 다만 보존하는 것이다. 우리가 개념 안에 집어넣었던 것을 다시 그 안에서 찾는 것이다—말하자면 기본적으로 또한 동어반복이다.

19〔259〕

공격할 것 :

문헌학자들의 회의.
슈트라스부르크 대학.
아우크스부르크 여인에서의 아우어바흐, 민족의 기념비.
프라이타크 잉고, 학자들 기술

고트샬Gottschall.

젊은 독일.

라이프치히 대학, 세관원.

낭비적 연극.

의회에서의 예술 급여.

그림Grimm, 뤼브케Lübke, 율리안 슈미트Julian Schmidt.

위르겐〔보나〕마이어, 쿠노 피셔Kuno Fischer, 로체.

릴, 슈빈트.

베를린의 교수 경제.

얀Jahn과 하우프트만Hauptmann.

게르비누스.

한슬리크.

중앙신문.

독특한―음악하기.

라이프치히, 바그너의 출생 도시.

슈트라우스.


19〔260〕

　'대담한 자'들은 무한한 멜로디를 찾을 수 없다 ; 그들은 항상 최종적이고 자신들의 노골적인 강조에 머문다.


19〔261〕

　독일 문화의 요소들.

　학자적인

종교적―해방적인
외국에 대한 모방 욕구.

19[262]

학문 안에서의 자유방임 : 모든 학자는 자신을 위해. 전체 학자
-공화국의 정신은 부정적으로 분개하기는 하나 열광하지는 않는
다.

19[263]

관습(종교)의 온순화. 학식과 학문은 야만과 어울리지 않는다.
현재 독일인의 문화적 행보는 하나의 조직, 즉 하나의 재판정을
만드는 것을 감행하고 있다.

19[264]

음악이 말하지 않는 것은 행운이다―현재 음악가들이 많이 지
껄일지라도. 그렇기 때문에 음악은 구원의 씨앗으로 적합하다.

19[265]

독일에서는 단 세 가지 유형의 직업군만이 말을 많이 하고 있다
: 학자, 성직자, 보모.

19[266]

교양―삶의 곤궁이 아니라 과잉.
예술은 관습이거나 아니면 자연이다.

관습을 만드는 우리 위대한 시인들의 시도. 괴테와 연극적 존재.

자연의 진리 — 병리적인 것은 너무나 강력했다.

그것들은 형식으로 만들어내지 못했다.

19[267]

1. 고독한 바이로이트 성령강림제의 희망에 관한 묘사. 바그너의 9번 교향곡에 대한 개인적 해석과 그의 삶에서 나오는 우리 문화를 위한 상징적 희망. 우리가 기적에 대해 성숙하지 않다는 것과 그것이 미치는 영향이 충분히 깊지 않다는 것이 우리의 가장 큰 두려움이다.

2. 사방의 고요함. 아무도 그 무엇을 알아채지 못한다. 정부는 자신의 교육의 호의를 믿는다. 학자들도 마찬가지다. 전쟁의 결과를 이용함. 사람들은 무엇을 통해 전쟁을 신성시했는가?—바그너를 향한 멍청한 혐오.

3. 초기에 억압당한 오늘날의 저급한 예술 기관, 즉 신문의 대표자들은 일정한 소음을 일으킨다. 이것은 두려워한다. 소음을 내는 혐오. 저 멍청한 예감하는 혐오에 의존해서만 존재할 수 있는가.

현재의 교양인의 몰락에 대한 예견.

19[268]

여섯 개의 강연에 대한 계획.

예술과 우리의 성령강림제.

자신의 형식 안에서의 교양인.

교양인의 생성.

로마의 예술 개념과 그리스의 예술 개념과 우리의 고전.

음악, 드라마, 삶.

아침놀―관점들. 좀더 고귀한 교양을 위한 재판정. 소박한 현
상들은 다음 순서로 등장한다. 즉 참된 예술가, 예술의 의미, 새로
운 세계 고찰의 깊은 진지함.


19〔269〕

성령강림제에 대한 우리의 놀라움. 그것은 음악 축제가 아니었
다. 그것은 어떤 하나의 꿈처럼 보였다.

바그너는 모욕을 당할 때마다 매번 심오한 문제를 건드린다.

문헌학자들의 회의. 슈트라스부르크.―선생과 대학과 대학을
이끄는 자들은 아무것도 예견하지 못했다.


19〔270〕

1. 2. 3. 교양인의 성격.

1. 2. 3. 교양인의 생성.

그에게는 올바른 토대의 설정 *dos moi pou stō*이 존재하지
않는다.

실러와 괴테의 엄청난 경쟁.

그들은 독일인의 부적을 찾고 있다.

그리스인들 안의 외국을 공부한다.

로마의 예술 개념과 그리스의 예술 개념.

1. 2. 3. 바그너는 음악을 그런 올바른 토대의 설정으로 인식한다.

음악과 국가에 대한 고대의 원칙. 다음 단계 : 음악이 연극을 창조한다. 이제 언어 연극이라는 것이 등장한다 : 모방된 것, 비독창적인 것, 날조된 것, 또는 대담함. 바그너. 괴테의 민요, 인형극, 민중시. 신화. 그는 비로소 독일적인 것을 창조한다. 모든 예술과 삶에 대한 고대 비극의 일관성. '교양인들'은 당혹스러워한다.

19[271]

우리는 어디에서 문학 작품을 소유할 수 있는가? 우리에게는 진정 웅변가가 없다. 괴테는 동화를 말하는 사람,———

남성인 성직자와 여성인 아줌마가 이상화되어 우리 작가들의 기본 유형을 제공한다. 보모, 학자, 성직자, 대지주.

19[272]

독일적으로 되어가는 문화의 불행 :

헤겔

하이네

민족적인 것을 강조했던 정치적 열병 :

전쟁의 명성.

독일적으로 되어가는 문화의 버팀목 :

쇼펜하우어는 —괴테적—실러적—문화의 세계 고찰을 심화시킨다.

19〔273〕

코체부August von Kotzebue의

시민적 희극의 가면들.

'늙은 처녀', 감상적인 자 :

　　릴, 게르비누스, 슈빈트, 얀, 프라이타크는

　　무죄와 아름다움에 대해 자주 말하고 있다.

젊은 '노인' (둔감한 자), 역사적인 자 :

　　랑케Leopold von Ranke, 신문에 글 쓰는 사람들, 몸젠, 베
르나이스.

　　　모든 것을 넘어서 있다.

영원한 고등학생 :

　　고트샬, 린다우Lindau, 구츠코Karl Gutzkow, 라우베.

나라의 비신앙인 :

　　슈트라우스. 속물 근성이 바로 원래의 비신앙성이다.


19〔274〕

바이로이트의 지평—관찰.

1.　　바이로이트의 성령강림제. 끔찍한 몰—이해가 지배적이
　　　다. 라이프치히의 문헌학자들의 회의. 전쟁과 스트라스
　　　부르크 대학.

2.　　연약한 자.

3.　　역사적인 자.

4.　　학자.

5.　　신문에 글 쓰는 사람.

　　　　　　　　　　　　　　　'교양인'의 성격.

6.      자연과학자.                )
7. 8.   학교. 대학.              )
9.      그들과 예술의 관계.       )        '교양인' 의 생성.
10.     수도의 페니키아인 : 저 교양의 모방자로.
11. 12. 주요 명제 : 독일적 교양이란 존재하지 않는다. 왜냐하면
        독일적 예술 양식이 존재하지 않기 때문이다. 독일적 양
        식에 이르는 실러와 괴테의 엄청난 작업. 세계시민의
        경향은 필수적. 종교혁명 작업의 지속.


        바그너의 *올바른 토대의 설정* : 독일 음악. 사람들은 독일 문화
가 다른 문화와 어떤 관계를 취할 것인가를 독일음악에서 배울 수
있다. 음악에 대한 플라톤 : 문화. 문화는 '역사적' 이지 않다. 사람
들은 문화 속에서 생동감을 느낄 수 있다. 문화는 깊은 의미에서 현
학적인 것을 극복하고 본능적 기술로 변화시킨다. 문화는 신화를
다시 소생시킨다(마이스터징어).


19[275]
        서론.
        '교양인' 의 성격.
        '교양인' 의 생성.
        교양은 존재하지 않는다. 현재까지의 투쟁에 대한 묘사.
        연극(대담한 자. 그들의 노골적인 강조는 오페라의 극적 강조
            와 늘임표와 같다).
        독일인의 술자리 노래조차 가르쳤다.


118  유고(1872년 여름~1874년 말)

19〔276〕

　'교양'은 눕는 소파 위에서처럼 실러와 괴테의 토대 위에 뿌리
내리길 시도했다.


19〔277〕

　　1. 로드의 단편.

　　2. 영웅의 호소.

　　3. 즐겨서 그리고 좀더 즐겨서.

　　4. 무한히!

　　5. 시들어버린.

　　6. 그것은 손짓하며 인사한다.

　　7. 세레나데.

　　8. 에필로그.

　　9. 왕의 죽음.

　　10. 그렇게 다시 한번 웃었다.

　　11. 에테스 티토크Etes titok.

　　12. 돌격 행진.

　　13. 첫 번째 섣달 그믐날 파티에서부터.

　　14. 미제레레 기도.

　　15. 마리아의 고지.


19〔278〕

　그리스 민족이 결정(結晶)화된 확고한 지점은 그들의 언어이다.
그들의 문화가 결정화된 확고한 지점은 호메로스이다.

말하자면 두 경우 모두 예술 작품이다.

19[279]
A. 도브는 고무하는 사람인 무어인 P. 린다우를 돌본다.
모든 예술의 문제에서 정말로 우둔한 게르비누스에게서 독일인
들이 만들었던 지양.

19[280]
하인리히 **클라이스트**Heinrich Kleist는 마치 자신이 높은 산에
올라간 것처럼 극작가와 연설가로서 우리에게 말한다.
클라이스트에 대해 괴테는 : 두려워한다.
연극 예술은 우리의 관객에게 헛되고 기만적이다 : 그것은 미
적 감정이 없다. 그것은 병리적이다.

19[281]
우리는 문화와 무관하게 학자를, 문화와 무관하게 신앙인을, 문
화와 무관하게 철학자를 생각할 수 있다 : 학자로 존재하는 것은 통
일적 교양과 모순 관계에 있다. 기독교적 경건함으로 존재하는 데
는 모순이―――

19[282]
철학자의 본질에서 **지성적 요소**와 **예지적 요소**를 구별하는 것.

19〔283〕

현재 문화의 요소들.


1. 역사적인 것, 생성.

2. 속물적인 것, 존재.

3. 현학적인 것.

4. 민족과 무관한 문화.

5. 관습은 본질적으로 이국적이다.

6. 미학적이지 않은 것(병리적인 것).

7. 실천과 무관한 철학.

8. 교양에 따르지 않는 카스트 제도.

9. 말하기가 아니라 글쓰기.


19〔284〕

지금까지 독일적인 것을 연결했던 것은 언어였다. 이제는 그것을 위해 음악이.

실러와 괴테의 세계시민적 경향은 오리엔탈적 경향에 조응한다.

독일적인 것은 비로소 형성되어야 한다:

민족적 토대 위에서의 형성이 아니라 독일적인 것의 형성이다.

독일적인 것에 따른 형성이 아니다.

독일적인 것이 형성되어야 한다 : 아직은 존재하지 않는다. 덕성이나 악덕에 토대를 두어서는 안 된다.

19[285]

독일의 과거의 요소들.


민중 예술로서의 종교개혁―파우스트, 마이스터징어.

금욕과 순수한 사랑, 로마― 탄호이저.

신뢰와 기사, 오리엔트―로엔그린.

원초적 신화, 인간―니벨룽겐의 반지.

사랑의 형이상학―트리스탄.

이것은 우리의 신화 세계이다. 신화 세계는 종교개혁에까지 미친다. 신화 세계에 대한 믿음은 그리스인의 자신의 신화에 대한 믿음과 매우 유사하다.

우리의 첫째 목표는 독일적 형성이 아니라 독일적인 것의 형성이다.

역사적인 것의 자리에―신화를 형성하는 힘.

속물적이고-연약한 것의 자리에 형이상학적인 함께-고뇌함.

현학적인 것의 자리에―비극적 지혜.

미적이지 않은-병리적인 것의 자리에―자유로운 놀이.

카스트제도의 자리에―교양의 재판정.

글쓰기의 자리에―생각하기와 말하기.

교리의 자리에―철학.

혼합된 종교와 아시아적인 것의 극복(성급함과 사치 속에서―페니키아적).

언어와 음악의 성스러운 관계.

19[286]

독일에서의 미학.

레싱Gotthold E. Lessing 빙켈만Johann Winckelmann 하만
Johann G. Hamann 헤르더.

실러 괴테.

그릴파르처.

쇼펜하우어.

바그너.　　　　푹스Fuchs.

19[287]

고대 그리스 철학자들에

대한

요약 보고.

19[288]

영혼 윤회―변신들.

19[289]

종교개혁의 지속.

예술에 대한 학식과 학자의 지식.

민요의 발견, 셰익스피어, 하만, 파우스트― : 본능적, 불규칙
적―무지한.

조각의 단순한 아름다움. 연극에서의 강력한 필연성― : 고대

인들의 모범적인 영향, 프랑스적 규칙의 제거.

19〔290〕
  연극을 발견하고 문학 작품을 창조하는 실험— : 세계시민적
모방.
  삶과 예술의 연관관계에 대한 완성된 통찰— '문학' 개념의 극
복— : 바그너.
  **독특한 음악 만들기**의 제거. 수도사 음악에 대항하여.
  학식에서 예술 욕구로 이행.
  로마의 예술 개념의 극복 : 관습과 정립으로서의 예술.
  그리스적 개념으로의 복귀 : 자연으로서의 예술.

19〔291〕
  또한 그리스 예술은 오랫동안 **로마적으로** 이해되었다. 내가 생
각하기로는 로마인들이 그것을 이해했던 것처럼 이해되었다 : 임의
로 장식할 수 있는 **장식품**으로, 숲과 비교해볼 때 온실로. 고귀한 관
습.—

19〔292〕
  로체의 좋지 않은 책의 공간은 완전히 미적이지 않은 인간 리터
Ritter(거의 이미 실종되다시피 한 철학사가)와 엉뚱한 라이프치히
의 철학자 바이세Weisse에 대한 평론으로 채워졌다.

19〔293〕

　플라우투스 로마 예술, 새로운 그리스 희극. 확고한 가면 — 희극.

19〔294〕

　낭만주의자 — 부분적으로 교양을 갖춘 세계시민주의에 대한 자연주의적인 역반응, 부분적으로 차가운 조각에 대한 음악의 역반응, 부분적으로 세계시민적 모방과 모창의 확장. 떨어지는 직감 능력.

　코체부가 실러와 괴테에 대항한 것과 마찬가지로 젊은 독일은 프랑스 계몽주의를 대변하면서 우둔한 모방 속에 빠져 있다.

19〔295〕

　민족적 토대 위에서의 형성이 아니라, 삶, 인식, 창조, 말하기, 걷기 등에서의 독일적 양식의 형성.

19〔296〕

　　　　독일의 교양에 대하여.


　　　　바이로이트의 예술 동지에게 헌정된
　　　　　　축하 기념 간행물.

19〔297〕

　허약함과 덕성을 통한 민족 구별. 몇몇 문명의 경우 공통적.

19〔298〕

## 독일적 예술 양식의
## 형성에 대하여.

5    여기 이러한 길이 존재하기 전에는 어떤 형성에 이르기 위해서
세계시민적 길만이 존재했다.

형성은 예술의 지도하에 있는 한 민족의 삶이다. 철학은 민중을
위해 존재하지 않는다. 학문과 마찬가지로 종교는 야만과 관계한
다.

10    전쟁 후 문화의 요구에서 출발하는 것. 1872. 슈트라스부르크,
민족적-독일적인 것을 주장하는 것이 얼마나 어리석은지 보지 못
하는 무능력. 우리에게 예술은 **로마적으로** 유효하다. 예전에는 그렇
지 않았다. 학문은 야만과 화합한다.


15    19〔299〕

재능은 문화를 위한 전제일 뿐이다. 중요한 것은 표본에 따른
훈육이다.

교양은 필수적으로 개념적인 교양이 아니다. 교양은 음악가가
캄캄한 어둠 속에서도 악기를 올바로 연주하는 것처럼 특히 **직관적**
20   이고 옳게 선별하는 교양이다 : 교양을 위해 한 민족을 **교육시키는** 것
은 본질적으로 고귀한 욕구의 모범과 교양에 습관을 들이는 것이
다.

19〔300〕

현재 독일의 희망하는 자들.

독일 문화의 가능성.

독일 문화에 대한 희망.

기념 저작.

19〔301〕

희망하는 자들.

현재 주어진 독일 문화

관찰.

19〔302〕

희망하는 자의 말.

어느 희망하는 자의 말.

19〔303〕

바이로이트 지평.

바이로이트의 지평.

**바이로이트 지평-관찰.**

19〔304〕

독일인들은 드물게 말한다. 그렇기 때문에 모든 극작가는 곤혹
스럽다. 참된 것은 바그너의 방식이다. 짧게 말해 루네 문자를 사용
하는 것과 같이, 깊이 있게 상징적 단어를 사용하면서. 원초적 신탁
은 아마도 세 가지 두운법의 루네 문자들.

19[305]

　소수의 남자들은 자신의 민족을 야만으로 지칭하는 것을 주저할 것이다. 그러나 괴테는 그렇게 했다. 사람들은 그것을 설명해야 한다.

19[306]

　어떤 문화도 사흘만에 건설되지 않는다. 더욱이 문화는 언젠가 하늘에서 떨어진 것이 아니다 : 오로지 예전의 야만에서 문화가 생성된다. 오랜 동요와 투쟁의 시대가 존재한다. 이때 모든 것은 회의적이다.

19[307]

　우리는 어떤 형상이 되[었고] 어떤 형식을 소유한 사람을 교양인이라고 지칭한다 : 이때 형식에 대립적인 것은 형태지위지지 않은 것, 형태가 없는 것, 통일성이 없는 것이다.

19[308]

　한 민족의 통일성은 무엇에 달려 있는가? 외부적으로는 정부에, 내부적으로는 언어와 관습에 달려 있다. 그러나 관습은 많은 공동체의 삶과 이주를 통해서야 매우 서서히 통일적이 된다.

19[309]

　괴테 : "우리가 많이 '세련되기는' 했다."

19〔310〕

　문화―예술의 삶에 대한 지배. 문화적 품격의 정도는 우선 이런 지배 정도에 달려 있다. 둘째로 예술의 가치 자체에 달려 있다.


19〔311〕

　종교, 법 등을 통한 관습의 완화.

　인식의 상승과 이를 통한 좀더 적은 미신, 어둠, 광신과 좀더 많은 명상, 휴식.

　발명. 복지의 상승과 다른 민족과의 교류.

　이때 종교와 야만이 있다.

　발명의 재능과 지성은 야만과 타협적이다. 예술조차 가능하다. 그러나 사람들은 그런 민족을 야만족이라 부를 수 있을 것이다.

　삶에 대한 예술의 지배.


19〔312〕

　돌발적으로 일어난 최근의 거대한 전쟁의 혼란 속에서 분개한 한 프랑스 학자는 독일인을 야만인이라고 지칭했고 독일인의 문화 결핍을 비난했다. 그때 독일에서는 그것은 근본적으로 가당치 않다고 말하는 것을 또렷하게 충분히 들을 수 있었다. 그리고 저널리스트들에게는 자신들의 더럽혀진 문화의 갑옷을 정말 깨끗이 닦고 승리를 확신하면서 그것을 과시할 수 있는 기회가 주어졌다. 사람들은, 독일 민족이 세계에서 가장 영리하고 박식하며 〔가장〕 온유하고 덕 있고 순수한 민족이라는 확신에 차 있었다 : 사람들은 식인적이고 해적이라는 비난에도 대항하는 느낌을 매우 확고히 가지고 있었다. 이제 곧 이에 대해 하나의 목소리가 운하 저편에서 커졌는데, 바로 존경할 만한 칼라일이 저 독일인의 특성을 공개적으로 칭찬했고 독일인 편에 서서 축복의 손으로 독일인의 승리를 희망한 것이다. 그때 사람들은 독일 문화에 대해 순수함을 갖게 되었고 전쟁에서 승리한 후에는 독일 문화의 승리에 대해 확실히 순진하게 말할 수 있었다. 이제 독일인은 당시 우리를 감당할 수 없는 상태로 만든 많은 말들을 배후에서 다시 한번 살펴보는 시간을 가지고 있다. 현재에는 아마 프랑스인이 옳았다고 인식하는 사람들이 몇 있을 것이다 : 독일인은 저 모든 인문적인 특성에도 불구하고 야만인이다. 사람들이 야만인인 독일인의 승리를 원해야만 했다면, 그것은 물론 독일인이 야만인이어서가 아니라 생성하는 문화가 독일인을 구원할 것이라는 희망 때문이었다 : 반면 변질되고 고갈된 문화는 고려하지 않는다 : 자신의 자식을 변질시키는 여성이 아니라 자식을 새로 낳은 여성이 법칙에 신성하다. 그 밖에 독일인이 아직도 야만인이라는 것이 괴테의 생각이다. 괴테는 이런 진리를 독일인에게 말할 수 있을 정도로 충분한 경험이 있다. 나는 그의 말에 내 관찰을 연결시켜야만 한다. 왜냐하면 괴테 외에는 아무도 내게 그것을 허가하길 원치 않기 때문이다. 그는 어느 날 저녁 에커만Johann P. Eckermann에게 말했다. 우리는———

마지막 문구는 세련된 것이다. 왜냐하면 그것은 현재의 신봉자에게 가능성을 주기 때문이다. 독일인이 더 이상 야만인이 아니게 된 것은 매우 오래되었다고, 즉 19세기 후반부터라고 사람들은 몇백 년 안에 말하게 될 것이다. 이것은 임의적인 수용이 아니다. 실제로 현재의 거대한 대중은 독일 문화를 성취했다고 믿고 있다. 그러나 이것은 올바른 것이 아니라는 것, 바로 이것을 나는 하나의 예를 들어 증명하려 한다. 우선 문화의 개념이 확립되어야 한다. 괴테는 덧붙이고 있다―노래에 대해. 무더기의 전쟁 노래와 소네트, 또한 새로운 음향에서 나온 하나가 아니라 ― ― ―

19〔313〕

   야만인과 야만이라는 단어는 악독하고 무모한 단어이다. 나는 감히 머리말 없이 이 단어를 사용한다 : 그리스인들이 낯선 민족의 말소리를 개구리 울음소리와 같다고 말하면서 개구리라 지칭한 것이 사실이라면, 야만인들은 말하자면 요설가들이다―무의미하고 아름답지 않은 수다Geplapper. 미적 교육의 결핍.

19〔314〕

   물론 프랑스인은 전 세계에서 승승장구하는 그들의 문명을 생각했고 독일 사회에서 발견되는 쇠약한 모방의 정도를 생각했다 : 프랑스인은 문화라고 말하지 않았다. 왜냐하면 독일 사회는 문화를 만들지 못했고, 예컨대 러시아인들과 달리 한번도 주어진 문화를 능숙하게 모방할 수 없었기 때문이다.
   그리고 그렇기 때문에 모든 전쟁의 위험이 그렇게 무서운 것이다. 그것은 내적으로 성장하는 과실을 파괴하기 때문이다.
   **전쟁의 명성**은 거의 하나의 커다란 위험이다.

19〔315〕

   서론.

지혜 학문.

신화적 예비 단계.

산발적으로―격언에 적합한 것.

현자*sophos anēr*의 예비 단계.

5     탈레스.

아낙시만드로스.

아낙시메네스.

피타고라스.

헤라클레이토스.

10     크세노파네스.

파르메니데스.

아낙사고라스.

엠페도클레스.

데모크리토스.

15     피타고라스 학파.

소크라테스.                               아주 간단하게.


19[316]

그리스인들을 통한

20                철학의 정당화.


기념 저작.

프리드리히 니체.

19〔317〕

희망하는 자의 관찰.

19〔318〕

마지막 철학자.

1. 인간의 자연으로의 전이.
2. 세계 원칙으로서 그리스적인 것.
3. 디오니소스적인 것에 대립하는 헤라클레이토스.
   동물 희생에 대립하는 엠페도클레스.
   피타고라스 학파, 교단 제도.
   학문〔적인〕 여행자인 데모크리토스.

19〔319〕

철학의 원초적 목적은 좌절되었다.
성상적 역사 서술에 대항하여.
철학, 문화와 무관하게, 그리고 학문.
칸트 이후 변화된 철학의 위치.
형이상학은 불가능. 자기 거세.

비극적 체념, 철학의 종말.
오로지 예술만이 우리를 구원할 수 있다.

19〔320〕

    1. 나머지 철학자들.

    2. 진리와 환상.

    3. 환상과 문화.

    4. 마지막 철학자.


19〔321〕

최종적인 것에 이르는 철학자의 방법이 표제화된다.

비논리적 욕구.

진실과 은유.


그리스 철학자의 과제 : 통제.

인식의 야만적 결과.

환상 속에서의 삶.


칸트 이후 철학은 죽었다.

단순하게 만드는 자 쇼펜하우어는 스콜라 철학을 정리한다.

학문과 문화. 대립.

예술의 과제.

방법은 교육이다.

철학은 비극적 욕구를 만들어내야 한다.


19〔322〕

근대 철학은 단순하지 않고 스콜라적이며 형식들로 중첩되어 있다.

단순하게 만드는 자 쇼펜하우어.

우리는 개념시를 더 이상 허용하지 않는다. 오로지 예술 작품에서만.

5    학문에 대한 대항 수단? 어디에?

대항 수단으로서 예술. 예술을 받아들이기 위해서는 학문의 불충분함을 인식했어야 한다. 비극적 체념. 신은 문화를 위해 무엇이 생성되는지 안다! 문화는 배후에서 시작된다!


10   19〔323〕

1월   13주 : 3. 운율학의 역사

2월         4. 아우구스티누스 이후.

3월         호라티우스적 운율 등.

언어를 운율법으로

15          관찰하다.

5. 6운각의 시구.

6. 3각 율시.

7. 에올리아의 운율.

8. 도리아적 시절.

20   9. 작곡 등.


19〔324〕

고전문헌학.

헤시오도스와 호메로스.

운율학.

19〔325〕

고대 그리스의
철학의 대가들.


철학의 젊은 친구들을 위해
기록되었다.
———에 의해서.

19〔326〕

고안들.


1. 헤시오도스.
2. 그리스인의 시간을 측정하는 운율학.
3. 그리스의 비극.

19〔327〕

다섯 개의 씌어지지 않은, 씌어지지 않을
책을 위한 다섯 개의 머리말.


1. 우리의 교육 기관의 미래에 대하여.
2. 쇼펜하우어 철학과 독일 문화의 관계.
3. 진리의 격정에 대하여.

4. 그리스의 국가.

5. 호메로스와 헤시오도스의 시합.


19〔328〕

진리의 인식은 불가능.

예술과 철학자.

진리의 격정.                                         예술에

철학과 문화는 어떤 관계를 가지는가 : 쇼펜하우어.   봉사하는

                                                    모든 인식


문화의 통일.

현재 파손된 것들에 대한 묘사.

발단 지점으로서의 연극.


19〔329〕

문화의 첫째 단계 : 언어에 대한 믿음, 지속적인 은유적 표시로.

문화의 둘째 단계 : 호메로스를 모범으로 삼는 은유 세계의 통일과

   연관.


19〔330〕[1]

1) 교양적 속물.

2) 역사적 질병.

3) 많이 읽기와 쓰기.

---

[1] 나중에 추가로 기입된 것.

4) 문학적 음악가(천재의 추종자들이 어떻게 천재의 영향을 파괴하는가).

5) 독일적 그리고 사이비 독일적.

6) 병사─문화.

7) **보통 교육**─사회주의 등.

8) 교육적─신학.

9) 김나지움과 대학.

10) 철학과 문화.

11) 자연과학.

12) 시인 등.

13) 고전문헌학.


'반시대적 고찰' 구상.

바젤, 1873년 9월 2일.

[20 = Mp XII 3. 1872년 여름]

20〔1〕

'호메로스의 시합'에

대한

첫 번째 임시 고안.

1872년 7월 21일 시작하다.

20〔2〕

후기에 대하여.


더딘 오성, 갑작스럽고 격정적인 지각.

리츨의 오디세우스와의 비교.

항상 산재한 것을 전체적으로 조직하는 것.

뇌우 속에서의 신.

사원의 예수.

유능한 시민이 예견된다.

나는 나를 위장시킬 수 없었고 단지 은폐했을 뿐이다. 나는 침
묵한다. 다른 사람들은 조롱한다 등.

[21 = U I 4b. 1872년 여름~1873년 초]

5 21〔1〕

가을 : 아이스킬로스의 제주를 바치는 여인들에 대해.

　　　소크라테스 이전 철학자들의 연대기에 대해.

겨울 : 우리 교육 기관의 미래.


10 21〔2〕

제주를 바치는 여인들.

아이스킬로스의 예술 양식 고찰.


잘못된 열광과 진정한 감명의 어려움.

15　1. 조각적인 것. 관객의 이탈에서 도출된다 : 적은 운동. 관점적인 것. 가면. 매우 엄격한 대칭. 무대 장치. 시행의 수량 계산. 피디아스 양식을 예견한다. 조각의 지속적 생명력은 어디에서 오는가?

2. 음악적인 것. 언어 음악. 모든 것이 음악이다. 말해진 것은
20　없다. 말해진 부분은 모두 노래되었다. 또한 관현악적인 것은 결코 중단하지 않는다.

3. 신화적인 것 : 소포클레스와 비교. 신화의 분할. 대조가 함께 있는 대칭. 저녁 그림자를 사용하는 섬뜩함. 조각과 음악의 조화 속에서 신화의 엄격성.

4. 언어 예술. 방언. '고귀한' 양식. 문장론은 무대의 에토스에
   적합하게. 954.


   나는――――

21〔3〕
   조각적인 것. 아이스킬로스의 눈앞에 있는 것은 셰익스피어처럼
거대한 격동적인 자극 형상이 아니라 조각적-휴식적인 무리이다.
   운동은 엄격하게 대칭적으로 일어난다. 시행의 수.

21〔4〕
   풍성한 것, 운 좋은 것, 행운의 것이 나타난다!Quod felix faustum
fortunatumque vertat!

21〔5〕
   서론. 그리스인의 음악을 통한 교육.


   비극 시대의 지혜.
      시합. 엠페도클레스.
      사랑과 교육. 소크라테스.
      음악을 통한 교육. 피타고라스.
      예술과 삶. 헤라클레이토스.
      대담성. 엘레아 학파.

21〔6〕

비극 시대의 철학.


그리스인들은 당시 철학을 했다! 놀랍다!

우리는 어떻게 그 시대를 체험할 것인가? 경탄할 만한 조망 안에서? 우리가 그것을 진정 생생하게 모방하는 것이 교양이다.

'체계'는 자신을 삼켜버린다 : 그러나 하나는 남아 있다.

이러한 철학자들은 모두 언젠가 세계가 생성하는 것을 보았다!

나는 골동품이 아니라 역사의 회화를 원한다.


21〔7〕

비극의 탄생.

바이로이트의 지평 – 관찰.

고대의 운율학.

플라톤 이전의 철학자들.

교육 기관들.


21〔8〕

판독과 설명.

신화적인 것.

조각적인 것.

음악적인 것.

리듬이 있는 것.

21[9]

모든 것은 하나에서 생성된다.

소멸은 하나의 형벌이다.

소멸과 생성은 합법칙적이다.

소멸과 생성은 기만이다 : 그것은 하나다.

모든 특성은 영원하다. 변화는 없다.

모든 질은 양이다.

모든 영향은 마술적이다.

모든 영향은 기계적이다.

개념은 확고하다. 그 외에는 아무것도 없다.


21[10]

봄이 즐거움과 무관한 것처럼 인식 자체는 즐거움과 무관하다.
인식은 어떻게 세상에 등장하는가?


21[11]

소크라테스의 모든 것은 틀렸다―개념은 확고하지도 않고,
　　　　　　　　　　또한 중요하지도 않다.
　　　　　　　　　　인식은 옳음의 원천이 아니
　　　　　　　　　　다. 그리고 대개는 생산
　　　　　　　　　　적이지 않다.
　　　　　　　　　　문화를 파괴하면서.

21〔12〕

　　누군가 잃어버린 것을 찾는 것은 우선 잃어버린 사람에게만 기쁨이다. 그러나 아무도 잃어버리지 않은 것을 찾는 것과 또한 아무도 갖고 있지 않은 것을 발견하는 것은 발견자에게는 기이한 만족이다.

21〔13〕

　　믿음은 유비 추론의 거대한 양에 바탕을 두고 있다:　기만당해서는 안 된다!

　　인간은 인식하는 것을 중단하는 곳에서 믿기 시작한다. 그는 이런 점에 자신의 도덕적 신뢰를 던진다. 그는 이제 동일한 척도로 대가가 지불되길 원한다 : 개는 신뢰하는 눈으로 우리를 쳐다본다. 개는 우리가 자신을 신뢰하길 원한다.

　　인식은 인간의 행복을 위해 믿음처럼 그렇게 많은 의미를 지니지는 않는다. 예컨대 수학적 진리와 같은 진리의 발견자에게조차도 기쁨이란 그의 무조건적인 신뢰의 산물이다. 그는 그 위에서 건설할 수 있다. 사람들은 믿음을 가질 경우 그렇게 진리를 포기할 수 있는 것이다.

21〔14〕

　　그것은 무엇인가? 강력한 욕구를 행복의 궤도로 가져가는 것은 무엇인가? 일반적으로 **사랑**이다. 고향에 대한 사랑은 투쟁 욕구를 에워싸고 통제한다.

　　이웃 사랑은 교육을 위해 그것을 극복한다. 아름다움은 사랑을

위해 존재한다 : 플라톤이 묘사하고 있는 것처럼 자신을 상승시키는 미화.

아름다움 속에서의 지속적 창조는 진정 그리스적이다.

에로스의 성장을 묘사하는 것―부부 가족 국가.

21〔15〕

엠페도클레스. 그리스에서의 사랑과 증오.

헤라클레이토스. 예술의 변우주론.

데모크리토스와 피타고라스 학파. 자연과학과 형이상학.

소크라테스와 플라톤. 지식과 본능.

아낙사고라스. 계몽과 열광.

엘레아 학파 : 사물의 척도로서의 논리―존재자의 발전이 원자
    론을 넘어 논리적으로 엄격하게 주어졌다.

피타고라스. 그의 금욕적 의도 속에서의 의지. 의지는 살해하면
    서(좀더 약한 자와 좀더 강한 자의 시합에서의 본성에서)

21〔16〕

비극에서처럼
비극 시대의 철학자들은
세계의 베일을 벗긴다.

의지의 통일.

지성은 좀더 높은 욕구 충족을 위한 수단일 뿐이다. 의지의 거

부는 종종 강력한 민족 통일의 재건일 뿐이다.

　　의지에 봉사하는 예술 : 헤라클레이토스.

　　그리스에서의 사랑과 증오 : 엠페도클레스.

　　논리의 한계 : 의지에 봉사하는 논리 : 엘레아 학파.

5　　의지에 봉사하는 금욕적인 것과 파괴적인 것 : 피타고라스.

　　인식의 왕국 : 수 : 원자론과 피타고라스 학파.

　　계몽, 본능에 대항하는 투쟁 : 아낙사고라스, 소크라테스, 플라
톤.


10　　특성화하고자 하는 의지 : 그가 이성적인 것에 이르는 방법. 질
료의 본질은 절대적 논리이다. 영향의 전제로서 시간, 공간, 인과성.

　　힘들이 남아 있다 : 가장 짧은 매순간마다 다른 힘들 : 무한히
짧은 시간에 항상 새로운 힘들. 즉 힘들은 결코 현실적인 것이 아니
다.

15　　힘에서 힘으로의 실제적 영향이란 존재하지 않는다 : 사실상
어떤 가상과 어떤 형상이 존재할 뿐이다. 전체 질료는 외부적 측면
일 뿐이다 : 사실상 완전히 다른 어떤 것이 존재하고 영향을 미친
다. 바로 우리의 정신과 마찬가지로 우리의 감각은 **질료와 사물의 생
산물**이다. 나는 이렇게 생각한다 : 사람들은 **자연과학**에서 **물자체**에
20　이르게 되는 것이 틀림없다.

　　남아 있는 의지―사람들이 인식하는 지성을 제외할 경우.


21〔17〕

　　지각을 질료적으로 구성하는 것은 가능하다 : 사람들이 유기적

요소를 질료적으로만 설명했을 경우.

그것은 무제한으로 구성된 역사이고 가장 간단한 지각이다 : 원초적 현상은 아니다. 이때 모든 유형의 반응 운동을 포함해서 두뇌의 행위, 기억 등이 필요하다.

사람들이 지각의 어떤 본질을 질료에서 구성해낼 수 있는 위치에 있다면—그렇다면 자연의 반쪽 베일이 벗겨진 것은 아닐까?

무한하고 복잡한 인식의 도구는 지각의 전제이다 : 인식은 모든 질료를 수용하기 위해 필요하다. 그러나 가시적 질료에 대한 믿음은 완벽한 감각의 기만이다.

21〔18〕

자연은 모든 영역에서 **동일하게 진행한다**는 것 : 인간에게 유효한 법칙은 모든 자연에도 유효하다. 인간은 진정 소우주이다.

두뇌는 자연의 최고 성과이다.

21〔19〕

서론. 위대한 순간의 비사멸성.

철학자로서 비극 시대의 그리스인들!

그들은 어떻게 현존재를 지각했는가?

여기에 그들의 영원한 가치가 숨겨져 있다. 그 밖에 모든 체계는 자신을 먹어치운다. 역사의 회화.

우리는 전이 속에서 서사적, 서정적 요소들을 재발견한다. 비극의 온갖 소도구.

사람들은 종교 없이 어떻게 살까? 철학과 함께? 그러나 물론 비극적-예술적인 시대에서.


탈레스. 소크라테스 이전 철학자들과 소크라테스 학파의 대립.
삶에 대한 그들의 입장은 소박하다. 중요한 윤리적 덕성의 대표자로
서의 7현인들. 신화로부터의 자유.
비극 시대의 그리스인은 스스로 사유하고 증거를 보여준다. 얼
마나 중요한가! 왜냐하면 우리는 그리스 비극을 평가할 때 항상 그
리스인을 대신해야 하니까 말이다.


21〔20〕
철학으로서 번성 속에서의 예술적 욕구.


21〔21〕
종합 예술가와 전인적 인간.
비극 시대의 인간들.


종합 예술가로서 아이스킬로스 : 그의 청중은 그의 작업장에서
묘사된다.
우리는 아이스킬로스가 청중으로 알았던 그리스인을 알기를 원
한다. 이때 우리는 그 시대에 사유한 그의 철학자를 이용한다.


21〔22〕
탈레스에서 신화로부터의 자유를 전개하는 것.
아낙시만드로스에서 보복의 비극성.

헤라클레이토스에서 시합, 놀이.

파르메니데스에서 필연성과 논리의 대담성.

아낙사고라스에서—정신이 아니라—질료.

엠페도클레스에서 전체 세계의 사랑과 입맞춤.

5      데모크리토스에서 그리스인들의 외국에 대한 경청(그리고 선한 것의 반복).

피타고라스에서 영혼의 회귀 리듬.


21〔23〕

10      소크라테스는 추상적으로 인간적으로 개인의 행복과 삶을 위한 인식을 우선시한다. 본능의 파괴.


21〔24〕

우선 아이스킬로스가 5종 경기 선수로 묘사되고, 그 다음은 청자가 15      철학자의 유형으로 묘사된다.


21〔25〕

1872년 5월 바이로이트의 교회 축성 축제 고찰.


20      기분 : 청명하고 영웅적.


우리는 행복한 자들이고 어떤 기초를 가지고 있다. 우리는 훌륭한 음악과 우리의 위대한 시인을 좀더 잘 이해한다.

직각으로 구부러진 알프스 계곡—병든 것이다.

조각에 품는 희망.


바〔그녀〕에서 영웅적인 것.
독일 제국의 전령. 교양.
잘못된 '독일 정신.'
어디에서나 심층적인 문제들. 우선 생소한 것부터.
　신화적인 것.
　시
　　언어적으로
　　장면적으로.
　언어 - 음악.
　건강한 그리고 '건강하지 않은.'

[22 = N I 3a. 1872년 9월]

22[1]

첫째 날, 9월 28일.

토요일.

　　내가 알지 못하지만 틀림없이 알고 있는 것처럼 보이는 바젤의 부부와 함께.

바덴에서 리스베트로 전보를 쳤다 : 내게 자신의 카드를 준 베른에서 온 할러 씨의 호의.

　　취리히에 거의 도착했을 즈음, 나는 기차의 옆 승객인 괴츠라는 괜찮은 사람을 만났다. 그는 내게 키르히너가 떠난 후 분주해진 자신의 취리히에서의 음악 활동과 하노버에서 상연된 자신의 오페라에 대해 말해주었다.

　　나는 취리히에서 라퍼슈빌까지 3등칸에 앉아 갔다. 겸손하고 좋은 분위기였으나 매우 추웠다. 그래서 나는 쿠어까지 계속 타고 갈 용기를 잃고 말았다. 나는 라퍼슈빌에서 다시 2등칸으로 갈아타고 베젠까지 갔다. 여기서 슈베르트 호텔의 차를 잡아탔다. 그 호텔은 예쁘고 안락했으나 텅 비어 있었다. 나는 호텔 식당에서 혼자 식사했다.

　　저녁 내내 맑고 황금 같은 가을의 청명함이 느껴진다 : 멀리 눈 덮인 산이 보인다. 취리히로 떠나기 전 밤들은 계속해서 아름다운 청회색이었다.

순간적으로 약간 두통을 느꼈다.

악몽과 함께한 절망스러운 밤.

　　일요일. 나는 두통을 느끼며 일어났다. 창문은 발렌 호수를 향해 나 있다: 태양은 군데군데 눈 덮인 산 정상 위로 떠오른다. 나는 아침 식사를 하고 잠시 호숫가에 있었다. 그런 다음 기차역으로 갔다. 슈페어라는 매우 적당하고 새로워 보이는 여관이 눈에 들어왔다. 깨끗한 아침. 나는 2등칸을 타고 쿠어로 갔다. 매우 흡족한 경치—호수, 장미의 숲 등에도 불구하고 불쾌감은 점점 더 커져갔다. 나는 쿠어에서 더 이상 기차를 탈 수 없다고 생각해 우체국 직원의 질문도 거절하고 서둘러 루크마니어 호텔로 들어갔다. 거기서 나는 좋은 경치를 볼 수 있는 방을 얻었으나 빨리 잠자리에 들었다. 나는 세 시간 동안 잤다—나는 몸이 괜찮아진 것을 느꼈고 식사를 했다. 특별히 마음에 드는 영리한 웨이터는 파수크라는 온천을 소개해주었다 : 나는 회상했다. 쿠어 시에는 일요일의 평온함과 저녁의 분위기가 있다. 나는 아주 편안하게 국도를 따라 올라갔다 ; 아래의 경치는 아름다웠고, 주변 경치는 점점 더 넓어지고 변화했다. 큰길에서 벗어나 있는 오솔길을 15분 정도 걸어가니 아름다운 그림자가 드리워진 전나무 숲이 보였다—왜냐하면 그때까지는 상당히 따뜻했기 때문이다. 나는 광폭한 소리를 내는 협곡을 충분히 찬양할 수 없다. 다리는 한편으로 오른쪽 호숫가로 또 한편으로 왼쪽 호숫가로 뻗어 있다. 폭포 위로 난 길은 높이 닿아 있다. 나는 그 장소에서 헛되게도 여관을 기대했다. 그러나 시골풍의 민박집만을 찾을 수 있을 뿐이었다. 거기에는 일요일 손님들이 있었고, 맛있게 식사를 하고 커피를 마시는 가족들이 있었다. 우선 나는 소다수를 세 잔 마

셨다 : 위 발코니에는 흰색 아스티 한 병이 있었고 소다수도 있었다 : 나는 이미 변해버린 머리와 어지간한 식욕으로 염소젖 치즈를 먹었다. 눈이 중국인 같은 한 남자가 내 식탁에 앉아 있었고 아스티 한 잔을 받았다 : 그는 감사해하면서 꽤 아첨하는 느낌을 주며 마셨다. 그러고 나서 민박집 여주인은 악곡과 소책자 몇 권을 내게 보여주었다 : 끝으로 민박집 남자주인은 연사처럼 집을 안내했고 내가 물을 모두 들이마시도록 했다 ; 그는 아직 시설 장치가 되어 있지 않은 샘터에서 샘물의 원천이 풍부함을 보여주었다. 그는 내가 관심이 있는 걸 알아채고서는 호텔 등을 세우는 데 동업을 제안했다. 이 계곡은 정말 관심을 끌었다. 지질학자에게는 아직 규명되지 않은 다양성 때문에 기묘하게 느껴지는 곳일 것이다. 각명석, 석영을 함유한 황토, 아마 금광맥 등도 나타날 것이다. 예컨대 피어발트슈테터 호수의 축돌의 경우에서처럼 돌의 모습이 희귀한 형태로 구부러져 있고 변화되어 있고 토막나 있는 것을 볼 수 있었다. 그 돌은 그 호수의 돌보다 더 작고 거칠다.—늦게, 해질 무렵 나는 되돌아갔다 : 멀리 있는 정상이 빛을 냈다. 마침내 행복과 작은 만족이 찾아왔다. 머리 색깔이 연한 조그만 어린애가 호두를 찾았는데 우스꽝스러웠다. 마침내 늙은 부부가 마중나왔다. 부부는 내게 말을 걸면서 또한 내가 맞받아 하는 말을 들으면서 걸었다. 백발의 그는 현재 목수 전문가이거나 아니면 과거에 그러했고 52년 전 여행 중 어느 더운 날 나움부르크에 들렀다고 했다. 그의 아들은 1858년부터 인도에서 선교사 활동을 하고 있고, 다음해에 쿠어에서 아버지를 다시 한번 만나길 기대하고 있다고 했다. 그의 딸은 여러 번 이집트에 머물렀고 바젤의 신부 리겐바흐와 친구였다. 나는 호텔에 도착해서

글을 썼고 약간의 음식을 먹었다. 반대편에 앉아 있는 이탈리아인
이 내게 말을 걸어왔다 : 서로 이해를 잘 못했다. 그가 독일어를 하
지 못했기 때문이다. 그는 바덴에 있었고 요양하길 원했다. 한 유대
인이 아침에 유감스럽게도 같은 시각(새벽 5시)에 출발했다 : 나는
투시스에서 내리기 때문에 위안이 되었다.

22[2]
    셋째 날. 4시에 일어났다 : 5시에 우체국에 가야 한다. 번거로
운 대기실. 이 시간의 그 남자는 트림하고 하품하고 고약하다.

22[3]

    슈플뤼겐 방향의 내 창문 : 길은 쿠어에서 시작해 이쪽으로 나
있다.

[23 = Mp XII 4. 1872/73년 겨울]

23〔1〕

　　　이제 집단 전체를 이해할 수 없게 되었다. 나중에 사람들은, 경
애심을 갖게 하지만 이해되지 않는 것이라면 필요한 것일지라도 제
거했다. 사람들은 그것들을 약탈했다. 그 후 파르메니데스의 팔, 헤
라클레이토스의 어깻죽지, 엠페도클레스의 발은 곧 여기저기에, 즉
플라톤의 아카데미에, 스토아에, 에피쿠로스의 정원에 등장하게 된
다. 그들을 전체적으로 이해하려면, 그리스의 개혁자를 위한 그들
각자의 시도와 구상을 인식해야 한다 ; 그들은 그 개혁자를 준비해
야 했다. 그들은 마치 태양이 뜨기 직전의 아침놀처럼 개혁자 앞에
나타나야 했다. 그러나 태양은 뜨지 않았고, 개혁자는 실패로 돌아
갔다 : 그렇게 아침놀은 거의 어떤 유령 같은 현상으로만 남았다.
그러나 동시대의 비극의 탄생은 어떤 새로운 것의 기미가 있었음을
증명하고 있다 ; 단지 비극을 파악했던 철학자와 법칙 제정자가 나
타나지 않았을 뿐이다. 그렇게 그런 예술 또한 다시 죽었고 그리스
의 개혁은 영원히 불가능해졌다. 깊은 슬픔 없이는 결코 엠페도클
레스를 생각할 수 없다 ; 그는 저 개혁자의 모습에 가장 근접했다 ;
그것은 또한 그에게서도 실패로 돌아갔다. 그는 너무나 끔찍한 경
험을 한 후 희망이 없는 가운데 일찍 사라졌다—이것이 그리스 전
체의 숙명이었다. 그의 영혼은 그리스의 어떤 영혼보다도 동정심이
많았다 ; 그러나 충분하지는 않았던 것 같다. 왜냐하면 전체적으로

그리스인들에게 동정심이 결핍되어 있었기 때문이다. 그리고 바로
위대한 철학자들의 기질 속에 있는 전제 군주적 요소는 쇼펜하우어
가 획득했던 것과 같은 깊고 완전한 통찰에 이르는 데 방해물이 되
었다.

5

23〔2〕

    진리를 인식한 인간의 최고 형식은 자랑스러운 옷을 입는다.

    고독, 다른 모든 것은 대중vulgus.

    탐구 *istorie*.

10

    호메로스, 헤시오도스, 아르킬로쿠스.

    의사.

    신. 신들의 형상.

    신비.

    희생.

15

    아폴론과의 비〔교〕


23〔3〕

    I장. 철학자로서 그리스인들. 6세기. 기적적인 남자들. 시합.
                             디오니소스적인 것.

20

    II장. 탈레스와 아낙시만드로스.

    III장. 헤라클레이토스.

    IV장. 파르메니데스.

    V장. 아낙사고라스.

    VI장. 엠페도클레스.

Ⅶ장. 데모크리토스. 충격의 인식이란 무엇인가?

Ⅷ장. 피타고라스 학파. 인식의 한계로서의 수.

Ⅸ장. 소크라테스. 추상적 진리들.

Ⅹ장. 후기(後記). 의인화 : 변화하는 인간과 물.

　　　　　　형벌로서의 죽음.

　　　　　　예술적 놀이.

　　　　　　지성.

23〔4〕

쾌 : 균형 잡힌 자극.

불쾌 : 균형이 결핍된 자극.

개념들

23〔5〕

철학에서 그리스적인 것.

시합.

오르페우스 교도.

영혼과 육체가 아니다.

종교적인 것.

수.

철학자의 자부심.

23〔6〕

| 사육제 | 아낙사고라스. |
| | 엠페도클레스. |
| 부활절까지 | 피타고라스 학파. |
| | 소크라테스. |
| 부활절 : | 철학자에 대한 장. |
| | 그리스적인 것에 대한 장. |

23〔7〕

철학자는 무엇인가?

1. 학문의 저편에서 : 탈질료화〔하〕다.
2. 종교의 이편에서 : 탈신화하다 — 탈마법화하다.
3. 유형 : 지성의 숭배.
4. 의인화하는 전이.

이제 철학은 무엇이어야 하는가?

1. 형이상학의 불가능.
2. 사물 자체의 가능성. 학문의 저편에서.
3. 기적에서 구원해내는 학문.
4. 학문의 독단에 대항하는 철학.
5. 그러나 오로지 문화에 봉사하면서.
6. 쇼펜하우어의 단순화.

7. 대중적이고 예술적으로 가능한 그의 형이상학.

　철학에서 기대되는 결과는 반대의 결과이다.

8. 보통 교육에 대항하여.


23[8]

　철학에는 공통된 것이 없다. 철학은 때로 학문이고 때로 예술이다.

　　엠페도클레스와 아낙사고라스 : 전자는 마법을 원하고 후자는
　　　계몽을 원한다. 전자는 현세화에 대항하고 후자는 현세화
　　　를 지지한다.

　　피타고라스 학파와 데모크리토스 : 엄밀한 자연과학.

　　소크라테스와 현재 필요한 회의주의.

　　헤라클레이토스 : 아폴론적 이상. 모든 것은 가상이고 유희이다.

　　파르메니데스 : 변증법에 이르는 길과 학문적 방법.

유일하게 휴식하는 자는 헤라클레이토스이다.

　탈레스는 학문을 원한다,　　　　아낙시만〔드로스〕는 다시 학문
　　　　　　　　　　　　　　　에서 이탈한다.

　　　마찬가지로 아낙사고라스 엠페도클레스
　　　데모크리토스

　　　파르메니데스의 방법　　　피타고라스
　　　소크라테스


23[9]

1. 사물의 본질적 불완전성 :

종교의 귀결

그러니까 낙관적인 또는 염세적인

문화의 귀결

학문의 〔귀결〕

5

2. 일정한 기간 동안 투쟁하는 보호 도구의 실존.

　　여기에 철학이 속한다. 결코 즉자적으로 미리 존재하지 않는다.

　　시대에 따라 채색되고 채워진다.

10　3. 신화에 반대하고 학문을 지지하는 고대 그리스의 철학. 부분적으
로는 현 세계화에 대립한다.

　　비극 시대 : 피타고라스에 동의하면서,

　　　　엠페도클레스, 아낙시만드로스,

　　　　아폴론적으로 적의를 품은 : 헤라클레이토스

15　　　　모든 예술을 소멸시키면서 파르메니데스.

23〔10〕

　　순수한 진리는 인식할 수 없다 : 직관

　　　　　　　　　　　　개념

20　　　　　　　　　　자극, 쾌와 불쾌에 따라서, 또
　　　　　　　　　　는 수에 따라서 구분되는
　　　　　　　　　　가? 또는 순수한 지성적
　　　　　　　　　　현상들?
　　　　　　　　　　자극 모든 직관의 전제.

철학의 가치 : 혼란스럽고 미신〔적인〕표상들을 정화하는 것.

　　학문의 독단에 대립하는 것,

　　학문으로 존재하는 한, 철학은 정화하고 규명하는 것이다.

　　반-학문적으로 존재하는 한, 철학은 종교적이고-모호하다.

　　영혼론과 이성신학의 제거.

　　절대적 의인화의 증거 제시.

　　윤리 개념의 고착된 타당성에 대립하는 것.

　　사랑의 증오에 대립하는 것.

철학의 해로움 : 본능 파괴

　　　　　　　　문화 파괴

　　　　　　　　인류 파괴.


현재 철학의 특별한 운영.

　　대중적 윤리학의 결핍.

　　인식과 선택의 중요성에 대한 감정 결핍.

　　교회, 국가, 사회에 대한 관찰의 표피성.

　　역사에 대한 분노.

　　예술과 문화의 결핍에 대해 말하기.


23〔11〕

　　개념은 동일하지 않은 것을 동일화하는 것에서 생성한다 : 즉 어떤 동일한 것이 존재한다는 기만을 통해, 동일성을 전제함으로써, 그러니까 틀린 직관들을 통해.

　　사람들은 어떤 사람이 가는 것을 본다 : 그것을 '간다' 고 명명한다. 이제 원숭이, 개를 보고 또한 '간다'고 말한다.


23〔12〕

　　파르메[니데스의]의 존재론과 혼동되지 않는 세 가지 :

　　　1) 질문 : 우리는 존재의 내용을 사유에서 발견할 수 있는가?

　　　2) 부차적 특성에 대립하는 원초적 특성.

　　　3) 질료의 구성. 쇼펜하우어.

　　　4) 불교적인 꿈의 철학이 아니다.


　　그는 **확실함**을 추구한다. 비존재는 사유될 수 없다는 것은 옳다.


　　그가 감각을 타당하지 않은 것으로 간주한다면, 그는 쾌와 불쾌의 감각에서 존재를 증명할 수 없다 : 이러한 것들 또한 가상이다.

　　사유와 존재는 동일한 것이어야 한다 : 왜냐하면 그렇지 않을 경우 사유는 존재를 인식할 수 없을 것이기 때문이다.

　　즉 사유에는 운동이 없다: 하나의 확고한 존재 직관. 사유가 운동하고 다른 것으로 채워진다면, 그것은 이미 더 이상 존재가 아니라 가상이다.―

　　그러나 사유의 변증법? 그러면 그것은 운동?


23〔13〕

　　개념은 오로지 직관에서만 유래한다. '존재'는 모든 사물에 호흡과 삶이 전이된 것이다 : 인간 삶의 감정 부여.

　　중요한 질문은 : 모든 직관의 원천이 우리를 존재로 이끄는가

이다 : 그렇지 않다.

직관과 마찬가지로 사유 형식은 우리가 존재를 믿는다는 것을 전제한다 : 우리는 존재를 믿는다. 왜냐하면 우리는 우리를 믿기 때문이다. 후자의 것이 어떤 하나의 범주라면 다른 것은 확실하다.

5

23〔14〕

철학과 민중. 위대한 그리스 철학자들 가운데 어느 누구도 민중을 유인하지 않는다 : 대개 엠페도클레스에 의해 (피타고라스 이후) 시도되었는데, 이 또한 순수철학을 통해서가 아니라 철학의 신화적 수단을 통해서이다. 다른 철학자들은 처음부터 민중을 거부한다(헤라클레이토스). 다른 철학자들은 오로지 고귀한 교양인 집단만을 관객으로(아낙사고라스) 삼는다. 대개 소크라테스가 민주주의적-선동적 경향성을 지닌다 : 성공이 종파를 만든 것이다. 즉 이는 하나의 반증 사례이다. 그러한 철학자들에게 불가능했던 것은 무엇인가? 그것은 어떻게 저급한 자들에게서 성공했는가? 철학 위에서 민중문화를 건설하는 것은 불가능하다. 그러므로 철학은 문화와의 관계에서 결코 근원적인 의미를 지닐 수 없다. 다만 항상 부차적 의미를 지닐 뿐이다. 이는 무엇인가?

20

신화적인 것의 통제.─자유로운 시작에 대항하여 진리 의미를 강화. 진리의 힘Vis Veritatis 또는 순수인식의 강화(탈레스, 데모크리토스, 파르메니데스).

지식 욕구의 통제―또는 신화적-신비적인 것과 예술적인 것의 강
화, (헤라클레이토스, 엠페도클레스, 아낙시만드로스.) 위대함
의 법칙 제정.

5  완전히 독단적인 것의 분쇄 : a) 종교에서 b) 관습에서 c) 학문에서.
회의적 특성.
모든 힘(종교, 신화, 지식 욕구)은 지나친 경우 야만적이고 비
인륜적이며 우둔하게 만드는 영향을 미치고 고착된 지배(소크
라테스)가 된다.
10

맹목적 현세화의 분쇄
(종교의 대체). (아낙사고라스 페리클레스.) 신화적 특성.

결과 : 그것은 문화를 창조할 수 없다
15      그러나 문화를 준비할 수 있다
또는 문화를 보존할 수 있다
또는 문화를 완화할 수 있다.

우리에게 : 그렇기 때문에 철학자는 학교의 최고 재판정이다 :
20      천재의 준비 : 우리에게 문화가 없기 때문이다. 시대의 징후론
에서 다음의 것들이 학교의 과제로 존재한다 :
1) 현 세계화의 분쇄(대중철학의 결핍)
2) 지식 욕구의 야만적 영향을 통제하는 것(이 경우 유심
론적 철학에 대해서도 체념).

'성상적' 역사에 대항하여

'노동하는' 학자들에 대항하여.

문화는 언제나 오직 예술 또는 예술 작품의 의미를 중심으로 삼을 때에만 시작된다. 철학은 본의 아니게 세계 관찰을 준비할 것이다.

23〔15〕

문화의 의사로서 철학자.

23〔16〕

전체에 대한 서론을 위해 : 7세기에 대한 묘사 : 문화의 준비, 욕구의 대립. 오리엔탈적인 것. 호메로스에게서 시작된 교육의 중앙집권화.

나는 플라톤 이전의 철학자들에 대해 말한다. 문화에 대한 명백한 적의, 즉 부정은 플라톤에서 시작되기 때문이다. 그러나 나는 현존하는 또는 변화하는 문화에 대해 철학이 어떤 태도를 취하는지 알려 한다. 철학은 문화의 적대자가 아니다 : 이 경우 철학자는 문화의 독살자이다.

23〔17〕

중세의 우둔한 편견과 비교한다면, 그리스인들이 얼마나 빨리 자유로워지는지 놀라운 일이다. 르네상스의 문화를 비교하는 것.

일식을 예언한 탈레스는 마술사로 간주되거나 악령에게 도움을 받은 것으로 간주되지 않는다. 대신 그는 존경받게 된다. 연대만 불확실하게 기입된다.

데모크리토스, 가장 자유로운 인간.

23[18]
자연과학적 회고.
집합 상태의 이론.
질료의 이론.
즉 물리적 문제와 형이상학적 문제의 혼합.
생성과 존재—완전한 차이가 존재한다.

23[19]
그들이 정상적이지 않다면, 그들이 혹시 민중과 아무런 관련이 없는 것일까?
그것은 그렇지 않다 : 비정상적인 것이 자신들 때문에 존재하는 것이 아닐 경우에는 민중도 비정상적인 것을 필요로 한다.
예술 작품은 증명한다 : 창조자 스스로 그것을 이해한다. 그럼에도 불구하고 그것은 관객에게 한 측면으로만 나타난다.
우리는 철학자가 민중에게 자신을 나타낼 때, 철학자의 이러한 측면을 인식하고자 한다—그리고 그의 신기한 본성, 즉 고유한 목표, 왜?라는 질문은 설명되지 않은 채 남겨두길 원한다.
이러한 측면은 지금 현재 우리 시대[에서는] 인식하기가 어려울 것이다. 왜냐하면 우리에게는 그러한 민중문화의 통일성이 없기 때문이다.

그렇기 때문에 그리스인들.


23〔20〕

끝내기

3         서론

18        탈레스에서 파르메니데스까지

25

—                          2 : 1

46

결론 대략 20페이지

올바른 비율.


23〔21〕

그리스인들 가운데 있는 철학자.


그들 안의 그리스적인 것. 그들 안의 영원한 유형들. 예술 세계의 비예술가들. 그것들은 그리스적인 것의 배후를 함께 보여준다. 마찬가지로 예술의 결과를 보여준다. 비극의 동시대인들. 비극의 생성을 위해 철학에 흩어져 있는 소도구들.


23〔22〕

신화에 대항하여 자유.    탈레스와 아낙시만드로스. 염세주의와 행위.

놀이로서의 비극적인 것.　헤라클레이토스. 경쟁. 유희.
　천재.
논리와 필연성의 무절제.　파르메니데스. 추상과 언어. 시인과
　　　　　　　　　　　철학자.
　　　　　　　　　　　산문의 개념.
　　　　　　　　　　　아낙사고라스. 자유정신. '정신-질
　　　　　　　　　　　료'가 아니라.
세계 전체의 사랑과　　엠페도클레스. 사랑. 회고적. 국가.
입맞춤! 의지.　　　　　범그리스적. 경쟁적.
청자. 원자—　　　　　데모크리토스. 그리스인과 외국인.
　수. 자연과학.　　　　관습으로부터의 자유.
영혼 윤회—　　　　　피타고라스 학파. 리듬과 운율.
　극적인.　　　　　　영혼 윤회.
비극적-예술적 욕구의　소크라테스와 플라톤. 교육.
　학문으로의 전이.　　이제 비로소 '학교'. 자연과학적
　　　　　　　　　　　설명에 대한 적대.


23[23]
　철학자가 유랑하여 그리스인들에게 온다고 생각해보라—플라
톤 이전의 철학자들에게서는 그렇다 : 즉 그들은 이방인, 기이한 이
방인들이다.
　모든 철학자는 낯선 것에서 존재한다 : 그리고 우선 친숙한 것
을 낯선 것으로 느껴야 한다.
　이방인 가운데 있는 헤로도토스—그리스인들 가운데 있는 헤

라클레이토스. 이방인 속의 역사가와 지리학자, 친숙한 것 속의 철학자. 어떤 선지자도 조국에서는 인정되지 않는다. 사람들은 친숙한 것 속에서는 비범한 것을 완전히 이해하지 못한다.

23〔24〕

비극의 탄생은 다른 측면에서 관찰된다. 비극 시대의 동시대인의 철학에서 확인.

23〔25〕

비극 시대의 철학자들.


쇼펜하우어를 기리며.


23〔26〕

그는 415년에 *매우 많이 늙어 보였을 것이다pantelos hypergeg ērakos.* 여하튼 그는 5백 년 이후에 태어났다. (만약 그가 495년에, 즉 아낙사고라스보다 5년 후에 태어났다면, 그는 아리스토텔레스 말대로 대략 80세이다.)

    Ol. 84    14

    Ol. 70    <u>  4</u>

            56

만약 그가 올림피아 71년에 태어났다면, 그렇다면

415

<u> 77</u>

$$
\begin{array}{cc}
492 & 492 \\
444 & 60 \\
\hline
48 & [4]32
\end{array}
$$

5    네안테스에 따르면 그가 전쟁에 참가했을 때 77세였다. 즉 네안
테스에 따르면 그는 492년에 태어났다. 492년에 태어났다면, 아폴
로도로스에 따르면 442년에, 즉 50세의 나이에 *절정기akme*를 맞았
고 432년 60세의 나이에 죽었다.

이때 그는 네안테스에 맞서 싸웠다고 한다 : 네안테스는 그가
10   77세라고 명시적으로 말한다 : 왜? 그를 저 전쟁에 참여시키기 위
해. 그럼에도 불구하고 그는 아그리젠트인에 의해 추방되었음이 틀
림없다.

492년이 가장 적합한 출생년도이다.

442년, 대략 올림피아 84년에 그는 50세이다.

15   432년에 그는 죽었다.

그는 50세에 추방되었기 때문에 추측건대 투리로 간다. 그는 올
림피아를 위해 *순수한katharmoi* 시들을 지었기 때문에 아그리젠
트를 떠난다. 그는 아마 저 올림피아 84년에 올림피아에 기록되었
을 것이다.

20

23[27]

아낙사고라스는 헤라클레이토스에게서 모든 존재와 생성에는
대립되는 것이 함께 있다는 생각을 물려받았다.

그는 아마도 하나의 물체가 많은 특성을 가지는 모순을 지각했

을 것이다. 그는 이제 모순을 그것의 진정한 특성에서 설명
했다고 믿으면서 모순을 분쇄했다.


플라톤 : 우선 헤라클레이토스주의자
일관되게 회의주의자, 모든 것, 또한 사유, 강물.
소크라테스를 통해 선과 아름다움의 지지자가 된다.
이런 것을 존재하는 것으로 받아들인다.
모든 유(類)적인 이상은 선과 아름다움의 이데아에 참여하
고 그렇기 때문에 또한 존재한다(영혼이 삶의 이데아에
참여하고 있는 것처럼).
이데아는 형태가 없는.
우리가 어떻게 이데아에 대해 알 수 있는지의 문제는 피타
〔고라스〕의 영혼회귀를 통해 대답된다.
플라톤의 종말 : 파르메니데스 안의 회의주의.
　　　　　이데아론에 대한 반박.


23〔28〕
5. 예술. 문화의 개념. 학문의 투쟁.
6. 철학. 수수께끼 같은 이중성.
7. 탈레스.
8. 아낙시만드로스.
9. 10. 11. 헤라클레이토스.
12. 13. 파르메니데스.
14. 15. 아낙사고라스.

16. 17. 18. 엠페도〔클레스〕.

19. 20. 데모크리토스.

21. 22. 피타고라스 〔학파〕.

23. 24. 소크라테스.

25. 결론.

23〔29〕

I장. 3

II장. 5

III장. 철학자.

IV장. 탈레스, 아낙시만드로스.

V장. 헤라클레이토스.

VI장. 파르메니데스.

23〔30〕

이런 아낙사고라스의 전체 견해가 틀림없이 옳다는 것을 가장 선명하게 증명하고 있는 것은 아그리젠트인 엠페도클레스와 원자론자인 데모크리토스가 아낙사고라스의 계승자로서 자신들의 대립 체계 안에서 실제적으로 아낙사고라스의 이론을 비판했고 개선했던 방식이다. 이런 비판의 방법은 특히 언급된 자연과학의 정신 속에서 전개된 체념이고 자연을 설명하는 데 적용된 절약의 법칙이다. 전제와 수단을 가장 적게 사용하면서 세계를 설명하는 가설에는 장점이 있다: 왜냐하면 그런 가설은 임의성이 가장 적기 때문이고, 그것은 임의적인 가능성들의 자유로운 유희를 방지하기 때문이다. 세계를 설명하는 두 개의 가설이 존재한다면, 두 가설 중 어떤 것이 저 절약의 요구를 더 잘 충족시키는지를 엄밀히 검토해야 한다. 가장 간단하고 가장 널리 알려진 힘으로, 특히 기계적인 힘으로 저 설명을 해결할 수 있는 사람, 즉 가장 적은 힘으로 존재하는 세계의 성립을 추론해내는 사람은 복잡하고 별로 알려지지 않은 힘과 게다가 수많은 힘들로 세계 구성의 유희를 하는 사람보다 선호된다. 바로 우리는 아낙사고라스 이론에서 가설이 지나치게 많은 것을 극복하려는 엠페도클레스의 노력을 보게 된다.

필수적이지 않은 첫 번째 가설은 아낙사고라스의 *지성*에 관한 이론이다. 왜냐하면 그의 가설은 운동과 같은 간단한 것을 설명하기에는 너무 충만하기 때문이다. 운동의 두 가지 유형, 즉 하나의 대상이 다른 대상으로 움직이고 하나의 대상이 다른 대상을 밀쳐내는 것에 대한 설명이 필요할 뿐이다.

23〔31〕

우리의 현재 생성이 완전한 분리는 아닐지라도 여하튼 분리일 경우, 〔그는〕 묻는다 : 무엇이 완전한 분리를 방해하는가? 말하자면 대립적인 힘, 즉 잠복해 있는 끌어당기는 운동.

그렇다면 : 카오스를 설명하기 위해서 이미 어떤 힘이 활동하고 있었음이 틀림없다. 이러한 가장 내적인 혼돈을 위해 하나의 운동은 필수적이다.

말하자면 한 힘과 다른 힘이 주기적으로 우세한 것이 확실하다.

이러한 것은 대립적이다.

또한 이제는 끌어당기는 힘도 작용한다. 왜냐하면 그렇지 않을 경

우 사물들은 존재할 수 없을 것이기 때문이다. 모든 것은 분리
될 것이다.

그것은 사실적이다 : 두 가지 운동 유형. *지성*은 이것을 설명하지
못한다. 대신에 사랑과 증오 : 우리는 *지성*이 운동하고 있다는
것을 잘 알고 있는 것처럼 사랑과 증오가 운동한다는 것도 확
실히 알고 있다.

이제 원초적 상황에 대한 견해가 바뀐다 : 그것은 가장 환희에 넘치
는 상황이다. 아낙사고라스의 경우 그것은 건축 작업 이전의
혼돈, 말하자면 건축 부지의 돌더미였다.

23[32]

엠페도클레스는 무게에 반발해 작용하고 급변을 통해 생성되는
탄젠트 효과에 대한 사유를 발견했다(《천체에 관하여 *de coelo*》, I
284쪽). 쇼펜하우어, 《의지로서의 세계》, II 390쪽.

그는 아낙사고라스의 경우 순환 운동이 계속되는 것은 불가능하
다고 생각한다. 소용돌이, 즉 배열된 운동에 대립하는 것이 있을 거
라고 한다.

만약 작은 부분들이 서로 무한히 혼합되어 존재한다면, 물체는
힘의 집적 없이는 분리되어 떨어져나갈 것이다. 그것들은 함께 존
속할 수 없을 것이다. 그것들은 먼지와 같을 것이다.

엠페도클레스는 원자들이 서로 압박하고 그 정도에 지속성을
주는 힘들을 '사랑'이라 부른다. 그것이 분자의 응집력이고 물체 구
성의 힘이다.

23〔33〕

엠페도클레스.

아낙사고라스에 반대하여.

1) 카오스는 이미 운동을 전제하고 있다.

2) 어떤 것도 완전한 분리를 방해하지 않았다.

3) 우리의 물체는 먼지의 구성물일 것이다. 모든 물체에 대립 운동이 없다면, 어떻게 운동이 가능한가?

4) 질서 속에 전개되는 순환 운동은 불가능하다. 그것은 다만 혼란일 뿐이다. 그는 스스로 혼란을 불화*neikos*의 작용으로 받아들인다. 어떻게 떨어져 있는 것이 서로 작용하는가? 태양은 어떻게 지구에 작용하는가? 만약 모든 것이 아직 혼란 속에 있다면, 그것은 불가능할 것이다. 유출*aporroai*. 그러므로 최소한 운동하는 두 개의 힘들 : 사물에 틀림없이 내재한다.

5) 왜 무한한 존재들*onta*은 존재하는가? 경험의 초월. 아낙사고라스는 화학적 원자들을 생각했다. 엠페도클레스는 네 가지 화학적 원자 유형을 설정하려 했다. 그는 응집 상태를 본질적인 것으로, 따뜻함을 조화로운 것으로 간주한다. 즉 밀어냄과 끌어당김을 통한 응집 상태 ; 네 가지 형식 속에서의 물질.

6) 주기적인 것은 필수적이다.

7) 엠페도클레스는 생물의 경우에도 동일한 원칙에 따라 진행하길 원한다. 이때 그는 합목적성도 부정한다. 그의 위대한 행동. 아낙사고라스의 경우 이원론.

23〔34〕

성적인 사랑의 상징. 플라톤의 우화에서처럼 여기에서도 통일을 향한 동경이 나타난다. 예전에 이미 더 큰 통일이 존재하고 있었음이 나타난다 : 만약 이런 더 큰 통일이 존재했다면, 이것은 다시 더 커다란 통일을 추구할 것이다. 생동하는 모든 것의 통일에 대한 신념은 **생동하는 거대한 것이 예전에 존재했다는 것과 우리는 그것의 한 부분일 뿐이었음을 보증한다 : 그것은 아마도 스파이로스 자체일 것이다. 그것은 가장 영적인 신성이다. 모든 것은 오로지 사랑을 통해서만, 즉 지극히 합목적적으로 연결되었다. 이러했던 것이 증오에 의해 찢겨지고 파열되었고, 자신의 요소들로 분리되었고, 이를 통해 살해되었고 삶은 약탈되었다. 생동하는 개별 존재들은 소용돌이 속에서 생성되지 않는다. 마침내 모든 것은 분리되고 이제 새로운 시대가 시작된다(그는 아낙사고라스의 원초적 혼합에 원초적 분열을 대립시킨다). 사랑은 자신이 맹목적인 것과 같이 분노하는 조급함을 가지고 다시 요소들을 서로 가까이 던져놓는다. 사랑은 요소들에 생명을 가져다주려 한다. 여기저기서 그것은 성공적이다. 그것은 계속된다. 생동하는 존재들 속에서 고향과 원초적 상황보다 더욱더 고귀한 통일을 추구해야 한다는 예감이 생겨난다. 에로스. 삶을 죽이는 것은 무시무시한 범죄이다. 왜냐하면 이로써 원초적 분리로 회귀하려 하기 때문이다. 언젠가 모든 것은 다시 어떤 하나의 유일한 **삶**, 즉 가장 영적인 상황이 될 것이다.

자연과학적인 새로운 해석에서의 피타고라스적-오르페우스적 이론 : 엠페도클레스는 의식적으로 두 가지 표현 수단을 지배한다. 따라서 그는 최초의 수사학자이다. 정치적 목표들.

이중적 본성―경쟁적인 것과 사랑하는 것, 동정하는 것.

그리스의 전체 개혁을 위한 시도.


모든 비유기적 질료는 유기적 질료에서 생성된다. 그것은 죽은
유기적 질료이다. 시체와 인간.


23〔35〕

**결론** : 비극 시대의 그리스인의 사유는

염세주의적이다

또는 예술적으로 낙관주의적이다.

삶에 대한 그들의 판단은 좀더 많은 것을 말하고 있다.

일자, 생성에 대한 두려움.

통일, 예술적 유희.

현실에 대한 깊은 의심

아무도 모든 것을 적절하게 만드는 선한 신을 받아들이지
않는다.

$\left\{\begin{array}{l}\text{피타고라스 학파, 종교적 종파.}\\ \text{아낙시만드로스.}\\ \text{엠페도클레스.}\end{array}\right.$


엘레아 학파.


$\left\{\begin{array}{l}\text{아낙사고라스.}\\ \text{헤라클레이토스.}\end{array}\right.$

데모크리토스. 도덕적, 미적 의미가 없는 세계, 우연의 염세주의.

그들 모두를 비극 앞에 세운다면, 첫 번째 세 사람은 [비극을] 현존재의 불운의 거울[로] 인식할 것이다,

5
파르메니데스는 덧없는 가상으로,
헤라클레이토스와 아낙사고라스는 세계 법칙의 예술적 성립과 모사로,
데모크리토스는 기계의 결과로.

10
소크라테스와 함께 더 이상 예술적이지 않은 낙관주의가 시작된다.

목적론과 선한 신에 대한 믿음과 함께 :
인식하는 선한 인간에 대한 믿음.
본능의 파괴.

15
소크라테스는 당시의 학문과 문화와 단절한다. 그는 과거의 시민의 덕과 국가로 회귀하기를 원한다.

국가가 새로운 문화에 의해 동화된 것을 감지했을 때 플라톤은 국가에서 이탈한다.

소크라테스의 회의주의는 당시의 문화와 학문에 대항하는 무기

20
이다.


23[36]

데모크리토스 이후 고대에서 유용한 실험물리학을 단절시켰던 원인은 무엇인가?

23〔37〕

　　M. 안토니우스. 태양과 달의 운행을 서둘러 떠나는 어떤 것으로 관찰하고, 요소들이 서로 어떻게 변환되는지 항상 생각하라. 왜냐하면 그것은 현세적 삶의 진흙탕을 쓸어버리는 표상들이기 때문이다.


23〔38〕

　　안티스테네스는 말한다 : 선한 행동을 할 경우에 악한 판단을 인내하는 것은 고귀하다.


23〔39〕

### 데모크리토스.


　　최고로 단순화된 가설.

1) 운동이 존재한다. 그러므로 빈 공간이 존재한다. 그러므로 비존재자가 존재한다. 사유는 하나의 운동.

2) 존재자가 존재한다면 그것은 분리되어 있지 않은 것이 틀림없다. 즉 완전히 충만된 상태이다. 분리는 다만 구멍의 경우와 같은 빈 공간에서만 설명될 수 있다. 완전한 구멍이 있는 사물은 비존재자뿐이다.

3) 물질의 부차적 특성은 *관습적인nomō* 것이지 본질적인 것은 아니다.

4) *원자들atoma*의 근원적 속성에 대한 확정. 어느 점에서 동일하고 어느 점에서 서로 다른가?

5) 엠페도클레스의 응집 상태(네 가지 요소)는 단지 동일한 유형의 원자들을 전제할 뿐이지 존재들 자체로 존재할 수는 없다.

6) 운동은 원자와 분리될 수 없도록 연관되어 있다. 중력의 영향. 에피쿠로스. 비판 : 무한히 빈 공간에서 중력은 무엇을 의미하는가?

7) 사유는 불의 원자의 운동이다. 영혼, 삶. 감각 지각.

23〔40〕

유물론의 가치와 당혹스러움.

플라톤과 데모크리토스.

세계 도피적이고 고향을 상실한 고귀한 연구자.

데모크리토스와 피타고라스 학파는 함께 자연과학의 기초를 찾는다.

피타고라스 학파.

23〔41〕

(10) 계획. 철학자는 무엇인가?

철학자는 문화와 어떤 관계에 있는가?

특히 비극 문화와?

(20) 준비. 언제 작품들은 사라지는가?

사료들 : a) 삶에 대하여 b) 교리에 대해.

연대기. 체계를 통해 확인된다.

(100) 주요 본문. 본론과 보론에서 철학자들.

(20) 결론. 문화에 대한 철[학]의 입장.

23[42]

예술가는 '이데아'를 보지 않는다. 그는 수의 관계에서 즐거움을 느낀다.

모든 쾌는 비례에서, 불쾌는 반비례에서.

개념은 수에 따라 성립되었다.

좋은 수를 표현하는 직관은 아름답다.

학문적인 사람은 자연법칙의 수를 계산한다

예술가는 그것을 관조한다 : ─ 저기에서는 합법칙성,

여기서는 아름다움.

예술가에 의해 관조된 것은 완전히 표면적인 것이지, '이데아'가 아니다!

아름다운 수를 둘러싼 가장 가벼운 껍질.


23[43]

우리의 직관은 이미 개념을 통해 변형된다.

개념은 상관관계이다. 추상이 아니다.


23[44]

1. 은유는 행위와 연관되어 있다.

2. 자신 안에 하나의 체계를 형성한다 : 확고한 기본 뼈대이다─수를 형성한다.

3. 사물의 핵, 즉 본질적인 것은 수의 언어에서 표현된다.

4. 은유에서 임의성은 어디에서 기인하는가?


23[45]

민중을 위하지 않는 철학

그러므로 한 문화의 기초가 아니다,

그러므로 다만 문화의 도구일 뿐이다.

a) 학문의 독단주의에 대항하여

b) 자연 안의 신화적 종교의 혼란스러운 형상에 대항하여

c) 종교를 통한 윤리적 혼란에 대항하여.


이러한 철학의 목적에 적합한 철학의 본질은

a) 1. 의인화로 설득되고, 회의적이다

  2. 선택과 척도를 가진다

  3. 통일된 표상을 넘어선다

b) 자연의 건강한 해석과 단순한 수용이고 증명이다.

c) 그러한 법칙을 깰 수 없다는 믿음을 파괴한다.


문화 없는 그들의 속수무책이 현대에 묘사된다.

[24 = U II 7a. 1872/73년 겨울]

5    24[1]

자신을 파괴하지 않으면서도 자기 자신을 건강하게 들여다보는
것 ; 광기와 꾸밈 없이 미지의 심층에 대한 순수 관조를 감행하는
것은 보기 드문 천부적 재능이다. 괴테.

10    24[2]

두 가지 취급 방식은 학문을 방해하고 지연시킨 매우 암울한 도
구이다 ; 사람들은 희미한 상상과 재미있는 신비 속에서 매우 멀리
떨어져 있는 것에 접근하고 연결한다 : 아니면 사람들은 산산조각
난 무지를 통해 서로 연관되어 있는 것을 개별화하고, 밀접하게 연
15   관된 현상을 분리하고, 각각의 것을, 이를 설명한다고 하는 개별 법
칙에 종속시킨다.

지식 안에서건 반성 속에서건 결코 전체는 함께 연관될 수 없기
때문에 등.

**학문적 예술 작품을 위해 요구되는 것들** : 학문적 행위에서 인간
20   의 어떤 능력도 제외해서는 안 될 것이다. 예감의 심연, 확실한 현
실 직관, 수학적 깊이, 물리적 정밀성, 이성의 높이, 오성의 날카로
움, 갈망하는 활기찬 상상, 감각에 대한 사랑스러운 환희. 생동하고
생산적인 순간 파악을 위해서는 어느 것도 고갈되어서는 안 된다.
오직 이를 통해서만 어떤 형태의 것이든 예술 작품이 탄생할 수 있

다.—선입견을 통해서가 아니라, 개별자들이 지니고 있는 고유한 의미를 통해서, 그것들은 매순간을 드러나게 만들 수 있다. 그렇지 않으면 모든 것은 서서히 물러나게 하고 죽이는 부정이라 불리게 될 것이다—

5    왜냐하면 우리는 학문과 예술을 관련지어 볼 때 희망하는 모든 목적에서 더욱 멀어지는 것처럼 보이는 기이한 무정부 상태에 살고 있는 듯———


24[3]

10    자연에 대해. 자연은 연극을 한다 : 우리는 자연이 자신을 그렇게 보고 있는지는 알지 못한다. 그러나 자연은 구석에 있는 우리를 위해 연극한다.— 자연의 연극은 항상 새롭다. 왜냐하면 자연은 항상 새로운 관객을 만들어내기 때문이다. 삶은 자연의 가장 아름다운 발명이고 죽음은 많은 삶을 소유하려는 자연의 기교이다. 괴테.

15

24[4]

    학자-공화국에 대해서는 종종 언급된다. 그러나 천재-공화국에 대해서는 언급되지 않는다. 그것은 이렇다 : —아래에서 기어다니는 난쟁이의 세계가 잡담보다 약간 많은 것을 듣고, 진행하는 어떤
20   것을 좀더 잘 이해한다면, 이와 달리 거인은 수백 년의 황량한 중간 지대를 통과하여 다른 사람들에게 소리친다. 그리고 다시 난쟁이는 그 아래에서 끊임없이 익살극을 펼치면서 커다란 소음을 만들어내고, 거인이 버린 것을 끌고 가고, 원래는 난쟁이인 영웅에게 포고한다. 거인의 정신은 난쟁이로 인해 방해받지 않고 자신의 위대한 정

신적 대화를 계속해나간다. 쇼펜하우어.

24[5]

　　나의 동시대인들은 내가 거둔 성과를 완전히 무시하고 그동안 평범한 자와 저급한 자들을 찬양했다. 즉 그들은 내가 나 자신에 대해 스스로 오해할 수 있는 가능한 모든 것을 〔실행했다〕.

24[6]

　　인류를 조야함과 야만에서 구원하기 위해 인류의 십자가를 지는 천재. 쇼펜하우어.

24[7]

　　모든 것이 나를 억압한다. 나는 더 이상 그것에 대해 심사숙고하지 않는다. 모든 것이 나에게 대립해 일어난다. 무거운 과제를 바로 옆으로 치울 수 있는 내 영혼 안에서 거대한 왕국은 단순화된다. 내가 단지 누군가에게만 광경과 환희를 알리려 할 경우에도, 그것은 불가능하다. 그리고 그것은 꿈도 아니고, 환상도 아니다 ; 그것은 자연이 항상 유희하고, 다양한 삶을 유희 속에서 만들어내는 본질 형식을 알아차리는 것이다. 내 짧은 생애에서 시간이 있다면, 나는 그것을 모든 자연의 왕국—자연의 전체 왕국—으로 확장시키는 것을 감행할 것이다. 괴〔테〕.

24[8]

　　나는 그것을 종종 말했고 여전히 그것을 종종 반복하게 될 것이다. 세계와 인간 사안에서의 목적인causa finalis은 연극적인 시 예술이다. 왜냐하면 그렇지 않을 경우 도구는 완전히 아무 쓸모없는 것이 될 것이기 때문이다. 괴〔테〕.

24〔9〕

해부학적 발견의 경우. 나는 내 모든 오장육부가 움직이는 즐거움을 얻는다.

24〔10〕

뼈로 된 시 속에서의 그릴파르처 :
예술 감각과 무관한 예술 사랑
영주에게는 소득을 적게 가져다준다.
그것은 예술에 대한 지껄임을 귀에다 열어젖힐 것인데,
그리고 예술은 예전처럼 고독하게 머물러 있다.

24〔11〕

두 가지 유형의 문화, 즉 그리스 문화와 로마 문화가 있다 : 첫 번째 문화 유형은 모든 형태와 조직에서 본질 형식을 항상 유희적으로 변경하는 자연의 식물과 같다. 그래서 거대한 다양성은 관찰하는 눈앞에서 단순하게 나타난다 : 다른 문화 유형은 차용되었으나 아마도 이해되지 않은, 호화롭고 풍요롭고 우아한 것으로 변형된 형식에서의 고귀한 관습과 장식이다.

24〔12〕

어떤 한 민족의 삶이 그리스적으로 또는 로마적으로 유형화된 예술의 지배하에 있다면, 우리는 이런 민족의 문화에 대해 말한다 : 이런 예술이 어떤 경우에는 자연이고 다른 경우에는 관습일 경우, 철학은 확고하게 규범화된 예술의 삶 지배에 대해 어떤 입장을 취하게 될 것인가? 이 문제를 우선 유비론에서 대답해보자.

24〔13〕

라틴어와 그리스어를 할 줄 아는 어린아이들과 그리스의 위대한 철학대가들에 대해 간단하게 이야기하고 대화하는 것이 나의 의도이다.

24〔14〕

그리스 철학에 대한 강연.
첫 번째 장.

[25 = P II 12b. 54. 55. 52. 1872/73년 겨울]

25〔1〕

    그리스 비극과 관련하여 실제로 비극을 예술 작품으로 느끼는 순수하고 원초적인 감정에 이르는 것, 특히 '진지한'이라고 부르고 싶은 감정에 이르는 것이 매우 어렵게 되었음을 나는 고백하고자 한다. 즉 열망 속에서 그렇게 한없이 유명한 기적의 세계를 마침내
들여다본 젊은이가 진지하지 못한 것으로 간주될 경탄의 망에 빠지도록 처음부터 모든 것이 추진되었다. 그는 두려워하면서 싸늘하고 낯설고 거의 고통에 가까운 첫 번째 인상을 숨긴다 : 그는 어떤 대가를 치르더라도 그것을 사랑하고 싶어 하기 때문이다. 그것의 승리의 노래는 고대에서 현 시점까지 자신의 주위에 울려 퍼지고 있
다. 그는 이런 사랑의 욕구 속에서 자신을 변화시킨다. 그렇게 낯설게 자신에게 영향을 미치는 객체를 은근한 환상을 가지고 무의식적으로 변화시킨다 ; 아마도 그는 자신의 눈을 무대 쪽에 고정한 채 꼼짝하지 않을 것이다. 이때 그는 셰익스피어와의 친화성을 지각하고 예컨대 아이스킬로스의 카산드라 장면의 인상에 따라 전체 고대
비극을 평가한다 ; 또는 소포클레스 연극의 구성을 다루고 여기서 오늘날까지도 극작가들이 문장을 짓고 형상화할 때 따르는 법칙을 발견한 것에 대해 기뻐한다. 다른 사람은 더 나아가 저 싸늘하고 쓰디쓴 신화 세계의 대립까지도 '성찰적' 자극을 가지고 지각할 것이다 : 반면에 저급한 본성을 가진 사람은 어디서나 마찬가지로 여기

서도 요소적인 것에 만족한다. 즉 그는 부분적으로 서술된 역사나 개별적인 단어와 사상이나 운율에 대해 기뻐하고 더욱이 변질된 부분에 매달린다. 이와 반대로 저 진지한 감정은 거대한 결함을 인정하면서 시작되고 그렇기 때문에 단지 제한된 경탄과 함께 시작된다. 그 결함은 예컨대 우리가 사원의 폐허더미 앞에 서서 몇 개 남지 않은 기둥을 보고 전체 기둥의 모습을 추측하는 경우보다 더 중대한 것이다. 왜냐하면 우리는 저 비극의 현실을 대신해 결국 인쇄된 종이를 눈앞에서 보고 있기 때문이다. 우리는 완성된 삶의 표현 속에서의 그리스인을, 비극적 배우, 가수, 무용수로서의 그리스인을, 매우 야심찬 예술적인 관객으로서의 그리스인을 우리에게 보충해야만 한다. 그러나 우리가 그리스인 자체를 보충하여 생각할 능력이 있다면, 우리는 고대 비극을 우리 안에서 거의 새롭게 창조했을 것이다. 그러나 이것은 엄청나게 어렵다 : 현대인은 그리스적으로 사유하는 것을 어디에서 시작해야 하는가? 그는 언제 끝내야 하는가? 실제로 결함을 명확하게 만들었던 길은 매우 어렵게 발견될 것이다. 오로지 우리 세계 속의 유사한 세계 현상들, 즉 거의 그리스적이라고 칭할 수 있는 현상들만이 이제 우리를 계속 도울 수 있을 것이다 : 동일한 것은 항상 동일한 것에 의해서만 인식되고 동일한 것에서만 인식되는 것처럼. 그렇게 우리 시대의 학자들 가운데 좀더 나은 일부 학자들은 그리스인에게 안내하기 위해 괴테를 이용하곤 한다 : 다른 사람들은 라파엘에게 도움을 청한다. 나는 리하르트 바그너에 감사해야만 하는 경험을 따른다. 이른바 역사-비판적 학문은 결코 그런 생소한 것에 가까이 다가가는 수단이 아니다 : 우리는 교량, 경험, 체험이 필요하다 : 그리고 나서 다시 그러한 것을 우리에게 해석하고 표현해줄 사람들이 필요하다. 따라서 나는 1872년 여름의 트리스탄 공연이 내게 불러일으킨 인상들에서 출발하는 것이 옳다고 믿고 있다.

언젠가 나는 연기의 **조형적** 측면에서 볼 때, 오페라 가수의 조형 연기와 마찬가지로 우리 시대의 실러와 셰익스피어 역할을 하는 배우의 조형 연기와는 완전히 다른 차이를 알게 되었다. 배우의 재능을 완전히 도외시하더라도, 무의식적인 노력이 감지될 수 있었고 또한 가장 격정적인 순간에도 **평온한 위대함**이 보존될 수 있었다 : 본질적으로 사람들은 고귀하고 절도 있게 움직이고 대개는 거의 평온한 조형적 집단을 보았다. 이때 내 마음에 들었던 것은 현대의 무절제가 조형을 향한 노력에 굴복했다는 점이다. 나는 그 음악과 노래가 아마도 비천한 삶과 언어로 된 비극에서 빨리 움직이는 것과 달리, 그렇게 빨리 움직이지 않는 근거임이 틀림없을 것이라고 혼잣말을 했다. 노래로 된 감동은 언어로 된 감동보다 무한히 지속된다. 동반하는 운동은 빠르게 사로잡는 자연스러운 운동을 엄숙한 위대함으로 변형시키는 것이 틀림없다. 그렇게 나는 우리의 조형적 과제의 더없이 생산적인 미래를 예상했다. 이 과제란 그런 숭고한 음악에 조응하는 숭고한 음악의 위치와 분류를 고안해내는 것이다. 이때 다시 음악은 내게 우리의 현재를 구원하는 것으로 나타났다. 반대로 오페라는 조형적 의미의 정화를 만들어내는 데 전혀 적합하지 않다 : 오페라 가수들은 위장된 도구이고, 오페라의 운동은 기본적으로 중요하지 않은 것이어서 처음부터 관습을 통해 규정될 수 있기 때문이다. 오히려 사람들은, 현대인은 자신이 가장 좋아하는 예술인 오페라의 유혹 속에서 의상, 동작 등의 관습적 표현에 익숙

해졌다고 : 궁정은 오페라 세계의 모방이고 점차 전체 문명의 세계는 예전의 궁중문화의 퇴색된 모방이 될 것이라고 말할 수 있을 것이다.

이때 평온한 조형을 만들어내는 것과 동일한 것, 즉 노래된 소리가 오래 지속되는 것이 명백하게 아이스킬로스의 연극도 만들어냈다 : 그러나 이 외에도 이런 조형적 평온함의 상승을 만들어낸 또 다른 상황 하나가 있다. 비극은 전체 민중의, 즉 시민 공동체의 종교적 행위이다. 그러니까 비극은 거대한 대중관객을 고려한다 : 바로 이런 이유로 표현된 것은 우리의 경우보다 관객에서 멀리 떨어져 있게 된다. 이런 다른 관점주의적 상황 때문에, 배우는 스스로 단단히 채워진, 창이 두꺼운 신발 위에 선 채 연기했을 것이다 : 같은 이유에서 동요된 얼굴의 자리에 가면이 등장했다. 그리고 바로 그렇기 때문에 조형도 오로지 거대하고 평온한 형식 속에서만 확산되었던 것이 틀림없다. 이때 고귀한 양식의 법칙들이 완전히 자체적으로 형성되었고, 고정된 대칭이 대조 속에서 지양되었다. 두 명 또는 세 명으로 배우를 제한하는 것에도 다분히 거대한 집단과 운동하는 집단을 표현하는 것을 두려워했던 조형적 이유가 있다. 왜냐하면 이때 아름답지 못할 위험이 너무 크기 때문이다. 그러나 저 단순한 아이스킬로스의 조형은 피디아스의 이전 단계였음이 틀림없다 : 조형예술은 서서히 아름다운 현실 이후에 등장하기 때문이다. 왜 조형예술은 소크라테스 이후 다른 예술과 마찬가지로 몰락하지 않았는가 하는 점은 중요한 문제이다 : 첫째, 조형예술은 나중에 등장한다. 둘째, 조형예술은 대가를 따르는 소피스트적 교육이 아니라 수공업적 교육을 보존한다. 셋째, 한번 아름답게 발견된 것은 늘 반복된다. 그래서 우리의 후대도 매우 오래전 시대의 아름다움 속에서 찬란하게 빛나게 된다.

여하튼 비극시인은 배우들의 조형 집단과 운동을 위해서도 규칙을 정한 것이 틀림없다 : 우리는 그가 이를 설정했음을 조형적 운동을 명확하게 보여주는 시행 횟수의 대칭에서 인식한다. 일반적으로 배우는 말하면서 서 있다 : 그는 개별적인 단계를 통해 동일한 집단을 시행에서 분리해낸다. 여하튼 그의 전체 동작은 관현악 개념에 속한다. 그리고 코로디다스칼로스, 즉 원래의 시인은 또한 배우를 위해서도 모든 것을 머릿속에 그려내고 규칙을 정해야만 했다. 엄격한 성직자의 양식에 익숙했던 아이스킬로스 시대의 비극에서도 우리는 아직 성직자적으로 제한된 양식을 빈번하게 전제해야 할 것이다. 그래서 개별적 장면의 조형적 운동에서는 물론 작품 전체의 조형적 구성의 전체 과정에서도 아이스킬로스를 조형적 작곡가로 이해하는 과제가 주어질 것이다. 이 경우 합창의 조형적 사용을 이해하는 것, 즉 합창과 무대배우와의 관계 : 그리고 또한 조형적 집단과 주변 건축과의 관계를 이해하는 것은 중요한 문제일 것이다. 여기서 예술적 힘의 심연이 열린다―그리고 극작가는 다시 어느 때보다도 더 종합 예술가로 드러난다. 《실러에게 괴테가》, 1권, 278쪽을 참조하라.

[26 = U I 5b. 1873년 봄]

5    26〔1〕

탈레스.            파라셀수스. 호메로스의 비유 안에서의 위치.
                 새로운 화학에서 물. 라부아지에Lavoisier.
                 구름 얼음.
                 아낙시메네스의 공기(파라셀수스).

10

아낙시만드로스.    소멸의 표시로서 생성. 부정infinitum이 아니
                 라 미정 Indefinitum.
                 *비한정자apeiron*가 생성하는 세계의 원인인
                 가?(유출설, 스피어)

15

헤라클레이토스.    《창조로서의 생성》, 347쪽과 이전의 알파벳.
                 모든 생성을 위한 두 가지 요소 전제.


아낙사고라스.      순환 운동. 역동적 이론, 《질료의 침투》, 324
20               쪽.
                 많은 실체들.
                 끌어당김으로서의 생성, 더 이상 창조가 아
                 니다.
                 점으로의 침투.

엠페도클레스.      끌어당김, 반발. 친화력. 거리 속에서의 작
               용. 네 가지 요소들.
               《두 가지 전류》, 340쪽 알파벳. 사랑과 증
               오―운동의 원인으로서의 감정.
               《보어해브 *Boerhave*》, 310쪽 알파벳.

데모크리토스.      원자. 동일한 유형으로.《뉴턴에 대항하여 부
               퐁》, 311쪽.
               다양한 형태에서, 가상디.

피타고라스 학파. 367 알파벳. 배에서 잠자는 여행자. 넘어가
               기, III 53.
               원자의 계속된 전개, 모든 운동역학은 결론
               적으로 표상의 기술이다.
               접촉, 거리 속에서의 작용.

파르메니데스.      베르나르디우스 텔레시우스.
               생리학의 역사에 대한 릭스너와 지버의 논고
               들 III.
               데카르트의 경우 실체의 정의,
               넘겨서 보라, III 52.
               물체의 완전한 상이함 속에서 대립적 영향,
               III 53.
               원론, 모순율,
               넘어가기, III 81.
               있는 것은 있고, 없는 것은 없다Quidquid
               est, est : quidquid non est, non est.

26[2]

자연의 모방.

"가장 지혜로운 인간조차 신과 비교해볼 때에는 한 마리 원숭이다." 헤라클레이토스.

오이디푸스, '고통에 찬-인간'이 인간의 비밀을 푼다.


26[3]

엘레아 학파는 달에 사는 사람들처럼 하늘을 검은색으로 보았다.


26[4]

카르다누스는 인간을 이렇게 나눈다.

  1) 단순히 기만당하는 자

  2) 기만당하면서 기만하는 자

  3) 기만당하지 않으면서 기만하지 않는 자.


26[5]

데모크리토스 { 센네르투스 비테베[르가]의 〈자연학〉 1618
              메그네누스 티치누스의 〈되살아난 데모크리
              투스〉 1646

엠페도클레스—마이그나누스의 〈철학[의] 길〉 1652, 1673


26[6]

형이상학의 어두운 대양.

26[7]

    토마스 캄파넬라Thomas Campanella는 공간이 영혼으로 가득 차 있다고 말한다. 왜냐하면 그는 공허를 두려워하고 충만을 갈망하기 때문이다.

26[8]

    일련의 철학자들을 차례차례 살펴보는 것은 마치 화랑에 있는 것과 같다 : 그들은 자기 집에 있는 것이 아니라 그들을 비교하기 위해 우리가 빌린 집에 있다 ; 따라서 그들은 종종 임의적으로 보이고 특징 없는 평범한 예술가의 생산물처럼 사치스럽게 보인다. 대신에 그들 스스로에게는 자신의 선행자에 대해 어떻게 말하고 어떻게 접촉하는지, 즉 그들 간의 **투쟁**이 어땠는지를 말하는 것만이 과제가 되어야 한다.

26[9]

    나는 일련의 위대한 철학자들을 기술하길 원하고, 이를 통해 철학자의 본질 자체를 좀더 명확하게 하기를 희망한다 : 그것을 어떤 비철학적 방식으로 행하게 되든, 나는 철학자의 영향을 확고히 믿기 때문이다. 그러나 나는 철학자의 본질에 대해 직접적으로 이야기할 수는 없다. 순수한 진리에의 욕구는 이 세계에서는 너무나 낯설고 설명할 수 없는 것이기 때문이다. 그래서 내가 그 욕구가 어디에 유용한 것인지를 보여준다면, 나는 최소한 무엇인가를 보여준 것이라고 희망할 수는 있다. 만약 순수한 진리의 욕구가 본질적으로 이런 유용성 때문에 존재하지는 않더라도, 여하튼 그것이 존재한다면 그것은 유용하게 존재할 수도 있음을 인식할 수 있다 : 반면에 그것은 본질에 부합해볼 때 매우 낯설고 비인간적이다. 그래서 사람들은 그것이 무용할 뿐만 아니라 또한 해로울 것이라고 믿고 싶어 할 것이다. 왜냐하면 저 욕구는 인간을 행복하게 하는 대부분의 것과 모순관계에 있기 때문이다.


26[10]

오로지 철학자만이 존재한다. 즉 진리의 친구

또는 진리의 적

또는 회의주의자.


26[11]

나는 지각과 표상 외에는 아무것도 가지고 있지 않다.

그래서 나는 이것을 표상-내용에서 생겨난 것으로 사유할 수 없다.

저 모든 우주진화론 등은 지각 자료에서 규명된다.

지각과 표상이 아닌 것에 대해서는 아무도 사유할 수 없다.

따라서 순수하게 시간, 공간, 세계는 존재할 수 없다, 또한 지각과 표상 없이.

나는 비존재를 표상할 수 없다.

존재자는 지각과 표상이다.

비존재자는 지각과 표상이 아닌 어떤 것일 터이다.

표상하는 자는 '표상하지 않을' 수 없고 표상을 떠날 수 없다.

표상하는 자는 자신을 생성된 것으로 사유할 수 없고 사멸하는 것으로 사유할 수 없다.

질료가 표상하는 자까지 발전하는 것 또한 불가능하다.

왜냐하면 이러한 질료와 표상의 대립은 전혀 존재하지 않기 때문이다.

질료 자체는 오로지 지각으로만 주어진다. 모든 지각을 넘어선 결론은 허용되지 않는다.

지각과 표상은 우리가 지면, 충격, 물체에 대해 믿는 근원이다.

우리는 그것을 운동과 수로 환원시킬 수 있다.

26[12]

시간 속에서의 운동

A    B

· ·

A 공간 지점은 B 공간 지점에 영향을 미치고 역으로 B 지점도 A 지점에 영향을 미친다.

이를 위해 시간이 필요하다. 모든 영향은 하나의 길을 나아가야 하기 때문이다.

연속하여 잇따르는 시점들은 서로 뒤섞이게 될 것이다.

A는 영향을 미칠 때 더 이상 첫 번째 순간의 B와 마주치지 않는다. 그러면 이는 무엇을 의미하는가 : A와 B가 서로 마주친다면, B가 아직 존재하는 것처럼 A 또한 존재할 것인가?

우[선적으로] 말하자면, A는 어느 시점에서건 변화 없이 동일하다. 그러나 그렇다면 A는 작용하는 힘이 아니다. 작용하는 힘은 더 이상 동일한 것으로 존재할 수 없기 때문이다 ;

그것은 작용하지 않았다는 것을 의미할 것이기 때문이다.

시간 속에서 작용하는 것을 본다면, 모든 짧은 시점에서 작용하는 것은 어떤 다른 것이다.

말하자면 : 시간은 어떤 한 힘의 절대적 비지속성을 증명한다.

그래서 모든 공간의 법칙은 시간의 제약을 받지 않고 사유된 것이고,

말하자면 동시적이고 즉각적으로 존재해야만 하는 것이다.

단 한번에 전체 세계가. 그러나 그렇다면 운동은 없다.

운동은 공간의 법칙에 따라 구성되고, 다시 이 법칙이 시간을 수용함으로써 불가능하게 되는 모순 속에서 실험된다 : 즉 존재하기도 하고 동시에 존재하지 않기도 한다.

이때 시간이냐 공간이냐 하는 것 = 0이라는 것을 수용해 보완할 수 있다.

내가 공간을 무한히 작은 것으로 받아들인다면, 원자들 사이의 모든 사이 공간은 무한히 작아질 것이다. 즉 모든 미세한 원자들은 한 지점에서 일치할 것이다.

그러나 시간은 무한히 분할될 수 있기 때문에, 전체 세계는 순수한 시간의 현상으로서 가능하다. 왜냐하면 나는 매 시점을 하나의 공간 지점에서 소유할 수 있고 이와 같이 시점을 무한히 설정할 수 있기 때문이다. 따라서 사람들은 한 물체의 본질로 시점들을 명확하게 사유해야 할 것이다. 즉 일정한 사이 공간에 하나의 지점이 설정된 것으로 사유해야 할 것이다. 사이 공간의 모든 시간 사이에는 무한한 시점들이 자리를 차지하고 있다 : 그러니까 사람들은 어떤 전체 물체

세계를 생각할 수 있는데, 모든 것은 하나의 지점에서 분쟁하고 있기에 우리는 물체를 차단된 시간 선에서 해소시킨다.

        :           :

이제는 단지

        :           :

        .           :

        .           :

이전의 시점을 현재의 시점과 더불어 지니고 있는 재생산적 존재가 필요하다. 여기에 우리의 육체가 상상된다.
표상 안에 있는 것으로서 병렬은 존재하지 않는다.
모든 병렬은 규명되고 표상된 것이다. 공간 법칙은 총체적으로 구성된 것이고 공간의 현존을 보장하지는 않는다.
종종 설정된 저 점들의 연속적 결과의 수와 유형들이 물체를 이룬다.
그렇게 되면 세계의 실재는 머물러 있는 점에서 존재하게 되는 것이다. 다수성은 이런 점을 작은 시점들에서 반복적으로 생각하는 표상적 존재가 있기에 : 즉 서로 다른 시점들에서 한 지점을 동일하지 않게 받아들이고, 이제 이 지점들을 동시에 받아들이는 존재가 있기에 생성되는 것이다.

모든 운동법칙을 시간 비율로 번역하는 것.

지각의 본질은 점차 그러한 시간 형상을 좀더 세련되게 지각하고 측정하는 데 있다 ; 표상은 그것을 병렬적인 것으로 구성하고 현재 이런 병렬에 적합하게 세계의 진행을 설명한다 : 다른 언어, 즉 생성의 언어로의 순수한 번역.

세계의 질서는 시간 형상의 규칙성일 것이다 : 그렇지만 사람들은 시간을 구성적인 힘과 함께 작용하는 것으로, 즉 병렬적인 것으로 해석할 수 있는 법칙에 따르는 것으로 생각해야 할 것이다. 서로 다른 시점에서의 행동Actio in distans temporis punctum.

본질적으로 볼 때 우리에게는 시간의 법칙을 설정할 수단이 전혀 없다.

우리는 힘의 나중의 존재 시점과 연관관계가 있는, 즉 그러한 형상과 연관관계에 놓여 있는 개개의 힘들을 지닐 것이다. 짧은 순간의 힘들은 각각 서로 다르게 존재할 것이다 : 그러나 연속은 어떤 비율 속에 있을 것이고, 주어진 세계는 이러한 힘-비율의 표면화, 즉 공간적인 것으로의 번역에 놓여 있을 것이다

사람들은 습관적으로 원자물리학에서 시간 안의 변화하지 않는 원자-힘들, 즉 파르메니데스적 의미에서의 *존재*들을 받아들인다. 그러나 이것은 작용할 수 없다.

반대로 절대적으로 변화하고 어떤 순간에도 동일하지 않은 힘들만이 작용할 수 있다.

모든 힘은 단지 시간의 기능일 뿐이다.

1) 연속적으로 잇따르는 시점들의 작용은 불가능하다 : 왜냐하
면 그러한 두 개의 시점은 한 지점에서 일치할 것이기 때문
이다. 그러니까 모든 작용은 거리 속에서의 작용이다. 즉 도
약을 통해서다.

2) 우리는 이러한 유형의 작용이 거리 속에서 어떻게 가능한지
는 전혀 알지 못한다.

3) 빠르게, 느리게 등, 이러한 작용의 전체 유형 안에서. 즉 시
간의 기능으로서의 힘들은 가깝거나 또는 먼 시점들의 상관
관계 속에서 자신을 말하자면 빠르게 또는 느리게 나타낸다.
힘은 가속 정도에 놓여 있다. 최고의 가속은 가장 가까운 것
에 대한 한 시점의 작용에 놓여 있을 것이다. 즉 그렇다면 그
것은 = 무한히 큰 것이다. 느림이 커지면 커질수록, 시간의
사이 공간들은 더욱 커지고 거리는 더욱 커질 것이다.
그러니까 멀리 있는 시점의 상관관계는 느림이다 : 모든 느림
은 자연히 상대적이다.

시간의 선                          우리는 어떤 공간
실재 : 공간 지점.                   적으로 남아 있는
                                   것을 척도로 시간
서로 다른 시간 상                   을 측정하고 그렇

태의 상관관계들.

상관관계는 어디에 있는가.

시간 속의 운동하지 않는 것은 지속적이다.

기 때문에 시점 A 와 시점 B 사이에 지속적인 시간이 있다는 것을 전제한다. 그러나 시간은 결코 지속이 아니며, 다만 총체적으로 상이한 시점들이 존재할 뿐이다. 일직선이 아니다. 거리 속에서의 작용.

더 이상 시간에 대해 언급해서는 안 된다. 오로지 시점들에 대해서만 언급해야 한다.

시점은 다른 시점에 영향을 미친다. 즉 역동적인 특성들이 전제되어야만 한다.

시간원자론.

다음은 가능하다, 1) 주어진 세계를 개개의 공간원자론으로 환원시키는 것.

2) 이것을 다시 시간원자론으로 환원시키는 것.

3) 시간원자론은 마침내 지각이론과 합치된다. 역동적인 시점은 지각의 지점과 동일하

다. 왜냐하면 지각의 동시성이 존재하지
않기 때문이다.

26[13]

누구나 한번쯤은 유년 시절에 자기 자신에게 다음과 같이 말한
격정적인 순간을 체험했을 것이다 : "네가 정말 너의 과거 전체를
소멸시킬 수 있을까! 너는 순수한 백지 상태로, 자연의 관점에 서
있어라. 그리고 이제부터 좀더 현명하고 잘 살기 위해 첫 번째 사람
처럼 살아라." 이것은 우둔하고 끔찍한 희망이다 : 왜냐하면 희망하
는 사람의 과거 전체가 실제로 존재의 칠판에서 소멸된다면, 이는
그의 가련한 한 쌍의 삶의 친구와 더불어 수많은 예전의 세대들을
박멸하는 것을 의미하기 때문이다 : 그들의 여운과 잔여들이 언젠
가 우리의 실존인 것처럼, 그렇게 개인은 자신을 기꺼이 어떤 완전
히 새로운 것, 처음 듣는 어떤 것으로 간주하는 경향이 있다. 사실
상 과거의 세대 전체를 후천적으로 파괴하라는 것보다 더 이기적인
요구는 없을 것이다. 왜냐하면 나중에 태어난 어떤 자는 자기 자신
에 만족하지 못하는 이유를 갖기 때문이다. 누군가 실제로 격정 속
에서 편안히 쉬게 될 것이라면 : 모든 세대에 대한 저주, 나의 현존
— — —

26[14]

자연이 문화에 대해 근심하지 않는 것은 놀라운 일이다. 그것은
극소수의 개인들에 달려 있다.

현재를 향한 증오 속에서 역사와 과거를 파괴하길 원하는 바쿠닌. 모든 과거를 제거하기 위해 이제는 물론 인간 제거가 필요할 것이다 : 그러나 그는 오로지 지금까지의 교양, 전체 정신의 지속적 삶만을 파괴하길 원한다. 새로운 세대는 자신의 새로운 문화를 찾아야 한다 :

5

인간은 오로지 자신이 창조한 예술에서만 가치가 있다.

교양은 세대를 통해 간단히 전달되지 않는다. 그것은 훨씬 위태로운 것이다 : 그것은 수백 년이 지나면서 실제로 파괴될 수 있다.

교양을 파괴하는 것은 가능하다.

10

교양을 황폐하게 하는 것은 매우 쉽다. 그것은 소수의 인간과 짧은 기간의 작품이다.

자연은 그러한 예방 조치를 명중시키지 못했다.


교양은 그렇게 변할 수 있기 때문에, 또한 쉽게 개선될 수도 있는

15

것이다.


26〔15〕

선량한 잡역부에 대하여 〔괴테〕 3, 59쪽.

에커〔만〕 3, 164쪽. 그리스적 양식.

20

3, 37쪽, 신문에 의한 대중의 반쪽 문화.

3, 45쪽, 신과 무관한 개혁에 대하여.

한 인간이 고뇌할 수 있는 정도는 그의 깊이와 진지함을 규정하고 그의 즐거움도 규정한다.

26[16]

　　여론은 전쟁, 특히 승리로 끝난 전쟁의 좋지 않은 결과에 대해
말하는 것을 거의 금지하고 있다. 그렇기 때문에 이런 의견밖에 없
는 문필가들은 앞다퉈 전쟁을 찬양하는 데 열심히 노력하고 있다.
5　즉, 문화, 예술, 인류를 위한 전쟁의 공로를 노래하는 데 열심히 노
력하고 있다. 그럼에도 불구하고 말해야 할 것이다 : 최근에 프랑스
와 벌였던 전쟁에서 비롯된 좋지 않은 모든 결과 중에서 아마도 가
장 나쁜 것은 마치 독일 문화가 저 전쟁에서 낯선 문화에 승리했고
그러므로 특히 탁월한 전쟁에 어울리는 월계수를 획득한다는 의견
10　이다. 이는 빠르게 퍼져나가 현재는 거의 일반화된 기만이다. 마찬
가지로 문화들이 서로 전쟁을 벌였다고 전제할지라도, 승리한 문화
를 판단하는 척도는 언제나 매우 상대적일 뿐이고 상황에 따라서는
결코 승리의 환호나 자기 찬미의 권리가 주어져 있지 않다 ; 왜냐하
면 저 정복된 문화에는 어떤 가치가 존재했는지가 중요하기 때문이
15　다. 또한 화려한 무기로 성공했다 할지라도 전쟁의 승리는 어떤 경
우에도 문화에 대한 승리의 요구를 획득하지 못하기 때문이다. 다
른 한편 우리의 경우 이에 대한 언급이 전혀 없다. 엄격한 전쟁 훈
련, 지도자의 학문적 탁월함, 훈련받는 자들 속에서의 통일과 복종,
즉 본질적으로 간단히 말하면, 문화와 아무런 상관이 없는 요소들
20　이 승리했다. 그리고 문화가 거의 방해하지 않고 이런 군사적 필요
사이에 등장했다는 것이 놀라울 뿐이다 : 문화란 그렇게 무력한 것
인가 또는 전쟁에 속하는 것으로 전쟁을 잘 돕는 것인가에 대해 놀
라울 뿐이다 : 전쟁 후 사태는 충분히 다르게 나타났고 곳곳에서 다
르게 관찰되었다. 문화가 승리했다고 한다 ; 모든 직업 활동과 모든

학문은 자신의 전쟁 참여를 축하하고, 문헌학자와 교육자의 집회조차도 대중적인 주제를 피하지 않고 자신의 위치를 전쟁에 참여한 자로서 축하하고 있다. 나는 그러한 것이 어느 정도까지 옳은 것인지에 대해서는 결코 말하고 싶지 않다. 그러나 이때 매우 모호하고 미숙하고 비민족적인 어떤 문화가, 즉 정말 당혹스러운 어떤 문화가 갑자기 개선장군의 외투를 걸치는 일반적 위험이 존재하고 있는 것처럼 보인다. 제발, 너희의 주위를 둘러보고, 너희 자신에게 주의를 기울여라. 물론 그러한 승리와 독일제국은 존재하고 있다. 그러나 독일적인 것 자체는 파괴된 상태이다! 현재 나는 이미 어떤 하나의 특성을 특수한 독일적 특성이라고 요구할 용기가 없다. 독일의 관습, 독일의 사교, 독일의 행정, 독일의 외교, 이 모든 것은 외국풍이 섞인 뒷맛을 지닌 재능 없는 모방처럼 보인다. 게다가 그것이 모방이라는 것을 망각하고 있다 : 어디에서나 망각에서부터 원본이 탄생한다. 이런 곤궁에서 나는 모든 민족성의 혼합과 시대와 습속의 변화를 거쳐 진정 현재까지 오직 스스로를 보존시킨 독일어를 중시한다. 그리고 나는 다수성에서 통일성을, 다양한 유형에서 하나의 유형을 탄생시키는 형이상학적 마법은 언어 안에 있음이 틀림없다고 생각한다. 바로 그렇기 때문에 우리는 통일시키고 우리 독일의 미래의 정체성을 보장하는 언어에 이 엄격한 파수꾼을 설치해야만 한다. 우리의 위대한 저자들은 언어의 파수꾼으로서 신성한 직무를 지닌다 ; 그리고 우리 독일의 학교는 그런 파수꾼의 눈 아래서 독일 언어를 교육하는 창조적이고 진지한 과제를 지닌다. (독〔일〕 언어의 새로운 특성 : 모든 것을 받아들이고 모방하는 것, 유럽의 모자이크.)

하지만 전쟁은 좋지 못한 영향을 미쳤다. 그래서 독일의 문필가들은, 사람들이 자신을 찬미한다고 생각했고, 현재 매우 엄격한 후세가 자신에게 비사멸성을 승인할 것이라는 믿음을 갖고 있다. 일련의 새로운 대가들은 뻔뻔스럽게 자신을 세상에 드러내려고 시도했다 : 잡지와 유럽의 신문은 앞장서서 그들에게 황실의 머리장식을 달아주었다. 그리고 우리에게 위대한 문화와 위대한 대가가 있음이 항상 새롭게 보증되면서 외국은 놀랄 만한 혼란에 빠졌다. 우리의 위대한 독일인을 잘 알고 있고, 독일의 대가와 모범적 문필가는 그렇게 폭력적인 전쟁과 승리의 진정한 협조자이고 원인으로 존재하기 때문에 고작 전쟁의 화환이 바쳐진 예전의 대가보다 더 높은 위치에 있다는 것을 이제 해협을 건너 새롭게 들은 것이 틀림없는 교양 있는 영국인을 생각해보자. 예컨대 다비드 슈트라우스가 현대의 가장 위대한 문장가인지 또는 그와 동일한 사람들 또한 일정하게 존재하는지에 대해 널리 퍼져 있는 잡지들이 논의한다는 것을 우리의 영국인은 읽어서 알고 있다 : 그리고 이런 현대의 고전과 친숙해지려는 그의 요구는 최상으로 상승한다. 그래서 3개월마다 네 번씩 두꺼운 판본으로 세상에 등장하는 작품, 즉 《낡은 신앙과 새로운 신앙 Der alte und der neue Glaube》을 요구한다.

이와 함께 우리는 이제 스스로 말하는 영국인을 위한 서론으로 언급될 모든 것에 대해 말했다 : 영국인은 읽고, 다시 읽고, 놀라고, 질문하고, 엿듣고, 연구한다—그리고 그는 편지 한 통을 통해 자신의 불안 요소를 벗어나기 위해 회의하면서 펜대를 잡는다—그는 바로 다비드 슈트라우스에게 직접 향한다.

첫 번째 편지.

한 외국인이 유명한 다비드 슈트라우스와 함께 독일적인 것이 무엇인지에 대해 대화한다면, 그는 몇 가지 점에서 뛰어나다. 특히 그는 — — —

26[17]

만약 슈트라우스 같은 현대인이 무척 위대한 어느 고대인의 잘못을 비난했다면, 이 일은 괴테와 말하기 위해 유치하게도 무릎을 꿇은 채 일어났을 것이다. 3, 137쪽.

26[18]

어떤 한 민족의 급작스러운 확장은 학문적 인식의 갑작스러운 과잉과 같은 위험을 지닌다. 통찰에서 삶으로, 인식에서 실천으로, 학문에서 예술로의 길은 망각된다 : 지식 안의 호사스러운 포식이 시작된다. 평온하게 계속되는 문화를 생산하는 사람들의 작업은 갑자기 인식을 자랑하는 사람들로 덮인다 : 아무도 더 이상 작은 길을 실천적으로 나아가려 하지 않는다. 대신 이기적으로 더 나은 지식을 획득하는 데 자신을 제한한다. 최근 사람들이 저 유명한 50억이 저주로 나타날 수 있음을 두려워하는 것처럼, 학문성의 과잉은 우리 문화를 향한 저주가 될 것이다.

26[19]

문화적 승리의 환상.
이에 대항하는 투쟁이 필요하다. 저 환상으로 인해 몰락이 가능할 것 같지 않다.

　나쁜 조짐이 있다는 느낌은 없다.


26[20]

　읽기와 쓰기에 대하여


　1. 많이 읽는 것.
　2. 많이 쓰는 것.
　3. 양식.
　4. 말.


26[21]

　그리스적인 것과 독일적인 것.
　로마적인 것과 그리스적인 것의 투쟁.


26[22]

　양식. 우선은 대강 쓰고 나중에 형태를 만들고 꾸미는 저자들.
　단지 대강 쓰기만 하는 저자들.
　대중 문필가풍의 교만한 태도.


26[23]

　비극의 탄생.


　비극 시대의 철학자들.

우리 교육 기관의 미래.

읽기와 쓰기에 대하여.

5      시합.

리듬.

그리스적인 것과 독일적인 것.

10

바이로이트의 지평 – 고찰.

26〔24〕
                 다비드 슈트라우스에 대항하여.
15     그는 통일적이다.
           양식주의자.
           예술적 직관.
           삶의 관찰.
       이런 교양의 속물적 무능력. 체념과 위장된 명랑성.
20     독일적인 것에 대해서는 아무 느낌 없이.


                 퍼시픽 닐
                   씀.

[27 = U II 1. 1873년 봄~가을]

5    27[1]

　　슈트라우스는 긴 삶 동안 여러 가지 좋지 않은 책들을 읽었음을
그의 양식이 증명한다―나는 특히 그의 적대자의 저술을 생각한다.

　　그는 기독교에서 최상의 것, 즉 위대한 은둔자와 성자, 짧게 말
해 천재를 망각했다. 그리고 그는 마을의 목사처럼 예술에 대해 판
10　단하거나 칸트처럼 음악에 대해 판단한다(그는 음악을 단지 군대음
악으로만 평가한다).

　　만약 프랑스인이 독일어를 더 많이 이해하게 된다면, 독일 국민
의 취미는 크게 비웃음을 살 것이다 : 어떤 학자들, 시인들, 소설가
들인가! 얼마나 거만하고 보잘것없는 취미인가! 예수의 삶을 위대
15　한 르낭에 대한 등가물로 독일인에게 제공하는 것은 슈트라우스의
뻔뻔함이다 : 그리고 그가 볼테르를 언급하도록 내버려두어서는 안
되었다.

　　슈트라우스는 기독교를 파괴하는 습관이 있다. 그는 기독교 안
에서 신화를 증명하기를 원했다. 그러나 종교의 본질은 바로 신화
20　형성의 힘과 자유를 소유하는 데 있다. 이성과 현대 학문과의 모순
이 그의 으뜸패다. 그는 이상주의의 근본적 이율배반과 모든 학문
과 이성의 상대적 의미에 대해서는 아무것도 모른다. 또는 : 이성이
사물 자체에 얼마나 적게 관여하는지 바로 이성이 그에게 말해줄
것이다.

27〔2〕

그는 어디에 문제가 있는지 결코 보지 못한다. 그는 기독교와 예술을 항상 가장 저급한 민주주의적 쇠약함 속에서 받아들이고는 반대한다. 그는 현대 문화를 믿는다

5 ─그러나 고대 문화는 위대한 문화였고 또한 기독교는 그 문화의 주인이 되었다. 그는 철학자가 아니다. 그는 양식에 대한 감각이 없다. 그는 예술가가 아니다. 그는 학자이다. 그는 우리 부르주아 교육의 학자 유형을 보여준다.

고백은 자신의 한계를 넘어서는 것이다 : 학자는 철학자로 보여지길 원했기 때문에 몰락했다. 그리고 오직 학자적 성격의 세계관만이 부자유스럽게 가난하게 통속적으로 생성된다.

저술의 성향 : 최종적으로 신앙심 고양을 위한 두 개의 확장부.

그는 좋지 못한 문필가이고 중요하지 않은 저술가이다. 그것은 그의 영역이 아니다. 그 밖에 나이 많은 노인이다. 괴테는 자연의 체계에 대해 무엇을 말하는가?

257쪽에는 프루동Pierre-Joseph Proudhon의 근사한 단어를 우스꽝스럽고 시원찮게 약화시킨 것이 씌어 있다.

슈트라우스의 경우 연관관계가 없다. 그것은 걸레 조각이다. 그의 다윈주의와 윤리학은 수다를 떤다. 첫 번째 것은 만인의 투쟁과 고귀한 유용성과 힘의 윤리학을 산출했어야만 한다. 도덕의 조정 기제로서의 노동 개념은 완전히 불충분한 것이다. 그는 이상 개념을 생각한다. 누가 아직 윤리학이 없는 사람을 바로 세울 것인가? 왜냐하면 이상 개념은 이제 윤리학에서 분리되어야 하기 때문이다. 즉 이상 개념은 인간에 대한 도덕 척도로 존재할 수 없다.

27〔3〕

　　예수의 삶을 그린 것은 슈트라우스의 실수이다. 그는 자신을 역
사적 작업에 국한해야만 했다.— 반대로 그는 현재 정〔말〕 진실한
기독교, 즉 수도원 제도를 망각해서는 안 될 것이다.

27〔4〕

　　　　　문필가 다비드 슈트라우스에 반대하여.

27〔5〕

　　슈트라우스의 '우리'가 실제로 그렇게 많이 존재한다면, 리히텐
베르크Lichtenberg가 우리 시대는 다시 한번 암흑 시대를 의미한다
고 예언했던 것이 적중하게 된다.

27〔6〕

　　슈트라우스에게 예수는 아마도 그가 정신병원에 집어넣었을 한
남자이다.

27〔7〕

　　　　　독일의 문필가 다비드 슈트라우스 귀하.
　　　　　　　　어느 외국인의 편지.


　　언젠가 누군가가 당신은 유대인이고 독일의 유대인으로 완전한
영향력이 있는 것은 아니라고 내게 말했다.

27[8]

늙어가면서 자신의 문학적인 유언장을 만드는 것은 위안으로 삼을 만한 것이다 ; 사람들은 그것을 망각하고 더 이상 읽지 않는 것을 시작할 수 있다—그리고 그것이 긍정적인 수확이다.—가장 최근의 유언장은 자신의 지혜를 '정신적으로 가난한 자들'에게 상속한다. 왜냐하면 그들은 아무것도 읽지 않거나 또는 좋지 않은 책, 예컨대 자신의 책만 읽었기 때문이다. 무엇보다도 정신적으로 가난한 신문 애독자와 음악회의 관객에게 상속한다. 라이프치히의 게반트하우스를 위한 복음.

그는 작은 방으로 들어가 실내악을 연주한다.—"그렇게 우리는 산다, 그렇게 우리는 산다, 그렇게 우리는 매일매일을 산다."


27[9]

너희가 레싱을 찬미하도록 결코 내버려두어서는 안 된다. 왜냐하면 너희는 오로지 너희만을 생각하기 때문이다. 너희는 이 고귀한 존재가 너희의 무딘 패거리들 가운데서 몰락하고 있었다는 것을 모른다. 그가 아주 다른 영역들로 내던져진 것은 행복한 일이 아니다. 그는 어디에서도 진정한 위대함을 갖지 못했다. 게르비우스. 그릴파르처.


27[10]

얀에게는 즐거움의 노래가 실패한 채로 나타난다.

27〔11〕

아리스토텔레스는 늙은 남자들의 생산물을 파괴해야 한다고 생각한다.

27〔12〕

리히텐베르크 : "원래 얕은 두뇌인 위대한 문필가들은―독일에서 쉽게 집단적으로 발견된다―내가 알아챌 수 있는 모든 최고 두뇌의 자만의 경우에는 얕은 두뇌로 간주되었다는 점을 나는 알고 있다."

27〔13〕

삶과 철학적 문제에 대한 슈트라우스의 고백을 듣는 것은 예컨대 몸젠이나 프라이타크나 게르비누스의 고백을 듣는 것과 마찬가지로 그다지 내 관심거리가 아니다.

27〔14〕

그는 어느 여행자가 유명한 나라에서 유명해진 것처럼 유명하다 : 그는 핀란드의 이야기를 사용하는 동일한 작업을 통해 학자들 사이에서 좋은 평판을 얻었다. 그러나 그는 수천 명을 얻은 것 외에는 더 이상 얻은 것이 없다. 신학자들의 어리석음이 그를 유명하게 만들었다.

27〔15〕

현재 어느 위대한 예술가는 다시 기독교를, 특히 기독교의 축제를 소생시킬 수 있을 것이다. 클롭슈토크Friedrich G. Klopstock는 이런 천재의 특권을 예감한다.

27〔16〕

그들은 양식에 관계하는 것처럼 예술에 관계한다 : 예술에 관계하는 것처럼 삶에 관계한다 : 말하자면 저급하고 피상적이고 유약하다.

27〔17〕

자신의 다원주의를 고백하는 것은 얼마나 용기 있는 일인가. "기독교도가 아니다"라고 말하는 것도. 그러나 실제로 진지한 삶의 모든 문제에서는 하찮은 안락함으로 소심하게 전락해버리다니!

27〔18〕

건강의 표현으로서 특색 없는 무딘 태도.
독일적 힘의 표현으로서 고풍스러운 것.
형상, 말하자면 취미를, 즉 현대 취미를 나타내는 현대 세계의
    형상.
그는 위대한 대중 문필가임을 가장한다 : 잘못된 대중성 개념.
그는 칸트를 이해할 수 없는 일정한 나이에 속한다.
그에게 고전적 고대는 존재하지 않는다.
'현대 이념들의 유언장!'
도대체 자신이 유명해진 과목에서 많은 것을 이해해야 할 필요
    가 있는가?

27〔19〕

당신은 자신을 다비드 슈트라우스라고 말한다. 나는 당신의 장난기를 충분히 이해한다. 당신은, 진정한 다비드 슈트라우스가 얼마나 빈곤하고 볼품없는지, 그의 문필가적 재능은 얼마나 떨어지고 저급한지 독일 대중이 이해하길 원한다. 그러나 당신은 얼마나 악의적으로 오해받고 있는가! 어디에서나 당신은 진지하게 받아들여지고 있다 : 게다가 양식과 재미있는 풍자는 어떤 독창적인 것으로 칭찬받고 있다.

나는 당신을 이해하고 있다는 것을 당신에게 보여주려 한다.

27〔20〕

편지 1. 저자로서 단순하고 대중적으로, 즉 천재로 존재하려는
　　　　희망. 형식의 가치.
　　　2. 의고주의 신조어.
　　　3. 형상들의 혼란.
　　　4. 헤겔과 신문들—그렇게 적대자처럼.
　　　5. 레싱에 대하여.
　　　6. 위대한 음악가들.
　　　7. 다윈주의와 윤리학.
　　　8. 비철학.
　　　9. 신학으로 환원된다. 그렇지 않으면 모든 것을 지운다.
　　　10. 그에게는 기독교에 대한 개념이 없다.

27〔21〕

　　리히텐베르크 : "사람들은 하나의 사안에 놀라울 정도까지 만족할 수 있을 것이다. 그러면 경험이 많은 자는 우리의 작품을 보고 웃는다." "학자공화국에는 진정한 업적이 없더라도 주목을 끄는 아주 대단한 사람들이 있다. 몇 안 되는 사람은 그들의 가치를 연구한다. 만약 그들의 가치를 아는 사람이 자신의 의견을 공개적으로 말한다면, 그는 아마도 비방하는 사람으로 간주될 것이다. 정말 위대한 사람은 오로지 위대한 사람만이 평가할 수 있는 특성을 가지고 있다는 것이 이유이다 ; 다른 사람은 많은 사람을 만족시키는 특성을 가지고 있다. 그리고 많은 사람은 이성적인 사람을 다수결로 거부한다." "자신의 얼굴을 그리도록 시킬 때 표정을 지어내는 것과 마찬가지로, 영리한 자들은 책을 쓸 때 어떤 양식이 있는 일정한 이념의 형식으로 자신의 정신을 끼워 맞춘다." 슈트라우스는 때로는 볼테르의 표정을, 때로는 레싱의 표정을 짓는다.

27〔22〕

　　독일의 문필가 다비드 슈트라우스에게 보내는 외국인의 편지.

27〔23〕

　　나이가 들었으나 현명해질 수 없다는 것은 고통스러운 생각이다. 나는 슈트라우스의 경우에 항상 묻는다 : 도대체 그는 어떻게 거기까지 살 수 있었을까?

　　대중은 비철학적이고 슈트라우스는 대중에 속한다.

　　그의 '자연의 귀족주의' 는 일관성이 전혀 없고 기만적이다 : 바로 그렇기 때문에 그는 유명해졌다.

27〔24〕

유럽 문장론 속의 영혼 없는 단어의 모자이크는 곧 독일적인 것
을 표현한다. 우리는 점점 더 언어를 상실하고 있다. 우리는 무엇을
언어에서 소유하고 있는지 알았어야 한다―독일적인 것! 우리가
독일적으로 사는 것을 중단한 시대에 바로 우리는 독일제국을 얻는
다. 추상적인 유럽인, 그는 모든 것을 모방하고 좋지 않게―

독일의 관습이란 무엇인가―대개 좋지 않고 확고부동해진 모
방들이다. 그리고 그러한 것으로 잊혀졌다.

그렇다면 엄밀한 사유도 상실된 것처럼 보인다. 왜냐하면 '고
전주의자'는 경박한 무리이기 때문이다. 나는 더 이상 어떤 고유한
특성을 독일적인 것으로 주장할 용기가 없다. 전쟁은 확실히 더욱
나쁘게 만들었다. 전쟁의 나쁜 영향을 말하는 것은 거의 금지되었
다 : 나는 이것을 말하고 있는 것이다: 가장 나쁜 영향은 전쟁의 승
리를 통해 마치 독일 문화가 승리했고 그렇기 때문에 독일 문화가
가치 있다는 허상이 생겨난 것이다.

27〔25〕

당신은 우리에게 당신이 늙었다고 말합니다. 그러나 리히텐베
르크는 말합니다 : "순간적인 것을 너무 많이 감행하지 않고 독서나
명상할 때 미래에 사용하기 위해 항상 반복해 기록한다면, 기억이
없어지고 정신력이 약해진 경우에도 항상 계속 잘 쓸 수 있다고 나
는 믿는다. 위대한 문필가는 모두 확실히 그런 방식을 취했다."―

아닙니다. 당신은 늙지 않았습니다. 왜냐하면 당신은 순간적인 것을 감행하고 있기 때문입니다!

"대중적으로 만들기는 언제나 사람들을 향상시키는 쪽으로 이루어져야만 한다. 하지만 자신을 낮추려고 할 경우, 자신이 편드는 사람들을 그다지 향상시키지 못한다는 것을 생각해야 한다."

"정직한 사람은 표현할 때 꾸미거나 골똘히 생각하지 않기 때문에, 단순한 글쓰기 방식을 추천할 수 있다." "나는 늘 유행하게끔 글쓰는 사람을 지금 유행하는 대로 쓰는 사람보다 더 좋아한다." "대략 이야기되는 바와 같이, 가장 일반적인 것들이 그렇게 말하도록 만들었다고 내가 믿는 것과 악마가 그런 영감을 주었다고 다른 사람이 믿을 것이라는 점이 특별히 중요하다."


27[26]

　　　문필가와 언어예술가로서의 다비드 슈트라우스.


27[27]

　　쇼펜하우어 : "따라서 그러한 언어의 개선자는 개성과 무관하게 어린 학생들처럼 훈육되어야 한다. 그래서 나와 마찬가지로 호의 있고 통찰력 있는 자는 모두 독일의 우둔함에 대항해 독일어의 편을 든다."


27[28]

　　그들은 소박한 경험주의자들이다 : 우리 학교들은 완전히 불충분하다. 비상사태는 정점에 이르렀다. 언어 실수가 거의 없는 신문에 대한 경찰의 금지.

27〔29〕

　　헤겔과 하이네의 영향들. 후자는 양식의 통일적 색 감각을 파괴
하고 매우 다채로운 색깔 변화와 함께 어릿광대의 외투를 좋아한
다. 그의 착상, 형상, 관찰, 단어는 서로 어울리지 않는다. 그는 대
가로서 모든 유형의 양식을 혼동시키기 위해 그것들을 지배한다.
헤겔의 경우는 보잘것없는 회색이, 하이네의 경우에는 저 회색처럼
눈을 대단히 불쾌하게 공격하는 전기의 색채 변화의 깜박이는 불빛
이 있다. 헤겔과 하이네의 경우에는 모든 것을 몸짓으로 흉내낸다
고 생각하라. 전자는 제작자이고 후자는 어릿광대이다.

27〔30〕

　　헤겔류의 무서운 가속력! 아, 슈트라우스와 마찬가지로 자신의
구원을 이해한 자는 결코 다시는 완전히 치유될 수 없다.

　　슈트라우스는 두 가지 불행을 경험했다 : 한번은 어떤 진지한
철학자가 그에게 방향을 제시해야만 했던 시대에 헤겔류가 그를 포
획해 혼란스럽게 만들었던 것이다. 그 다음은 그가 적대자를 통해
자신의 사안은 대중적이며 자기 자신은 대중적인 저술가라는 광기
에 이른 것이다. 그 결과로 그는 신학자로 존재하는 것을 결코 그만
둘 수 없었고 자기 학문의 엄밀한 추종자로 다시 시작하는 것을 결
코 허락할 수 없었다. 이제 그는 헤겔과 신학적인 것을 가능한 한
제거하려고 노력했다 : 헛되게도. 전자는 완전히 낙관주의적인 세
계 고찰 속에서 세계 역사의 목표점으로서의 프로이센 국가와 함께

자신을 표현한다. 후자는 기독교에 대한 자극적인 험담 안에 있다.
그는 멈추지 않고 진심으로 국가와 성공에 자신을 내던진다 ; 그의
전체 사유는 영원의 관점 아래sub specie aeternitatis가 아니라 10
년이나 2년의 관점 아래에decennii vel biennii 있다. 그렇게 그는
5    뷔히너Büchner 등처럼 '천민의 고전주의자'가 된다.


27〔31〕
모든 사람은 판단하기보다 믿고 싶어 한다Unusquisque mavult
credere quam judicare. 세네카.
10

27〔32〕
고대인들이 얼마나 노력했고 현재의 사람들은 얼마나 노력하지
않는지 아는 자는 곧 더 이상은 결코 이런 불량배를 읽지 않는다는
것을 법칙으로 만들 것이다.
15    첫째, 사람들은 어떤 다른 사람들보다 말할 수 있다고 신뢰받을
수 있는 어떤 말할 거리를 소유하고 있어야 한다. 그러므로 그것은
모든 부분에서 숙고되고 연관되어 있어야 한다.
첫 번째 집필은 일반적 진행과 차원보다 더 많은 가치를 찾아서
는 안 된다, 전체 주제 설정das totum poere : 물론 내용을 위한 주
20    요 주제 : 대개 올바른 색깔이 발견된다. 하지만 아직은 전체가 수
많은 오류로 가득하다. 여기저기에 임시 판자 칸막이와 '잘못된 지
반'이 있고, 도처에 먼지가 있다. 작업과 곤궁의 표시들은 명백하
다. 전체적으로 아직 필요한 작업이 슈트라우스에게는 결핍되어 있
다 : 전체 주제 설정은 성공한 것으로 받아들여질지라도.

전체 주제 설정은 책 전체가 한 인간 유형을 묘사하고 있다는 점에서 성공했다. 물론 거대한 비일관성과 어중간함이 그 형상 속에 있다. 말하자면 그 책은 철학이 아니라 신앙을 표현한다고 한다. 하나의 에토스를 중시하기 때문에 생각이 짧은 것을 부끄러워할 필요가 없다. 이런 에토스는 그러니까 종교적 사안, 자연과학적 주장 등에서 속물에게 도움을 주는 한에서는 용기를 보여준다. 그 밖에 예컨대 삶의 이론에서는 역으로 현존하는 모든 것이 상당히 이성적인 것으로 간주된다. 신앙심 깊은 희망 약간, 보통선거권 폐지, 사형 유지, 파업권 제한, 초등학교에 나탄, 헤르만, 도로테아를 도입하는 것—이것이 모든 것이다. 그 밖에 "우리가 산다면, 우리는 행복하게 변화할 것이다!"

27〔33〕

그는 위대한 저자들에게서 경쾌한 표면을 오해했다 : 이들은 우아한 저택을 원했던 것이다. 이와는 반대로 슈트〔라우스〕의 우둔한 고안은 바로 경쾌함과 우아함이 없다고 말한다. 피상적인 것과 완성되지 않은 것은 여전히 오랫동안 우아하지 않다.

27〔34〕

자연의 합법칙성과 이성성은 슈트라우스가 사기치는 데 이용되었다. 그에게는 사실상 완전한 변우주론Kosmodicee이 필요하다.

'신의 뜻에 따른', 즉 '자연에 따른' !

당신은 교태를 부리는 백발 노인! 떠돌아다니는 학자!

27〔35〕

레싱은 젊은 호랑이의 위협적이고 고요하지 않고 영원히 뛰놀고 부풀어오른 근육 곳곳에서 드러나는 힘을 가지고 있다.

새로운 믿음은 산을 옮길 수는 없으나 말을 (양식으로) 바꿀 수는 있을 것이다.


27〔36〕

당신에 대항해 싸울 경우, 당신은 내가 '고귀한 화랑'으로 향하지 않을 것이라는 데 동의할 것이다.


27〔37〕

사람들은 지질학적이고 다윈〔주의적인〕 선배들에 대해 말한다 : 이때 사람들은 주체란 영원하다고 생각한다. 물론 주체를 제외하고 생각하는 것은 절대 불가능하다. 모든 자연과학은 무의식적으로 주체의 통일성, 영원성, 불변성을 전제한다. 우리의 뇌, 우리의 눈은 이미 우리의 밖extra nos이거나 우리의 외부praeter nos이다 : 세계가 어떤 뇌의 특성이 아니라, 뇌 자체가 이런 지각과 표상의 한 부분이다. 뇌가 생각하는 것이 아니다. 우리가 뇌를 생각한다 : 뇌 자체는 즉자적으로는 결코 실재성을 가지지 않는다. 지각이 우리가 아는 유일한 제일의 사실이고 유일한 진실의 성질이다. 모든 자연 법칙은 운동법칙으로 환원될 수 있다 : 요소와 철저히 무관하게. 사람들이 최종적으로 이와 같이 존재한다면, 오로지 지각법칙만을 확고히 설정할 것이다. 그렇다면 '그 자체'에 대해서는 아무것도 얻을 수 없다.

세계의 이상성은 가설이 아니라 명백하고 유일한 사실이다. 각 각의 지각이 운동이나 다른 어떤 것에서 설명될 수 있다는 믿음은 어리석다. 지각은 어떤 다른 것에서 설명될 수 없다. 왜냐하면 사람들은 결코 다른 어떤 것을 지니고 있지 않기 때문이다.

27〔38〕

예컨대 아우어바흐처럼 (직접적으로는 아닐지라도) 헤겔과 하이네가 동시에 영향을 미치는 곳에서는, 그리고 이 때문에 독일어의 자연적 생소함이 민족적인 이유로 등장하는 곳에서는 온갖 단어와 숙어에서 비난받을 속어들이 탄생한다.

27〔39〕

슈트라우스는 말한다 : "내게 가차없이 해체하는 비판의 재능과 더불어 동시에 예술적 형상화에 대한 악의 없는 즐거움이 선사된 것을 기뻐하지 않는다면, 내 천재성에 대한 배은망덕일 것이다." "사람들은 다양한 측면에서 내게 생각지 못한 영예를 표한다. 그들은 나를 고전적 산문가의 한 유형으로 인정하고 있다." 물론 당신은 그것을 추구하지 않았고 그것이 되기 위한 모든 것을 방치했다.
"무형식을 숭고한 것으로 인정하는 우리 시대"를 슈트라우스에게 반어적으로 적용하는 것.
메르크Merck : "너는 그런 잡동사니를 더 이상 만들지 않아도 된다. 다른 사람들도 그것을 할 수 있다." 후기, 10쪽. 내 친구 하나는 고전적 문체를 지닌 볼테르의 시화집을 갖고 있다.

27〔40〕

　'신의 왕국' 의 자리에 '제국' 이 들어선 것처럼 보인다.


27〔41〕

　의도적인 피상성—그는 모든 것을 더 잘 할 수 있다. 릴의 실내악.

　우리가 강력하게 요청하는 웅변가의 말을 듣는 것이 절대적으로 필요하다—저급한 설교자의 자리에. 예술의 거대한 과제!

　우주의 이성을 종교에서 확립하는 것은 매우 비이성적인 것이다. 간단히 말해 하나를 동시에 셋이라고 주장하는 것처럼 바보 같은 짓이다—하나의 믿음.

　슈트라우스가 무한성의 이율배반에 반대하여 말한 것은 너무나 어리석다. 그는 이때 무엇이 중심 문제인지 전혀 파악하지 못하고 있다.


27〔42〕

　슈트라우스, 10쪽 : "사람들은 확고한 단어와 문장의 형태에서 무엇인가를 분명히 밝히려고 할 경우, 내적으로 반쯤 몽상에 잠겨서 서로 일치하지 않는 많은 것을 함께 사유한다."


27〔43〕

　종교적 반응 : "그는 자신을 찌른다".


27〔44〕

　슈트라우스, 11쪽. "우리가 다른 것을 위해 경험하길 원하는 것

248　유고(1872년 여름~1874년 말)

은, 이런 현대의 세계관이 우리에게 똑같이 봉사하는지, 이런 현대의 세계관이 기독교가 러시아 정교에 봉사한 것보다 우리에게 더 잘 봉사하는지 아니면 더 나쁘게 봉사하는지, 이런 현대의 세계관이 대체로 진정 인간적인 삶, 즉 도덕적이고 행복한 삶의 터전을 세우는 데 적합한지이다." 대답은 366쪽에 있다 : "여기 스스로 돕는 것을 모르는 자는 결코 도움을 받을 수 없을 것이다. 그리고 그는 우리의 입장을 위해서는 아직 성숙하지 못하다."

그것은 현대 이념들의 교리문답서라고 한다 : "그의 신념에 따르면 그는 아주 확고한 토대를 찾을 수 있는 그런 방향을 가리키기를 원한다"—"말하자면 현대의 세계관, 전개된 자연과 역사 연구에서 어렵게 획득된 결과." 나중에 그는 새로운 학문에 낡은 신앙을 대립시킨다. 예술과 철학은 잊혀졌다.


27〔45〕

'역할' 35쪽. 특히 143쪽.

"사람들은 알려져 있지 않고 수천 개의 낭떠러지로 단절되어 있는 길을 뻣뻣한 걸음으로 걷지 않는다." 그러면 도대체 사람들은 춤추듯 가볍게 걷는 것을 꾸며내야만 하는가?


27〔46〕

천재로 느끼거나 천재인 체하는 속물.


27〔47〕

용기와 일관성.

하이네, 헤겔, 문체의 느낌.

전체 주제 설정과 완성.

철학-결핍.

예술.

기독교.

비스마르크가 사회주의를 이용하는 것처럼 그는 귀족적 천재를
　　　이용한다 : 그리고 슈트라우스는 부르주아를 위해 일부러
　　　사회민주주의에 반대한다.

그는 연기 기둥처럼 자신의 '우리' 앞으로 달려간다.


27[48]

　'사상의 두꺼비 같은 노련함.'


29[49]

　　　　　　　천재인 체하고 싶어 하는 속물.


도덕적.　　용기와 일관성은 어느 정도까지?

지성적.　　볼테르적으로 쉽게 매듭지어진다.

　　　　　철학에 대해 금욕적이다.

　　　　　칭찬하고(칸트), 추천하고, 천재로서 비난한다.

　　　　　예술에서 고전적.

문학적.　　하이네와 헤겔에서 해방된다, 그러나 어떻게!

　　　　　새로운 이념의 복음을 만들기를 원한다.

　　　　　책 구성의 천재성!

실행.

맹점들.

청소년에게 미치는 영향.

5 27〔50〕

쇼펜하우어는 슈트라우스에 대해 말할 것이다 : 연구할 만한 가치는 결코 없고 대충 훑어볼 만한 저자 : 현재의 우둔함의 정도를 파악하길 원하는 사람은 예외이다.

10 27〔51〕

엠페도클레스는 아그리젠트인에 대해 말했다 : 그들은 마치 내일 죽을 것처럼 쾌락에 매달렸고, 결코 죽지 않을 것처럼 건설했다. 슈트라우스는 마치 자신의 책은 내일 죽을 것처럼 쓰고, 그 책은 결코 죽지 않을 것처럼 처신한다.

15

27〔52〕

교양 속물의 생성. 근본적으로 교양은 언제나 대단히 배타적인 영역에 있다. 원〔래〕 속물은 그곳에서 멀리 달아난다. 학자는 이행을 만들었다. 그는 고전적 고대를 믿었다. 그는 예술가를 걱정스러운 녀석으로 간주했다. 헤겔은 대학에서 미학을 아주 많이 유포시켰다. 연보의 독자는 고정 독자, 즉 석간신문의 독자이다. 50년대에는 현실주의자, 율리안 슈미트. 대중 강연의 청중이 서서히 하나의 힘으로 등장한다. 청중은 동감과 전제 등을 가진다. 속물은 문화의 결핍과 실러나 괴테의 실험에 어떤 느낌도 없다. 그는 강력한 쇼비

니즘에서 출발한다. 헤겔과 그의 제자들의 경솔한 판단이 우리가
정점에 있다는 의견을 만들어냈다.


27〔53〕

1. 독일 문화가 승리했는가?

2. 교양 속물과 문화.

3. 저 속물의 신앙 고백.

4. 그는 어떻게 사는가.

5. 칭찬과 비난 속의, 낙관주의 속의 그의 용기.

6. 그의 용기의 한계.

7. 학자의 종교.

8. 정치적으로 시대에 적합한, 2년의 관점 아래에서 sub specie
   biennii.

9. 현재의 양식.

10. 슈트라우스의 경우 전체 주제 설정 totum ponere.

11. 개인들의 양식.

12. 결론.


27〔54〕

강력하게 언급해야 할 것은 우리 대학들이 예술을 위해서는 아
무런 의미가 없다는 것이다. 철저히 미학적이지 못한 본성을 지닌
슈트라우스.

27〔55〕

파괴와 유죄 판결 안의 거대한 확실성은 마침내 지속적인 연습을 통해 철학, 낭만주의, 모든 유형의 실험을 거칠게 합성함으로써 생성되었다―이로부터 다시 창조하지 않는 자의 입장에서는 자신의 문화를 하나의 척도로 신뢰하게 된다. 도대체 어디에 긍정적인 것이 있었는가? 저 실천적 실험을 반대하는 일정한 안락함 속에 ; 자신의 삶의 안락함. 여기에다 이것을 찬양하는 재능, 즉 독일적인 것과 학자적인 것 등의 목가적 은밀함도 나타났다. 현재 이런 안락한 자들은 고전주의자를 자신의 편으로 만들고 건방지게도 여전히 활발하게 창조하고 있는 모든 것을 거부하려 했다 ; 그들은 고요 속에서 아류의 시대를 고안했다. 오토 얀과 모차르트. 9번 교향곡과 슈트라우스. 게르비누스와 셰익스피어. 모든 위대한 것은 역사적으로 파악되어야 한다. 생동하는 모든 힘은 역사의 영역에서 나타났다. 즉 예컨대 교조주의 같은 현재의 퇴폐적 욕구를 거부하고 파괴하는 곳에서 나타났다. 어디에서나 종교의 자유주의는 전제였다. 역사의 방향은 어떤 광신주의도 불가능하게 만들었다.

1) 그것은 교육 등의 변화를 요구하지 않는다.
2) 그것은 학자에게 취미 문제의 우위를 준다.


27〔56〕

속물은 바로 교양이 없는 사람 *amousos*이다 : 기이한 것은 그럼에도 불구하고 그가 미적이고 문화적인 문제에 한몫 끼고 싶어 한다는 것이다. 나는 이런 이행을 만든 자가 교육자라고 믿고 있다 : 그는 직업적으로 고전적 고대에 관계했기 때문에 서서히 고전적 취미도 틀림없이 갖고 있다고 생각하게 되었다.

27〔57〕

다비드 슈트라우스, 고백자이자

문필가.


어느

외국인의

반시대적 고찰.

27〔58〕

　　논박서가 언제나 자기 편에서만 찬미된다면, 앞으로 이 저술은 찬미될 수 있는 희망이 전혀 없다 ; 다비드 슈트라우스조차도 예컨대 여기 '고귀한 신분 계급의 환호성 속에서' 그리고 이런 환호성을 통해 반박되었음을 최종적으로 비난해야 할 것이다. 하지만 여기서 시도된 것 같은 공격은 슈트라우스에 유용하고 공격자에게 해로운 것이 아니다. 왜냐하면 그는 자신을 밝히지 않았기 때문이다. 이런 준비 후에 투쟁은 시작될 것이다 : 그리고 내가 증인으로 희망하는 사람들은 바로 슈트라우스 박사의 새로운 고백서를 구입하는 사람들이고 공격자가 처음부터 자발적으로 불리한 입장을 선택할 때 기뻐하는 사람들이다. 그런데 저 책이 독일 어디에서나 **성공**을 거두는 것을 보고 독일인을 비난하는 어느 드문 외국인의 입장보다 불리한 입장은 어떤 것일까? 그리고 몰락한 문화의 표식으로 바라볼 수 있을까?

27[59]

고백의 오만함. 누가 고백하는가? 하나의 당파, 우리. '우리'에 대한 서술. 교양 속물과 생성. 슈트라우스는 전형적. ⎫ 속물 문화를 고백하는 자로서 슈트라우스.

문필가.
속물로 등장하길 원치 않는다. ⎫ 문필가로서(스스로 속물 문화의 증거를 제시한다).

27[60]

'독일 문화'는 승리했는가? 아니다. 그러나 독일 문화는 그렇게 믿고 있다.

교양은 어떤 처지에 있는지 인식해야 한다

1) 고백 자체에서.

　　a) 독일 문화가 고백을 감행하는 것을 통해.

　　b) 고백의 유형에서.

2) 문필가의 성과물들을 통해 : 좀더 직접적으로.

결과. 독일 문화는 무엇에 승리했는가. 프랑스 문화가 아니라, **독일 문화와 독일 천재**에 승리했다.

27[61]

독일 문화는 승리했는가?
승리하는 교양 속물. 그의 생성.
고백을 만든다.

그의 삶, 예술에 대한 입장.

철학, 불손한 태도.

그의 용기 유형.

학자의 종교.

고전적인 문필가.

쉽게 매듭지어진다.

양식 실험.


27[62]

정말, 오로지 나쁜 문장가만 문제라면!

그러나 모든 민중이 박수를 친다!

그는 매일 신문을 읽는 사람처럼 말한다.


27[63]

건강.

옛 독일 양식에 대한 열광이 함께 도왔다.

메마른 속물들에게는 오로지 건조함과 노골성이 있다 ; 그러나
슈트라우스는 천재의 단순성에 대해 들었다! 그리고 그에게는 형상
이 필요하다는 것 등.


27[64]

1872년.《비극의 탄생》초판.

1873년.《비극의 탄생》재판.

　　슈트라우스.

교육 기관의 미래.

플라톤 이전의 철학자들.


27〔65〕

문화 속물은 문화가 무엇인지 모른다―양식의 통일.

그는 고전주의자(실러, 괴테, 레싱)들이 존재한다고 타협한다. 그들이 문화를 추구했을 뿐이라는 것, 그는 그들이 사람들이 안식할 수 있는 토대는 아니라는 것을 망각한다.

그렇기 때문에 그는 아직 활발하게 문화를 추구하는 자의 진지함을 이해하지 못한다.

그는 삶과 사업이 문화-휴양에서 분리되어야 한다고 믿는다. 그는 지속적으로 요구하는 문화를 모른다.

목가적 풍경과 호색가를 위해 독일 저자들은 자연의 모방, 특히 농촌의 자연이나 도시적 자연의 모방에 의존한다. 그들은 고귀한 순수 형식과 어떤 관련도 없다. 왜냐하면 조응하는 현실성은 예술적이지 않고 모범적이지 않기 때문이다.

양식화되지 않은 초상화의 시대, 짧게 말해 성상적 예술과 역사 서술의 시대이다.


27〔66〕

서론에 대해. 슈트라우스의 이 책은 우리에게 아무런 사건도 아니다. 그의 성공일 뿐이다. 여기에는 좋게 그리고 새롭게 주목할 만할 가치가 있는 사상이 전혀 없다.

우리는 문화가 아니라 몇몇 유행 문화가 있는 문명을 소유하고 있다. 그래서 더욱 야만적이다.

우리는 언어에서 아직 양식을 갖지 못하고 다만 실험하고 있을 뿐이다.

'문화'는 프랑스 문화에 승리할 수 없다. 왜냐하면 우리는 예나 지금이나 그들에게 의존하고 있기 때문이고, 프랑스 문화 자체 내에는 어떤 변화도 없었기 때문이다.

횔덜린에 대한 비셔의 표현에 따르면, "야만적임을 인정하지 않으려는 속물".

너희에게는 문화가 없다. 결코 저급하거나 변질된 것이 아니라 양식의 통일을 지녀야 할 것이다.

독일의 '말'처럼 독일의 '대화'는 모방되었다. 우리의 '사교'-사회, 우리의 의회-웅변가!

문화를 세울 수 있는 토대는 어디에 있단 말인가!

27〔67〕

헤라클레이토스에 따르면 : 천재(신)에 비해 가장 영리한 속물(인간)은 원숭이다.

27〔68〕

좋은 문필가가 되는 어려움.

1) 좋은 말하기와 연습의 결핍.

공공적인 말로 인한 미적 감각의 부패.

2) 학교의 쓰기 연습과 엄밀한 방법의 결핍.

그럼에도 불구하고 쉽게 칭찬받을 수 있다. 특〔히〕 학자들 사이에서. 그들은 생산적인 쪽을 보지 않는다. 그들은 충돌이 없도록 하고 형상과 활기를 어느 정도 학교에 맞게 수용하면서 판단한다.

레싱은 연극의 희극 대화에 적합한 것처럼 보인다. 헤르더는 목사처럼 보인다. 풍부하게 즐거움을 이야기하는 괴테는 여성적으로 보인다.

그러나 신문의 특색에서 '충돌의 감소'는 점점 드물어졌다 : 반면에 충돌의 감각은 감소한다. 그것은 냉철함과 명민함과 거의 동일한 것이다. 이미 이 둘은 저 감소를 보장하는 것처럼 보인다. 신문기자들은 온 세계가 쓴 것처럼 쓴다. 그들은 우선 편안한 단어를 선택한다.

그 밖에 형상은 현대적이어야 한다. 왜냐하면 그렇지 않은 것은 모두 낡은 것으로 간주되기 때문이다.

변증법적인 것은 긴 문장을 통해 믿게 하고 설득적이고 명민한 것은 짧은 문장을 통해 믿게 한다.

누가 대중 양식의 실제 언어이론을 쓰게 될 것인가? ― 잘못된 우아함의 개념! 어디에서?


27[69]

휠덜린이 독일에게 :


아직 너는 주저하고 침묵하고 있으며, 기쁨에 넘치는 작업을 생각한다,

너에게서 창조된 것, 하나의 새로운 형태를 생각한다.

너 자신과 같은 유일한 것,

사랑에서 탄생한, 너처럼 좋은.


어디에 너의 델로스가, 어디에 너의 올림피아가 있는가?
우리가 우리 모두를 고귀한 축제에서 발견하는 것?
　　그러나 네가 비사멸자인 너 자신에게 오래전부터 준비해
준 것을 너의 아들은 어떻게 감지하는가?


27〔70〕
　　106쪽은 틀렸다 : "신은 어디에나 존재하여 특별한 자리가 필요
없음을 사람들은 이미 오래전부터 알고 있다."
　　44쪽 : "슐라이어마허 Friedrich Schleiermacher는 다시 자신의
방식으로 신인(神人)을 공개한다."
　　변증법적인 것은 추상들의 축적을 통해, 설득적인 것은 모든 색
깔의 혼합과 '현혹하는 것'을 통해.


27〔71〕
　　다음 장 : 하늘 안에 하늘—영웅 숭배—레싱.


27〔72〕
　　잘 성장한 불량배는 옷을 깨끗하게 입을지는 모르나 여하튼 불
량스럽게 입는다.


27〔73〕
　　형상들의 혼란.

불명료함을 야기하는 생략들.

무취미성과 부자연성.

실수.

머리말, 6쪽 : "이의 제기에 대비해―폭넓은 지원을 확보했다."

12쪽.


27〔74〕

세련된 변환들.


27〔75〕

다비드 슈트라우스,

고백자이자 문필가.


반시대적 고찰


프리드리히 니체

지음.


27〔76〕

그리스의 6세기와 5세기.

윤리적―정치적.

미적.

철학.

27〔77〕

모든 자연과학은 지각의 법칙을 다룬다.

지각은 감각기관의 작용이 아니다. 감각기관 자체는 우리에게 단지 지각으로만 알려져 있다. 눈이 보는 것이 아니라 우리가 본다. 뇌가 생각하는 것이 아니라 우리가 생각한다. 뇌와 마찬가지로 눈은 우리에게 절대적으로 오로지 지각으로만 주어져 있다. 우리 외부의 모든 사물과 전혀 다른 방식으로 주어져 있는 것이 아니다. 우리의 몸도 다른 모든 것과 마찬가지로 우리 외부에 있는 어떤 것이다. 즉 그것은 다른 모든 사물과 마찬가지로 우리에게 지각으로 알려져 있다.


27〔78〕

머리말.

1년 안에 6판을 낸 책은 그렇기 때문에 항상 가치가 없는 것일 수도 있다 ; 바로 그렇게 민중에 대한 근심보다 더 높은 어떤 근심도 없는 사람은 실제로 이런 책을 읽는 독자들이 대단히 많다는 것을 아는 것이 중요하고 더욱이 필수적이다. 나는 책 자체가 아니라 슈트라우스의 고백서가 가져온 성공 때문에 다음과 같이 관찰해야 했다. 나는 서서히 견딜 수 없어졌다. 왜냐하면 슈트라우스에 반대하는 모든 것에서, 어떻게 그렇게 의미 없는 책이 그렇게 터무니없는 성공에 이를 수 있었는지 설명하기 위해 충분히 생각한 것을 결코 찾을 수 없었기 때문이다. 정신적 사안의 적대자는 괴로운 입장에 서서 이리저리 뛰어 돌아다니고 불붙인다고 괴테가 말했다면, 여기서 나는 최소한 정신적 사안의 적대자는 아니라고 확신한다.

27[79]

새롭게.

두 번째 작품 : 역사.

플라톤과 이전의 철학자들.

세 편의 논문.

2[판].

첫 번째 작품 : 슈트라우스.

비극의 탄생.

27[80]

결론.

시대는 자신에 대한 반어법에서 견유주의로 넘어가는 것보다 더 위험한 전환을 할 수는 없다.

27[81]

역사—행위를 약화시키고 대중을 혼동시키면서 모범적인 것에 대해 맹목적으로 만든다.

축적된 에너지는 완전히 과거만 향하고 있다.

문화의 적으로서 역사적 질병.

과장은 야만성의 표시이다. 우리는 지식 욕구를 과장한다.

오로지 노인만이 회상 속에서 산다.

너희는 역사에 대한 경외가 아니라 역사를 만들 용기를 가져야 한다!

[28 = Mp XIII 1. 1873년 봄~가을]

5    28[1]

　　학문적 인간은 정말 하나의 모순이다 : 엄청난 문제들이 그를 둘러싸 경직시킨다. 그는 심연에서 거닐고 있다. 그는 꽃실을 세기 위해 꽃을 꺾어 따낸다. 생기가 없는 인식은 아니다. 왜냐하면 그는 인식과 발견의 본능에 열중하고 있기 때문이고 지식의 보물을 불리

10  는 것 외에는 어떤 즐거움도 모르기 때문이다. 그러나 그는 행복하여 우쭐대는 유유자적하는 사람처럼 행동한다 : 마치 현존재는 구제할 길 없고 걱정스러운 사안이 아니라 확고하고 영원히 보장된 소유인 것처럼.

　　현재 그는 마치 학문은 공장이고 모든 유형의 순간적인 태만은

15  벌을 받아야 하는 것처럼 서두름에 빠져 있다. 그는 더 이상 진정으로 노동하지도 몰두하지도 않는다. 그는 왼쪽도 오른쪽도 보지 않는다. 그는 삶의 모든 사안과 걱정스러운 일들을 어중간한 관심을 가지고 휴식 욕구를 거스르면서 하고 있다. 이 욕구는 지친 노동자의 특성이다. 그는 마치 삶이 한가로울 따름인 것처럼 행동한다. 그

20  러나 그는 위엄이라고는 없이 행동한다 : 꿈에서도 자신의 멍에를 벗어 던지지 못하는 노예처럼. 학자를 우선 농부로, 즉 상속받은 적은 자산으로 부지런히 낮부터 밤까지 경작지를 만들고 쟁기를 끌고 황소에게 소리치며 애쓰는 농부로 눈여겨 본다면, 아마도 대부분의 학자에 대해 올바른 평가를 내릴 수 있을 것이다.

사람들이란 고독이 불가피하게 불러오는 문제들, 즉 어디에서?
어떻게? 어디로?의 문제에서 도망가기 위해 그렇게 열심히 자신의
일과 학문을 한다고 파스칼은 생각하고 있다. 그러나 더욱 놀라운
것은 그들에게 그 다음의 문제가 떠오르지 않는다는 점이다 : 무엇
5　을 위해 이 노동을? 무엇을 위해 이 서두름이? 무엇을 위해 이 현기
증이? 아마도 밥벌이를 위해서? 아니다. 그러나 밥벌이의 유형에
따라. 인간이 곤궁과 필요에 따라 노동 과제를 수행하는 것처럼 학
문을 한다면, 모든 학문은 곧바로 불필요한 도구가 된다. 문화는 너
희의 그런 학문 없이도 가능하다 : 그리스 사람들이 증명하고 있는
10　것처럼. 단순한 호기심은 그런 자랑스러운 이름에 어울리지 않는
다. 너희가 세속적 경험에 상응하는 처방약, 즉 철학과 예술을 너희
의 학문적 삶에 혼합시키는 것을 이해하지 못한다면, 너희는 문화
에 대한 자격이 없고 마찬가지로 문화에 대한 능력도 없을 것이다.
후대는 너희의 기본적인 삶과 사유의 획일성 때문에 경직될 것이다
15　: 너희의 세계 경험은 얼마나 초라하고 빈곤한가, 너희의 판단은 얼
마나 교과서적인가. 많은 훈육은 떼거지의 방식으로 압도되는 것을
허용한다 : 다른 방식으로는 아니다 : 그리고 바로 후자를 피해 간
다. 너희의 사회를 생각해보라. 피로, 분산의 유희, 문학적 회상이
너희 사회를 형성하고 있음을 보라. 학문 자체는 방법과 도구임에
20　도 불구하고 몰락의 시기에 있다 : 그리고 존경심을 불러일으키는
실험실과 관찰실의 도구와 관찰자와 연구자가 있는 너희의 거대한
대학들은 거대한 화포와 전쟁 도구를 생산하는 공장을 생각나게 한
다 : 사람들은 전쟁 준비에 깜짝 놀랄 것이다. 그러나 전쟁에서는
아무도 그런 기계를 사용할 수 없다. 거대한 대학들의 처지는 그러

하다 : 대학들은 문화에서 완전히 멀리 떨어져 있고 반대로 염려스
러운 현대 비문화의 온갖 물결에는 열려 있다. 대학교수는 교양이
없고 거친 취미를 가진 존재이다. 사람들은 그가 반대를 증명하지
않을 때까지 그에게 연결하고 있다. 너희의 정치적 의견 또는 신학
적 의견 또는 더 나아가 신교 단체의 의견을 생각해본다면, 또는 고
전적 모범들을 약화시키는 너희의 언어 연구를 생각해본다면, 또는
인도 철학과 연관성이 없는 너희의 인도 연구를 생각해본다면, 나
는 너희 사이에서 다른 책이 아니라 다비드 슈트라우스같이 그렇게
좋지 않은 책을 만들었던 센세이션에 대해 생각한다. 그리고 나는
이때 너희의 교수가 미학을 얼마나 하고 있는지, 너희 대학이 예술
에서 얼만큼 남성합창단의 수준에 있는지, 너희가 얼마나 아둔하게
모든 생산적인 힘에서 멀리 떨어져 있는지 생각한다. 그렇게 너희
는 더 이상 관용을 얻지 못하고, 너희는 공장의 노동자라는 것을 나
는 안다―그리고 너희는 오로지 문화의 방해물로만 고려될 뿐이다.

28〔2〕

I. 서론. 철학자는 자기 민족의 문화와 관련해 무엇을 할 수 있는가?
　　― 그는 a) 무관심한 은둔자처럼
　　　　　 b) 정신이 매우 풍부하고 추상적인 머리의 선생처럼
　　　　　 c) 또는 민중문화에 적대적인 파괴자처럼 보인다.
　　― b)에 대해 말하자면, 영향은 그렇게 간접적일 뿐이다. 그러
　　　　나 그것은 c)처럼 있다.
　　― a)에 대해 말하자면, 그것은 아마도 그가 은둔자로 머무르
　　　　는 자연의 비합목적성을 통해 일어날 것이다. 그러나 그

의 작품은 후세를 위해 남아 있다. 바로 그렇게 그는 자신
의 시대에 필연적인지 묻는다.

— 그가 민중과 필연적 관계가 있다면, 철학자의 목적론은 존
재하는가?

— 사람들은 대답할 때 자신의 '시대'가 어떤 이름으로 불리
는지 알아야만 한다 : 그것은 저급하거나 매우 위대한
시대일 것이다.

— 중요 명제 : 그는 문화를 창조할 수 없다,

그러나 문화를 준비하고, 장애를 제거하고, ⎫ 항상
또는 문화를 완화시키고, 이를 통해 보존하고, ⎬ 거부하
또는 문화를 파괴시킬 수 있다. ⎭ 기만 하
면서

철학자는 결코 자신의 실증성을 통해 대중을 끌어당기지 않
는다. 왜냐하면 그는 지성을 예찬하는 곳에서 살기 때
문이다.

모든 문화와 종교의 실증성에 대해 그는 해체적이고 파괴적
이다(그가 건설을 추구할지라도).

그는 많은 파괴가 있을 때, 즉 카오스적인 시기 또는 변질의
시기에 가장 유용하다.

모든 활짝 핀 문화에는 철학자를 불필요하게 만들려는 (또는 그
를 완전히 고립시키려는) 노력이 있다. 고립화 또는 축
소화는 두 가지로 설명될 수 있다 :
자연의 비합목적성에서(그가 필요할 경우에), 자연의
합목적적인 예정에서(그가 불필요할 경우에).

II. 그의 파괴적이고 잘라내는 작용들―어디에?

III. 현재―문화는 존재하지 않기 때문에, 그는 (파괴를) 준비해야
    만 한다―무엇?

IV. 철학을 향한 공격들.

V. 철학은 위축되었다.

　　수많은 싹들을 황폐하게 만든 자연의 비합목적성의 두 가지 결
　　과 : 그러나 몇몇 위대함이 성공적으로 일어났다 : 칸트와
　　쇼펜하우어.

VI. 칸트와 쇼펜하우어. 하나의 자유로운 문화에서 다른 하나의 자
    유로운 문화로의 이행.

　　도래할 문화의 관점에서 본 쇼펜하우어의 목적론

　　　그의 이중적으로 긍정적인 철학(생동하는 중심 핵이 빠져
　　있다)―오로지 더 이상 희망하지 않는 자를 위한 갈등.

　　도래할 문화는 어떻게 이런 갈등을 극복하게 될 것인가. 올림피
　　아, 비교, 일상-축제.


28[3]

　　6 : 100　17
　　　　6
　　―――――
　　　　40　　　　　각각의 장에 9개의 녹색 면들.


28[4]

　　학문에서 일반적으로 중요한 모든 것은 우연적인 것으로 되었거
나 완전히 없어졌다.

문체론이나 수사학과 무관한 언어 연구.

철학과 무관한 인도 연구.

고전적 고대를 배우려는 실천적 노력과 관련 없는 고전적 고대 연구.

괴테가 찾았던 저 치유와 안식과 무관한 자연과학.

감격과 무관한 역사.

간단히 말해, 실천적 적용과 무관한 모든 학문 : 그러니까 진정한 문화인이 했던 것과 다르다. 생업으로서의 학문!

28[5]

너희는 경험 없는 어린애들과 철학을 한다 : 너희의 어른들은 역사를 향한다. 너희에게는 결코 대중철학이 없다. 하지만 창피스러울 정도로 획일화된 대중 강의들이 있다. 대학에서 쇼펜하우어에 대한 현상 모집 과제가 학생들에게 주어지다니! 쇼펜하우어에 대한 대중 강연들! 위엄이란 존재하지 않는다. 학문이 어떻게 지금처럼 될 수 있었는지 오로지 종교의 발전에서 명확해질 수 있을 것이다.

28[6]

쇼펜하우어에 대해. 현재의 대학이 그를 생각하는 것은 웃기는 일이다!

그의 행복주의 이론은 호라티우스에서와 같이 경험 많은 사람들을 위한 것이다. 그의 다른 염세주의 이론은 현재 인간들에게는 전혀 의미가 없다 : 이들은 고작해야 자신들의 불만족을 쑤셔넣었다가 이를 다시 끄집어내면서 쇼펜하우어를 반박했다고 믿을 것이다. 전체 '문화'는 전쟁에 대한 환호처럼 말할 수 없을 정도로 유치하게 나타난다. 그는 간단하고 솔직하다 : 그는 미사여구를 찾지 않는다. 의지, 거절, 유적 천재의 표현과 같은 그의 모든 고안은 어떤 힘을 지니는가. 그는 표현할 때 동요하지 않는다. 그는 움직이지 않거나 가벼운 파도에서처럼 밝은 심층의 눈을 가진다. 그는 루터처럼 거칠다. 그는 독일의 문필가 중에 가장 엄밀한 이상이다. 아무도 그렇게 엄밀하지는 않았다. 그가 얼마나 품위 있는가는 그의 모방자인 하르트만Eduard von Hartmann에게서 볼 수 있다. 다시 현존재의 이유를 파악했던 무한한 위대함은 현학적인 배제도 아니고 공리공론에서 지체하는 것도 아니다. 다른 사람들의 연구는 흥미가 있다. 왜냐하면 그들은 즉시 현학적인 인식이 허용하는 곳에 매몰되어 있으나 그 이상은 아니기 때문이다. 그는 현 세계화를 분쇄하고 바로 그렇게 학문의 야만적 힘을 분쇄한다. 그는 정말 엄청난 욕구를 일깨운다 : 소크라테스가 욕구를 일깨운 자였던 것처럼. 그러나 후자는 학문을 부른다 : 전자는 종교와 예술을 부른다. 종교는 무엇이었던가가 잊혀졌다. 마찬가지로 삶에 대한 예술의 입장도 잊혀졌다. 염세주의를 통해 비로소 두 개는 다시 개념화된다. 새로운 종교가 얼마나 심층적으로 존재해야 하는가는 1) 죽음에의 공포와 함께 영원성에 대한 동기가 사라진 것에서 2) 영혼과 육체의 완전한 분리에서 3) 진정제적 유형의 교정을 통해서는 현존재의 빈곤을 극복할 수 없다는 통찰에서 : 훨씬 더 철저한 4) 신과의 관계는 사라졌다는 데서 5) 동정심(나를 향한 사랑이 아니라, 모든 살아 있는 자와 고통받는 자의 통일)에서 비롯된다. 종교가 더 이상 가능하지 않다면, 그에 상응하는 문화의 형상. 비극적 체념.

쇼펜하우어는 현재 문화로 간주되는 모든 것과 모순관계에 있다 : 플라톤이 당시 문화였던 모든 것과 모순관계에 있었던 것처럼. 쇼펜하우어는 미리 미끄러져 나아갔다 : 우리는 현재 이미 그의 사명을 알고 있다. 그는 문화에 적대적인 힘을 파괴하는 자이다. 그는 다시 심층적인 현존재의 이유를 열어놓는다. 그를 통해서 예술의 명랑성이 다시 가능해진다.

5

[29 = U II 2. 1873년 여름~가을]

29〔1〕

　행복론적 목적과 무관하게 진리를 말하는 것 ; 순전히 의무에서. 이때는 종종 진〔리〕를 말하는 것이 동반하는 고유한 즐거움이 잊혀졌다. 가장 순수한 경우, 진리가 매우 커다란 불쾌감을 동반하는 경우, 대개는 몰락이다―그럼에도 불구하고 진리는 말해진다. 국가 통치자는 언어를 통해 국가 존립의 운명을 손에 쥐고 있다 : 그는 진리를 말하고 국가를 파괴한다. 의무에 대한 칸트의 말. 위대한 한 인간이 하나의 왕국보다 더 가치 있다. 왜냐하면 그는 모든 후세에게 좀더 유익하기 때문이다. 위대한 행위의 의미―위대한 행위를 생산해내는 것.

29〔2〕

　학자에게서의 통상적인 진리 의미 분석. 방어를 위한 거짓, 즉 필요한 거짓말은 행복론의 성격을 함유하고 있다 : 그것은 개인을 구하려 한다.

29〔3〕

　인간을 위대하게 만드는 모든 덕성에서 불가능의 개념.

29[4]

  1. 의무로서의 진리—부패한 진리. 진리 욕구의 분석—격정.

  2. 덕성들 속에서 불가능한 것.

  3. 인간은 이러한 고귀한 욕구에서 성장한 것이 아니다. 그의
전체 본성은 좀더 느슨한 도덕을 나타낸다. 그는 가장 순수한 도덕
을 통해 자신의 본성을 넘어서는 것이다.

  4. 인간 본성에서 거짓—꿈, 예컨대 자기 의식(진리의 은폐).

  5. 언어, 감정, 개념.

  6. 질료.

  7. 예술, 필요한-거짓과 자유로운-거짓. 그러나 후자는 다시
필요한 거짓으로 환원될 수 있다.

  모든 거짓은 필요한 거짓이다. 거짓에서의 즐거움은 예술적이
다. 그렇지 않다면 오로지 진리만이 즐거움을 가질 것이다. 예술의
즐거움은 좀더 위대한 즐거움이다. 왜냐하면 그것은 거짓의 형식에
서 매우 일반적으로 진리를 말하기 때문이다.

  인격 개념, 즉 도덕적 자유에 필수적인 환상 개념. 그렇게 우리
의 진리 욕구는 거짓의 토대에 바탕을 두고 있다.

  염세주의 체계 속의 진리. 사유는 더 잘 존재할 수 없는 어떤 것
이다.


29[5]

  이카! 이카! 배!—배!—

29[6]

벤야민 콘스탄트Benjamin Constant : "진리를 말하는 것은 의무이다 : 이 인륜적 기본 원칙이 무조건적이고 개별적으로 받아들여진다면, 모든 사회는 불가능해질 것이다."

베를린의 헝가리인이자 헤겔적인 교수.

라모의 조카. "사람들은 어떤 경우에나 우리에게 아첨하는 거짓들을 휘감고 있고 조금씩 우리를 씁쓸하게 하는 진리를 즐긴다."

29[7]

'진리'

1. 무조건적 의무로서 진리는 적대적이고 세계 파괴적이다.

2. 공동의 진리 의미의 분석(비일관성).

3. 진리의 격정.

4. 인간의 교정책으로 불가능한 것.

5. 인간의 기초는 거짓말. 왜냐하면 낙관적이기 때문.

6. 물체의 세계.

7. 개인.

8. 형식.

9. 예술. 예술에 대한 적대.

10. 비진리 없이는 사회도 문화도 없다. 비극적 갈등. 모든 선한 것과 아름다운 것은 기만에 달려 있다 : 진리는 죽인다 ― 자기 자신마저 죽인다(자신의 기초가 오류라는 것

을 진리가 인식한다면).

29[8]

1. 진리와 연관해 볼 때 금욕은 무엇에 조응하는가?—인류가
존속하기 위한 모든 계약과 전제로서 진실성은 행복주의의 요구이
다 : 이에 반해 인간의 최고 행복은 오히려 환상에 있다는 인식이
등장한다 : 그러니까 행복주의의 기본 법칙에 따라 진리 그리고 거
짓이 사용되어야 한다는 것이다—그렇게 일어나고 있는 것처럼. 금
지된 진리 개념, 즉 행복주의의 진리를 은폐하고 위장하는 진리의 개
념. 반대 : 금지된 거짓. 허용된 진리가 자신의 영역을 차지하는 곳
에서 등장한다.

2. 금지된 진리의 상징 : 진리가 이루어지도록 하라, 그러면 세
계는 사라진다fiat veritas, pereat mundus.

금지된 거짓의 상징 : 거짓이 이루어지도록 하라! 그러면 세계
는 사라진다fiat mendacium! pereat mundus.

금지된 진리로 인해 몰락하는 최초의 것은 그것을 말하는 개인
이다. 금지된 거짓으로 인해 몰락하는 최종적인 것은 개인이다. 전
자는 세계를 포함하여 자기 자신을 희생시킨다. 후자는 자신과 자
신의 실존을 위해 세계를 희생시킨다.

궤변론 : 진리를 위해 인류의 희생이 허용되는가?—1) 그것은
아마 불가능할 것이다! 신은 인류가 진리를 위해 죽을 수 있기를 원
했다. 2) 만약 그것이 가능하다면, 그것은 선한 죽음일 것이며 삶에
서 해방되는 것일 터이다. 3) 어느 누구도 일정한 광기 없이는 그렇
게 진리를 가졌다고 확신할 수 없을 것이다 : 회의는 중단될 수 없

다. 질문 : 광기에 인류가 희생되는 것이 허락되었는가? 거부되어
야 할 것이다. 그러나 〔그것은〕 실제로 일어난다. 왜냐하면 광기는
바로 진리에 대한 믿음이기 때문이다.

3. 진리에 대한 믿음―또는 광기. 행복주의의 구성 요소의 구별
(1. 나의 고유한 믿음으로, 2. 내가 찾은 것으로, 3. 다른 사람의 좋
은 의견과 명성과 사랑받음의 원천으로, 4. 당당한 저항-쾌감으로).

이런 모든 구성 요소를 제외한 후 진리를 말하는 것이 순수하게
의무로 아직 가능할까? **진리에 대한 믿음의 분석** : 왜냐하면 모든 진
리를 가지고 있음은 기본적으로 다만 진리를 가지고 있다는 믿음일
뿐이기 때문이다. 격정과 의무감은 이러한 믿음에서 출발하는 것이
지 이른바 진리에서 출발하는 것이 아니다. 믿음은 개인의 **무조건적**
**인식 능력**을 전제한다. 그런 다음 인식하는 **존재**는 여기서 **결코** 더 앞
으로 나아갈 수 **없다**는 신념을 전제한다 : 즉 인식하는 존재 모두에
게 구속적임을 전제한다. 상관관계는 믿음의 격정을 지양한다. 예컨
대 아마도 우리 모두가 오류를 범할 것이라고 회의적으로 수용하는
인간적인 것의 한계를 지양한다.

그러면 회의는 어떻게 가능한가? 회의는 사유하는 자의 진정한
금욕적 입장으로 나타난다. 왜냐하면 회의는 믿음을 신뢰하지 않고
모든 믿음의 축복을 파괴하기 때문이다.

그러나 회의 자체도 자신 안에 믿음을 포함하고 있다 : 논리에
대한 믿음. 그러므로 가장 극단적인 것이 논리를 체념하는 것이고,
불합리하기 때문에 믿는credo quia absurdum 것이고, 이성을 회
의하고 부정하는 것이다. 이것이 어떻게 금욕의 결과로 등장하는
가. 누구도 순수한 금욕에서와 마찬가지로 그렇게는 살 수 없다. 이

것에서 증명되는 것은 논리에 대한 믿음과 믿음 자체는 삶을 위해 필수적이라는 것이다. 그러므로 사유의 영역은 행복주의적이라는 것이다. 그러나 그렇다면 거짓의 요청이 등장한다 : 즉 삶과 행복 *eudaimonia*이 논거라면. 회의는 금지된 진리에 대항한다. 그러면 순수한 진리 자체를 위한 기초는 소멸된다. 그것에 대한 욕구는 다만 하나의 위장된 행복주의의 욕구일 뿐이다.

4. 우리는 기본적으로 각각의 자연 과정을 설명할 수 없다: 우리는 다만 고유한 연극이 탄생되는 매장면들만을 확립할 수 있을 뿐이다. 우리는 기본적으로 단지 사건들의 순서만 볼 수 있음에도 불구하고 인과율을 말한다. 일정한 장면들은 언제나 이러한 순서로 등장하는 것이 틀림없다는 것은 하나의 믿음이다. 그것은 종종 무한히 논박되는 믿음이다.

5. 논리는 언어 조직에서 노예일 뿐이다. 그리고 언어는 비논리적인 요소를 내부에 가지고 있다, 은유 등. 첫 번째 힘은 비동일적인 것을 동일화시키는 것이므로 상상의 결과이다. 여기에 개념과 형식 등의 존재가 기초한다.

6. 형식들.

7. '자연법칙'. 오직 상호간의 상관관계와 인간과의 상관관계.

8. 최종적이고 확고해진 사물의 척도로서의 인간. 우리가 인간을 유동적이고 동요하는 것으로 생각하면 곧 자연법칙의 엄밀성은 종식된다. 지각의 법칙—자연법칙의 핵심으로서. 운동의 역학. 자연과학에서 외부 세계와 과거에 대한 믿음.

9. 이 세계에서 가장 참된 것—사랑, 종교, 예술. 첫 번째 것은 모든 은폐와 위장을 관통하여 핵심적으로 고뇌하는 인간을 보고 함

께 고뇌한다. 마지막 것은 실천적 사랑으로 다른 세계 질서를 이야기하고 이것을 경멸하는 것을 가르치면서 고뇌에 위안이 된다. 이것들은 자신을 그러한 것으로 고백하는 세 가지 비논리적인 힘이다.

'부패한 지구의 바싹 마른 암석 사막 위에서'


29〔9〕

펜첼Penzel은 프로이센의 징집자에게 모집되어 쾨니히스베르크의 일반 보병이 되었다. 칸트는 그가 강단에 서는 것을 막았다. "(칸트) 그는 펜첼을 비열한 인간으로 간주한다. 왜냐하면 그는 지금까지 자신의 군인 신분을 편안하게 견뎌냈기 때문이다." 신이 거대한 대포를 생각했다면 세계를 창조하지 않았을 것이라는 루터의 한 구절.


29〔10〕

학자에 대한 분석, 그의 진리 의미의 관점에서.

1) 습관 2) 지루함에서의 도피 3) 생계 수단 4) 다른 학자들의 존경과 무시에 대한 두려움 5) 어떤 고유한 것의 획득 의미(그것은 '진리'임이 틀림없다. 그렇지 않으면 다른 사람들이 다시 약탈해간다) 6) 매듭을 짓고 매듭을 풀다.─진리 의미의 척도 : 낡은 이론을 파기할 경우, 그들의 계층과 교육에 대한 공격의 경우, 비전문인이 요동치는 경우, 철학을 증오하는 경우, 철학이 학자들에게서 아무것도 만들지 않기 때문이다. 비진리는 일반적인 유효성을 지닐 경우 학자들에 의해 진리로 다루어진다. 종교와 정부에 대한 두려

움.─7) 일정하게 멍청한 의미. 그들은 결과를 보지 않고 매정하다.
8) 그들은 삶의 중심 문제를 간파하지 못한다. 그렇기 때문에 그들
은 매우 작은 문제를 다룬다. 통틀어 말하자면 그들은 진리에 대한 욕
구가 없다. 따라서 어디에도 학자-공화국은 존재하지 않고, 항상 학
자-천민정치만이 존재한다. 희귀한 천재적 머리와 진리의 친구, 마
찬가지로 예술가는 몹시 미움을 받고 인민재판을 통해 추방된다.


29[11]

　　논리적인 것과 수학적인 것 안에서의 무조건적 일치는 두뇌를
지시하는 것이 아니라, 지도적이고 기이하게 산출해내는 조직을 지
시한다─이성을? 영혼을?─그것은 완전히 주관적이다. 우리는 그
덕택에 ─인간으로 존재한다. 그것은 모든 것이 참여하는 축적된 유
산이다.


29[12]

　　자연과학은 사람들이 유산으로 소유하는 모든 것을 의식화하는
것이고 확고하고 견고한 지각법칙의 기록이다.


29[13]

　　　　　　　　　　　학자.


　　1. 일정한 우직성, 대략 꾸밈에 대한 경직성은 몇몇 풍자에 속한
다. 사람들은 변증법적인 변호사의 태도가 존재하는 곳에서는 어디
서나 이런 우직성과 관련해 의심하고 경계하게 될 것이다. 차이 없

이 진리를 말하는 것은 좀더 편한 것이다. 그것은 어느 정도 나태함과 같은 것이다. 예컨대 우직성은 코페르니쿠스적 체계에 반대했다. 왜냐하면 그것은 목격하는 것에 모순되기 때문이다 : 바로 나태한 정신의 소유자에게 눈으로 보는 것과 진리는 동일한 것이다. 학자들이 철학에 품는 증오 역시 기다란 연결 추리와 증명의 인위성에 대한 증오이다 : 통찰력을 찬양하는 것은 두려움과 연결되어 있다. 그리고 기본적으로 어떤 세대의 학자이건 하나의 허가된 통찰력의 척도를 가지고 있다 : 이것을 넘어서는 것은 거부된다.

2. 근시의 눈으로 가까운 곳에서 멀리 있는 것과 일반적인 것을 보는 통찰력. 시야는 매우 좁고 눈은 매우 가까이 고정되어 있다. 학자가 방금 자세히 조사한 문제에서 새로운 문제를 원한다면, 그는 전체의 시각 도구를 하나의 문제로 옮긴다 : 그는 관극용 쌍안경을 사용할 때처럼 형상을 오직 일정한 관점에서만 분해한다. 그는 그것들이 모두 연결되어 있음은 결코 보지 못하고 단지 그것들의 관계만을 계산할 것이다 : 그러므로 그는 모든 일반적인 것에서 강한 인상을 받지 못한다. 예컨대 그는 어떤 저술을 전체적으로 조망하지 못하고 자신의 연구 영역의 일정한 관점에 따라 판단한다 : 그는 자신이 보는 방식에 따라 우선 유화(油畵)는 여러 재료가 뭉친 거대한 덩어리라고 주장할 것이 틀림없다.

3. 그의 동기의 정상 상태, 객관적 사고방식. 어느 시대에나 본성이 저급한 사람들과 대중은 동일한 동기에 의해 이끌렸다. 그는 이런 것들을 잘 감지하고 있다. 두더지는 두더지굴 속에서 최상으로 존재한다. 그는 인위적이고 비정상적인 가설과 모든 무절제에서 보호받고 있다. 그가 고집스러운 사람이라면 자신의 고유한 저급함을

통해 과거의 모든 저급한 동기를 발굴해낸다. 물론 그렇기 때문에 그는 희귀한 것, 위대한 것, 비정상적인 것, 즉 중요하고 본질적인 것을 이해하는 데 무능력하다.

4. 감정의 빈곤은 그들에게 스스로 해부하는 능력을 준다. 감정의 빈곤은 많은 인식이 함유하고 있는 고통을 알지 못하기 때문에 위험한 영역에서도 두려워하지 않는다. 노새는 현기증을 모른다. 그들은 차갑다. 그렇기 때문에 그들은 잔혹하지 않으면서도 쉽게 잔혹한 것처럼 보인다.

5. 자신에 대한 하찮은 평가, 즉 겸손. 그들은 초라한 연구 영역에서 아무런 낭비도 아무런 희생도 느끼지 못한다. 그들은 날지 못하고 기어다니는 동물이라는 것을 심층적인 이유에서 알고 있다. 이 점에서 그들은 종종 감동적이다.

6. 그들의 지도자와 교육자에 대한 신뢰 ; 그들은 지도자와 교육자들을 돕길 원한다. 그들은 아마도 진리를 통해 이들을 최상으로 돕고 있다고 알고 있을 것이다. 그들은 이들에게 감사하는 마음을 가지고 있다. 왜냐하면 그들은 자신의 방법으로는 결코 들어갈 수 없는 고귀한 학문의 광장에 이들을 통해서만 입장했기 때문이다. 독일에서는 저급한 두뇌가 작업할 수 있는 영역을 규명하는 사람이 유명해진다. 곧 대단히 열광적으로 존경받는 사람이 된다. 물론 이렇게 열광적으로 존경받는 사람은 동시에 어떤 의미에서 희화화된 대가의 모습이다. 그의 허약함조차 희화화되어 나타난다. 즉 매우 하찮은 개인이 지나치게 위대한 사람으로 과장되어 나타난다 : 반면에 대가의 덕들은 위의 동일한 개인에 비례하여 작게 나타난다. 이런 한에서 그런 개인은 기형아이다. 신뢰를 받는 기형아일 경

우 그러한 사람으로서 감동적이고-기이하게 작용한다.

7. 그와 마주친 궤도 위에서의 습관적인 지속 : 한번 받아들인 습관 속에서 더 이상 생각하지 않는 안락함의 진리 의미. 이것은 특히 학습에 해당된다. 불가피한 필요의 마력에서와 같이 많은 것이 고등학교의 연습에서부터 행해진다. 그러한 본성은 수집가, 평론가, 목록 작성자, 식물 표본실 등이다. 그러한 본성의 노력은 거의 나태함에서 생겨나는 것이다. 그런 본성의 사유는 사유하지 않는 것에서 생겨난다.

8. **지루함에 대한 두려움.** 진정한 사상가는 한가로움 외에는 아무것도 동경하지 않는다. 반면 학자는 한가로움에서 달아난다. 왜냐하면 한가로운 데서는 아무것도 시작할 수 없음을 알고 있기 때문이다. 그의 위안은 책이다 : 즉 그는 다른 사람이 어떻게 생각하는지 경청하고 이런 방식으로 대화를 나누고 기나긴 날들을 넘어 대화를 나눈다. 특히 그는 자신의 관심과 개인적 의지가 일정하게 고무되고 애착이나 혐오를 통해 약간은 자극받을 수 있는 책을 선택한다 : 자신 또는 자신의 위치 또는 자신의 정치적 의견 또는 미적 의견 또는 문법상의 의견이 고려되는 저술들 : 그가 비로소 자신의 고유한 학문을 가진다면, 항상 다시 관심을 끌 수 있는 수단도 가진다.

9. **생계 수단의 획득.** 진리가 높은 지위와 봉급을 얻게 할 능력이 있다면, 진리를 통해 고귀한 것의 촉진이 이루어질 수 있다면, 사람들은 진리에 헌신할 것이다. 그것도 이런 진리에만 헌신할 것이다 : 그렇기 때문에 유익한 진리와 유익하지 않은 진〔리〕의 경계가 나타날 것이다. 후자의 진리는 생계 수단의 획득에 효과가 있는 것이 아

니다. 왜냐하면 그것은 노력과 시간이 필요하고 시간을 노력에서 빼앗고 게다가 생계 수단 획득에 적대적이기 때문이다. 배는 성품을 부여하는 자이다Ingenii largitor venter. '고통스러운 배의 멍청함'.

10. 다른 학자들의 존경과 무시에 대한 두려움. 명예, 생계 수단 획득, 공무원이 되는 것과 같은 많은 것들이 달려 있는 진리가 실제로 발견자의 이름에 등장하도록 하기 위해, 그들 모두 질투심으로 자신을 감시한다. 다른 사람이 발견한 진리에 경의를 표한다. 왜냐하면 사람들은 스스로 찾은 진리의 경우 마찬가지로 그것을 요구하기 때문이다. 비진리는 진리로 간주되지 않기 위해, 또한 단지 거역하기 어려운 진리에만 부여된 명예와 칭호에 상처를 입히기 위해 요란한 소리를 내며 폭발한다. 때때로 진정한 진리도 최소한 인정을 원하는 다른 진리에 자리를 만들어주기 위해 폭발한다. '짓궂은 장난으로 불리는 도덕적 관용어법', '일반적 양심의 예외.'

11. 허영심을 가진 학자. 이미 하나의 희귀한 변종. 그는 어떤 것을 오직 자기 자신을 위해 가지려 한다. 그러므로 그는 진기한 것을 자신의 연구 영역으로 선택한다. 그는 자기 자신이 진기한 것으로 호기심 있게 관찰될 경우 기뻐한다. 그는 대개 이런 명예의 표시 유형에 만족하고 그런 진리 추구에서 자신의 생계를 마련하지 않는다.

12. 유희를 추구하는 학자. 그의 희열은 매듭을 찾아 풀어내는 것이다 : 이 경우 그는 유희의 기쁨을 잃지 않기 위해 전력을 다하지는 않는다. 따라서 그는 심층에 이르지는 못한다. 그러나 그는 직업 학자가 우둔하고 힘들게 기어들어가 갇혀 있는 자신의 시야 때문에 지각하지 못하는 것을 종종 본다 : 그리고 그는 최소한 진리에 만족

하는 애호가이다. 이런 한에서 그는 더욱이 즐겁지 못한 직업학자와는 대립되는 모습을 형성한다. 직업학자는 억압된 채, 즉 지불된 직업의 속박 아래서 또는 승진 욕심의 채찍 아래서 자신의 작업을 하고 있다.

5

29〔14〕

인식과 진리에 대한 욕구는 존재하지 않고 오직 진리의 믿음에 대한 욕구만이 존재한다. 순수 인식은 욕구가 없다.

10   29〔15〕

진리에 대한 욕구와 쉽게 혼동되는 욕구들 :

1. 호기심. 인식의 모험에 대한 추구를 상승시킨다. 지루하고 낡은 것에 대립하여 새로운 것과 기이한 것.

2. 변증법적 후각 욕구와 유희 욕구, 영리한 여우 발걸음의 즐거움 : 진리가 아니라 간교하게 기어 주위를 맴도는 것, 포위하는 것 등이 추구된다.

3. 모순에 대한 욕구. 인격은 다른 사람에게 자신을 드러내길 원한다. 논쟁을 좋아하는 자들. 투쟁은 즐거움이다. 목적은 개인적 승리.

20   4. 개인, 종교, 정부에 대한 종속에의 욕구, 일정한 '진리들'을 찾는 것.

5. 하나의 인간, 계급 또는 인류에 대한 사랑, 동정 등에의 욕구, 구원하고 행복하게 만드는 진리를 찾는 것―종교 창시자의 욕구.

29[16]

　　모든 욕구는 쾌와 불쾌와 관련 있다―진리에의 욕구, 즉 완전
히 결과와 무관하고 순수하게 자극 없는 진리에의 욕구는 있을 수
없다. 왜냐하면 이때 쾌와 불쾌는 중단되기 때문이다. 그리고 욕구
해소에서 쾌를 예감하지 않는 욕구는 없다. 사유하는 즐거움은 진리
를 향한 갈망을 지시하는 것이 아니다. 모든 감각 지각〔들〕의 즐거
움은 그것들이 결과의 상태에 이른다는 데 있다. 이렇게 인간은 항
상 즐거움의 바다에서 수영한다. 그러나 어떤 점에서 추론과 논리적
조작이 유쾌함을 준비할 수 있는가?

29[17]

　　예술은 오로지 거짓으로만 가능하다!

　　내 눈은 감긴 채 변화하는 수많은 형상들을 본다. 이것은 환상
을 생산해낸다. 나는 그것들이 실재와 일치하지 않음을 안다. 그러
므로 나는 그것들을 실재가 아니라 단지 형상들로만 믿는다.

　　외면, 형식.

　　예술에는 외면을 통해 믿음을 일으키는 즐거움이 있다 : 그러
나 기만당하지 않을까? 그렇다면 예술은 종식된다!

　　예술은 기만을 통해 그것을 놓는다―그러나 우리가 기만당하
지 않을까?

　　시도된 기만, 즉 항상 가상으로 인식되는 가상에 대한 즐거움은
어디에서 오는가?

　　예술은 가상을 가상으로 다룬다. 그러므로 기만하기를 원치 않는
다. 예술은 참된 것이다.

열망 없는 순수한 관찰은 가상으로 인식되어 믿음으로 유혹하기를 전혀 원치 않고 이런 한 우리의 의지를 전혀 자극하지 않는 그런 가상에서만 가능하다.

전체 세계를 오로지 **가상으로** 관찰할 수 있는 자만이 세계를 갈망과 욕구 없이 살필 수 있는 위치에 있을 것이다―예술가와 철학자. 여기서 욕구는 종식된다.

사람들이 세계에서 진리를 추구하는 동안은 욕구의 지배 아래 있는 것이다 : 그러나 그는 **즐거움**을 원하는 것이지 진리를 원하는 것은 아니다. 그는 진리에 대한 믿음을 원하는 것이다. 즉 이러한 믿음이 주는 즐거움의 영향을 원하는 것이다.

**가상으로서의 세계**―성자, 예술가, 철학자.


29〔18〕

모든 행복주의의 욕구는 사물과 세계의 진리에 대한 믿음을 불러일으킨다―이렇게 전체 학문은―존재가 아니라 생성을 향해 있다.


29〔19〕

플라톤은 전쟁 포로가 되어 노예시장에 팔리기 위해 내놓아졌다―인간은 무엇을 위해 철학자를 원하는가?―이는 인간이 무엇을 위해 진리를 원하는지 말해주고 있다.


29〔20〕

I. 완전히 다른 자극과 욕구의 은폐 수단으로서의 진리.

II. 진리의 격정은 믿음과 연관된다.

III. 거짓에의 욕구가 기초적이다.

IV. 진리는 인식될 수 없다. 인식될 수 있는 것은 모두 가상이다. 진
실한 가상으로서 예술의 의미.

29〔21〕

1. 진리의 봉사자에 대한 묘사.

2. 삶과 문화를 위한 인식의 통제와 제한.

3. 인식 객관의 정당성과 그것의 중요성에 대한 평가. 위대함.
   주요 사안과 주요 문제로 되돌아가다.
   잘못된 광채를 제거하는 것.

29〔22〕

정신적으로 작용하는 힘들은 과거의 모든 노정에 흩어져 있다
―식민지 형성! 그러나 모든 것이 이주한다면 원래의 고향은 황폐
해진다. 정신적으로 작용하는 힘들은 가장 필수적인 것들로 다시
되살려야 한다. 학문의 자유방임에 대항하여.

모든 것은 그렇게 흩어져 있고 서로 떨어져 있어 어떤 울타리도
그것을 모두 에워쌀 수는 없다 : 우리의 신문 문화가 결합시키는 접
합제의 역할을 한다.

소년이 현미경으로만 알아볼 수 있는 작업에서 자신의 최고의
힘을 낭비하고 자기 자신을 형성하지 못한다면 이것은 허용되는
가?

29〔23〕

### 각종 진리의 봉사자.

우선 낙관주의적 경탄! 저 많은 진리의 연구자!

최고의 힘들이 그렇게 흩어져버리는 것이 허용되는가?

인식 욕구 통제 :

　　고전적—골동품적

　　—염세주의적 경탄! 모두 진리의 연구자가 아니다!

진정한 진리 욕구의 어머니로서의 정의의 가치.

정의를 위한 의미에 따라 '진리의 봉사자'에 대한 시험.

이런 모든 것이 추방되었다는 것은 정말 좋은 일이다 : 왜냐하면 그들은 어디에서나 방해만 하고 피해만 줄 뿐이기 때문이다. 우리는 그들을 진리의 임금노동자라 부르길 원한다. 그들은 의지에 대립하고 한탄하면서 진리에 봉사한다.

학문은 그들을 위한 감화원이고 노예선이다.

소크라테스를 참조할 것. 그는 그들이 모두 미쳤다고 말한다. 그들은 집에서 무엇이 선한 것이고 무엇이 악한 것인지 알 수 없다.

수도원을 통해 학문의 해로움을 제거함.

우리의 과제 : 균열된 것과 흩어진 것을 다시 모으고 용접하는 것, 독일 문화의 작업을 위한 화덕을 만드는 것, 모든 신문 문화와 학문의 대중화의 외부에서.

29〔24〕

세관원이 탄식한 것처럼, 무한한 실험과 논리—연역 능력의 결핍은 바로 역사적 분과들 안에서 볼 수 있다—골동품적인 것을 반

대하면서 고전적인 것을 과소평가하는 것 : 그렇게 역사적 학문의
의미는 상실되었다. 모든 것은 천박해진다. 거기서는 세계의 형상
이 점점 천박해지고 정말 오로지 대중화에 의해서만 표현된다면,
여기서는 과거의 형상이 그렇다.

5

29〔25〕

　　실러 : 진리를 막대기로 붙잡으려는 데는 한계가 있다,

　　　　　　　그리고 진리는 중간을 통과해 빠져나간다.

10　29〔26〕

　　　　　　　　'각종 진리의 봉사자.'

　　1. 학문의 자유방임에 대한 묘사. 독재가 없다.

　　2. 결과 : 적합한 접합제가 없다―(이를 위한 신문 문화의 접합
　　　제가!)

15　　　　일반적으로 점점 더 커지는 조야함.

　　　　　진리의 봉사자가 지닌 형상의 쇠약함.

　　3. 따라서 많은 사람들은 몰래 숨어 들어간다. 묘사.

　　4. 이에 대한 독일 문화의 입장 : 무엇이 과제인가? (자연과학
에 대한 괴테의 입장.)

20

29〔27〕

　　생동하는 것의 부검에 대항하는 것. 즉 그들은 아직 죽지 않은
것을 소생하도록 해야 하고 그것을 즉시 학문의 대상으로 다루어서
는 안 된다.

29〔28〕

지식을 통해 죽이는 것 : 원〔래〕 그것은 결코 지식이 아니라 단지 호기심 많고 시끄럽게 엿보는 것일 뿐이다. 즉 학문의 필수적인 수단이고 조건일 뿐이다. 함께 말하길 원하는 것, 말하려 할 때 단지 방해하는 곳.

"신은 나에게서 나를 보호한다Defienda me Dios de my."

29〔29〕

모든 기억은 비교하는 것, 즉 동일화하는 것이다. 모든 개념이 우리에게 그것을 말해준다 ; 그것은 '역사적인' 근원 현상Urphänomen이다. 그러므로 삶은 현재와 과거의 동일화를 요구한다 ; 그래서 항상 비교는 일정한 폭력, 변형과 연관된다. 나는 이런 욕구를 고전적인 것과 모범적인 것에 대한 욕구로 간주한다 : 과거는 현재의 근원형상Urbild으로 이용된다. 이것에 대립하는 것으로 골동품적 욕구가 있다. 골동품적 욕구는 과거를 변형하거나 이상화하지 않고 과거를 과거로 파악하려고 노력한다. 삶의 욕구는 고전적인 것을 추구하고, 진리의 욕구는 골동품적인 것을 추구한다. 전자는 예술과 예술적 미화 능력으로 과거를 다룬다.

다른 경향이 지배적인 경우를 생각해본다면, 과거는 모범적이고 전형적으로 작용하는 것을 멈춘다. 왜냐하면 역사는 이상으로 존재하는 것을 그만둘 것이고 현재와 같이 개인적 현실 자체가 되기 때문이다. 그럴 경우 역사는 더 이상 삶에 봉사하지 않고 삶에 대립하여 존재한다. 만약 사람들이 모든 예술 작품 보관소와 도서관을 불태워버린다면 자신들이 이르렀던 것에 실제로 이를 것이다.

현재는 고립되어 있다. 현재는 자신에 만족하고 있고 자신의 본질
과 욕구에 조응하고 있다. 즉 현재는 어떤지, 현재는 얼마나 위대한
지 또는 천박한지 보여주고 있다.—그러면 고전적인 것에 대한 욕구
가 왜 현재에 쓸모가 있는가? 그것은 예전에 존재했던 것은 여하튼
예전에 가능했고, 그렇기 때문에 아마도 다시 가능할 것임을 암시한
다(별들의 위치가 같을 경우 모든 것은 완전히 다시 동일하게 일어
날 것이라고 피타고라스 학파가 생각했던 것처럼). 그리고 용기 있
고 과감한 자가 가능한 것과 불가능한 것을 생각한다 : 과거는 그를
고무시킨다 : 예컨대 백 명의 창조적 인간이 전체 독일 문화를 건설
하기를 희망하고 르네상스 문화가 동일한 방식에서 가능했음을 그
가 파악하고 있다면. 그리고 사람들은 위대하고 불가능한 것에서
번영한다.

29〔30〕

현재 독일에서 유행하고 있는 교양을 파괴하기 위해서는 새로
운 정신에서 교육받은 창조적인 사람 백 명 정도만 있으면 될 것이
라고 누군가 믿는다고 생각해보자. 르네상스 문화가 그러한 백 명
정도의 남성 무리의 어깨 위에서 이룩되었음을 인식하는 것은 그를
고무시킬 것이다.

29〔31〕

역사에 대한 평가와 그 안에서 낭비된 힘. 골동품적 태도는 고전적
인 것을 가능한 한 제거하거나 오직 개인의 가능성으로 파악하는
것을 추구한다. 과거의 어떤 한 부분을 파악할 때 이성이 많이 사용

되기 때문에, 최종적으로 사람들은 이성이 그런 것을 만들었다고 생각한다. 그렇게 역사의 이성성에 대한 믿음이 생겨난다 : 이때 절대적 필연성은 이성적인 것과 합목적적인 것의 현현으로 이해된다. 그러나 위대한 역사적 힘은 어리석음이고 악마이다. 그것은 존재했던 수많은 가능성을 인식하려는 용기를 약화시킨다 : 평가하는 것 (말하자면 고전적인 것과 좋은 것을 과거에서 분리하는 것)을 시도하지 않고 모든 것을 단지 생성된 것으로만 파악할 경우, 이러한 골동품적 의미는 무력하게 만드는 데 있다 ; 왜냐하면 의미 없는 것에서도 목적과 이성을 추측하기 때문이다. 역사는 오로지 위대하게 다루어지기만을 원한다 ; 그렇지 않을 경우 역사는 노예를 만든다.

이제 두 번째로 허용된 회고와 금지된 회고의 척도가 존재한다. 해부는 금지된다 ; 알을 품은 곳에서 어린아이들이 숨어 기다리는 것은 금지되어야 한다. 바로 체험 순간을 해부하는 진리 욕구는 다음 체험 순간을 죽여버린다. 인식되는 동안은 체험되지 않는다.

이에 대해—골동품적 의미가 군중과 멍청한 머리를 사로잡을 경우 어떤 위험이 생겨날 것인가! 결론적으로 모든 것은 역사적으로 살리는 것과 역사적으로 죽이는 것으로 구분된다. 숙명적 호기심, 동요, 감시, 누설, 바로 그런 생성을 속여 빼앗는 행위. 어느 날 정신은 인용되지 않는다. 모든 시대는 소화를 잘해서 몸에 익게 변형시킬 수 있는 한도에서 역사를 필요로 한다 ; 그래서 대략 강력하고 폭력적인 시대가 역사를 소화해낸다. 허약한 시대인데 역사로 충만해 있다면 어쩌란 말인가! 어떤 소화의 부담인가! 어떤 피곤함이고 어떤 무기력인가!

29〔32〕

　　한 민족이 역사를 통해 자기 자신을 죽이는 것은 가능하다 ; 예
컨대 잠을 자지 않는 어떤 사람처럼. 되씹는 것은 특정한 동물들의
사안이다 : 그런데 언젠가 여기저기 인간적인 소의 경우에도 되씹
는 것을 통해 자기를 파괴하는 것이 일어나는 것처럼 보인다. 생성
되는 모든 것이 관심거리이고 연구할 만한 가치가 있는 것으로 간
주된다면, 곧 해야 할 모든 것에 대한 척도와 느낌이 사라지게 된다.
인간은 주요 사안에 대해 무관심해진다.

29〔33〕

　　골동품적 인간이 에워쌀 때 사용하는 신화— '언제나 순수 형식
에서 현현하는 것을 사랑하는' 이념들 등.

29〔34〕

　　기념비적인 것은 원인을 도외시한다. '영향 자체', '모든 시대에
영향을 주는 것' (또는 모든 시대에 생성할 수 있는 것. 이에 대해 원
인이 항상 존재한다).

29〔35〕

　　3. 도대체 기념비적인 것은 어떻게 가능한가? 또는 역사의 유
익함에 대해. 보조 개념, 순수-인간적인 것—또는 위대한 것과 대
단한 것. 위대한 것은 이러한 것에서 언제나 반복하여 촉발된다. 대
단한 것을 이해할 수 있는 것, 즉 평범한 것으로 잡아 끄는 골동품
상들의 노력. 따라서 그들은 최고의 힘을 추구하는 기념비적인 것

을 파괴한다.

그러고 나면 생성과 발전에 대립하여 투쟁하는 현재 예술가들의 억압과 규준이 기념비적인 것의 규약집에 등장한다 : 위대한 것이 생성되어서는 안 된다. 그것은 현존해야만 한다.

골동품상들은 말한다 : 위대한 것은 원래 평범한 것이고 일반적인 것이다 ; 또한 그들은 위대함의 생성에 대해 (축소화와 개념화 등을 통해) 투쟁한다.

이렇게 양쪽 역사학파는 위대한 것에 대항해 싸운다 : 기념비적인 것도 평범한 것도. 모든 시대가 그랬다. 이 양자에 대해 역사적-위대함은 권리가 있다. 첫 번째에 대항해서는 역사적-위대함이 기념비적인 것의 성전에 입장하도록 압박하면서, 골동품상에 대항해서는 역사적-위대함이 결론적으로 다시 인식 대상이 되고 또한 이를 통해 골동품상에게 '관심거리'가 되면서.

29〔36〕

역사는 행동하는 자의 것이다. 호기심 많은 미시학자〔들〕이나 이기주의자 또는 여행자가 피라미드를 무턱대고 기어오르는 것을 봐야 하는 역겨운 연극이다. 이때 역사는 화랑의 그림과 마찬가지로 전시된다: 한가로운 자를 위해. 예전엔 사람들이 역사에서 힘과 위안을 찾았다면, 이제 사람들은 예술과 위대함을 적대시하고 확실성과 현실적인 재미를 원한다.

29〔37〕

역사적 의미의 과잉은 무엇에서 설명되는가?

1. 꾸며낸 것, 신화적인 것에 대한 적의.

2. 삶의 문제에 대한 적의.

3. 그것은 연관하는 것을 은폐하거나 또는 장식한다—예술 작품보다 쉽다.

4. 그것은 와해시키고 늘어지게 만든다. 왜냐하면 그것은 유비를 통해 판단 감각과 본능을, 간단히 말해 습속과 행위의 단순함을 파괴하거나 마비시키기 때문이다.

5. 그것은 민주주의적이라서 누구에게나 허용하고 저급한 두뇌를 다룬다. 그것은 진리 추구의 이상이다. 이때 아무것도 산출되지 않는다.

6. 그것이 기본적으로 생산적이고 강력한 본능에 지도되지 않는다는 것은 예컨대 복음서-비판의 역사가 보여주고 있다. 종교개혁의 시대와 비교해보라.

29〔38〕

### 역사적 질병.

1. 피타고라스의 상황은 역사의 유익함에 대해 말할 수 있을 것이다. 그렇게 모든 행위의 동기화는 다양한 것이다.

2. 비교는 동일화를 전제한다. 기억 개념. 고전적인 것과 기념비적인 것, '효과 자체'. 이상화하는 변형과 일반화, 광기로서의 '일반적으로-인간적인'. 기념비적인 것의 광기는 위대함이 지속적으로 전개되도록 촉진한다.

3. 위대함과 희귀함에 대한 투쟁, 기념비적인 것에 대한 골동품적인 것의 투쟁. 존재했던 모든 것은 관심거리이고 이성적이다 : 역

사적 행동 능력을 마비시키는 골동품적인 것의 영향.

　　4. 두 가지 욕구의 혼합으로서의 현대 역사가, 자웅동체. 그의 신화학. 그의 부정적 실천. 예술과 종교에 미치는 영향. 생성하는 문화에 위험하다. 해부. 사람들은 고전주의자와 골동품상이라는 두 사람이어서는 안 되고 한 사람이어야 한다. 완전한 하나가 되어야 한다. 현대 역사가의 영향 없음 : 졸고 있는 비판과 미국화하는 신문에서 그들의 표현. 현대 역사가에게 기초는 없다 : 그는 기념비적인 것에서는 자의적이고 골동품적인 것에서는 파괴한다. 그는 문화에 뿌리를 두지 않는다.


29〔39〕

　　기본적으로 누구나 하루가 지나가면 만족한다. 다른 날, 하루를 역사적 연구로 설정할 정도로 그렇게 하루를 진지하게 받아들이는 것은 우스꽝스럽다. 왜냐하면 그럴 경우 매일의 날들이 주는 "삶은 고뇌하는 것이다", "삶은 참회이다" 같은 중요한 교훈은 상실되기 때문이다. 전체적으로 볼 때, 즉 삶의 총체적 평가와 관련해 말하자면 어떤 사건도 본질적으로 새로운 것을 가르칠 수는 없는 것이다. 수천 년 전에 살았던 어떤 사람은 이러한 이천 년의 역사에서 도움을 얻는 어떤 사람과 마찬가지로 현명하게 존재할 것이다. 현존을 고뇌하는 사람에게 역사란 아무것도 아니다 : 그는 어디에서나 하루하루가 그에게 보여주는 동일한 문제를 찾는다. 그러나 역사는 행동하는 자, 현명하지 않은 자, 아직 무엇인가를 희망하고 체념하지 않고 투쟁하는 자에게 어떤 의미로 존재한다―그에게는 역사가 이를 수 있는 모범적 예로, 존경받을 수 있는 모범적 예로, 특히 명성의 성전으로 필요하다. 역사는 모범적이고 고무적으로 작용한다.


29[40]

　　그러나 이제 학문으로서의 역사! 그러니까 여기서는 **법칙**이 문
제이다. 개인을 관찰 대상으로 삼는 일은 드물다. 여기서 용기와 감
명은 더 이상 획득될 수 없으며, 오히려 그것들은 방해한다. 법칙이
발견된다고 전제한다면, 우리는 그 결과로 결정론을 얻게 될 것이
다. 그리고 행동하는 자는 도덕 감정이 그를 체념하도록 만듦과 무
관하게 다시금 반드시 고뇌하게 될 것이다. 그 외에도 법칙은 가치
가 적다 : 왜냐하면 법칙은 대중과 대중의 욕구에서 도출된 것, 즉
저급한 천민 계층의 운동법칙이기 때문이다. 여성에 대한 프랑스의
모든 형사소송에서처럼 그 안에는 우둔함과 빈곤함이 포함되어 있
다. 수천 년 동안 그 법칙을 인식하지 못했어도 모두 이미 그 법칙
에 따라 행동하고 있기 때문에 그러한 법칙을 알아야 한단 말인가!
강하고 위대한 인간은 항상 이러한 법칙을 파괴했다 : 사실상 그 이
야기만이 중요하다. 대중은 단지 1) 마모된 판과 질이 나쁜 종이를
사용한 위대한 남성들의 흐릿한 복사로 2) 위대한 자들의 대립으로
3) 위대한 자들의 도구로 관찰되어야 한다. 그렇지 않은 경우 대중
은 꺼져버려라.


29[41]

　　통계학은 역사에 법칙이 존재함을 증명한다. 정말로 통계학은
대중이 얼마나 저급하고 혐오스럽고 획일적인가를 증명한다. 너희
는 아테네에서 통계를 내봐야 했다! 거기에서 너희는 차이를 느꼈

을 텐데! 대중이 더욱 저급하고 비개성적이 되면, 통계법칙은 더욱 정확해진다. 다수가 세련되고 고귀해진다면, 곧 법칙은 상관없는 것이 된다. 그리고 매우 높은 위대한 사상가의 경우 너희는 더 이상 아무것도 계산할 수 없을 것이다 : 예컨대 언제 위대한 예술가들이 결혼했던가! 여기서 법칙을 찾고자 하는 너희가 가련하다. 그러므로 : 역사에서 법칙을 찾고자 한다면, 법칙은 무가치한 것이고 역사, 즉 일어난 것은 무가치하다.

그 밖에 : 대체 여기서 '법칙'이란 무엇을 의미하는가? 법칙은 말하자면 자연법칙이나 법률과 동등한 것인가? 그러나 그것은 "너희는 해야 한다"가 아니라 "유감스럽게도 그랬다"를 의미한다. 그것은 그 누구도 왜?라는 질문을 던져서는 안 되는 어리석은 사실 관계의 표현일 뿐이다. "여기 매년 대략 40쌍의 결혼이 이루어졌다"—도대체 왜 그 정도로만, 왜 80쌍은 아닌가? "그것은 달리 일어나지 않았다!"—매우 교훈적이다! 우리는 감사한다.

그러나 위대한 대중의 욕구를 중요한 것으로 관찰하고, 대신 모든 위대한 남성은 단지 표현으로만, 즉 거대한 물결의 표면에서 일어나는 거품으로만 관찰하는 경향이 있다. 이때 대중은 자기 자신에게서 위대함을 잉태하고, 혼돈은 자기 자신에게서 질서를 잉태해야 한다. 최종적으로는 물론 잉태하는 대중을 찬양하는 데 맞출 것이다 : 역사여 영원하라!

다른 경향은 '역사적 힘'으로 존재했던 모든 것을 고려하길 원하고 이에 따라 '위대함'을 평가한다 : '위대함'은 차후에 역사적인 영향을 미친 것을 의미한다. 이것이 의미하는 것은 진정 양과 질의 혼동이다. 우둔한 대중이 어떤 사상이나 종교를 자신에게 매우 적합한 것으로 찾아내고 강력히 방어한다면 : 그러한 사유의 창안자나 창시자가 '위대' 하다는 말인가! 왜 그렇지 않은가! 고귀하고 최고의 것은 대중에게 전혀 영향을 미치지 않는다 : 그리고 기독교의 역사적 성공은 다행히도 기독교의 창시자를 위해 아무것도 증명하지 않는다. 왜냐하면 그것은 근본적으로 볼 때 창시자에 대항하여 증명될 것이기 때문이다 : 그리고 이때 근본적인 것은 완전히 사라져버린 것처럼 보인다. 그의 이름은 대중과 자만심 강하고 이기적인 다수의 개인의 경향을 위한 이름으로 남아 있는 것처럼 보인다.

29[42]

성공의 신격화는 진정 인간의 비천함에 어울린다. 정말로 한번 어떤 성공을 정확히 연구해본 사람은 어떤 요소들(우둔, 악의, 태만 등)이 함께 작용했는지 알게 될 것이다. 그리고 그것은 매우 미미한 요소가 아니다. 이전에 직접적으로 존재했던 아름다운 가능성보다 성공이 더 가치 있다고 하는 것은 뻔뻔스럽다! 더욱이 역사 속에서 선과 정의가 실현됨을 보는 것은 선과 정의에 대한 신성모독이다. 헤라클레이토스적으로 말한다면, 이런 아름다운 세계사는 '잡종 쓰레기더미'이다! 강력한 것이 관철된다. 이것이 일반적인 법칙이다 : 그것이 그렇게 자주 우둔함과 악이 아닐 수만 있다면!

29[43]

루터 : "키케로, 이 현명하고 성실한 사람은 매우 많이 고뇌하고 행동했다".

29〔44〕

영국인이 베를린에 대해 : "베를린에서 맥주집과 와인집에 취미가 없는 사람은 가난하거나 부자일 것이다. 그는 가엾게 살다 죽는다."

29〔45〕

특성과 개체를 파악하고 그것의 생명력을 정당화하는 엄청난 연습은 아마도 정의에 근거를 두고 있는 것처럼 보인다. 그리고 동시대인에 대항하는 정의에 영향을 미칠 것처럼 보인다. 여기에 대립하는 것은 우리가 지금 동시대인에게 숙명적 획일성을 요구하고 다양한 특성을 정당하게 받아들이지 않는 것이다. 가장 숙련된 역사가는 시대에 '증오를 품은 인격un personnage haineux'이다. 그는 정당하지 않거나 냉담하다.

29〔46〕

학문 계급은 성직자 유형이며 평신도를 경멸한다 ; 그는 영적인 성직자의 후계자이다. 우리 시대가 유산으로 물려받은 이런 경외와 무관하게 학문을 섬긴다는 것은 어려운 일이다. 현재 사람들은 일찍이 교회에 선사했던 것을 불충분할지라도 학문에 선사한다 : 사람들이 선사한 것은 이전에는 교회의 힘을 작동시켰다. 그 힘은 이제 학문적 성직자에게 영향을 미치고 있다. 그리고 지금 역사를 다룬다는 것은 아직도 신 또는 이성적인 것의 작용에 관한 이론으로서 은폐된 신학이다. 역사는 학문이 아니라 허섭스레기라는 의견을 많은 사람이 지지한다면, 그것은 역사의 촉진과 함께 종말을 고

할 것이다.

29〔47〕

저주받을 민족혼! 우리가 독일 정신에 대해 말한다면, 우리는 루터, 괴테, 실러, 다른 사람들과 같은 독일의 위대한 사상가들을 생각하는 것이지, 연합된 광신적 대중의 신화적 유령을 생각하는 것이 아니다. 안에 ― ― ―. 루터적인 인간 등에 대해 말하는 것이 좀 더 바람직할 것이다. 우리는 어떤 것을 독일적이라고 칭할 때 신중하길 원한다 : 우선 그것은 언어에 해당된다. 언어를 민족 특성의 표현으로 파악하는 것은 공허한 수사이다. 그것은 고약한 혼란함과 상투어가 아니라면 이제까지 어느 민족에서도 가능하지 않았다. 그리스어와 그리스 민족! 한 사람은 그것을 통합시킨다! 그 밖에 문자에서도 마찬가지다! 가장 중요한 독일어의 기초는 바로 그리스어가 아니라 지금 사람들이 말하는 것처럼 인도게르만어이다. 이것은 문체와 인간과 관련해볼 때 가까이 있다. 한 민족에 대한 술어를 말하는 것은 언제나 매우 위험한 일이다 : 최종적으로 모든 것은 혼합되어 비로소 늘 나중에 언어의 통일성이 발견되거나 또는 언어의 통일성의 환상이 생겨난다. 그렇게 바로 독일인! 독일제국! 그것은 어떤 것이다. 독일어를 말하는 것도 어떤 것이다. 그러나 독일-종족! 그리스인들에게서 그리스적 양식이 비로소 뒤늦게 발견된 것처럼, 예술 양식의 특성으로서 독일적인 것은 여전히 발견되어야 한다 : 때 이른 통일은 존재하지 않았다. 그러나 확실히 끔찍한 혼합*krasis* 은 존재했다.

29〔48〕

　　청년, 장년, 노년 역사의 병렬에 대립해서 : 여기에도 진리의 흔적은 존재하지 않는다! 5, 6천 년은 아무것도 아니다. 더욱이 어떤 통일적인 것이 아니다. 왜냐하면 언제나 다시 새로운 민족이 등장하고 낡은 민족은 동면으로 침잠하기 때문이다. 그러나 결론적으로 볼 때 결코 민족이 아니라 사람이 문제이다. 국적은 대개 강력한 정부 통치 제도의 결과물일 뿐이다. 즉 결혼하고 서로 말하고 사는 필요를 포함해서 폭력과 통제를 통해 포괄하는 사육과 같은 유형의 결과물일 뿐이다.

29〔49〕

　　기독교적으로 표현해서 : 악마가 세계의 통치자이다. 이때 그것은 본질적인 것으로 존재할 것이다. 그러나 현재 사람들은 좀더 교양 있게 말한다 : 서로 투쟁하는 이기주의 체계 : 이때 사람들은 동일한 형태 속에서 규칙적으로 성장하는 숲을 생각한다. 왜냐하면 모든 나무는 오로지 자신의 이기주의만을 만족시키기 때문이다.

29〔50〕

　　1) 모든 시대에서 끌어오면서 탐색하는 본능을 혼란에 빠뜨리고 약화시키는 기념비적인 것의 위험. 그렇게 또한 모든 관계와 사회 계층에 대한 인식 : 만약 농부가 그런 인식을 한다면, 쟁기로 무엇을 시작할 수 있을까!

29[51]

　한계 없는 역사적 의미에 대한 통제는 필요하다 : 그런데 사실
상 필요 없는 통제, 즉 어디에서나 자신을 찾고 또한 찾았다고 믿으
며 역사를 자신의 척도에 짜 맞추는 건조한 획일적 시대정신에 의
한 통제가 존재한다. 나는 그러한 짜맞춤을 키케로(몸젠), 세네카
(하우스라트), 루터(신교도 단체) 등에서 알아차린다. 헤겔은 다른
유형으로 역사를 통제하고 두드려 폈다. 그는 정말로 독일의 '역사
천재' 라고 불려야만 한다 ; 왜냐하면 그는 발전의 최고점과 최종점
에 있음을 느꼈고 또한 체계화하는 지성으로서 지난 모든 시대를
소유하고 있음을 느꼈기 때문이다. 현재의 것을 최고의 것으로 파
악하는 모든 시도는 현재를 폐허로 만든다. 왜냐하면 그런 시도는
역사의 교훈적 의미를 거부하기 때문이다. 가장 섬뜩한 상투어는
하르트만의 '세계 과정에 자신을 헌신한다' 이다.

　E. 폰 하르트만은 618쪽에서(여기에서 거대한 성공이 무엇을
의미하는지가 내게 선명해진다) 역사를 과정으로 간주하는 것이 어
떤 결론에 이르는지 보여준다. 이때 역사적 전망은 염세주의와 친
교를 맺는다 : 자 이제 그 결론을 보라! 개인의 연령이 유비를 허용
한다. 현재에 대한 결코 흡족하지 않은 묘사는 더 나쁜 일들이 일어
날 것이고 이것은 받아들여야만 하는 필연적 과정이라는 결론만을
불러일으킬 뿐이다. 보통 소년의 예가 유비에 이용된다. 소년의 연
령은 '순수한 평균' 과 예컨대 '베를린의 증권인에게는 하룻밤의 익
살극' 처럼 보일 평균적인 예술을 만든다. 무엇보다도 그는 "신중히
미래를 바라보면서 실제적으로 살 만한 세속적인 고향의 장소를 고
려"한다. 이때 하나의 새콤달콤한 유형의 명법이 존재한다 : "달콤

한 꿈을 현실의 고통으로 일깨우는 손이 거칠게 누르는 힘처럼, 이런 환상 파괴의 도구는 무자비하고 냉혹하다 : 그러나 세계는 전진해야 한다 ; 목표는 꿈꿔지는 대상이 아니다. 그것은 싸워서 얻어야 할 대상이다. 그리고 길은 오로지 고통을 통해서만 구원으로 향한다." 그런데 이미 묘사된 연령의 과정이 결국 어떻게 "지난 삶들 속에서 황량하게 휘몰아치던 고통을 애처로운 슬픔으로 냉철히 조망하고 지금까지 추구했던 이른바 목표들의 무가치를 파악하는 성숙된 관조의 단계에 진입"하는지는 이해할 수 없다. 625쪽 이하. 만약 인류가 레오파르디Leopardi의 유형으로서 자신의 노년을 체험한다면, 인류는 지금보다 더 고귀하게 존재해야 할 것이다. 더욱이 인류는 하르트만이 말하는 것과는 다른 삶의 과정을 거쳐야 할 것이다. 그러한 삶의 과정에 조응할 노인은 매우 역겹게 존재할 것이고 불쾌한 열망으로 삶에 매달릴 것이고 끌려들어가기보다는 가장 저급환 환상에 매달릴 것이다.

29〔52〕

하르트만은 중요하다. 왜냐하면 그는 일관된 태도를 견지함으로써 세계 과정에 관한 사유를 불가능하게 만들기 때문이다. 그 사유를 견뎌내기 위해, 그는 환상에서의 의식적 구원과 자유와 몰락의 선택을 목적 *telos*으로 세운다. 그러나 인류의 종말은 매순간 지질학적 변혁을 통해 일어날 수 있다 : 그리고 그러한 환상에 빠지지 않기 위해 고도의 도덕적이고 지성적인 힘의 발전이 전제된다 : 이는 전혀 불가능한 것이다 : 오히려 이러한 힘이 오래 있으면, 환상은 더욱 강력해질 것이고 노년은 어린이가 되는 것으로 끝날 것이다.

이와 같이 마지막 결과는 결코 위안을 주지 않고 확실히 목적이라 칭해질 수 없을 것이다. 그가 인간의 연령을 묘사하는 것같이, 그 밖에 현존재를 문제로 파악하는 능력은 점점 더 떨어질 것이고 구원에 대한 욕구는 점점 더 작아질 것이다. 말하자면 우리는 모든 인류사 구성을 억제하길 원한다. 결코 대중이 아니라 곳곳에 산재해 있는 개인들을 관찰하길 원한다 : 그 개인들은 황량한 물결 위의 다리를 형성한다. 이들은 결코 어떤 과정을 전개하지 않는다 ; 그들은 상호작용을 허락하는 역사의 도움 속에서 공동으로 동시에 살아간다.

그것은 '천재 - 공화국'이다. 역사의 과제는 그들을 매개하는 것, 위대한 것과 아름다운 것을 항상 다시 생산할 수 있도록 동기를 부여하고 힘을 선사하는 것이다. 인류의 목표는 최종점에 놓여 있을 수 없다. 인류의 목표는 수천 년을 관통하여 흩어져 모든 인류 속에 은폐되어 있는 위대한 힘들을 함께 재현하는 최고의 유형 속에 있다.

그 밖에 : 세계 과정!! 여기서는 오로지 인간적인 딱정벌레의 기만 행위만이 문제이다!

하르트만은 637쪽에서 말한다 : "세계 과정에 과거의 무한한 지속을 귀속시키는 것은 발전 개념과 서로 조화를 이루지 않는다. 왜냐하면 그럴 경우 일정하게 사유할 수 있는 모든 발전은 이미 그 과정을 마친 것임이 틀림없기 때문이다. 그러나 그것은 그렇지 않다 (!!!) 마찬가지로 우리는 과정 속에 미래로의 무한한 지속을 승인할 수 없다 ; 양자는 하나의 목표를 향한 발전 개념을 지양할 것이고 세계 과정을 다나오스 딸들의 헛수고와 동등한 것으로 설정할 것이다. 그러므로 논리적인 것이 비논리적인 것에 대해 거두는 완전한 승리는 세계 과정의 시간적 종말과 함께, 즉 최후의 날과 함께 일어날 것임이 틀림없다(!!)".

사람들은 하르트만의 '세계 과정'에서 기꺼이 민주주의적 원자들의 혼란과 무한한 조합 속에서의 적자생존에 관한 다윈 이론으로 달아난다. 하나의 우연이 위대한 개인들을 뿜어낼지라도, 아무튼 이때는 아직 위대한 개인들을 위한 자리가 존재한다. 하르트만의 경우 의지의 부정은 오류이고, 삶을 긍정하는 것은 기본적인 의무이다. 더욱이 대지의 다수들은 최종적으로 파괴와 무로 귀환하기 위해 표결한다고 한다!

이에 반해, 의식은 점점 더 고귀한 환상들을 통해서만 촉진되고 발전한다는 것이 우리의 생각이다. 그러므로 우리는 우리의 '의식'을 가지고 저급한 상황에 있다(예컨대 그리스인과 비교해보면). 왜냐하면 우리의 환상은 그리스인의 환상보다 저급하고 비천하기 때문이다. 나는 이런 비천함을 향한 진보를 '노년'을 향한 진보로 부를 상황에 있지 않다. 환상이 사라진다고 생각한다면, 의식은 식물로까지 증발해버릴 것이다. 그 밖에 환상은 다만 미지의 사태에 대한 표현일 뿐이다. 인류를 권태롭게 만드는 것이 하르트만의 목표이다 : 그럴 경우 보편적 자살이다 : 다수의 인간에 의해 실현된다! 그럴 경우 세계는 전복되어 다시 무의 바다로 침몰한다. 다음 세대의 과제란 세계 과정에 헌신함으로써, 즉 삶에의 의지를 긍정함으로써 권태를 도입하는 것이다!

역겨운 책이고 시대의 치욕이다! 쇼펜하우어의 염세주의는 얼마나 무한히 순수하고 고귀하고 인류적으로 작용하는가! 이런 하르트만의 철학은 절대적 지혜, 최후의 날, 구원 등과 함께하는 기독교의 흉측한 얼굴이다. 자유방임과 연관된 끔찍한 패러독스의 효과에 대한 사변은 결코 훌륭하지 않다. 다비드 슈트라우스의 현대는 세계과정에 편입되어 자신의 자리를 찾고 정당화된다. 따라서 문필가-대중의 성공(즉 이것은 현재 '성공' 자체를 의미한다 : 대중적 문필가는 독자가 구입하도록 자극하는 능력이 있다!).

29〔53〕

헤겔의 세계 과정은 강력한 경찰과 함께 번영한 프로이센 국가로 진행한다. 이 모든 것은 은폐된 신학이다. 하르트만의 경우도 마찬가지다. 그러나 우리는 처음과 시작을 사유할 능력이 없다 : 그래서 우리는 이러한 '발전'이 자체에 근거하도록 놔두어야 한다! 즉시 그것은 웃기는 일이 돼버린다! 인간과 '세계 과정'! 딱정벌레와 세계정신!

29〔54〕

인간들은 왜 존재하는가, '인간'이 왜 존재하는지는 우리의 관심사가 아니다 : 그러나 너는 왜 거기에 존재하는가, 이것을 네게 물으라 : 그리고 네가 그 물음에 대답할 수 없다면, 너는 스스로 목표들, 높고 고귀한 목표들을 설정하고 거기에서 몰락하라! 나는 위대한 것과 불가능한 것에서 몰락하는 것보다 더 나은 삶의 목적을 알지 못한다 : 위대한 마음은 후하다animae magnae prodigus.

29〔55〕

1. 역사적 의미의 묘사, 특히 그것의 극단, 즉 세계 과정과 여기
   에서 도출되는 도덕법칙과 함께.
2. 이런 역사적 의미 과잉의 내적 근거.
3. 문화에 대한 역사의 의미.


29〔56〕

교육에서 역사적인 것. 젊은이는 수천 년 동안 채찍질 당했다.
그리스인과 로마인은 그렇지 않았다. 이에 대한 소년들을 위한 정
치사! 전쟁, 국가 행정, 무역 정책, 정치 세력의 문제 등에 대해 아
무것도 이해할 수 없는 이들! 그렇게 현대인은 화랑에 가고 연주를
듣는다! 현대인은 이것은 저것과 다르게 들린다고 느낀다. 그러고
나서 그는 그것을 '역사적 판단'이라 부른다.―대중은 위대하여 무
관심이 결과여야 한다. 끔찍한 것과 야만적인 것이 과잉 속에서 밀
고 나아간다. 섬세한 의식이 존재하는 곳에서 느낌은 하나가 되어
야 한다 : 구토. 이 때문에 젊은이는 자신의 고향에서 멀어지고 모
든 관습과 개념들을 회의하는 것을 배운다. 그것은 모든 시대마다
달랐다 : "네가 어떠한지가 중요한 것이 아니다". 이제 인간은 에토
스에 따라 나쁜 것 또는 좋은 것(즉 위대한 것)으로 해소된다 : "그
렇게 자유롭게 그러나 위험하게 걸음마를 위한 끈도 없이 간다." 다
행히도 젊은이의 감각은 대개 무디어서 본질적으로 모호한 마취 외
에는 아무것도 생기지 않는다 : 강한 환상은 없다. 그리고 이를 위
해 쇄도하는 대중은 매우 폭력적이다. 모든 것이 흘러 넘친다.
　고대인들이 보여주는 그런 역사의 척도는 아무에게도 필요하지

않고, 또한 현대인들이 보여주듯 매우 위험한 것이다.

이제 역사적 학생! 그는 과거의 매우 단편적인 부분을 연구했다 : 지금 그는 학문과 진리에 봉사하는 자이다. 이제 모든 겸손은 사라졌다. 그는 완성되었다! 학습된 오만이 고귀한 교육을 방해한
5 다. 나는 젊은 역사학 박사들을 교양 면에서 셋까지 셀 수 없고 대개는 전혀 셀 수 없는 인간으로 간주한다 : 왜냐하면 그들은 이미 '생산적'이기 때문이다. 오 저런!

## 29〔57〕

10 모든 것을 '객관적으로' 수용하고 아무것에도 노여워하지 않고 아무것도 사랑하지 않고 모든 것을 '개념화한다' ─이것이 현재 '역사적 의미'라는 것이다. 헤겔류가 촉진했던 것처럼, 정부는 그런 의미를 촉진한다 : 왜냐하면 역사적 의미는 순응적이고 유연하게 만들기 때문이다. 그리고 특히 언론 전체는 그렇게 교육받는다 : 사람
15 들은 단지 '예술적으로'만 노여워하고 기분 나빠한다. 게다가 사람들은 '냉담하고' 모든 것을 '이해한다' : 완전히 이해한다는 것은 완전히 용인하는 것이다tout comprendre c'est tout pardonner. 그러나 사람들은 '사과하지' 않는다. 사람들은 모든 것을 정당화한다. 스스로 구속되어 있지 않은 상태에서, 역사적 언론인은 모든 구속
20 을 거부한다 : 그는 구속을 오로지 공리주의적 의미에서만 인정한다.

더 이상 조화로운 인격의 시대가 아니라 '공동 노동'의 시대이다. 이는 다만 다음을 의미할 뿐이다 : 인간은 완성되기 전에 공장에서 사용된다. 그러나 짧은 기간 동안 이러한 공장 노동의 인간과

마찬가지로 학문도 폐허가 되었음을 너희는 승인하라. '이상한 평균성'은 더욱 평균적으로 된다. 인간은 한 부분에서는 어떤 인간보다도 현명하고, 다른 모든 부분에서는 과거의 어떤 학자보다도 어리석다 : 그러나 요약컨대 무한히 더 우매해질 것이다. 천재를 불필요한 것으로 지시하는 육체노동자의 체계 : 사람들은 함께 건축한 것이 아니라 함께 날라다놓은 것을 너희의 건축물로 간주할 것이다. 영원히 '노동 분업!' '질서 정연하게 줄지어' 등을 즐겨 말하는 자에게 분명하게 그리고 충분히 말해야 한다 : 너희가 학문을 가능한 한 빨리 촉진하면, 너희는 그것을 가능한 한 빨리 파괴하게 될 것이다 : 닭에게 인위적으로 알을 빨리 낳기를 강요할 때, 닭이 죽는 것처럼 말이다. 좋다. 학문은 지난 수십 년 동안 빠르게 성장했다 : 그러나 학자들, 즉 지친 닭들을 보라. 진정 더 이상 '조화로운' 본성들이 아니다 : 그들은 예전보다 더 잘 울어댈 수 있을 뿐이다. 그리고 계란 또한 이전보다 작아졌다. 따라서 '혼합된 대중'을 위한 인기 있는 역사의 '대중화.' 그것은 학자들에게 매우 쉬운 일이다. 왜냐하면 극소수의 예외들을 제외한다면, 그들 자체가 '아주 혼합된 대중'이고 이들의 욕구를 스스로 갖고 있기 때문이다. 그들은 단 한 번 실내용 가운을 편안히 걸치기만 하면 된다. 그러면 그들은 대중적인 욕구에 자신의 작은 연구 영역을 성공적으로 열어놓는 데 성공할 것이다 : 사람들은 이런 안락한-행동에 '학자들의 민중과의 겸손한 어울림'이라는 제목의 포스터를 붙인다. 반면에 학자는 학자가 아니고 천민일 경우에 근본적으로 다만 자기 자신에게로 내려가는 것일 뿐이다. 우선 하나의 민중을 창조하라.—너희는 결코 그 민중을 충분히 고귀하게 생각할 수 없을 것이다! 그러나 너희의 '혼합된 대중'을 충분히 천박하게 생각하는 것은 쉬운 일이 아니다!

29[58]

　　결론에 대해. 너희가 이러한 관찰을 통해 불만스러워졌다면, 저
자는 벌써 이를 예견했다고 말할 수 있을 것이다 : 그러나 저자가
예견할 수 없었던 것은 너희의 불만이 어디로 향하게 될 것인가 하
는 점이다 : 저자에 대항하여 또는 너희 자체에 대항하여. 확실히
드문 후자의 경우에도, 너희는 아마 저자를 완전히 잊게 될 것이다
: 누군가 하나의 진리를 말하는 것, 그것 또한 중요하다 : 진리가 정
말 말해지고 진심으로 수용되는 진리가 존재한다면. 나는 두 계급
을 위해 썼다. 바라건대 충분히 명확하게 썼다.

29[59]

　　세계 어디에서도 사람들은 무의식에 대해 말하지 않는다. 왜냐
하면 무의식은 본질적으로 무의식적이기 때문이다 ; 오로지 베를린
에서만 사람들은 무의식을 말하고, 알고 있고, 진정 무엇이 예측될
수 있는지 이야기한다. 즉 인류가 지금의 현존재에 싫증날 경우에
도 우리 시대는 지금 존재하는 것과 같이 존재할 것이라는 예측이
다 : 그것은 우리가 마음에서부터 믿는 것이다―반면에 E. 폰 하
[르트만]은 그것을 알고 있다. 다비드 슈트라우스가 단순한 사실성
으로 받아들이는 것은 하[르트만]의 경우 뒤에서부터, 즉 작용인에
서부터 ex causis efficientibus 정당화될 뿐만 아니라, 앞에서부터,
즉 목적인에서부터도 정당화된다. 하[르트만]은 최후의 심판일에
서 우리 시대에 불을 비추고 있다. 우리 시대는 인류의 장년에 접근

하고 있음을 보여준다. 즉 이상하기만 한 평균성과 베를린의 증권인이 저녁에 필요로 하는 유형의 예술만이 존재하고 "천재는 더 이상 시대의 욕구가 아닌" 저 행복한 상황에 접근하고 있음을 보여준다. "왜냐하면 그것은 돼지에게 진주를 던져주는 것을 의미하기 때문이거나 이 시대는 천재에 어울리는 시대를 넘어서 더 중요한 시대가 되었기 때문이다"(619쪽). 아마도 우리가 잘못 쓴 것이기를 희망했다 ; 그러나 나는 단지 베꼈을 뿐이다. 교훈 : 그것은 완전히 가련한 상황이다. 그것은 더욱 가련해질 것이다. 그러나 그것은 틀림없이 그러할 것이다. 그것은 틀림없이 그렇게 등장할 것이다. "확연하게 안티크리스트는 더욱 넓게 퍼져나갈 것이다"(610쪽). 우리는 모든 것과 함께 최상의 길 위에 있다 : "따라서 포도밭 주인의 노동자로 세계 과정에서 활발히 전진하고 있다. 왜냐하면 오로지 그 과정만이 구원에 이를 수 있기 때문이다", 638쪽. 하[르트만]에게서 '세계 과정'의 생각을 영원히 웃음거리로 만들기를 원하는 역설적 익살꾼을 눈치챘다면, 우리는 그의 의미를 알아차린 것일까? 이런 의미에서 우리는 이보다 더 즐거운 발견과 철학적 장난을 읽은 적이 별로 없다. 그러나 모든 문필가는 정확히 듣지 않았고 종말론의 빛 속에서 자신들을 정당화하는 근거만을 그의 이론에서 발견했다. 따라서 그들은 하[르트만]이 바로 동시대의 부랑자를 위한 철학으로서 세계 과정의 철학을 썼음을 간파하지 못했다. 그것은 모든 하[르트만]의 발견들에서의 진정한 자극이다 : 무지한 자를 우직한 진지함으로 유혹하는 것이 필요한 경우가 아니라면 하르트만은 결코 그것에 대해 진지하게 생각하지 않았음을 아는 사람은 안다.

## 29[60]

그릴파르처 "모든 인간은 동시에 자신의 개별적-필연성을 갖고 있다. 그래서 수백만 개의 방향들은 곡선과 직선의 궤도 위에서 병렬적으로 나아가고 서로 얽히고 촉진하고 방해하고 앞으로 뒤로 매진하며 여기에서 서로 우연의 성격을 받아들인다. 또한 자연 현상의 작용을 제외한다면, 수백만 개의 방향들은 일어나는 모든 것을 포괄하고 포함하는 필연성의 증명을 불가능하게 만든다".

그 밖에 종결된 것, 완결된 것, 죽은 것만이 연구될 수 있을 것이다. 왜냐하면 최종적으로 교훈적인 결론이 드러날 것이기 때문이다.—'오류와 격정의 세계 체계'로서의 역사. 부정적 교훈 : 사람들이 조심해야만 하는 것.

그릴파르처 : "민족의 번영과 몰락에는 고유한 무엇인가가 있다. 모든 민족에는 외부로 확장하는 힘이 존재한다. 이 힘은 장애물을 극복하는 동안은 유익하게 작용하나, 장애물에 승리했을 경우에는 서로 대립하게 된다."

## 29[61]

스토아 학파와 에피쿠로스 학파가 하나가 된다면, 그들은 카이사르를 암살하기 위해 결탁할 것이다.

## 29[62]

사실들조차도 '세계정신의 직접적 유출'로 관찰된다. 오로지 그렇기 때문에 사실들이 필요한 가치와 깊이를 지닌다고 한다. 그렇기 때문에 비극 예술이 역사에 예속된다고 말한다. 웃기는 소리다! 역사에! "역사가 인간 정신이 자신에게 알려져 있지 않은 사건을 수용하는 방식과 다르단 말인가 : 신이 연관하는 전체를 안다면, 그것은 연결하는 것이다 ; 이해할 수 없는 것을 이해할 수 있는 어떤 것으로 대체하는 것이다 ; 외부를 향하는 합목적성의 개념들을 하나의 전체에 종속시키는 것이다. 이 전체는 내부에서 단 하나의 합목적성만을 안다 ; 그리고 다시 수천 개의 작은 원인들이 작용했던 우연. 역사는 이것과 무엇이 다르단 말인가! 인간의 작품과 무엇이 다르단 말인가! 그러나 사건이 아니라 그 사건의 연결과 정당화가 시인들에게는 중요하기 때문에, 시인들은 달리 즐거움을 가질 경우 자신의 사건조차도 신의 이름으로 발견하게 될 것이다."

29[63]

배우의 예술에는 세 가지 단계가 있다고 사람들은 말한다 : "역할을 이해하는 것, 역할을 느끼는 것, 역할의 본질을 직관하는 것"이다. 오로지 이 세 가지 모두가 진정한 배우를 만든다 : 그렇다면 사람들은 역사적으로 위대한 인간에 대해 달리 말하게 될 것이다 : 그는 우선 행동해야 될 것, 즉 자신의 사명을 오직 개별적으로 직관된 경우들의 총합으로 파악한다. 그러나 그는 드물게 이런 모든 경우의 통일을 자신의 사명으로 느낀다. 또한 그는 아주 드물게 자신의 사명을 이해한다. 그러나 역사가는 그의 뒤를 당장 좇아 이 세 가지를 모두 할 수 있다.

29[64]

헝가리인과 헤겔적인 교수

"증명할 수 있는 필연성과 지속적인 진보 속에서 스스로 자신을 현실화하는 개념"으로서의 역사. 역사는 이를 통해 "이론적인 성스러운 가상"을 획득한다. 역사는 "대지 위에서의 신의 변용이다. 어떤 신인지는 역사를 통해서야 만들어진다." 여기서 나는 독일인들에게 다음과 같이 말한 스페인 사람 후안 후아르[트]Juan Huarte에게 동의한다. "그들은 강한 기억과 약한 오성을 지녔다. 그들의 오성은 항상 만취한 자의 오성과 같다. 왜냐하면 그들의 두뇌와 그들의 다른 육체를 채우고 있는 많은 습기가 사물의 본성에 진입하는 것을 허락하지 않기 때문이다." 또한 독일인들에게는 시계의 기계장치, 인공 분수 건축물, 기계적인 인공물에 대한 위대한 상상력이 있다고 그가 말한 것을 사람들은 기억할 것이다. 그리고 사람들은 스스로 자신을 현실화하는 그러한 개념-시계 기계장치를 이러한 선상에서 계속 연상하게 될 것이다.

29[65]

그릴파르처는 "문학 분과들을 실제적으로 확장하여 재교육하는 데 문학사를 활용하자는 최근의 주장에" 적극적으로 반대하고, "오히려 한편으로는 대량의 피상적 지식, 말하자면 메모를 증가시키고, 다른 한편으로는 시야를 무제한적인 것으로 확장시켜 최종적으로는 행위나 작품이 가능하지 않도록 내적 집중을 더욱 어렵게만드는, 때때로 위험한 노력으로 간주한다. 그리고 우리 시대의 불운은 이러한 집중의 결핍에 있다."

그릴파르처는 우리가 추상적으로 지각한다고 말한다. 우리는 어떻게 동시대인의 지각이 표현되는지 거의 인식하지 못한다 : 오늘날 사람들이 더 이상 지각하지 못하는 것처럼, 우리는 지각할 때 비약을 한다. 셰익스피어는 우리 신시대인들 모두를 망쳐놓았다.— 누가 하이네의 지각의 진리를 믿는단 말인가! 예컨대 내가 E. 폰 하르트만의 지각의 진리를 믿지 않는 것처럼. 그러나 그들은 반어적

5   성향으로 위대한 시인과 위대한 철학자 행세를 하면서 재생산한다 : 이때 그들은 기본적으로 조롱하는 방향으로 나아간다. 철학과 서 정시 안에서 기꺼이 자신에게 어떤 것을 속이도록 허용하고 새로운 천재들의 위치를 나타내는 역사적 표제어를 찾기 위해 금세 호기심 많은 눈으로 진지하게 살펴보는 동시대인들을 그들은 조롱한다 :

10   괴테와 하이네, 쇼펜하우어와 하르트만! 독일인들의 섬세한 '역사 적' 의미는 영원하라!


29[66]

　　모든 것은 지속적으로 역사 안의 민족정신, 무의식, 이념 등에

15   대해 말한다. 그러나 현재 아무것도 뚜렷이 나타나지 않는다. 사람 들은 민족정신의 깊은 샘물에서 무의식적으로 발원하는 것을 단지 추정하는 것처럼 보인다. 실제로 사람들은 가능한 한 의식적으로 그리고 유감스럽게도 가능한 한 미숙하게 모든 것을 모방한다 : 영 국의 의회주의, 프랑스의 유행 풍조, 영국의 상인 도덕, 프랑스의,

20   그러니까 국제적인 진보- 관용어법, 여기에다 모든 시대와 민족의 회화를 모방한다. 이제 생소한 것은 현대 독일인에게 최고의 향락 으로 간주된다. 금요일에 사람들은 개선기념탑을 생각한다 : 어떤 종류의 감정이 북받쳐올 것인가! 우리는 "지난 수백 년 이래로 인류 가 의식적으로 자신의 역사를 만드는 이상적인 상황에 접근하고 있

다"(291쪽)고 교활한 하르트만이 말하고 있는 것처럼, 물론 그것은 우리에게 달려 있다 ; 인류가 자신의 역사와 세계 과정 자체를 종결하고 세계와 함께 "내동댕이쳐지"는 좀더 이상적인 상황을, 이를 위한 다수(640쪽을 보라)가 획득되었다는 전 지구적 전신을 통한 합의와 다음 토요일 밤 정각 12시에 이를 거부하는 소수를 포함하여 세계는 몰락해야 한다는 경찰 규정과 함께하는 좀더 이상적인 상황을 예견한다. "내일부터 시간은 더 이상 존재하지 않는다" : 이를 위해 교활한 자인 하르트만은 〈요한계시록〉 10장 6절(《무의식의 철학 *Philosopie des Unbewussten*》, 637쪽을 보라)을 인용할 것이다.

그 교활한 자는 자유로운 연합체를 사회 발전의 "네 번째이자 마지막" 단계로 간주한다 : 노동자는 (슐체-델리체 조합, 좀더 나은 교육, 노동자교육연합 등을 통한) 교육을 통해 성숙하게 양성되어야 한다. 이것이 현재 가장 중요한 사회적 과제이다. 296쪽 : "이런 사회 발전의 최종 목표는 누구나 자신의 지성 교육에 충분한 여유를 허락하는 노동 시간 속에서 편안한 현존을 영위해나가는 것이다."

29〔67〕

하르트만과 하이네는 무의식적으로 빈정거리는 자이며 자기 자신에 대해 교활한 자이다 : 물론 칸트는 누군가 자기 자신을 기만할 수 있음을 부정한다.

29〔68〕

"그릴파르처는 말한다. "미래를 보는 것은 어렵다" : 순수하게 과거를 회고하는 것은 더욱 어렵다. 나는 순수하게, 즉 최근의 일정 기간 동안 일어나거나 발생한 어떤 것을 회고 속에 섞지 않고 말한다."

　　그릴파르처 : "독일적 사유와 의욕이 저지른 근본적 실수는 허약한 인격성에 있다. 이에 따라 현실적인 것과 존재하는 것은 독일인에게 미미한 인상만을 준다."

29〔69〕

　　내면성─외부를 향한 비진실성. 철학.

29〔70〕

　　폴리비오스는 "동물이 눈을 상실함으로써 철저하게 쓸모없어지는 것과 마찬가지로 진리를 강탈당한 역사는 쓸모없는 이야기에 불과하다"고 말한다.

　　"역사는 국가 행정을 위한 준비이고 가장 탁월한 선생이다. 왜냐하면 역사는 타자의 불행을 기억함으로써 행복의 교차적 변화를 굳건히 견뎌내야 한다고 우리에게 경고하기 때문이다."

29〔71〕

　　지난 전쟁 기간 동안 소음을 냈던 쾰른 신문의 전투적 사설과 데모스테네스의 말의 관계처럼, 이런 빛 바랜 조제품 같은 역사적 열병환자는 역사적 행동가들과 관계한다. 튀르타이적 전투행진곡과 함께하는 신문 편집장은 사설주간으로서의 데모스테네스처럼 우습다. 어떤 진정한 것을 행하려는 사람은 모방해서는 안 되고 미리 발견해야 한다. 결코 주변을 두리번거려서는 안 된다.

29〔72〕

　헤겔, "정신이 충격을 만들면, 우리 철학자들은 거기에 함께 존
재한다." 철학에서 의식에 이르는 것은 민족정신이고 시대정신이
다. 이제 아마도 하르트만의 경우에서 어떤 반어적 의식을 찾을 수
〔있을〕 것이다.

　신은 "모든 민족정신 속에서 활동하고 있는 인류의 보편 정신"
이어야 한다. 종교는 즉자대자적으로 이념의 향유를 위한 고양이어
야 한다. 헤겔 : "보편적 세계사의 사건들은 특수한 민족정신들의 변
증법을, ─그가 작은 병 속에 가지고 있는─, 즉 세계정신을 서술한
다." "역사에 그러니까 본질적으로 세계사에 최종 목적이 즉자대자
적으로 존재한다는 것과 그러한 목적은 실제로 역사 속에서 현실화
되었고 현실화된다는 것─예정된 계획─진정 역사 속에 이성이 존
재한다는 것은 철학 스스로를 위해 그리고 이와 함께 즉자대자적
필연으로 완성되어야 한다." "그러한 목적과 평가와 무관한 역사는
정신박약한 표상의 떠벌임이고 동화만도 못한 것이다. 왜냐하면 실
제로 어린이들도 이야기 속에 하나의 관심거리를 요구하기 때문이
다. 즉 최소한 예견할 수 있는 주어진 목적과 이것과 사건이나 행위
와의 관계를 요구하기 때문이다." 결론 : 각각의 이야기에는 목적이
있어야 한다. 따라서 민족의 역사와 세계 역사도 마찬가지다. 말하
자면 '세계사'가 존재하므로 세계 과정에도 목적이 존재해야만 한
다. 말하자면 우리는 오로지 목적이 있는 이야기만을 요구한다 : 그
러나 우리는 결코 세계 과정에 대한 이야기를 요구하지 않는다. 왜

냐하면 우리는 그것에 대해 말하는 것을 사기로 간주하기 때문이다. 내 삶에 목적이 없는 것은 이미 삶의 탄생의 우연성에서 자명하다 ; 내가 내게 어떤 목적을 설정할 수 있음은 어떤 다른 것이다. 그리고 국가에는 목적이 없다 : 다만 우리가 국가에 이런 저런 목적을 부여할 뿐이다.

29〔73〕

역사적인 것의 신화에 대하여. 헤겔, "어떤 한 민족에게 일어난 것과 그 민족 안에서 진행되는 것은 국가와의 관계에서 본질적 의미를 지닌다 ; 개인의 단순한 개별성은 역사에 귀속된 대상에서 가장 멀리 떨어져 있다." 그러나 국가는 항상 수많은 개인을 보존하기 위한 수단일 뿐이다 : 왜 국가가 목적이어야 하는가! 희망은 그렇게 수많은 쓸모 없는 사람들이 보존될 때 인류를 정점에 이르게 하는 몇몇 개인들도 함께 보호되는 데 있다. 그렇지 않다면 그렇게 수많은 가련한 인간들을 보존한다는 것은 아무런 의미가 없다. 국가의 역사는 대중의 이기주의와 생존을 의욕하는 맹목적 열망의 역사이다 : 천재들이 존재한다면, 이들을 통해 비로소 이러한 의욕은 어느 정도 정당화된다. 상호간의 투쟁 속에서의 부분적이고 전체적인—이기주의—이기주의 원자들의 소용돌이 — 누가 여기서 목적을 찾으려 한단 말인가!

모든 원자의 소용돌이 안에서도 천재에 의해 무엇인가가 탄생된다. 이제 사람들은 좀더 관대하게 의욕의 무상함에 대해 생각한다 : 마치 맹목적인 사냥꾼이 수백 번 헛되이 총을 쏘고 나서, 마침내 우연히 새를 맞추듯이. 그는 최종적으로 무엇인가 산출된다고 말하고 계속 총을 쏜다.

29〔74〕

헤겔, "어떤 전기에 대한 관심은 보편적 목적에 직접적으로 대
립해 있는 것처럼 보인다. 그러나 사실상 그것의 배후는 개인들이
얽혀 있는 역사 세계이다." 그러므로 변호하는 듯한 책 제목 '데모
스테네스와 그의 시대' 등. 한 시대에 열 가지 전기가 존재한다면,
사람들은 동일한 것을 열 번 가진다 : 서적상업주의! "암브로시우
스 시대의 정신"에 대하여, "그리고 더욱 현명히 말한다면,—시대
의 배후와 얽혀 있는 암브로시우스의 개인적 개별성에 대하여."

그 밖에 만약 '세계사'에 대해 말하는 것이 그렇게 부조리한 것
이 아니라면, 모든 것은 무척 아름다울 것이다 : 어떤 세계 목적이
존재한다고 전제할지라도, 그것을 인식하는 것은 불가능할 것이다.
왜냐하면 우리는 딱정벌레이지 세계의 지배자가 아니기 때문이다.
국가, 민족, 인류, 세계 과정과 같은 도출된 보편 개념의 온갖 신격
화는 개인의 무거운 짐을 작게 만들고 개인의 책임을 경감시키는
단점이 있다. 국가가 중요한 문제라면, 개인은 그다지 중요하지 않
다 : 모든 전쟁이 보여주는 것처럼. 도덕적으로 바꿔 말한다면 : 자
신의 생존을 위한 어떤 수단보다 인간이 본질적이고 가치 있다는
믿음을 인간에게서 빼앗는 자는 인간을 나쁘게 만들 것이다. 추상은
인간의 생산물이고 생존 수단이다—이것 외에는 아무것도 아니고
인간의 주인도 아니다. 강력한 힘을 지니면서 목적으로 전환된 수
단과의 싸움 속에서 몰락하는 것, 즉 순교자가 되는 것은 도덕적 존
재로서의 인간에게 언제나 허용된다: 삶의 수단 때문에 삶을 잃지

않기 위해Um nicht propter vitam vitae perdere causas.

29〔75〕

인간이 순차적으로 원인과 결과로 파악하는 것에 대해 말하자면, 인간은 수단과 의도를 연결하는 경향이 있다. 실러 : "하나의 현상 이후에 따르는 다른 현상은 맹목적 우연과 무법칙적 자유에서 이탈하기 시작한다. 그리고 포괄적 전체―이것은 물론 표상 속에서나 존재하는 것이다―에 적합한 구성원으로 들어가기 시작한다." 정신과 의도 개념을 최소한도로 사용하면서 전체적으로 볼 때 오직 물질적으로, 즉 서로 대립하는 원자복합체의 유비에 따라 민족의 역사를 설명하는 것이 나의 일반적 규준이다. 중력, 어리석음.―신화에 대항하여.

29〔76〕

확실히, 위대한 선배들과 교류하고자 하는 욕구는 고귀한 성향의 표시이다. 바로, 사기꾼은 사기꾼으로 머무르고 하찮은 본성은 고대의 위대한 신념들과 매일 교류할지라도 결코 위대해지지 않는다고 말한 점에서 괴테는 참으로 옳다. 그런데 이제 더욱이 그런 하찮은 본성들이 과거의 사소함과 저급함과 친숙하게 교류하는 것을 배우고 역사 속에서 작은 것들의 영향을 먼저 감지한다면, 그들은 날마다 더욱 요상하고 심술궂고 음험하게 될 것이고 그들의 악한 교묘함을 통해 모든 정당함과 위대함이 분노하도록 만들 것이다.

29〔77〕

언젠가 괴테는 역사적 지식이 얼마나 해로운지에 대해 다음과 같이 표현했다. "수백 년, 수천 년 이래로 이미 탁월한 것들이 수없이 존재하고 있음을 내가 지금처럼 확실히 알았더라면, 나는 단 한 줄도 쓰지 못했을 것이고 다른 어떤 것을 했으리라."

29〔78〕

괴테 : "시인들이 주위의 인간 삶 속에서 필요한 본성을 더 이상 만날 수 없을 정도로 우리 시대는 저급하다. 실러는 그러한 상황에서 자신을 고양시키기 위해 두 가지 위대한 것 : 철학과 역사를 붙잡는다."

괴테 : "불투명한 역사의 영역에서 어느 정도까지 명료하고 투명하게 보는 것은 사실상 내가 추구하는 것이 아니다—실로 니부어Reinhold Niebuhr는 그랬으나 내가 관심을 가진 것은 로마의 역사가 아니다. 바로 한 사람의 깊은 생각과 꾸준한 태도가 우리를 고양시킨다. 실제로 전체 농경법에는 전혀 관심이 없다. 그러나 그가 그것을 설명하는 방식, 즉 그가 내게 복잡한 관계들을 명확하게 인식하도록 만드는 방식, 이것이 바로 나를 촉진하는 것이고 수용한 사안을 동일하게 양심적인 방식으로 다루는 의무를 갖게 만드는 것이다."

라바터Johann K. Lavater에게 괴테 : "나는 결과와 추상을 좋아하지 않는다. 나는 역사와 세세한 것을 원치 않는다."

29〔79〕

　　괴테 "실러는 여기서 여느 때처럼 자신의 숭고한 본성을 절대적
으로 소유하고 있는 것으로 드러난다 ; 그는 추밀원에 참석했을 때
와 같은 위대한 모습으로 차 탁자 앞에 있다. 아무것도 그를 당황하
게 만들지 못한다. 아무것도 그를 가두지 못한다. 아무것도 그의 사
유의 비상을 떨어뜨리지 못한다 ; 위대한 그의 생각 속에 살아 있는
것은 언제나 고려나 숙고 없이도 자유롭게 흘러나온다. 그것이 진
정한 인간이고 사람들은 그렇게 존재해야 한다!"

29〔80〕

　　역사 교육은 학식과 마찬가지다.

　　리히텐베르크Georg Ch. Lichtenberg는 말한다 "나는 지금까지
존재한 몇몇 위대한 사상가들은 우리의 많은 평균적인 학자들이 읽
은 것의 반도 읽지 않았고 더욱이 그렇게 많이 알지도 못했다고 믿
는다. 그리고 만약 우리의 많은 평균적인 학자들이 그렇게 많이 읽
지만 않았더라면, 위대한 남성이 될 수 있었을 것이다."

　　리히텐베르크 "만약 우리에게 역사가 전혀 없었더라면, 최소한
정치사가 더 이상 없었더라면, 인류에게 좀더 좋은 것들이 존재하
지 않았을까? 인간은 더욱더 자신이 지닌 그때그때의 힘에 따라 행
동할 것이다 ; 왜냐하면 이때 곳곳에서의 선례가 하나를 개선시킬
지는 몰라도 수천 개를 더 나쁘게 만들기 때문이다."

　　괴테 "이제 예술 또는 수공업에 전념하지 않는 사람은 그것을
불쾌하게 생각할 것이다. 세계의 빠른 변화 속에서 지식은 더 이상
고양시키지 않는다 ; 사람들이 모든 것에 관심을 기울인다면 자기

자신을 잃게 될 것이다."

29[81]

역사 연구를 통해 '교양적'과 '비교양적'의 대립이 세상에 등
장했다 : 이때 창조적 정신이 잃은 것은 무엇인가! 그것은 말로 표
현할 수 없을 정도다! 그 정신은 자신의 민족에 대한 신뢰를 잃어버
렸다. 왜냐하면 자신의 지각이 왜곡되고 변색되었다는 것을 그 정
신은 알기 때문이다. 이런 감각은 아주 작은 부분 영역에서 좀더 세
련되고 고귀해질 수 있었을 것이다 : 그것이 그를 보상해주지는 않
는다. 왜냐하면 그럴 경우 그는 이른바 분파적으로 말하고 더 이상
필연적으로 자신의 민족 안에서 느끼지 못하기 때문이다. 그는 자
신의 보물을 묻어 감추게 될 것이다. 왜냐하면 그는 모든 것에 연민
을 느끼는 심정에도 불구하고 한 계급에 의해 까다롭게 조장된 것
에 구역질을 느끼기 때문이다. 번개 치는 신에게 그런 벽을 허무는
것이 가능하지 않다면, 예술과 함께 종교는 종말을 고하게 된다.

29[82]

매년 발간되는 역사적 저작물의 수? 덧붙여 고려해야 할 것은
거의 모든 고대에 관한 학문도 여기에 속한다는 것이다! 그리고 그
밖에 수학, 의학 분과, 과학을 제외한 거의 모든 학문적 저술에서
역사적 저작물 수가 압도적이라는 것.

나는 사람들이 과거를 관찰하면서 현재의 자신에게 반감을 갖
지 않는다는 것이 항상 놀랍다. 오히려 역사적 열병과 최고의 일시
적 자만이 서로 나란히 존재한다.

29[83]

괴테 자연

그것이 참이라고 전제된다면 —그렇다면 광기는 없다 :

고유한 광기 없이는 결코 성공할 수 없는

위대한 것의 경우.


29[84]

괴테는 말한다. "학문은 단지 고양된 실천을 통해서만 외부 세계에 영향을 미칠 것이다 ; 왜냐하면 실제로 학문은 비교적 esoterisch 인 것이어서 오로지 어떤 활동적 개선을 통해서만 일반적 exoterisch 이 될 수 있기 때문이다. 다른 참여는 모두 무의미하다.—최근에 일어나고 있는 것처럼, 사람들이 학문 안으로 나머지 세계를 끌어들여 학문적으로 해명하는 것은 오용이고 이로움보다는 해로움이 더 많다."

괴테 "그러나 결코 의심할 여지 없이 참된 것을 현혹에서 구별해낼 수 있는 중요 표식은 존재한다 : 참된 것은 항상 생산적으로 작용하고 그것을 소유하고 육성하는 자를 고양시킨다 ; 이와 반대로 잘못된 것은 즉자대자적으로 파괴하고 비생산적으로 존재한다. 또한 회복하려고 노력하는 살아 있는 부분을 사멸하는 부분이 방해하는 것과 같이, 잘못된 것은 세포의 사멸로 간주될 수 있다."


29[85]

"브라보, 나의 충실한 친구, 나의 이웃 사람들아! 사랑스런 신은 선량한 인간임을 너희는 아는가 : 너희 둘이서 한 마리 말을 타고 간다면, 이미 한 사람은 뒤에 앉아야만 한다."

29[86]

　"당신들은 최근 10년 또는 20년의 삶을 다시 한번 살고 싶은지
그렇지 않은지를 자기 자신에게 또는 지인들에게 물어보라고 **흄**
David Hume이 말한다. 아니라고 한다! 그들은 앞으로 다가올 20
년이 좀더 나을 것이라고 말한다―


　　최초의 기운 찬 흐름이 줄 수 없었던 것을
　　인생의 찌꺼기에서 받기를 희망하는 자들."


　빈곤은 인간을 미래로 이끈다. 그리고 빈곤은 인간을 예전의 과
거로 이끈다. 현재의 부족한 행복을 주장하거나 예전에는 잘 진행
되었다는 위안을 가지기 위해서다. 일상의 교훈, 즉 체념하는 것을
방해하는 것이 행복에의 욕구이다 ; 지금은 행복이 존재하지 않지
만 확실히 찾아올 것이라고, 또는 존재했을 것이라고 그들은 결론
짓는다. 아니면 예전의 불행과 비교해볼 때 행복은 이미 존재한다
등. 각각의 인간을 전진하게 만드는 것이 인간 모두를 전진하게 만
든다 : 그들은 미래의 행복을 위해 역사를 사용한다.

　과거를 관찰하는 두 가지 방식이 존재한다: 하나의 방식은 각각
의 시대, 각각의 민족, 각각의 날에 만족한다 ; 다른 관찰 방식은 만
족할 줄 모른다. 왜냐하면 행복하게 사는 법과 같이 그가 찾는 것은
어디에서도 찾을 수 없기 때문이다. 현명한 자는 첫 번째 방식에 따
라 살고, 현명하지 않게 행동하는 자는 두 번째 방식, 즉 역사적 방

식에 따라 산다. 즉 체념하게 하지는 않더라도 인간이 행동하는 것을 방해하는 유형의 역사적 방식이 존재한다. 이것이 현재 우리의 방식이다.

데이비드 흄, "이 세계는 높은 척도에서 볼 때 결함이 매우 많고 불충분하다. 이 세계는 아직 어린 신성의 단순한 첫 번째 시도일 뿐이다. 그 후에 이 신성은 실패한 작업에 대한 부끄러움 때문에 이 세계를 포기할 것이다. 이 세계는 아마도 어떤 의존적인 하위의 신성의 작품일 뿐이고 고귀한 존재의 조소 대상일 뿐이리라 : 아마도 이 세계는 나이와 허약함의 산물이고 시간의 부담에 굴복한 신성의 산물일 것이다. 그러한 것의 죽음, 즉 첫 번째 충격과 이러한 것의 고지 속에 함유된 행위 이후, 이 세계는 나은 행복으로 진행했다."

흄 : "만약 어떤 이방인이 갑자기 우리 지구에 나타난다면, 나는 그에게 지구의 고통의 전형을 보여주기 위해 병으로 가득한 병원이나 범인 또는 채무자로 가득한 형무소나 시체로 넘쳐나는 전쟁터나 바다에서 침몰하는 배나 폭정, 빈곤, 페스트에 허덕이는 국가를 보여줄 것이다. 그에게 삶의 행복한 측면을 보여주고 삶의 만족 개념을 제시하려 한다면—그를 어디로 안내해야 할까? 무도회, 오페라, 궁정? 하지만 그는 당연히, 내가 유형이 다를 뿐인 걱정과 근심을 보여주고 싶어 하는 거라고 믿을 것이다."

29[87]
누군가에게 대지의 삶의 의미를 해명하는 것—하나의 목표 ; 누군가를 그리고 이와 더불어 수많은 다음 세대들을 대지의 삶 속에서 확립시키는 것(이를 위해 첫 번째 관찰을 알려주지 않는 것이

필요하다)—이것이 또 다른 목표이다. 첫 번째 목표는 의지의 진정
제를 찾는 것이다. 두 번째 목표도 마찬가지다 : 첫 번째 목표는 가
장 가까운 곳에서 찾고 곧 현존에 만족한다. 다른 목표는 만족할 줄
모르고 먼 곳으로 배회한다.

5  두 번째 유형의 경우 사실상 과거는 언제나 오로지 염세적으로
만 관찰될 것이다—말하자면 현재를 상대적인 의미에서 견딜 수
있도록 하기 위해. 하지만 과거는 무상함이라는 첫 번째 교훈만을
주는 것처럼 그렇게 염세적으로만 관찰되지는 않는다. 과거가 현재
보다 좋지 않았고 또 현재를 과거와 바꿀 수 없다 해도, 과거는 내
10 적으로 현재를 향한 **진보**를 나타낸다고 관찰된다. 이로써 행복은 계
속 진행하는 가운데 성취된다는 믿음이 강력한 힘을 얻는다. 즉 한
시대는 자신의 고유한 빈곤을 인식함에 따라 과거를 더욱 어둡게
나타낼 것이다. 더 적게 인식할수록 더 밝게 나타낼 것이다. 그리고
행복한 자들, 즉 안락한 자들은 모든 과거를 즐거운 빛 속에서 보고
15 또한 현재를 가장 즐거운 빛 속에서 볼 것이다. 그러나 일반적으로
현재의 곤궁이 커질수록, 과거를 보려는 충동은 강력해질 것이다 :
역사는 즐겁게-행동하는 시대에는 그다지 필요하지 않다. 더 나아
가 안락한 자들에게는 사치가 된다.

우리에게 역사적 욕구는 기이하게도 유례없이 강하다 : 그럼에
20 도 불구하고 현재의 행복에 대한 신념 또한 강하다. 하나의 모순!
이때 자연적 관계가 결핍되어 있는 것처럼 보인다.

리비우스의 목표를 생각해보라. 타키투스와 마키아벨리를 생각
해보라—현재로부터의 도피와 위안—그것은 이따금 예전에 달리
존재했고 이따금 **바로 지금처럼** 존재했고 이따금 더 나았다는 관찰

이면 이미 충분하다.

　　반대로 우리 시대는 고집스럽게 객관적 역사 기술을 주장한다. 즉 역사를 사치로 간주한다 : 그리고 우리 시대는 자기 자신에 대한 최고의 만족을 드러내고 있다.

5　　역사를 다루는 것은 호사스러운 욕구가 된다 : 그렇기 때문에 사람들은 곤궁을 의식해야 할 것이다. 더불어 역사와 현재의 곤궁 간의 적합한 관계를 설정해야만 할 것이다.

　　곤궁의 감정이 그렇게 약해진 원인은 무엇인가? 허약한 인격 때문에.

10　　그리고 호사스러운 역사적 욕구는 이러한 인격을 더욱 허약하게 만든다.


29[88]

　　두 가지 과거의 관찰 방식이 존재한다. 나는 하나를 역사적인
15　방식으로, 다른 하나를 비역사적인 방식으로 명명한다. 이때 나는 첫 번째 방식은 칭찬하고 싶지 않고, 두 번째 방식은 덜 야단치고 싶다. 다만 잘못된 역사적 방식, 즉 변질되거나 미성숙한 첫 번째 방식을 두 번째 방식과 혼동하지 않으면 된다. 비역사적 관찰 방식은 모든 순간과 체험과 공간과 민족에서 인간 삶의 의미 자체를 찾
20　는 것이다 : 모든 언어가 인간의 동일한 욕구를 표현하고 있는 것처럼, 비역사적 관찰자에게는 크건 작건 일어난 모든 것의 근거가 되는 원래의 의미가 내부에서부터 투명하게 드러난다. 그래서 다양한 상형문자는 더 이상 그의 관심거리가 아니다 : 거지와 영주, 시골과 도시, 그리스인과 터키인—이 모두가 현존재에 대해 동일한 것을

가르친다. 우리에게는 그러한 관찰이 드물다 : 우리는 다른 사람을 경멸하기 위해 역사적 민족과 인격들에게 우월성을 주는 방식으로 역사를 요구한다. 갠지스 강가에는 우리가 볼 때 허약하고 더운 기후와 나태에 싫증난 인간들이 살고 있다 : 우리는 그들의 허약한 인격성을 비난하고 그들의 비역사적 관찰 방식을 정체의 표시로 설명한다. 그러나 아마도 역사적 인간과 민족에 대한 우리의 요구도 단지 서양의 선입견일 것이다. 최소한 어떤 시대에나 현명한 자는 그렇게 비역사적으로 사유했다. 수천 년 동안 역사적 체험 속에서는 더 이상 한 발짝도 지혜에 이르지 못했음은 확실하다. 역사를 다루는 우리의 현재의 방식이 바로 허약한 인격성의 표현은 아닌지 살펴보기 위해, 다음의 연구는 현명하지 않은 자와 행동하는 자를 향하고 있다 : 그에 반해 우리가 이런 방식 때문에 모든 비역사적인 관찰과 현명하게 되는 것에서 가능한 한 멀리 이탈할지라도.—

역사적 관찰이 어떤 생동하는 것, 예컨대 기독교와 관련하여 진리에 이를 능력이 있다고 전제될지라도, 어쨌든 어떤 분위기처럼 역사적 관찰은 모든 생동하는 것과 행동하는 것 주위로 퍼져나가는 광기를 파괴할 것이다 — 말하자면

"일정한 광기 없이는 절대 이를 수 없는

모든 위대한 것에서의" 광기를 파괴할 것이다.

예컨대 종교와 관련해 볼 때, 사람들은 광기를 제거함으로써 자체 안에 존재하는 종교성, 즉 창조적 기운을 파괴할 것이고 실망의 감정과 함께 차갑고 공허한 지식을 돌려받을 것이다.

29[89]

　　지붕에서 떨어지는 참새에서 더 이상 인격적 신의 지배를 보지
않는 자는 훨씬 더 신중해질 것이다. 왜냐하면 그는 이제 이념, 논
리, 무의식 등과 같은 신화적 존재를 신의 자리에 설정하지 않고 대
신 어떤 맹목적인 세계 지배자를 근거로 세계 존재를 이해하려 하
기 때문이다. 그러므로 그는 언젠가 자연의 목적을 무시할 것이다.
또한 민족정신 또는 더 나아가 세계정신이 완수해야 하는 목적을
무시할 것이다. 만약 그가 감히 인간을 대충 우연적인 것으로, 대책
없이 모든 변질에 내던져져 있는 무로 관찰한다면 : 이때 마찬가지
로 신의 지배 의지로부터 인간의 의지의 분리는 성공적으로 일어나
게 될 것이다. 역사적 의미는 은폐된 신학일 뿐이다. "우리는 다시
한번 그것을 훌륭하게 고양시켜야만 한다!" 하나의 최종 목적이 인
간 앞에 아른거린다. 인류를 망하게 하고 고귀한 모범을 제거하는
기독교는 철저하게 비역사적이다. 왜냐하면 지금 그리고 천 8백 년
동안 통용되지 않았던 어떤 것이 앞으로의 수천 년 동안에 등장하
리라는 가능성을 거부하기 때문이다. 그럼에도 불구하고 현재의 시
대가 철두철미하게 역사적으로 생각한다면, 기독교는 현재의 시대
를 더 이상 묶어내지 못하고 있음이 감지된다. 또한 현재의 시대는
몇 천 년 전처럼 다시 비기독교화 되었음이 감지된다.

29[90]

I 역사적―비역사적
II 기념비적―골동품적
III 과잉의 영향

IV 동일한 것의 원인. 결론의 예증으로서 하르트만

V 허약한 인격. 그렇기 때문에 저 욕구는 제압되어야 한다. 그것은 허
약함에 바탕을 두고 있다.

(역사의 신화)

역사적 열병에 대항하는 수단 :

1) 비역사?

2) 모든 목적의 거부 : 원자들의 소용돌이.

3) 괴테 자연과학.

4) 비역사적 의미의 보호 : 철학―종교―
예술. 선각자 : 미래.

29〔91〕

수많은 허약한 자들은 아직 가공할 만한 것을 만들지 못한다 :
그러나 아마도 수많은 어리석은 자들은 당나귀, 즉 가공할 만한 동
물을 구체적으로 제시한다. 시대는 어리석지 않다.

강한 자여, 너의 힘에 기뻐하라.

29〔92〕

랑케와 같은 역사가들이 보편화될 경우, 그들은 교훈을 주지 못
한다 : 사람들은 이미 그런 문장들을 그들의 작업에 앞서 오래전에
알고 있다 : 그들은 무의미한 실험을 회상한다. 자연과학의 세관원
은 이에 대해 불만스러워 한다.

29〔93〕

미라보Mirabeau : 내가 진리를 말했다면, 왜 진리를 말하는 나의 격렬함이 진리의 가치를 떨어뜨렸을까? si j'ai dit la vérité pourquoi ma vehémence en l'exprimant, diminuerait elle de son prix?

29〔94〕

폰 슈타인von Stein 씨의 진실한 언어에 따르면, 지난 세대의 맹목성이 몰아갔던 길은 결론적으로 "유대인들이 지배 계급이 되고, 농부가 사기꾼이 되고 수공업자가 야바위꾼이 되는" 길이다 : "이때 모든 것이 해소될 것이고, 오로지 칼이 지배할 것이다."

29〔95〕

니부어(대개의 경우) : "명확하고 상세하게 파악한다면, 최소한 하나의 사안에는 역사가 유용하다 : 우리 인류의 위대하고 고귀한 사상가들은 얼마나 우연히 자신의 눈으로 형식을 채택했는지 모르는데, 사람들은 이 점을 알게 된다. 이때 형식은 그들이 이를 통해 보고 누구에게나 이를 통해 볼 것을 강력히 주장하는 형식이다. 그들 의식의 집중력은 비교할 수 없을 정도로 크기 때문에 강력하다. 이를 완전히 확실하게 그리고 많은 경우에 인식하고 파악하지 못한 사람은 주어진 형식에서 최고의 격정을 만들어내는 강한 정신의 현상에 종속된다 : 독자가 미성숙할 경우에는, 강한 자의 나날의 지성적 삶을 직관하는 것이 허약한 소녀가 소설을 읽을 때와 마찬가지로 독자의 영혼에 부정적 영향을 미친다."

29[96]

　'역사가의 객관성'은 무의미하다. 이것은 사건의 모든 동기와 결과가 순수하게 관조되어 더 이상 어떤 영향도 미치지 않는다는 것, 즉 순수한 지성적 과정이 존재함을 의미한다고 사람들은 생각한다 : 오로지 묘사만 하는 예술가를 위한 풍경처럼. '무관심한 직관', 어떤 하나의 미적 현상, 모든 의지 자극의 부재. 즉 역사가들은 '객관적'이라는 말에서 예술적 관조와 같은 상황을 생각한다 : 그러나 그러한 심정을 가진 사람에게 나타난 사물의 형상이 사물의 진정한 본질을 현시한다는 것은 하나의 미신이다. 아니면 사물이 그러한 상황에서 제대로 복사된다고 생각하는가? 그것이 순수한 수동적 상황이라고 생각하는가? 반대로 : 그것은 예술 작품의 진정한 탄생 시간이고 가장 고귀한 유형의 창작 순간이다 : 여기에는 개별적 의지가 잠자고 있다. 그림은 예술적으로는 참된 것이다. 그러나 확실히 역사적으로는 아직 아니다 : 그것은 사실이 아니라, 덧붙여 창작되고 우연히 참된 것으로 존재할 수 있는 직물이고 연합이다 : 그리고 그것은 틀린 것일지라도, 언제나 '객관적'인 것이다.

　객관적으로 역사를 사유하는 것은 극작가의 고요한 작업이다 : 모든 것을 연관적으로 사유하는 것과 모든 개별적인 것을 전체로 짜내는 것 : 어디에서나 계획과 연관관계가 여기 존재한다는 예술적 전제와 함께 : 전혀 경험적-역사적이지 않고 또한 습관적으로 이해되는 모든 '객관성'에 대립해 있는 전제. 인간이 과거를 거미줄로 짜고 제어하는 것은 예술 욕구이다 : 진리 욕구가 아니다. 그러한 역사 기술의 완전한 형식은 오직 예술 작품이다 : 파렴치한 진리의 불꽃과 무관하게.

모든 것을 예술적으로 관찰하는 것은 허용되는가? 나는 우선 과거에 대한 **도덕적 평가**를 원한다. 그러므로 예술적인 것과 도덕적인 것의 걱정스러운 혼동 : 이를 통해 도덕적인 것이 약화된다.

그러나 그런 객관성은 대개 미사여구일 뿐이다. 왜냐하면 예술적 역량이 결핍되어 있기 때문이다. 그런 예술적 평안의 자리에 평안에 대한 연극적 허세가 들어선다 : 격정과 도덕적 힘의 결핍은 지나치게 냉정한 관찰로 치장된다. 좀더 파렴치한 경우에는 당연히 어떤 고무적인 것도 없는 진부함과 보통의 지혜가 예술적 무관심의 자리에 들어선다. 고무적이지 않은 모든 것이 추구된다ㅡ

바로 가장 고귀하고 희귀한 것이 다루어지는 곳에는, 역사가의 허영심에서 유래하는 저급하고 하찮은 동기가 반항적으로 작용한다. (**스위프트**Swift : "모든 인간은 바로 자신의 오성이 부족한 만큼 허영심을 가진다.")

심판관은 냉정해야 하는가? 그렇다 : 그는 당파적이어서는 안 되고 자기를 위한 유익함과 해로움을 고려해서도 안 된다. 그는 무엇보다도 실제로 당파를 넘어 존재해야 한다. 그렇기 때문에 왜 후세 사람들이 지난 세대의 모든 사람의 심판관이 되어야 하는지 나는 이해하지 못하겠다. 대부분의 역사가는 자신의 객관에 **매몰되어** 있다.

지금 사람들은 받아들인다 : 과거의 순간에 **전혀 관심이 없는** 사람도 그것을 기술하도록 부름을 받았다는 것이다 : 문헌학자들은 그리스인에 대해 대개 다음과 같이 관계한다 : 그들은 관심이 없다. 또한 사람들은 이것을 '객관성'이라 부른다 : 사진을 찍을 때도 대상과 감광판 외에 빛이 필요하다 : 그러나 사람들은 대상과 감광판

으로 충분하다고 생각한다. 환하게 비추는 태양광이 결핍되어 있다
: 최상의 경우, 서재의 석유등불이면 충분하다고 사람들은 믿는다.

매우 경솔한 인간들은 대개 자신과 자신의 시대의 모든 통속적
인 견해가 옳다고 믿는다 : 모든 종교가 스스로에 대해 믿는 것처
럼. 그들은 과거의 의견을 통속적 의견 속에서 평가하는 것을 '객관
성'이라 부른다. 그리고 그들은 통속적 의견 속에서 모든 진리의 규
준을 찾는다. 과거를 현재의 통속성으로 번역하는 것이 그들의 작
업이다. 그들은 이런 통속적 의견을 규준으로 삼지 않는 모든 역사
기술에 반대한다 : 그것을 '주관적'이라 한다!

너희는 오로지 현재의 최고의 힘으로부터만 과거를 해석해야 할 것이
다 : 너희는 단지 극도로 긴장한 가운데서만 과거에서 알 만한 가
치가 있는 것이 무엇인지 감지하게 될 것이다. 동일한 것은 동일한
것을 통해서만! 그렇지 않다면 너희는 잃게 될 것이고, 그렇지 않다
면 너희는 과거를 너희에게 끌어내릴 것이다. 비범한 사상가들이 작
업한 것이 아니라면, 역사 기술을 믿지 말라 : 일반적 문장이 표현될
때마다 그들의 정신이 어떤 우수성을 지니고 있는가를 너희는 항상
알아채게 될 것이다. 어느 누구도 동시에 위대한 역사가이자 멍청
이 또는 몽상가로 존재할 수는 없다. 그리고 나를 노동자와 혼동하
지 말라 : 프랑스에서 사람들이 단순하게 말하는 것처럼, 예컨대 티
에르Ms. Thiers 유고에 관한 역사. 위대한 학자가 동시에 멍청이인
것 ─그것은 불가능하다!

그러므로 : 역사는 행동하는 자를 필요로 하고, 경험 많은 자가 역
사를 기술한다! 어떤 것 하나라도 모든 다른 사람보다 더 위대하고
고귀하게 체험해보지 못한 사람은 과거에서 아무것도 해석해낼 수

없을 것이다.—과거의 언어는 언제나 신탁의 언어이다 : 너희는 미래를 보는 자로서만, 그리고 현재를 인식하는 자로서만 그 말을 해석하게 될 것이다. 사람들은 현재, 특히 성직자는 당시 과거에 대한 정확한 전문가였음을 통해 델피의 영향을 설명하고 있다 : 현재에는 미래를 건설하는 자만이 과거를 심판하는 권리를 가짐을 알고 있는 것처럼 보인다 : 그는 단지 보는 자로서는 역사가일 뿐이다. 현재는 열등하다. 단 하나의 방향만이 존재한다.

29〔97〕

1. 과거를 관찰하지 않는 것. 동물—레오파르디.

2. 기념비적—골동품적.

3. '객관성'

4. 허약함으로 인한 과잉.

5. 영향.

6. 그 안에서의 교육.

7. 역사학의 신화.

8. 원인.

9. 하르트만.

10. 역반응—원자들의 소용돌이.

11. 대항 수단.

12. 미래의 역사가의 척도.

29〔98〕

가축의 무리는 풀을 뜯어 먹으면서 우리를 지나친다 : 그들은

과거를 느끼지 못하고 뛰어다니고 먹어대고 한가롭게 소화시키고
다시 뛰어다닌다. 이처럼 그들은 아침부터 저녁까지 날마다 그들의
즐거움과 고통과 함께 순간이라는 말뚝에 간단히 묶여 있다. 그래
서 인간은 그것을 보면서 틀림없이 한숨을 쉴 것이고 아시아 목동
5   의 저녁 노래 속의 자코모 레오파르디처럼 그들에게 말을 걸고 싶
어 할 것이다 :


        아, 나는 너를 시샘해야 하는가!
      네가 자유롭게 보이기 때문만은 아니다
10     거의 모든 고통에서,
      노고, 상실, 가장 나쁜
      순간의 근심을 잊으면서―
      게다가, 권태가 너를 전혀 괴롭히지 않기 때문에!


15      그러나 우리는 과거에서 벗어날 수 없기 때문에 한숨짓는다 :
반면에 우리는 마치 동물은 틀림없이 행복하리라고 생각한다. 왜냐
하면 동물은 권태롭지 〔않을〕 것이고 즉시 망각하고 체험된 순간이
안개와 어둠 속에서 지속적으로 사라져가는 것을 보기 때문이다.
하나의 숫자가 여지없이 다른 숫자에 전념하는 것처럼 그렇게 동물
20   은 현재에 전념한다. 동물은 거짓 꾸밈과 의도적인 은폐 없이 완전
히 매순간 존재하는 그대로 모습을 드러낸다. 반대로 우리는 모두
존재했던 것의 어둡고 불가해한 찌꺼기에 고통받는다. 그리고 우리
는 우리가 드러내는 것과는 무엇인가 다르다. 〔우리는〕 가축의 무리
를 볼 때, 또는 아직 과거와 미래라는 두 개의 문 사이에서 고통 없

이 무척 짧고 기쁨에 찬 맹목에서 놀고 있거나 놀고 있는 것처럼 보이는 어린아이를 가까운 거리에서 볼 때 감동을 느낀다. 우리는 그의 놀이를 방해할까봐 두려워하고 그의 놀이를 과거로 일깨울까봐 두려워한다 ─ 왜냐하면 '그랬다'라는 말과 함께 고통과 투쟁이 시작되고 삶은 끝이 없는 미완료과거로 규정되었음을 우리는 알기 때문이다 : 최종적으로 죽음은 갈구된 망각을 가져오지만 이때 현재와 현존재 자체는 파괴되기 때문에, 죽음은 현존이란 ─ 영원한 과거존재로서 ─ 영원한 미완료과거라는 인식에 인장을 찍는다.

그러므로 우리는 과거를 관찰해야 한다.─이제 이것이 바로 인간의 숙명이다 : 이러한 가혹한 멍에 속에서 강건하게 존재함을 감수하지 않으면 안 된다. 그리고 누군가 매우 강건해진다면, 그는 바로 이런 망각할 수 없음으로 인해 인간의 숙명을 찬미하는 데까지 그 숙명을 가져갈 것이다. 바로 과거는 우리 안에서 소멸될 수 없고 허깨비의 동요를 동반하면서 여지없이 우리를 계속 몰아갈 것이기 때문에, 전체 사다리는 인간을 위대하고 놀랄 만하고 영원히 신적이라고 명명하는 모든 것을 계속 끌고 갈 것이다.


29〔99〕

나는 편안한 것으로 간주되었던 습관적인 역사 기술을 습관적 대화가 편안하게 간주되는 근거로 환원시킨다 : 역사 기술의 성격은 예의와 거짓으로 합성된다.


29〔100〕

그러한 역사 관찰은 삶을 위해서는 최고이자 가장 유익한 관찰이다. 원인을 면밀히 수집하고 여기에서 사실을 설정하고 그렇게 변형시키는 것이 무슨 쓸모가 있는가! 다른 관찰에서 더욱 생동감 있게 창조해낼 수 있을 것이다 : 그것이 계산의 결과로 나타난다면, 그것은 즉시 더 이상 영향을 미치지 못하고 자기 자신을 설명하는 데 모든 힘을 낭비하게 될 것이다.

5

29〔101〕
골동품적—기념비적.
이 두 가지의 모든 위험은 '객관성'에서 통일적으로 나타난다.
10 어떤 인간들이 그것을 통해 역사에 접근했는가—
일반적 과잉은 그것을 통해 등장한다.
니부어—괴테는 관계하지 않았다 ; 니부어가 승리했다. 민족 때문에 그것은 좋은 일일 것이다 : 그러나 이제 최고의 시대는 다시 나타나야 할 것이다.

15

29〔102〕
삶에의 영향.
기념비적인 것과 골동품적인 것에서 자연적 조건들.
사치로서의 역사—영향은 오로지 부정적이다.
20 이런 욕구는 역사의 진리에 위험을 가져온다 : 그러므로 사람들은 그런 욕구를 척출(剔出)하길 원했다 : 그러나 지금 역사에는 아무런 의미도 없다.
A. 모방—모방하지 않기—결과 : 동화. 기념비적인 것의 관점.
경배, 감사 ; 결과 : 신뢰—골동품적인 것의 동기—경건함.

'언젠가 그랬었다' '위안.'

B. 어떤 주관적 계기와 무관한 역사, 모방과 경건함과 시대적
　　곤궁과 무관한 역사.

　진리에 대한 최고의 가치 평가, 시대의 특징 : 칸트—거짓.

　이제 삶과 관계없는 순수한 개념화—골동품적인 것의 변질
　　（경배와 무관한 죽음）과 기념비적인 것의 변질（모방과
　　무관한 삶）을 넘겨받는다.

　객관성의 묘사.

C. 이런 사치는 어떤 욕구에서 기인하는가（자연적인 것이 결핍
　　되어 있기 때문에）.

　과잉의 동기.

D. 역사 자체를 위한 그런 역사가의 결론.

　새로운 신화.

E. 민족, 예술 등, 정치, 종교에 대한 결론.

F. 도덕적인 것에 대한 마지막 결론—하르트만.

G. 치료제 : 역사는 사치가 아니다.


29〔103〕

　역사는 문화 형성에 어떤 의미를 지니는가?

　역사는 경고하고 충고한다 : 역사는 다이몬처럼 사용되어야 한다
: 그 외에는 없다.


29〔104〕

　모방과 무관한（위대한 것에 종속되지 않고）, 숭배와 무관한（생

동적인 분위기를 보호하지 않고), 시대적 곤궁과 무관한 역사— —
—


29〔105〕

1796년 니부어는 독일 문학이 바닥을 뚜렷이 드러냈다고 쓰고
있다. 그리고 실러와 괴테는 죽음보다 더 좋지 않은 상황에 처해 있
다고 쓰고 있다. "유일하게 포스Johann H. Voss만 남아 있어야 하
는가?" 그 이유로 우선 "보통 모든 민족에게서 증명되는 일반적인
자연 과정이 언급된다." "올해의 실러 연감에 대한 분노를 굴삭기로
분리하는 것은 나를 기쁘게 한다."


29〔106〕

횔덜린Friedrich Hölderlin, "현재 인간의 조직과 자연이 인문성
으로 확고히 형성시킨 것처럼 보이는 인간 정서, 이러한 것은 곳곳
에서 더 불행해지고 있음을 너는 철저하게 알게 될 것이다. 왜냐하
면 그것들은 다른 시대와 지역에서는 보기 드문 것이기 때문이다.
우리 가운데 야만인들은 우리의 최상의 힘이 교양에 이르기 전에
이 힘을 파괴한다. 이런 운명에 대한 확고하고 심층적인 통찰은 최소한
우리가 품위 없게 몰락하지 않도록 우리를 구원할 수 있을 것이다. 우리
는 탁월한 것을 찾아야 하고 그러한 것과 결속해야 한다. 그럴 경우
에만 우리는 그러한 느낌 속에서 우리를 강하게 만들 수 있고 치료
하고 그렇게 힘을 얻을 수 있을 것이다 : 조야한 것, 그릇된 것, 기형적
인 것을 고통 속에서 인식하는 것뿐만 아니라, 그것이 무엇인지, 무엇이
그것의 성격과 고유한 결핍을 만들어내는지를 인식하는 것."

29[107]

휠덜린, "또한 나는 모든 선의지를 갖고 내 행동과 사유를 통해 세계 안의 이런 유일한 인간(그리스인)을 더듬거리며 따라간다. 나는 내가 다루고 말하는 것에서 때로 매우 세련되지 못하고 성숙하지 못하다. 왜냐하면 나는 거위처럼 평평한 다리로 현대의 물 위에 서 있고 무기력하게 그리스의 하늘을 날아오르고 있기 때문이다."

29[108]

매우 중대한 유익함. 모든 것이 (피타고라스적으로) 반복되었다면 : 그렇다면 사람들은 반복을 정확히 인식하기 위해 과거의 상황을 알려 했을 것이다. 하지만 아무것도 반복되지 않는다.

29[109]

사람들은 세계시민주의는 사라졌다는 데 이의를 제기한다 : 그것은 역사의 잔재로 존재한다 : 그러나 그 전제인 보편적 숭배와 어디서나 도우려는 희망은 사라졌다.

29[110]

실[러]에게 괴테가 : "양식이라고 불리는 것을 통해서만 어떤 경지에 이를 수 있는 추상 개념이 조각술에서처럼 고대의 시 창작 형태에도 나타나고 있다는 점에서 당신은 완전히 옳습니다. 또한 추상은 프랑스인의 경우처럼 사람들의 생활 태도에도 존재합니다."

29〔111〕

　　과거에 대한 서사적이고 희극적인 작업. 실러 : "서사시인은 우
리에게 사물의 고요한 현존과 작용을 본성에 따라 단순하게 묘사해
준다 ; 그의 목적은 이미 각각의 운동점에 놓여 있다 ; 따라서 우리
는 조급하게 하나의 목표를 향해 서두르지 않고 사랑과 함께 각각
의 단계에서 지체한다."


29〔112〕

　　괴테 "예술 작품이 포함하고 있는 모든 것을 볼 수 있다는 것은
집착일 뿐이다. 예술 작품에 결핍된 것을 볼 수 있다는 것 또한 순
수한 집착이다."

　　괴테 "어떤 것이 이런 인간 유형을 근본적으로 화나게 만들었는
지, 그들은 무엇이 화나게 만들었다고 믿는지, 그들이 얼마나 김빠
진 채로 비어 있고 천박하게 낯선 존재들을 바라보는지, 그들이 어
떻게 현상의 외부 작업에 화살을 겨냥하는지, 항상 자신과 사태에
진지한 인간이 얼마나 빈약한 성곽 안에서 사는지, 그들이 얼마나
적게 알고 있는지를 살펴보는 것은 즐거운 일이다."


29〔113〕

　　그리스인들이 높은 콧대와 웃음 속에서 자유롭고 위대한 양식
과 더불어 성직자적 양식을 허용할 정도로 과거에 대한 경배는 확장
된다 : 여기에서 나중에 미식가주의가 생겨났다. 그렇게 기념비적
인 것에 대한 골동품적인 것.

29〔114〕

　　**골동품적.**— 우리는 어디로부터 또는 어디에 존재하고 있는가에 대한 경배. 인격의 성스러운 힘―선조의 가재도구와 공동체의 제도는 위엄을 얻고 열렬히 조사하도록 자극한다. 작은 것과 제한적인 것이 높이 평가된다―여성적인―목가적인 것이 추구된다. 어디에서나 성실하고 정직하고 근면한 기질의 증명.

　　**해로움** : 모든 과거가 똑같이 중요하게 받아들여진다. 삶에 대한 연관 없이 보존하는 것, 창조하지 않는 것, 경배(성직자적인 것)를 위해 생동하는 것을 과소 평가하는 것. 판단의 결핍. 과거의 모든 것이 다채로운 사냥감으로 존재한다. 강력한 결론을 방해하고 행동하는 자를 마비시킨다. 행동하는 자는 언제나 경배를 손상시킨다. 존경할 만한 '선조'; 오로지 좋게 죽음에 대해서 de mortius nil nisi bene. 오래된 관습과 종교 등은 햇수로 정당화된다. 그리고 그것들은 모든 가치 평가를 혼란에 빠뜨린다 : 왜냐하면 그것들은 그리스인이 선사했던 수많은 호감을 함께 고려하기 때문이다. 가장 큰 호감을 만들어내는 것이 가장 존경할 만한 것이다 : 사람들은 대중과 사랑을 존경한다. 사람들은 이런 호감의 동기에 대해 묻는 것을 잊어버린다 : 게으름, 이기주의, 편안한 사유 등.

　　이 경우 과거는 어떤 고통을 치르게 되는가? 사물들 간에 균형이 잡혀 있지 않다. 한 사람은 이것을 중요하게 간주하고 다른 사람은 저것을 중요하게 간주한다. 과〔거는〕 산산조각 난다 : 어떤 부분은 어떤 사람에게 호감을 준다. 다른 사람에게는 차갑고 무차별적으로 간주된다. 이때 중요하지 않은 것이 뿌리를 내린다.

　　서서히 학자적인 습관이 생성된다. 경배는 소멸되고 수집의 열

기가 등장하고 인간의 과제에 대한 완전한 혼동이 일어난다 : 중요
한 본성은 전기(傳記)의 문제 등으로 환원되어 상실된다. 요약하면
존경할 만한 곰팡이 냄새에 지속적으로 들볶이면서 생동하는 것은
몰락한다.

29[115]

| | |
|---|---|
| 인간은 창조하길 원한다 | 기념비적 |
| 습관을 고집하길 원한다 | 골동품적 |
| 곤궁에서 해방되길 원한다 | 비판적. |

29[116]

성찰적인 것과 소박한 것의 대비에 대항하여 이의가 제기될 것
이다. 바로 현재 우리 시대는 냉혹하게 명석하고 건조한 분위기를
띠고 있다. 즉 신화가 아니라 역사적인 것의 공기가 번성하는 분위
기를 띠고 있다.— 반면에 그리스인들은 신화의 어스름한 공기 속에
서 살았고, 이 때문에 그들의 시 작품에서 대비가 분명하고 선이 뚜
렷할 수 있었다 : 우리는 예술의 황혼을 찾고 있다. 왜냐하면 삶이
너무 밝기 때문이다. 이러한 것은 괴테가 동시대인들과 달리 자연
에서의 인간의 위치와 주변의 자연 자체를 비밀스럽고 의문스럽고
악령적인 것으로 파악하고, 더 나아가 밝고 날카롭게 규정된 예술
작품 속에서 휴식을 취했던 것과 일치한다.

29[117]

실러는 기념비적 의미에서 역사를 사용했다. 그러나 행동하는

인간이 아니라 행동을 자극하는 자로서, 행동을 요구하는 극작가로서 사용했다. 우리는 이제 모든 사물에 한 단계를 더 설정해야만 할 것이다 : 일찍이 역사가 봉사했던 것에, 이제는 연극이 봉사한다. 실러의 예견은 옳았다 : 원래 (기념비적으로 기술된) 역사가 미친 영향을 만들어내기 위해 언어 연극은 역사를 제압해야 한다. 그리고 역사적 연극은 결코 골동품적이어서는 안 된다 : 로마인을 영국인으로 등장시킨 셰익스피어는 옳았다. 연극에서 강력한 인간이 앞에 세워졌다 : 그것은 통계상의 법칙으로서가 아니다. 그 안에는 현재까지의 역사의 영향을 고양시키는 것이 있다. 다만 과도한 예술적 요구를 만들지 않으면 된다 : 연극을 수사적 예술 작품으로 받아들이면 된다 : 실제로 이것이 실러의 경우이다. 웅변 능력을 과소평가해서는 안 된다. 최소한 우리의 배우가 멋지게 말하는 것을 배우도록 시켜야 한다. 아마도 그들은 결코 더 이상 시적인 것의 연기를 배우지 않을 것이기 때문이다. 우리는 비극의 모든 고귀한 영향을 음악 연극을 위해 분리함으로써 언어 연극에 대한 자유로운 입장을 갖게 된다 : 언어 연극은 수사적으로 존재해야 한다. 그것은 변증법적으로 존재해야 한다. 그것은 자연주의적으로 존재해야 한다. 그것은 도덕성에 영향을 미쳐야 한다. 그것은 실러적으로 존재해야 한다. 〈홈부르크의 왕자Der Prinz vom Homburg〉는 전형적 연극이다. 고귀한 예술의 경우 다시 '자연적'으로 말해져야 한다 : 현재의 삶에는 말함의 자연성이 존재하지 않기 때문에 사람들은 수사적인 것의 관습에서 배우 연습을 하고 프랑스인을 경멸하지 않는다. 양식의 길은 지속적으로 만들어지는 것이지 갑자기 비약되는 것이 아니다 : 사람들은 사제 유형의 '양식'에서, 즉 관습에서 벗어날 수 없을 것이다. 괴테의 연극 지도.

29〔118〕

우리는 프랑스인 학교에서 밖으로 나온 후에 의지할 데가 없어
졌다 : 우리는 더 자연스러워지길 원했다. 또한 우리는 가능한 모든
것을 허용함으로써, 일찍이 고통스럽게 모방했던 것을 기본적으로
는 대강 임의적으로 모방함으로써 그렇게 자연스러워졌다. 생각할
수 있는 모든 것이 허용되었다. 그러나 근본적으로 볼 때 바로 여론
만이 허용된 것이었다. 사람들은 엄격한 관습의 포박을 파괴했지만
속물의 밧줄과 교환했기 때문에 표면적으로만 자유로워졌다.

'단순하고 자연적으로' 존재함은 문화의 가장 고귀한 최종 목표
이다 : 결국은 단순함과 아름다움으로 다시 되돌아가기 위해, 그 사
이 우리는 우리를 연결하고 형성하려고 노력했다. 우리가 그리스인
들을 평가하고 그들의 양식과 삶을 다루는 데 이것은 매우 기이한
모순이다. 양식의 저급한 단계에 머물러 있는 것은 거의 불가능해
졌다(그러나 이것은 매우 필요하다!). 왜냐하면 고귀한 것과 최상
의 것을 위한 인식이 너무나 강력해서 사람들은 결코 더 이상은 단
순히 하찮은 것을 할 수 있는 용기가 없기 때문이다. 여기에 역사의
최고 위험이 있다.

29〔119〕

나의 출발점은 프로이센의 병사이다 : 여기에 진정한 관습이
있다. 또한 여기에 형식과 관련된 강압, 진지함, 훈육이 있다. 그 관
습은 욕구에서 생겨났다. 물론 '단순함과 자연적인 것'에서 멀리

벗어나 있다! 역사에 대한 병사의 입장은 경험적이다. 따라서 확신
에 차 생동적이나 교육받지는 못했다. 그 관습은 몇몇 사람에게는
거의 신화적이다. 그 관습은 육체의 훈육과 가장 고통스럽게 요구
된 책임감에서 시작된다.

5      그렇다면 괴테는 모범적이다 : 열렬한 자연주의 : 이것은 점차
엄격한 위엄이 된다. 그는 양식을 가진 인간으로서 일찍이 어느 독
일인보다도 고귀하게 등장했다. 현재의 사람들은 너무 우매해져서
그에게 비난을 퍼붓고 게다가 그가 진부하다고 비난한다. 사람들은
에커만을 읽고 도대체 독일에서 어떤 사람이 그렇게 고귀한 형식에
10    이르렀는지 물어야 할 것이다. 물론 여기에서부터 단순함과 위대함
까지는 좀더 위대한 단계다. 그러나 우리는 결코 괴테를 단번에 넘
어설 수 있다는 믿음을 가져서는 안 된다. 대신 우리는 괴테처럼 그
것을 항상 다시 시작해야 한다.

15    29〔120〕
    집단의 발전과 오래된 입장의 발전에 미친 음악 연극의 영향.


29〔121〕
    독일에서 관습에 대한 공포는 유행이다. 그리고 그런 상황이 민
20    족적 양식으로 되기 전에 하나의 관습은 필요하다. 하지만 걷고 서
고 대화하는 우리의 모든 것이 보여주는 것처럼, 사람들은 나태하
고 부적절한 관습 속에서 살고 있다. 사람들은 가장 최소한도로 자
기 희생을 치르는 관습과 자기 마음대로 할 수 있는 관습을 원하는
것처럼 보인다. 물론 역사는 대단히 위험한 것이다. 역사는 모든 관

습을 병렬하여 비교하고 힘 *dynamis*이 모든 것을 결정하는 곳에 판단을 불러들인다.

독일의 도시들을 지나가보라—다른 민족들과 비교해볼 때 모든 관습은 부정적으로 보인다. 모든 것은 특색이 없고 나태하고 노쇠했다. 누구나 임의로 행동한다. 그러나 힘이 있고 사상적으로 풍부한 임의성에 따라 행동하는 것이 아니다. 우리의 의복을 주요 고려 사안으로 제기하는 안락함에 따라 행동한다. 그 밖에 사람들은 시간을 잃지 않으려고 한다. 사람들이 조급하기 때문이다. 게으르고-서두르는 사람에게 적합한 관습만이 선호된다.

그것은 기독교에서도 마찬가지다 : 프로테스탄티즘은 모든 것이 내면화되었음을 자랑한다 : 이를 통해 사태는 상실되었다. 이렇게 독일인의 경우 모든 것은 내면화되었다. 그러나 사람들은 더 이상 그것에 대해 아무것도 보지 못한다.

29〔122〕

관습과 유행의 대립. 바로 후자가 역사적 의미에 의해 고무된다 : 유행은 과잉 욕구에서 성장하고 자기 자신을 위해 새로운 것, 특히 자극적인 것을 추구한다. 유행은 자신이 '새로운 것'일 동안에만 '유행'으로 존재한다. 독일인들은 오로지 안락함과 습관이 주는 의미 때문에 프랑스의 관습을 거의 자신의 관습으로 만들려고 했다.

29〔123〕

양식 없이 존재하는 것이 독일인의 본성에 속한다는 것은 정말인가? 또는 그것은 독일인의 미성숙의 표시인가? 그것은 아마도 이

럴 것이다 : 독일적인 것은 아직 완전히 명확하게 형성되지 않았다. 과거를 회상해보아도 그것을 얻을 수 없다 : 사람들은 자신의 고유한 능력을 신뢰해야만 한다.

독일의 본성은 여전히 전혀 존재하지 않는다. 그것은 이제 비로소 생성되어야 한다 ; 그것은 특히 자기 자신 앞에 선명하고 훌륭하게 등장하기 위해 언젠가 스스로 탄생해야 한다. 그러나 모든 탄생은 고통스럽고 폭력적이다.

29〔124〕

주요 수단: 실러적인 역사의 이용
그것의 위험들(대담한 자 등)
경고하는 자로서의 의미, 다이몬적인 존재로서—
바로 그것은 자기 자신에게 경고한다.

29〔125〕

괴테 : 마담 드 스탈Madame de Stael은 "언제나 꽤 거칠지만 모든 공손함으로 여행자로서 히페르보레오스인들을 만난다. 그들의 오래된 거대한 소나무와 참나무, 그리고 그들의 철과 호박은 아마도 그렇게 오로지 이익을 위해서만 이용될 것이다 ; 그렇지만 그녀에게는 예전의 양탄자와 방어를 위한 녹슨 무기를 선물로 꺼내들 어떤 사람이 필요하다."

괴테 : "그 밖에 나는 행동을 고무하는 것과 무관하게 단순히 가르치거나 직접적으로 생기를 불어넣으려는 모든 것을 경멸한다."

29〔126〕

　　실러 : "고대의 일정한 시기의 모든 예술 작품이 공통으로 보여
주는 소박한 정신은 교육과 전형을 통해 전승된 것의 효력의 영향
이고, 따라서 또한 그런 효력의 증명이다. 나는 달리 생각할 수 없
다. 그런데 이제 문제는 우리와 같은 시대에 예술학교에서 무엇을
기대할 수 있을까 하는 것이다. 저 고대의 학교는 학생을 위한 교육
기관이었다. 지금의 학교는 아마도 학생감화원으로 존재할 것이다.
따라서 생산적인 천재가 부족하기 때문에 창조적 교육이기보다는
비판적 교육으로 나타난다."

29〔127〕

　　괴테 "어느 늙은 궁정 정원사는 말하곤 했다 : 자연은 밀어붙이
기는 하나 억압하지는 않는다."

　　괴테 "어리석은 것, 그러니까 부조리한 것이 그렇게 조화롭게
음악의 최상의 미적 훌륭함을 연상시키는 것은 어떻게 가능할까?
이것은 단지 유머를 통해서만 가능하다 ; 왜냐하면 이것은 시적으
로 존재하지 않을지라도 시의 한 유형이고 본성에 따라 대상 위로
우리를 고양시키기 때문이다. 독일인은 이에 대한 감각이 별로 없
다. 왜냐하면 그의 속물 기질은 온갖 어리석은 행동을 단지 인정만
하도록 만들기 때문이다. 이 어리석은 행동은 감각 또는 인간 오성
이라는 가상을 띠고 있다."

29〔128〕

　　괴테에게 실러가 "작업하는 동안 당신은 진정 어두움 속에 있습

니다. 그리고 빛은 오로지 내면에 있습니다 ; 그런데 당신이 반성하기 시작하면 내면의 빛이 밖으로 나타나 당신과 다른 사람들에게 사물을 비춥니다."

29〔129〕

실러 "독일인들은 단지 일반적인 것, 이해되는 것, 도덕적인 것에 대한 감각만을 가지고 있다는 점"(아무것도 "전체의 시적 경제학으로의 시야"를 말해주지 않는다고 한다). 괴테 "나는 《헤르만과 도로테아 *Herrmann und Dorothea*》에서 소재와 〔관련될 경우 독일인들에게 그들의 의지를 주었고, 이제 그들은 진정 만족해한다.〕

29〔130〕

괴테 : "그보다 물질적 의상을 경멸한 사람은 아무도 없다 ; 그는 인간의 내면적 의상을 정말 잘 알고 있다. 그리고 이때 모든 사람은 비슷하다. 사람들은 그가 로마인을 탁월하게 표현했다고 말한다 ; 나는 그렇게 생각하지 않는다 ; 그들은 진정 골수 영국인이다. 그러나 물론 인간, 근본적인 인간들은 그렇다. 그리고 그들에겐 아마도 로마인의 토가가 어울릴 것이다." "시인은 위엄 있는 중요한 시대에 살면서 그 시대의 교육, 말하자면 기형적 교육을 대단히 쾌활하게 우리에게 표현한다."—

—이제 나는 신사용 외투, 문필가의 모습, 관료의 모습, 또는 장교의 모습에서 로마인들을 현대의 독일인들로 제시하는 것도 가능한지 묻는다. 그것은 하나의 희화이다 : 그들은 인간이 아닌 것으로 등장한다.

이것은 역사적 주제에 속한다. 우리는 낯선 시대와 관습을 통해 우리를 장식하는 습관이 있다 : 우리가 낯선 시대와 인간을 장식하려 한다면 즉시 그것들을 형편없는 희화로 만들게 될 것이다.

29〔131〕

괴테 "그러나 정확히 보면, 동시에 눈에 상징적인 것보다 더 연극적인 것은 아무것도 없다 : 좀더 중요한 것을 암시하는 중요한 행동."

29〔132〕

'독일인은 고립되어 살고 자신의 개성을 독창적으로 형성하는 데서 명예를 추구한다'고 사람들은 생각한다. 나는 이제 더 이상 〔여기에〕 동의할 수 없다 : 물론 지각 방식의 일정한 자유는 허용되었다 : 행위 방식은 획일적이고 완고하게 명령적이다. 어디에서나 외적인 것 없이 내적인 것만이 존재한다. 프로테스탄티즘이 그리스도교를 사라지게 했고 세계에서 추방했으면서도 내면화를 통해 정화시켰다고 믿는 것과 마찬가지다. 관습, 즉 자연적으로 적절하고 적당한 의복의 자리에 유행, 즉 자의적으로 돌출되어 있고 개인을 강조하지만 즉시 다시 획일화하는 의복이 등장한다. 이제 사람들은 유행을 허용하고 더 이상 다른 사유 방식과 행위 방식을 허용하지 않는다. 반대로 고대의 인간은 유행을 비웃었을 것이다. 그러나 의복에 이르기까지 개인의 방식으로 사는 것은 인정했을 것이다. 개인은 행위와 삶에서 보이는 모든 것에서 좀더 강했고 좀더 자유로웠으며 좀더 자주적이었다. 우리의 개인은 허약하고 소심하다: 반항

적인 개인의 정신은 내면으로 후퇴했고 자신의 퉁명스러움을 여기
저기에서 드러낸다 ; 그 정신은 짜증내고 숨기면서 반항한다. 언론
의 자유는 이런 퉁명스러운 개인들에게 공기를 제공했다 ; 그들은
이제 위험 없이 자신들의 빈약한 개별 의사를 글로 표현할 수 있게
된다 ; 삶에 관한 것은 변함없이 예전 그대로다. 물론 르네상스는
다른 시도를 보여준다. 즉 이교도적이고-강력하게-개인적인 것으
로 돌아간다. 그러나 중세도 더 자유로웠고 강력했다. '근대'에는
동일한 유형의 본성을 가진 대중이 영향을 미친다 : '교양이 있건'
없건 상관없다.

29〔133〕

독일에서 '덕'이란 단어는 오래되었으나 녹슬어서 좀 우스워졌
다 : 그리고 사람들은 더 이상 실제적으로 자기 수양의 엄격함, 정
언명법, 의식적 도덕성에 대해 아무것도 감지하지 못한다. 그러한
것들을 말해야 할 때 얼마나 많은 선생들이 그런 말을 하는 자신을
우스꽝스럽게 느끼겠는가! 사람들은 사태를 파악하면서 진정한다 :
그러나 그것 또한 내게 회의적이다.

29〔134〕

비약에서는 괴테의 성숙한 지혜를 파악할 수 없다 ; 젊은 사람
으로서도 파악할 수 없다. 그것은 다만 '둔감함'일 뿐이다.

29〔135〕

사람들은 "그는 자신이 무슨 노래를 부르는지 몰랐다. 그는 전

혀 그것을 듣지 못했다"고 말함으로써만 독일 병사에 대한 경외감
을 표현할 수 있다 ; 지난 독일 전쟁의 저 노래와 지난 프로이센 전
쟁의 저 행진은 볼품없고 때때로 감상적이고 불쾌하고 비천하다.
그것은 현재 크게 찬양받고 있는 저 '교양'의 찌꺼기이다. 물론 다
5  만 찌꺼기일 뿐이다! 그러나 다른 찌꺼기들도 있다! 그 안에 진정한
민족성의 특성은 없다. '민족의 노래, 민족의 방식' 같은 단어에 대
한 진정한 욕설도 없다! 예컨대 쾰른의 한 논설위원이 튀르토이스
를 대하는 태도처럼. 너를 좀 바라보아라, 루터는 처자를 위한 교양
이라고 말할 것이다.

10

29〔136〕

독일인의 역사적 의미는 실로 지각의 폭풍우가 되었다. 괴테는
이 지각과 함께 에르빈 폰 슈타인바흐Erwin von Steinbach를 생각
했다 : 파우스트에서, 바〔그너〕의 니〔벨룽엔〕의 반〔지〕에서, 루터에
15  서, 독일 병사에서, 그림에서. 깊이 감지하고 추측하는 것. 거의 사
라진 흔적을 찾아내는 것, 팔림프제스트Palympsest, 미리옵제스트
Myriopsest를 읽어 알아내는 것―오류와 잘못이 많을 수 있다!

29〔137〕

20                          계획. 1873년 11월 6일.

1. 도시의 자유―조건.

2. 도시의 폭력 속에 있는 학교와 관습.

3. 절대적인 선생은 파괴되었다('카자흐의 교양').

4. 숙고로서가 아니라 경배로서의 역사적 의미.

5. 좀더 진지한 문화의 **준비**를 위한 군인.

6. 순수 형식을 획득하고 강요하기 위해 의견의 집중화와 획일화의 결과를 선명하게 상승적으로 보여주는 것.

7. 사회의 위기를 국가 차원이 아니라 단지 도시적 차원으로만 해결하는 것.

8. 도시적 웅변술을 통한 언론의 제거.

9. 획일화하는 거대한 정치정당의 파괴.

10. 종교 문제를 주변화하는 것.

민중 집단과 추종자 집단의 조성(군대, 외교관).

객관적이라 불리는 역사 기술은 어리석은 생각이다 : 객관적인 역사가는 파괴되었거나 둔감한 인격들이다.


29〔138〕

독일인이 지나치게 역사를 다루고 있는 것에 대해 리히텐베르크 시대의 사람들은 전혀 몰랐다. 그는 아마도 고귀한 역사의 재능이 독일인에게 있다고 말할 것이다. 최근에는 모든 교육이 역사적으로 성립된다 : 독일의 교육이 전체적으로 볼 때 그렇게 가치가 적다면, 그 이유는 역사에 있는가?

오로지 인식 문제로 다루어지는 역사는 낮은 단계에서 볼 때는 통찰이 아니라 자료만을 향하고 있고 좀더 높은 의미에서 볼 때는 삶에 미치는 영향이 없다.

강력한 실천과 무관한 수단의 엄청난 소비.

29〔139〕

　　통계는 역사의 무대에서 행동하는 위대한 개인이 아니라 단지 엑스트라나 민중 등만을 관찰한다.　•

29〔140〕

　　객관적 역사 기술이 얼마나 쉽게 편향적 역사 기술로 넘어가는 가! 그것은 기본적으로 2등이면서 1등으로 보이게 하는 기교이다.

29〔141〕

　　역사와 무관한 플라톤의 교육. 하르트만.

　　진보적인 조급함 : 사람들은 어디에서 무너지는가?

　　현대적인 연구소의 설립.

　　세계는 더욱 공리적으로 되어간다.

　　일찍이 사람들을 결속시켰던 모든 것이 추상화된다.

　　사람들은 인간이 본성적으로 선한지 악한지를 실험한다.

　　제도는 두려움과 곤궁에 바탕을 두게 된다.

　　기본적으로 세계시민주의는 널리 퍼질 것이다.

　　국가와 민족 같은 자의적 경계 설정은 서서히 신비와 무관하게 존재할 것이고 좀더 냉혹하고 악하게 나타날 것이다. 대립은 구제할 길 없이 극단화된다. 열병에서 몰락한다.

29〔142〕

　　비역사적 세계의 휴식 묘사.

예술 작품의 그늘로 에워싸인 상황을 향한 동경 : 우리는 예술 작품 속에서 최소한 몇 시간이라도 비역사적으로 산다.

"말하는 예술에 침묵하는 예술이 속한다." 장 파울Jean Paul.
"하나의 세계가 몰락하기까지는 많은 시간이 필요하다―그러나 역시 더 이상 아무것도"라고 기본Gibbon은 말한다.

29〔143〕
만약 행복이 목표라면, 동물이 최상의 상태에 있을 것이다. 동물의 냉소주의는 망각에 놓여 있다 : 별로 가치가 없는 것일지라도 망각이 행복으로 가는 지름길이다.

29〔144〕
쇼펜하우어는 모든 천재는 아마도 자신의 삶의 여정을 정확하게 기억하는 데 있을 것이라고 생각한다. 만약 순수인식이 목표라면―그렇다면 우리 시대는 탁월한 시대란 말인가? 인간과 사물에 대한 거대한 지식이 위대함의 표지란 말인가? 심판관으로 존재하는 것이 모든 세대의 과제란 말인가? 오히려 나는 후세대가 심판할 어떤 것을 실천하는 것이 과제라고 생각한다.

29〔145〕
역사적인 것은 모두 무엇인가에 의해 평가된다. 우리 시대는 무엇에 대항해야 하는가?

29〔146〕

　　1. 내적으로.

　　2. 정당하고 객관적인.

　　3. 환상이 파괴되었다.

　　4. 인류의 노년.

　　5. 신화.

　　6. 하르트만.

　　7. 비역사적.

　　8. 역사의 소박한 단계들.

　　9. 지평의 경계 설정.


29〔147〕

계획.

　　1. 비역사적―역사적.

　　2. 역사의 유익함과 해로움. 일반적으로.

　　3. 시대 묘사로 넘어감.

　　4. 내면성.

　　5. 정당한, 객관적인.

　　6. 환상이 파괴되었다.

　　7. 인류의 노년. 하르트만. 신화.

　　8. 비역사적인가? 플라톤.

　　9. 역사적인 것의 척도. 경계 설정. 지배하기.

　　10. 독일 문화. 독일 문화에 대한 역사의 가치. 양식. 민족적 변
　　　형.

29〔148〕

언제나 그는 생각하는 것보다 더 명확하게 자신의 사안을 말한
다.

29〔149〕

동물학의 전개.

통계는 인간이 군서동물임을 증명한다.

29〔150〕

바르트부르크의 투쟁 : 폰 데어 하겐von der Hagen, 연가 시
인, II 2ff. 1300년.

루두스 파스칼리스Ludus Paschalis의 《안티크리스트의 등장과
소멸에 관해》, 페치Pezii의 《가장 새로운 이야기 창고》 2.

29〔151〕

동물과 인간―역사적, 비역사적.

조형력.

비역사적 기초.

일례로서의 국가.(과거를 망각하는 것과 국가에 대한 환상.)

역사는 삶에 봉사한다. 역사는 비역사적인 것에 봉사한다.

29〔152〕

비역사적인 것은 무엇을 의미하는가?

격정은 비역사적으로 작용한다.

인간이건 민족이건 또한 위대한 목표들.
과대 평가—니부어. 레오파르디.


29〔153〕

1. 주제와 명제.

2.
3.   삶을 위한 역사
4.

〔기념비적.
골동품적.
비판적.〕

5. 시대 비판으로 넘어감.

6.
7.
   역사는 삶에
   적대적인
8.
9.

〔내적으로.
이른바 정당성, 객관성.
더 이상 성숙하지 않은.
후예들.
세계 과정.〕

10.

11. 구제책으로 이행 :
    플라톤. 역사 없이.

12.
13.
〔처방책〕


29〔154〕

창작된 것, 신화적인 것.
사랑과 자기 망각.
문제로서의 삶.

성숙해질 권리.

언어의 진실성과 대담성.

정의감의 열기.


29〔155〕

과잉은 증명된다 1) 모든 것이 내면적으로 머물러 있음을 통해

2) 아무것도 더 이상 성숙해지지 못함을 통해

3) 후예로 존재한다는 감정

4) 자기 조롱의 시기

5) 역사 자체가 마비되었다 : 이른바 객관성.

이행 : 사람들은 언젠가 기꺼이 자신을 사유 안으로 던진다 :
결코 역사와 무관하게. 루소.


29〔156〕

교육 자체로서의 역사 교육.

정의로서의 역사적 정당성.

미성숙한.

반어―인류의 노년.

세계 과정.

영리한 이기주의.


머리말.

서론.

삶을 위한 역사.

삶에 해로운 역사.

29[157]

　1. 역사적, 비역사적 그리고 초역사적.

　2. 삶에 봉사하는 역사.

　3. 삶에 해로운 역사.

　4. 역사를 통해 상처받은 삶을 위한 치료제로서의 비역사적인
　　것과 초역사적인 것.

29[158]

삶에 해로운 역사.

　　1. 내면과 외면이라는 위험한 대비를 만들어낸다.

　　2. 정의의 허상을 불러일으킨다.

　　3. 성숙하고 완성됨을 방해한다.

　　4. 인류의 노년에 대한 믿음을 불러일으키고 악마의 대변
　　　자advocatus diaboli이다.

　　5. 영리한 이기주의에 봉사하는 데 적합하다.

29[159]

　　나의 독자는 관찰자가 사는 분위기를 알고 있는가? 그는 자신
을 망각할 수 있고 저자를 망각할 수 있는가? 말하자면 우리가 함
께 관찰하는 사물을 자신의 영혼으로 이주시킬 수 있는가? 그는 관
찰자의 분위기를 잃지 않으면서 조용한 곳에서 생동적인 파도놀이
로 옮겨갈 준비가 되어 있는가? 그는 소용돌이치는 피리 소리를 사

랑하고 격분과 경멸의 분출을 견뎌내는가? 다시 한번 : 그는 이 모든 경우에 자신에 대해서나 저자에 대해서 사유하지 않을 수 있는가?—자 이제 나는 그에게서 그렇다는 대답을 들었다고 믿고 그에게 말을 건네는 것을 더 이상 주저하지 않는다.

29[160]

삶에 대한

역사의 유익함과 해로움에 대하여.

머리말.

I. 역사적인, 비역사적인, 초역사적인.

II. 삶에 봉사하는 역사.

   a) 기념비적 역사

   b) 골동품적

   c) 비판적

III. 삶에 해로운 역사.

   a) 이것은 내면과 외면이라는 위험한 대비를 만들어낸다.

   b) 이것은 정의의 허상을 불러일으킨다.

   c) 이것은 본능을 파괴하고 성숙하는 것을 방해한다.

   d) 이것은 인류의 노년에 대한 믿음을 심는다.

   e) 이것은 영리한 이기주의에 의해 이용된다.

IV. 역사를 통해 상처받은 삶을 위한 치료제로서의 비역사적인 것과 초역사적인 것.

29〔161〕

    삶과 역사에 대한 장 : 이에 대해 학문이 말하는 것 : 자유방임.
여기에 해당하는 실천, 즉 치료법이 없다.


29〔162〕

    결론.

    반어에서 냉소주의로.

    국가를 위해 젊은이를 구제하려는 플라톤의 수단.

    실러―개선 장치.

    보조 학문이 필요하다―응용된 역사, 위생학.

    치료제, 비역사적인 것, 초역사적인 것. 예술과 분위기를 만드
       는 예술의 힘 칭찬.


29〔163〕

                 반시대적 고찰 구상.

    1873   다비드 슈트라우스.

             역사의 유익함과 해로움.

    1874   많이-읽기와 많이-쓰기

             학자.

    1875   고등학교와 대학교.

             군사-문화.

    1876   절대적 독자.

             사회적 위기.

    1877   종교에 대하여.

고전문헌학.

1878 도시.

문화의 본질(원형적인–)

1879 민중과 자연과학.

29[164]

1. 서곡.

2. ― ― ―

3. 철학의 곤경.

4. 학자.

5. 예술.

6. 고귀한 학교.

7. 국가 전쟁 민족.

8. 사회적.

9. 고전문헌학.

10. 종교.

11. 자연과학.

12. 읽기 쓰기 언론.

13. 자유에 이르는 길(후기로서).

29[165]

플라톤과 그의 선배들.

호메로스.

회의적 착상들.

29[166]
독일인과 프랑스인에 대한 탁월한 묘사 :
괴레스 Görres, 《유럽과 혁명 *Europa und Revolution*》, 206쪽.
만들어진 온갖 묘사의 경계선이 얼마나 변화무쌍하고 불안정한
가. 리히텐[베르크] I 206.

29[167]
                    강의의 순환 과정.
수사학.
리듬기법.
시의 역사.
산문.
고대 철학 : 1) 플라톤 이전의 철학자들과 플라톤.
             2) 아리스토텔레스와 소크라테스 학파.
제주를 바치는 여인들.
헤시오도스의 노동과 나날.
투키디데스, B. I.
서정시인.
아리스토텔레스의 시학.

29[168]
로마인과 그리스인 : 그리스 문화에 대한 로마인의 입장. 이에

대한 로마인의 판단. 로마인에게서 문화의 장식적 유형이 유래한다.

29〔169〕

　　프리드리히 니체의 세 개의 논문.

　　호메로스와 고전문헌학.
　　진리와 거짓에 대해.
　　국가의 기초.(시합, 전쟁.)

29〔170〕

3.

　　신화 시대의 카오스적 혼란에 대한 묘사. 오리엔탈적인 것. 제
식과 신화의 조직자로서 철학의 시작. 철학은 종교의 통일을 조직
한다.

4.

　　종교에 대한 반어적 입장의 시작. 철학의 새로운 등장.

5. 이야기 등등.

　　결론 : 그리스적인 것을 넘어서는 것으로서, 불가능하지 않은 것
으로서의 플라톤 국가. 이때 철학은 형이상학적으로 정돈된 국가의
창건자로 자신의 정점에 이른다.

29〔171〕

그리스인과 야만인.

첫 번째 장 : 비극의 탄생.

두 번째 장 : 비극 시대의 철학.

세 번째 장 : 장식적 문화에 대하여.


29〔172〕

우리에게도 과거의 기억이 하찮은 의미를 띠게 되고, 그리스인들의 절정기에서 역사적 의미가 잠자고 있는 것처럼 우리에게도 똑같이 잠자게 된다면, 이는 결코 무의미한 것이 아니다. 곧 현재의 배후에서 어둠이 시작될 것이다 : 어둠 속에서는 희미해서 예측할 수 없는 커다란 형태들이 자신을 무시무시한 것으로 확장시키면서 변화한다. 이것은 저급한 밝은 일상 현실로서가 아니라 거의 영웅처럼 우리에게 영향을 미친다. 모든 전통은 물려받은 성격 중에서 거의 무의식적인 것들이다 : 생동하는 인간의 행위들은 근본적으로 무엇이 전래되었는지를 증명하는 것들이다. 역사는 몸에 익은 채로 전파되는 것이지 누렇게 바랜 문서나 종이의 기억으로 퍼지지 않는다. 아이들에게 부모와 조부모의 관습은 과거로 여겨진다 : 그러나 그것에서 멀리 떨어져 있는 것은 남겨진 건축으로서, 사원으로서, 미신으로서, 현재에 거의 영향을 미치지 못한다. 이와 비슷하게 현재 농부들이 살고 있고 이와 비슷하게 과거의 거의 모든 위대한 민족이 살고 있다. 두 경우에서 중요한 점은, 현재의 세대는 자기 자신에 대해 무의식적 판단에 머무를 정도로 저급하게 비교되거나 평가될 수 없다는 것이다. 현재의 세대는 자신의 힘을 깊이 신뢰하게

될 것이다. 왜냐하면 그들의 힘은 상상되고 교육받은 욕구를 통해
서가 아니라 현실적인 욕구를 통해 요구될 것이기 때문이다. 그리
고 힘과 욕구는 대개 조응하기 때문이다. 어떤 역사적이고 교양 있
는 민족이 자신의 생산력으로 견뎌낼 수 있는 것보다 많이, 현재의
세대는 권태에서 보호받고 있다. 이룰 수 없는 목표로 인해 빈번하
게 오도되지는 않았으나 이룬 것에 대한 역겨운 심정을 가지면서,
인간은 평온함을 취한다. 이 평온함은 철저히 역사적이고 서두르는
현대 세계에 적대적이다. 모든 시대의 값비싼 화랑에서 살고 있고
본질적으로 이 공간에서 찾아질 것은 무엇인가라는 질문과 함께 항
상 비교하면서 관찰자의 시선으로 돌아올 경우에, 사람들은 더 이
상 참회하지 않아도 되는가? 그렇게 대담한 자에게 아마도 한번은
저주가 갑자기 튀어나올 것이다. "과거여 사라져라, 자료 보관소,
도서관, 미술품 진열실과 함께 불 속으로! 현재가 자신에게 필요한
것을 스스로 만들도록 내버려둬라. 왜냐하면 현재는 단지 현재가
스스로 할 수 있는 것에만 어울리기 때문이다. 언젠가 예전에 유효
했고 필요했던 것을 미라로 만들어 현재를 괴롭히지 말아라. 살아
있는 자들이 자신의 나날과 행동에 기뻐할 수 있도록 시체의 해골
을 치워라." 그렇다. 행복, 권태에서의 자유, 쾌적함이 우리의 구호
가 된다면 : 그렇다면 언제나 현재의 가느다란 선 위에서 살고 짜증
과 권태 없이 먹어치우고 소화시키고 다시 먹어치우고 쉬고 뛰어다
니는 동물을 찬양하는 것이 허락될 것이다. '역사적으로 느낀다'는
것이 의미하는 것은 어쨌든 사람들은 고뇌하도록 태어났고 우리의
모든 노동은 최상의 경우 고통을 망각하게 하는 것임을 아는 것이
다. 예전에는 항상 신인들이 살았다. 현재의 인간은 항상 변질된 인

간이다. 그는 자신의 무엇이 탁월한지 잘 모른다 ; 왜냐하면 과거는 검게 감추는 실내벽처럼 우리를 둘러싸기 때문이다. 나중에 태어나는 자들이 비로소 어떤 점에서 우리 또한 신인이었는가를 승인할 수 있게 될 것이다. 그것은 영원히 악화되고, 모든 위대한 것은 더 작아지는 비율 속에서 반복되지는 않는다 : 그러나 항상 모든 시대는 동시에 사멸하는 시대이고 가을에 떨어지는 꽃잎처럼 한숨을 쉰다. 개별적인 인간의 삶을 들여다보기만 하면 된다 : 소년이 어린 시절을 벗어났을 때 잃어버린 것은 이런 상실 이후 삶을 중요하지 않은 것으로 희생하길 원할 정도로 대체할 수 없는 것이다. 그러나 그는 성인으로서 또 한 번 귀중한 것을 잃는다. 이는 노년으로서 최종적으로 아직 한 번 더 마지막 재산을 잃어버리기 위해서이다. 그래서 그는 이제 삶을 알게 되고 삶을 잃어버릴 준비가 되어 있다. 잃어버린 노력, 즉 우리는 소년으로서 어린 시절의 행복과 힘을 주었던 것을 획득하려고 전력을 다할 것이다. 상실은 참고 이겨내야만 한다. 회상은 더욱더 상실을 쌓아놓는다. 그리고 우리가 모든 것을 상실했음을 알게 되는 최종 순간, 죽음은 다행히도 이런 인식을, 즉 우리의 최종 유산을 우리에게서 가져간다.

29〔173〕

호메로스와 고전문헌학. 24.
그리스인들의 경쟁. 15.
진리와 거짓에 대하여. 20.
그리스 국가. 15.

네 개의 논문.

29〔174〕

플라톤.

젊은 시절.　페스트.

크리티아스.

플라톤에게서 예술적인 것.

헤라클레이토스주의자.

소크라테스. 플라톤적 소크라테스.

여행.　목표들—실천적 이상.

피타고라스주의자—이념(저급한 고안).

디온.

아카데미.　국가 속의 철학자. 소피스트. 웅변가. 예술.

저술 활동—에로스. 변증법.

두 번째 여행.

세 번째 여행—이상적 국가.

디온의 종말. 다른 정치적 영향들.

파르메니데스. 이론에 대한 예비적인 회의 : 플라

톤 주로 입법자와 개혁가로서, 이때 전혀 회

의주의자가 아니다.

29〔175〕

엠페도클레스.

데모크리토스.

피타고라스 학파 : 자신을 더욱 방어하기 위해 엘레아 학파와
싸우다. 그들의 연합에 대한 서술.
소크라테스. 도덕적―변증법적―평민적.

29〔176〕

리히텐베르크는 "사소한 사물들을 중요하게 간주하는 인간의
경향은 아주 위대한 것을 가져왔다"고 말한다.

29〔177〕

자신의 유명한 편지에서 역사의 연구와 이용에 관해 논의할 때
사용했던 볼링브로크Bolingbroke의 표현에 따르면, 우회적으로 또
는 간접적으로 좀더 나은 인간과 시민을 만드는 역사는 단지 "허울
좋고 교묘한 게으름의 한 종류"일 뿐이다.

29〔178〕

아리스토텔레스 "두 가지가 특히 인간을 보호하는 신중성과 의
존성으로 규정된다 : 독점 소유와 욕망된 재화의 희귀성. 이를 통해
재화는 소유자에게 값진 것이 된다." 골동품적 인간은 그렇게 과거
를 보존한다. 왜냐하면 과거는 그렇게 완전히 개인적이고 일회적인
것이기 때문이다―즉자적으로 가치가 있는지 없는지는 도외시하
고―, 그는 이 작은 소유물의 소유자로서 느끼고 모든 인간보다 먼
저 소유했다고 생각한다. 예컨대 인쇄되거나 필사된 책을 교정하는
경우처럼, 아주 미미한 인식도 소유물이 되면 즉시 그것을 발견한
자를 행복하게 만든다.

29〔179〕

　　벤야민 콘스탄트가 말한 것도 비판적 역사에 유효하다 : "사람들이 진리를 말하는 것은 하나의 의무라는 도덕법칙을 맥락과 무관하게 무조건 받아들인다면, 모든 사회는 불가능하게 될 것이다." 사람들은 오로지 자기 자신의 삶에 대해서만 생각할 것이다 : 만약 자신의 모든 과거를 떠벌이는 것이 과제라면, 누가 그것을 견뎌낼 수 있을까? 삶을 살기 위해서는 매우 많은 망각의 힘이 필요하다.

29〔180〕

　　루터 : "만약 신이 거대한 대포를 생각했다면, 그는 세계를 창조하지 않았을 것이다." 이렇듯 망각은 이제 모든 창조에 속한다.

29〔181〕

　　우리가 썩은 지구의 바싹 마른 사막 위에 최후의 인간들이 앉아 있다고 생각해본다면—

29〔182〕

　　인간은 모든 것을 자신 안에 숨기지 않는다. 그가 결코 알아서는 안 되는 것이 있다 : 그렇기 때문에 늙은 스페인 사람이 말했다. "신은 나에게서 나를 보호한다Defienda me Dios de my."

29〔183〕

　　골동품상은 말한다 : "위대한 것은 기본적으로 평범하고 일반적인 것이다." 또한 그들은 (축소하기, 개념화하기, 미시론을 통해)

위대한 것의 생성에 대항하여 투쟁한다.

29〔184〕
　　루터 "현명하고 성실한 인간 키케로는 많이 고뇌하고 행동했다."
　　사람들은 각각 자신의 수준에 따라 역사를 상승시키기도 하고 하강시키기도 한다 : 그렇게 몸젠은 키케로를 잡지 기자 정도로 끌어내린다. 루터가 그에 대해 말한다(이전을 보라).

29〔185〕
　　확실히 위대한 선배들과의 교류 욕구가 존재한다 등. 하찮은 선배들과의 교류, 요괴와 같은(아래를 보라).

29〔186〕
　　괴테 (이제부터 예술 또는 수공업에 관심을 두지 않는 자 등.)
　　성직자적인 것을 위한 과거의 경배(아〔래를 보라〕.)
　　말하는 예술에 침묵하는 예술이 속한다.
　　"하나의 세계가 몰락할 때까지는 많은 시간이 필요하다―그러고는 계속 아무것도."

29〔187〕
　　결론. 니부어에 대해 괴테가 : "역사가 아니라 역사가가 진정 가치 있는 대상이다." 여기에서 어떤 것이 기대된다(아래를 보라).
　　괴테는 실러를 찬양했다(아래를 보라).

29〔188〕

　　대항 수단: 1) 역사 없이?

　　　　　　 2) 목적의 부정, 원자들의 소용돌이?

　　　　　　 3) 역사에 대항하여 역사가에 관심을 돌리는가?

　　　　　　 4) 괴테, 자연.

　　　　　　 5) 초역사적인 것과 비역사적인 것의 장려. 종교 동
　　　　　　　　정심 예술.


29〔189〕

　　마키아벨리를 변호하는 니부어 "모든 사람이 한 사람을 성스럽
게 여겨야 하는 시대가 존재한다 : 대중으로 다룰 수 있고 다루어야
하는 다른 시대도 존재한다 ; 문제는 그런 시대를 인식하는 것이
다."


29〔190〕

　　"독일인은 자신의 소박하고 위대한 성격을 상실한 후로 본성적
으로 볼 때 사이비 가죽쪼가리 같고 비방적이고 적잖이 싸구려이다
: 그리고 사랑을 많이 하지 않는다."


29〔191〕

　　기대되는 결과 :

　　교육에서 성격을 공개한다. 장식적 교육이 아니라 유기적 교육.

　　그리스인들이 동양과 관련해서 성공적으로 이룩한 것을 아마
독일인들도 성취하게 될 것이다―그리고 그렇게 비로소 '독일적인

것' 을 찾는다.

29〔192〕

자신이 소유하고 있는 것을 파악하고 혼돈을 조직하고 '교육'
에 대한 모든 두려움을 버리고 진지해지는 것 : *너 자신을 알라*
*gnōthi sauton*를 요구하는 것. 골똘히 많이 생각하는 것을 의미하
는 것이 아니다. 무엇이 우리의 진정한 욕구인지 실제적으로 알기
위해서이다. 여기서부터 생소한 것은 과감히 옆으로 버린다. 자신
을 우리 외부에 적응시키는 것이 아니라 자신에게서부터 성장하는
것이다.

예술과 종교는 혼돈의 조직에 적합하다 : 후자는 인간에게 사
랑을 선사하고, 전자는 현존재에게 사랑을 선사한다.

이 경우 경멸 ― ― ―

29〔193〕

전통을 세우고 전진하는 운동을 만들고 후손을 위해 참나무를
재배하는 것. 첫 번째 세대의 실존을 가능하게 하고 민족 형성의 과
제를 맡기 위해 조직을 발견하는 것. 쉬지 않고 서두르지 않는 하나
의 천체처럼.

노동하는 자의 평온함. 우리가 우리를 더 이상 하나의 물결처럼
덧없는 것으로 느끼지 않는다면 비로소 미래를 향한 평온한 시선이
가능하다.

29〔194〕

비역사적 힘은 망각과 광기를 의미한다. 초역사적인 힘은 예술 종교 동정심 자연 철학을 의미한다.

29〔195〕

수공업을 배우는 것, 교양이 필요한 자가 가급적 이상화된 아주 작은 영역에 필연적으로 회귀하는 것. 기계와 공장의 추상적 생산에 대한 투쟁.

현재 '교양'에 해당되는 것에 대한 경멸과 혐오를 만들어내는 것 : 이에 대립하는 성숙한 교양을 설정함으로써.

29〔196〕

그리고 역사가들이 억지로 항변한다면 우리에게서 어떤 것이 생겨날 것이다 : 역사 학문은 어디로 향해야 하는가? 우리의 유명한 엄밀하고 냉철하고 자애로운 학문은?— 햄릿은 오펠리아 수도원으로 가라고 말한다 ; 우리는 학문과 역사학자를 어느 수도원으로 추방할 것인가. 독자가 저자의 신중한 발걸음을 따라가는 데 조급해하여 나중에 약속된 고찰 '학자에 대하여'를 기다리지 못할 경우, 독자가 그런 것들을 현대 사회로 경솔하게 편입하는 것을 서둘러 선호할 경우, 독자는 스스로 이 비밀을 과제로 삼고 스스로 풀게 될 것이다.

결론 : 희망하는 자의 사회가 존재한다.

29〔197〕

### 철학의 곤경.

외부에서부터 : 자연과학, 역사 (일례 본능. 개념이 되었다).

내부에서부터 : 철학으로 사는 용기가 꺾였다.

다른 학문들(자연, 역사)은 다만 설명할 뿐 명령할 수 없다. 그리고 그것들이 명령할 경우에는 오로지 유용성만을 지시할 뿐이다. 그러나 바로 모든 종교와 모든 철학에는 어딘가 숭고한 반자연성과 특이한 무용성이 있다. 그렇다면 그것이 끝났단 말인가? 무의미의 한 유형인 시는 어떠한가?

인간의 행복은 어딘가 그를 위한 **자명한** 진리가 존재한다는 데 근거를 두고 있다. 조야한 진리(예컨대 최고의 동기로서 자기 가족의 행복), 세련된 진리, 교회에 대한 믿음 등. 이때 그는 반대되는 것이 제기될지라도 전혀 귀담아 듣지 않는다.

철학자는 거대한 동요 속에서의 **제동 장치**로 존재해야 한다 : 그가 아직 그런 것으로 존재할 수 있는가?

모든 연역 체계에 대한 엄격한 연구자의 불신. 배젓Bagehot을 참조하라.

29〔198〕

### 철학의 곤경.

A. 시대의 곤궁 속에서 철학자에게 제기되는 요구들. 그 어느 때보다 많다.

B. 철학에 대한 공격. 그 어느 때보다 많다.

C. 그리고 철학자. 그 어느 때보다 약하다.

29[199]
　(트렌델렌부르크Friedrich A. Trendelenburg처럼) 철학을 순수하게 학문으로 만드는 것은 용기를 잃고 포기함을 의미한다.

29[200]
　불완전하게 발전된 논리! 논리는 역사 연구로 인해 성장이 위축되었다. 칠너Zöllner도 이의를 제기한다. 스피어Spir의 칭찬. 그리고 영국인.

29[201]
　이제 철학자들은 어떤 존재가 될 것인가?

29[202]
　"최고의 심연을 생각하는 자가 최고의 생동을 사랑한다." 횔덜린.

　"비밀은 순수하게 발원된 것. 또한
　노래도 거의 풀어낼 수 없는 것이다. 왜냐하면
　네가 시작하는 것처럼 너는 머무르게 될 것이기에,
　또한 그렇게 곤궁도 작용한다
　그리고 훈육, 즉 탁월한 것이
　탄생을 만든다

그리고 광선, 그

새로운 탄생을 만나는 것."                    횔덜린.


29[203]

종교에 대하여. 나는 피로를 감지한다. 사람들은 중요한 상징에
서 피로를 느끼고 있다. 가장 진지하고 가장 부주의한 가능성들, 가
장 천진난만하고 가장 반성된 가능성들, 모든 기독교적 삶의 가능
성이 하나하나 시험되었다. 이젠 모방이나 다른 어떤 것을 위한 시
대이다. 조롱과 냉소주의와 적대조차도 다 낡은 것이 되었다―사
람들은 훈훈한 날씨에 얼어붙어 있는 얼음의 표면을 본다. 어디에
서나 얼음은 더럽혀져 있고 구멍 나 있고 광채가 없으며 웅덩이가
되어 위험하다. 이때 나에게는 다만 사려 깊고 매우 예의 바른 절제
만이 적합한 것처럼 보인다 : 이 때문에 나는 이미 사멸해가는 것일
지라도 종교를 존경한다. 모든 것은 온화하고 조용하다. 단지 나쁘
고 경솔한 요리사에게만 항의할 것이다. 특히 그들이 학자일 경우
에 그렇다.―기독교는 완전히 비판적 역사에 희생될 것이다.


29[204]

자기 자신을 교육하는 끔찍한 노력은 쉬워졌다고 생각한다. 정
말 희망사항이지만 만약 내가 거리낌없이 한번 행동해본다면, 나는
철학자를 교육자로 발견할 것이다. 사람들이 자신보다 교육자를 더
신뢰하기 때문에 교육자에게 복종할 것이다! 그렇다면 나는 그의
교육의 기본 원칙을 알려고 할 것이다, 예컨대 조화롭고 부분적인
교육에 대해 : 그리고 그의 방법에 대해. 그것은 노력이 필요한 일

이다. 그리고 우리는 편안한 교육과 자유방임에 익숙하기 때문에 때로 겁을 먹을 것이다.—그러나 그러한 교육자가 없을 경우, 사람들은 자신의 힘, 특히 정신적 욕구들이 종종 서로 대립해 싸우고 격분하고 있음을 느낄 것이다. 물론 학자들은 사람들이 학문에 그렇게 쉽게 만족할 수 없을 것이라고 믿고 있다 : 학문으로는 충분하지 않다. 이것은 참이다. 그러나 학문은 너무 많다 : 이것도 참이다. 나는 정말 정신적 불구자들을 본다 : 그들의 부분적인 교육은 곱사등이 생기게 했다.— 조화로운 교육과 부분적인 교육은 무엇을 의미하는가? 오히려 부분은 태양계에서처럼 모든 다른 힘에 대한 중심이 되어야 한다. 그러나 균형을 잡는 평형 유지는 큰 힘이 존재하는 어디에서나 필요하다. 클라이스트—철학 (그에게는 쇼펜하우어가 없었다).


29〔205〕

철학자는 우선 자신을 위해 그 다음은 다른 사람을 위해 존재한다. 오직 자신을 위해서만 철학자로 존재하는 것은 불가능하다. 왜냐하면 그는 인간으로서 다른 인간과 관계를 맺고 있기 때문이다 : 그리고 그가 철학자라면 또한 이러한 관계 속에 존재해야만 한다. 나는 생각한다 : 은둔자로서 자신을 완전히 다른 사람에게서 이탈시켰을지라도, 그는 하나의 교훈과 모범을 제시한다. 그래서 그는 다른 사람을 위한 철학자이다. 그는 자신이 원하는 대로 행동할 것이다 : 그의 철학자로-존재함은 인간을 향하는 하나의 측면이다.

철학자의 생산물은 그의 삶이다(그의 작품보다도 우선하여). 이것이 그의 예술 작품이다. 모든 예술 작품은 우선은 예술가에게 향

하고 그 다음에 다른 사람들에게 향한다.—비철학자와 다른 철학자
에게 철학자가 미치는 영향은 어떤 것이 있는가?

국가, 사회, 종교 등 이 모든 것이 질문할 수 있다 : 철학자들이
어떤 성과를 올렸는가? 현재 그들은 어떤 성과를 올릴 수 있는가?
5 또한 그렇게 문화도.

일반적으로 철학이 문화에 미치는 영향에 대한 질문.

문화에 대한 우회적 표현—원래는 적대[적]이었으나 지금은
하나의 멜로디를 연주하는 많은 힘의 체온과 분위기로서.

10 29[206]

중세에는 적대적인 힘들이 대개 교회를 통해 결속되었다 : 이
런 결속이 파괴되었을 경우, 하나는 다른 것에 대항하여 반란을 일
으킨다. 종교개혁은 *차이가 없는 것adiaphora*에 대해 많은 것을
설명한다—이때부터 분리가 더욱 널리 퍼져나간다. 최종적으로는
15 가장 거친 힘이 거의 독자적으로 모든 것을 규정하게 된다 ; 선두에
군대식 국가. 모든 것을 자신에게서부터 조직하고 적대적인 힘들을
결속하려는 국가의 시도. 종교 문화에 대립하는 국가 문화 개념. 어
쨌든 힘은 악한 것이다. 힘은 다른 어떤 모든 것보다 유용한 것을
원한다.

20 얼어붙게 만드는 중세의 물결 속에 우리가 있다. 그러한 것은
녹아 없어지고 끔찍한 운동으로 빠져들어간다.

29[207]

어쩌면 경우에 따라서는 혁명 : 그러나 여기에서 야만이 등장하

는지 아니면 어떤 다른 것이 등장하는지는 다음 세대의 영리함과 인간성에 달려 있다.

교양 계층 안의 도덕철학의 결핍은 자연히 뚜렷한 형태 속에서 언제나 거친 메아리에 불과한 천박한 계층으로 전파된다. 이때 모 든 것은 몰락하게 된다. 어디를 둘러보아도 새로운 위대한 사유는 없다. 오직 언젠가 한번은 새로운 것에서 시작되는 것.


29〔208〕

나는 대학에 있는 쇼펜하우어를 상상할 수 없다 : 학생들은 그 에게서 달아났고 그 자신은 동료-철학자들에게서 달아났다.


29〔209〕

어떤 종류의 강하고 즐거운 세대가 살았는지 생각해보면―도대 체 종교개혁 시대의 힘들은 어디에 존재하고 있단 말인가!―우리 의 삶의 방식이란 높은 산 위에 겨울이 닥친 것처럼 보인다. 태양은 드물게 떠오르고 모든 것은 회색이고 모든 기쁨은 관찰자들에게나 감동적이다―그렇게 피상적인 행복! 살기가 그렇게 어렵다. 그리 고 여기에 여름날에 대한 회상.


29〔210〕

아, 이렇게 짧은 시대! 우리는 이 시대를 최소한 위대하고 자의 적으로 다루길 원한다. 그렇게 작은 선물 때문에 우리가 주는 자의 노예가 되어서야 되겠는가! 인간의 표상과 상상이 그렇게 결합되어 있다는 것은 참으로 놀랄 만한 일이다. 그들은 삶을 전체로 지각하

지 않는다. 그들은 이웃의 말과 의견을 두려워한다―아, 두 세대가
지나가서 어느 누구도 현재를 지배하려 하지 않고 너희를 노예로
만들려는 의견을 더 이상 수용하지 않는다면.

5      29〔211〕
    모든 철학은 내가 요구하는 것을 할 수 있어야 한다. 인간을 집
중시킬 수 있어야 한다―그러나 현재 어떤 철학도 이것을 하지 못
한다.

10     29〔212〕
    두 가지 과제 : 낡은 것에 대항해 새로운 것을 정의하고 낡은 것
을 새로운 것에 연결시키는 것.

       29〔213〕
15                         계획에 대하여.
    철학자에게는 두 가지 측면이 있다 : 그의 한 측면은 인간을 향한
다. 우리는 다른 측면을 볼 수 없다. 왜냐하면 그는 자신을 위한 철
학자이기 때문이다. 우리는 우선 철학자의 다른 인간과의 관계를
관찰한다. 우리 시대의 결론 : 이런 관계에서는 아무것도 나오지 않
20  는다. 도대체 왜? 그들은 자기 자신을 위한 철학자들이 아니다.
    "의사는 너 자신을 돕는다!" 우리가 그들에게 소리쳐 알려야 한
다.

29〔214〕

아, 이 시대의 우리 인간들! 우리에게는 겨울날이 드리워져 있
다. 그리고 우리는 높은 고지에서 위험하고 궁핍하게 살고 있다. 모
든 기쁨은 짧고 산 위에서 우리를 내려다보는 태양의 광채는 희미
하다. 그때 음악이 울린다―이것을 들으면 방랑자는 동요한다 : 그
가 보는 것은 모두 그렇게 거칠고 닫혀 있고 무미건조하고 절망적
이다―그리고 이제 그 안에서 기쁨의 소리가, 멍한 큰 기쁨의 소리
가 울린다. 그러나 이미 초저녁의 안개가 살금살금 다가오고 있고
소리는 멎고 방랑자의 발걸음은 삐걱거린다 ; 그렇게 항상 빨리 다
가오고 물러서지 않으려는 저녁에 자연의 얼굴은 잔인하고 죽어 있
다.


29〔215〕

늦여름에 정처없이 떠도는 거미줄―고백자로서의 **슈트라우
스.**―


29〔216〕

언젠가 노동자 계급이 교육과 덕성을 통해 이제 쉽게 우리를 능
가하는 상황에 이른다면, 우리는 끝날 것이다. 그리고 그런 상황이
오지 않으면, 바로 우리가 먼저 끝날 것이다.


29〔217〕

화가와 그림에 관한 전문가〔에서〕 시작하는 것―괴테.

29[218]

　우리는 비이성적 목적을 좇는 자를 비이성적이라고 말할 뿐만
아니라, 이성적 목적에 이르기 위해 목적에 부합하지 않고 관계도
없는 수단을 사용하는 사람도 비이성적이라고 한다 : 그러니[까]
5　바닷물을 다 퍼내려는 사람뿐만 아니라 산탄으로 참새를 쏘는 사람
도 비이성적이다. 자연에는 이런 두 번째 유형의 비이성이 가득하
다. 우리가 아는 자연의 가장 고귀한 영역에서, 즉 인간에게서 자연
의 목적과 의도는 탁월할지 모른다. 그러나 수단과 관련해 본다면
자연은 영리하지 못하다. 비범한 것을 평범한 것의 행복을 위해 사
10　용하는 생각 자체가 놀라운 것과 마찬가지로, 자연이 인간의 행복
을 위해 비범한 재능을 사용하는 방식은 비이성적이기 때문에 경탄
할 만하다 : 왜냐하면 평범한 것의 행복은 바로 비범한 것으로 고양
되고 상승되고, 평범하지 않은 것과 새로운 것으로 변하는 데 있기
때문이다. 나는 자연의 공장에서 탄생한 가장 기이한 생산물 가운
15　데 하나인 철학자의 목적론에 대해 묻는다 : 그는 무엇을 위해 존재
하는가? 한 민족과 한 시대의 행복을 위해, 아니면 아마도 모든 민
족과 모든 시대의 행복을 위해. 그러면 그 목적을 위해 그는 어떻게
사용되는가? 마치 거리에서 수없이 발견할 수 있는 것처럼, 관심
없이 내버려두거나 들어올리거나 던져 어질러놓거나 부수는 장난
20　감처럼. 이제 인간에게는 어떤 것을 희망하고 자연의 비이성에 대
항해 행동해야 할 필요성이 있는 것은 아닌가? 그렇다. 만약 그것
이 가능하다면 그것은 필요하다! 왜냐하면 자연은 바로 인간 안에
서 인간을 통해 작용하기 때문이고, 전체로서 한 민족은 바로 자연
의 이중성, 즉 신비한 목적의 이성과 적잖이 신비한 수단의 비이성

을 보여주기 때문이다. 예술가는 다른 인간을 위해 자신의 작품을 만든다. 이것은 의심의 여지가 없다. 그럼에도 불구하고 그는 아무도 결코 자기 자신처럼 자신의 작품을 이해하고 사랑할 수는 없음을 알고 있다. 그러나 인식과 사랑의 높은 수준은 필요하다. 그것은 낮은 수준이 생성되기 위해서이다 : 저 낮은 수준은 자연이 예술 작품을 통해 좇는 목적이다. 자연은 자신의 수단과 힘을 낭비한다. 그리고 그 비용은 수확보다 너무나 큰 것이다. 그리고 바로 이것은 어디에서나 자연스러운 상황이다. 적은 비용과 백 배의 수확이 이성적이다. 예술가 자신에게는 좀더 적은 노력과 좀더 적은 즐거움과 인식이 이성이다. 그러나 예술의 수용자에게는 즐거움과 인식의 엄청난 증가가 이성적이다―이는 아마도 좀더 이롭게 설정된 것이다. 우리는 그 역할을 바꿀 수 있을 것이다 : 예술가는 더 약한 인간일 수 있고, 수용자인 듣는 사람과 보는 사람은 더 강한 인간일 수 있다. 예술 작품의 힘은 민중의 공감에서 비로소 커져간다 : 속력처럼 이탈에 제곱해서 성장한다. 예술이 영향을 미칠 때 처음에는 작고 최종적으로는 큰 결과를 가져오리라고 희망하는 것은 어리석은 일일까? 또는 최소한 주는 것만큼 수용된다는 것을, 즉 원인과 결과는 동일하게 강하다는 것을?

그렇기 때문에 종종 예술가 특히 철학자는 마치 흩어져 있는 방랑자 또는 물러서 있는 은둔자로서 시대의 우연처럼 보인다.

그러나 한 철학자와 한 민족 간의 관계를 발견하는 곳에서, 우리는 자연의 결론적 목적과 철학자의 결론적 규정을 감지하게 된다.

29〔219〕

    1. 서로 다른 시대에 철학자는 무엇으로 존재했는가.

    2. 우리 시대에 그는 무엇으로 존재해야 하는가.

    3. 시대에 적합한 철학의 형상.

    4. 왜 그는 N. 2에 따라 해야 할 것을 할 수 없는가 : 왜냐하면 확고한 문화가 없기 때문이다. 은둔자로서의 철학자. 쇼펜하우어는 자연이 얼마나 전력을 다하는지 보여준다 : 그러나 그것은 우울하게 만든다.


29〔220〕

    학문의 지식에서 독립적인 **지혜**.

    이제는 오직 저급하고 배우지 못한 계급들에 희망을 가진다. 학식 있고 교양 있는 계급들은 포기되어야만 한다. 이와 함께 또한 오로지 저 계급들만을 이해하고 그들에 속하는 사제들도. 무엇이 필요한지 아는 사람들은 또한 무엇이 자신에게 지혜로 존재할 수 있는지 느끼게 될 것이다.

    가장 커다란 위험은 배우지 못한 계급들이 현재의 교양의 찌꺼기에 전염될 경우이다.

    만약 현재 루터가 존재한다면, 그는 소유 계급의 구역질나는 신념에 대항하고 전혀 위험을 감지하지 못하는 그들의 미련함과 부주의에 대항해 궐기할 것이다.

    우리는 어디에서 민중을 찾는가!

    교양은 날마다 무의미해지고 있다. 왜냐하면 조급함이 커지고 있기 때문이다.

29〔221〕

　　정말 생성하는 문화를 위한 기초가 아직까지 존재하는지 진지
하게 숙고해야 한다. 철학이 그런 기초로 사용될 수 있는가?―철학
은 결코 그것이 아니었다.

　　종교에 대한 나의 신뢰는 한없이 작다 : 엄청난 홍수 이후에 사
람들은 흘러 사라지는 물을 볼 수 있다.


29〔222〕

　　시작에. 어디에서나 서서히 죽어가는 교양과 완전한 근절의 징후
들. (학문의 무절제). 조급함. 사라지는 종교의 바다, 민족의 투쟁,
파괴하고 해체하는 학문, 교양 있는 계급의 경멸스러운 화폐경제와
향락경제, 그들의 부족한 사랑과 관용. 학식 있는 계급이 철저히 이
런 경향을 띤다는 것은 날이 갈수록 내게 더 자명해지고 있다. 그들
은 날마다 더욱더 부주의해지고 사랑에서 멀어진다. 예술이건 학문
이건 모든 것은 다가오는 야만을 돕고 있다―우리는 어디를 바라
보아야 하는가? 야만의 엄청난 대홍수는 문 앞에 다가와 있다. 우
리는 사실상 아무것도 보호하지 않아도 된다. 모든 것은 그 안에 존
재한다―무엇을 해야 하는가?

　　그것과 연관된 실제로 존재하는 힘들에게 경고하려는 시도, 야
만의 위험을 만드는 계급을 시대 속에서 통제하려는 시도. '교양 있
는 자'와의 연합은 거절해야만 한다. 그가 가장 나쁜 적이다. 왜냐
하면 그는 의사를 방해하고 거짓말로 질병을 부정하기 때문이다.

철학자의 운명에 대하여.

　　자연이 비난받아야 할 합목적적이지 않은 것이 존재한다 : 사
람들은 이런 점을 다음의 질문에서 알아차린다 : 예술 작품은 무엇
5　을 위해 존재하는가? 누구를 위해? 예술가를 위해? 다른 사람을 위
해? 그러나 예술가는 자신이 본 형상을 가시적으로 만들거나 다른
사람에게 보일 필요는 없다. 여하튼 자기 작품 안에서의 예술가의
행복은 자기 예술 작품의 이해와 마찬가지로 다른 모든 사람이 갖
는 행복과 이해보다 크다. 나는 이런 불균형을 합목적적이지 않은
10　것으로 생각한다. 원인은 결과에 조응한다고 한다. 이것은 예술 작
품의 경우 결코 그렇지 않다. 눈을 약간 쓸어내기 위해 거대한 눈사
태를 만들고 콧잔등 위에 앉은 파리를 죽이기 위해 한 사람을 때려
죽이는 것은 어리석은 일이다. 예술가는 목적론에 대항하는 하나의
증거이다.

15　　철학자가 비로소 적합하다. 그는 누구를 위해 철학을 하는가?
자신을 위해? 다른 사람을 위해? 그러나 첫 번째 것은 아마도 자연
의 무의미한 낭비일 것이다. 두 번째 것은 다시 합목적적이지 않다.
철학자의 유용함은 항상 오로지 소수에게만 적용되고 민중에게는
적용되지 않는다 : 그리고 그는 창시자 자신에게 적중하는 것만큼
20　강하게 이런 소수에 적중하지는 않는다.

　　건축의 대가는 누구를 위해 건축하는가? 다양하고 서로 다른
반영, 즉 수많은 영혼 안의 이런 반복 낭음은 자연의 의도인가? 나
는 그가 다음의 위대한 건축가를 위해 건축한다고 믿는다. 모든 예
술 작품은 지속적으로 생산하려 한다. 그리고 수용하고 생산하는

영혼을 이리저리 찾는다. 철학자도 그렇다.

자연은 이해할 수 없고 세련되지 않은 방식을 취한다. 예술가는 철학자처럼 군중 안으로 화살을 쏜다. 화살은 아마도 어딘가 꽂히게 될 것이다. 그들은 조준하지 않는다. 자연은 조준하지 않고 종종 셀 수 없이 많이 그 옆을 쏜다. 예술가와 철학자는 몰락한다. 왜냐하면 그들의 화살이 적중하지 않기 때문이다.

문화 영역에서도 자연은 식물과 파종의 경우처럼 심한 낭비 속에서 우회해나간다. 자연은 서투른 일반적 방식에서 자신의 목적을 성취한다. 자연은 아무 관계 없는 목적을 위해 너무 많은 힘을 낭비한다. 예술가는 전문가나 애호가와 서로 관계할 때 커다란 대포와 몇몇 참새의 관계처럼 관계한다.

자연은 공익적이나 언제나 최상의 세련된 수단을 사용하는 것은 아니다. 자연이 예술가와 철학자를 통해 다른 사람을 도우려 한 것은 의심의 여지가 없다 : 그러나 원인을 고려해볼 때(예술가, 예술 작품), 결과는 얼마나 비교할 수 없을 정도로 하찮고 얼마나 우연적인가! 특히 철학자의 경우 당혹스러움은 더욱 크다 : 그에게서 영향받을 객체에 이르는 길은 완전히 우연적이다. 그것은 수없이 실패한다. 자연은 풍족함 때문에 낭비하는 것이 아니라 미숙함 때문에 낭비한다 : 만약 자연이 인간이라면, 자신에 대한 분노에서 벗어날 수 없을 것이다.

29〔224〕

나는 이 세계를 통틀어 저주하면서 단숨에 뛰어넘는 것을 싫어한다 : 세계에서 예술과 종교가 생성된다.―아, 나는 이런 도피를 그렇게 밖으로, 하나의 안식으로 넘어가는 것으로 파악한다!

아, 이런 철학자들 안의 사랑의 결핍. 이런 철학자들은 언제나 선택된 자에 대해서만 생각하고 자신의 지혜에 대한 믿음은 별로 없다. 지혜는 태양처럼 누구에게나 비쳐야 한다 : 그리고 희미한 광선일지라도 가장 낮은 영혼에까지 침투해 들어갈 수 있어야 한다.

인간에게 하나의 **소유**를 약속하는 것! 철학과 종교는 소유를 향한 동경이다.


29[225]

인간은 곧 언젠가 읽기와 문필가에게 싫증내게 될 것이고, 다음 세대의 학자는 언젠가 깊이 생각한 후 유언장을 만들어 책 가운데에서, 특히 자신이 쓴 책 가운데에서 자신의 시체를 불태울 것을 지시하리라는 생각에 나는 기쁘다. 그리고 숲이 점점 더 줄어들 경우, 곧 장서를 땔감용 판목과 관목으로 다루어야 할 시기가 도래하지 않을까? 대개의 책들이 두뇌의 도취와 활력에서 탄생한다면 : 그 책들은 다시 도취가 되어야 할 것이다. 그 밖에 자신의 장서로 난로에 불을 지피는 취미를 가진 사람은 바로 이런 이유로, 태울 책인지 아니면 계속 가지고 있을 책인지를 선택하는 좋은 취미도 가지게 될 것이라고 나는 믿는다. 물론 천 년 후 바로 현재 우리 시대가 과거에서 가장 불가해한 시대로 간주되는 것도 가능할 것이다. 왜냐하면 우리 시대는 아무것도 남지 않게 될 것이기 때문이다. 그러므로 매일 언론이 제공하는 지나치게 풍부한 자료들로 우리 시대를 아직 알 수 있으니, 우리는 얼마나 행복한가 : 즉 대상에 대한 몰두가 일반적으로 좋은 의미를 지닌다면, 우리 시대에 대해 어떤 의심도 남지 않을 때까지 우리 시대에 근본적으로 몰두하는 것은 어쨌든 행복한 일이다. 그리고 그것은 좋은 의미를 갖는다 ; 왜냐하면 사람들은 이를 통해 자기 자신을 알게 되기 때문이다. 그리고 바로 한 시대의 좋지 않은 책들은 우리 자신의 모습을 볼 수 있도록 허용한다 : 왜냐하면 그 책들은 바로 지배적인 도덕성 등의 평균을 보여주기 때문이다. 즉 예외가 아니라 규칙을 보여주기 때문이다. 반면에 동시대인들에게 실제로 좋은 책들은 동시대라는 것 외에는 시대 속에서 아무것도 공유하지 않는 사람들에서 기인한다. 그렇기 때문에 그런 좋은 책들은 저 좋지 않은 책들보다 자기 인식에 유익하지 않다.

나는 이제 우리는 모두 철학에서 무능한 사람들이라는 것을, 우리에게는 철[학]이 없다는 것을 좋지 않은 책과 신문에서 증명하려 한다.

29[226]

### 읽기와 쓰기

이와 반대로 생각하기와 말하기 : 많이 읽기와 쓰기는 여기에 어떤 영향을 미치는가?

29[227]

많은 사물은 허약해지면 비로소 지속적인 것이 된다 : 이때까지 갑작스러운 몰락의 위험은 사물을 위협한다 : 현재 기독교는 매우 열심히 보호받고 있다. 왜냐하면 기독교가 가장 편안한 종교가 되었기 때문이다 ; 현재 기독교는 세계에서 가장 진저리 나는 사태

인 인간의 태만과 안일을 자신의 것으로 만든 후 영원한 미래 가능
성을 갖고 있다. 그렇게 현재 철학은 위대한 평가를 받고 있다. 왜
냐하면 철학은 더 이상 사람들에게 고통을 주지 않고 그들이 지껄
이도록 만들고 있기 때문이다. 강렬하고 강력한 사물은 갑자기 부
5   패하고 꺾이고 벼락에 명중될 위험에 있다. 뇌출혈은 활기찬 자를
붙잡는다. 오늘날 우리 철학은 확실히 뇌출혈로 사망하지는 않을
것이다.


29〔228〕
10      감동시키면서 : 겨울철 깊게 눈 덮인 산의 축제.


29〔229〕
자유에 이르는 길. 열세 번째 반시대적 고찰.
관찰 단계. 혼란. 혐오. 경멸. 연결. 계몽. 개명. 투쟁. 내적 평화
15  와 자유사상. 구성의 시도. 역사적 분류. 친구.


29〔230〕
철학자.
1장. 의학적 도덕.
20   2.   사유의 무절제는 영향이 없다. 클라이스트.
3.   철학의 영향, 그 밖에 그리고 지금.
4.   대중철학(플루타르크, 몽테뉴)
5.   쇼펜하우어.
6.   낙관주의와 염세주의 사이에서 성직자 나부랭이들의 논

쟁.

7.   원시 시대.

8.   기독교와 도덕. 왜 고대의 힘을 위해서가 아닌가?

9.   철학자로서 젊은 선생과 교육자.

10.  도덕적 자연주의에 대한 존경.

엄청난 실험들 : 그러나 이 경우 아무것도 나오지 않는다.


29〔231〕

나는 직무가 내 힘의 4분의 1 이상을 빼앗는 것을 결코 허용하지 않을 것이다.


29〔232〕

나는 독일인으로 태어난 행복을 과대 평가하지 않는다. 나는 아마도 스페인 사람보다 더 크게 만족하며 삶을 관찰할 것이다.

[30 = U II 3. 1873년 가을~1873/74년 겨울]

30〔1〕

역사의

유익함과 해로움에 대해.

30〔2〕

I.

　가축 떼는 풀을 뜯어먹으면서 우리를 지나친다 : 그것들은 어제가 무엇인지 오늘이 무엇인지 모르고 뛰어다니며 먹어대다가 한가롭게 소화하고 다시 뛰어다닌다. 이처럼 그것들은 아침부터 저녁까지 날마다 쾌와 불쾌, 즉 순간이라는 말뚝에 묶여 있어 흥미롭지도 권태롭지도 않다. 이것을 보는 것은 인간에게 가혹한 일이다. 왜냐하면 인간은 자신을 동물보다 고귀하게 생각하면서도 동물의 행복을 동경하기 때문이다. 인간은 동물처럼 권태롭지도 슬프지도 않게 살기를 원한다 : 그러나 그는 헛되게도 희망도 없이 그것을 원한다.

　아, 내가 너를 시샘해야 하는가!

　단지 네가 자유롭게 보이기 때문만은 아니다

　거의 모든 고통에서,―

　노고, 상실, 가장 나쁜

　순간의 근심을 잊으면서―

권태가 너를 전혀 괴롭히지 않기 때문에, 더욱더!

우리는 과거에서 벗어날 수 없고 부단히 과거의 사슬을 질질 끌어야 하기 때문에 한숨짓는다 ; 반대로 우리에게 동물은 행복한 존재처럼 보인다. 왜냐하면 동물은 권태롭지 않을 것이고 즉시 잊어버리고 체험한 순간이 끊임없이 안개와 어둠 속으로 사라져가는 것을 볼 것이기 때문이다. 그렇게 동물은 하나의 숫자가 여지없이 다른 숫자에 전념하는 것처럼 현재에 전념한다. 동물은 거짓 꾸밈과 의도적인 은폐 없이 매순간 철저하게 존재하는 대로 모습을 드러낸다. 반대로 우리 모두는 존재했던 것의 어둡고 불가해한 찌꺼기로 고통받는다. 그리고 우리는 우리가 드러내는 모습과는 무엇인가 다르다 : 그래서 우리는 풀을 뜯어먹는 가축의 무리를 볼 때나 아직 과거와 미래라는 두 개의 문 사이에서 아주 짧고 기쁘게 생각 없이 놀고 있는 어린아이를 가까이서 볼 때 잃어버린 낙원의 느낌과 함께 감동받는다. 누가 그의 놀이를 방해하고 그 놀이를 과거에서 일깨우겠는가! 우리는 사실상 '그랬다'는 말과 함께 고통과 투쟁이 시작되고 삶은 결코 완성되지 않는 미완료과거로 각인되어 있음을 알고 있다. 결국 죽음이 열망한 망각을 가져다주지만 이때 현재와 현존재 자체가 파괴된다. 그렇기 때문에 죽음은, 바로 현존이란 다만 계속되는 과거 존재이고 영원한 미완료과거일 뿐이라는, 지속적으로 자신에 대립하고 자신을 거부하고 소진시킬 뿐이라는 — 이런 인식에 인장을 찍는다.

그러므로 우리는 과거를 관찰하고 견뎌내야만 한다 — 이것이 바로 인간의 숙명이다. 이러한 가혹한 명에 아래에서 강건해지는 것을 감수하지 않으면 안 된다 ; 그런데 누군가 매우 강건해진다면,

그는 인간의 숙명을 바로 그 망각할 수 없음 때문에 찬미하는 데까지 이를 것이다. 왜냐하면 과거는 우리 안에서 소멸될 수 없고 주입한 낯선 사람의 피 한 방울처럼 쉴새없이 우리를 몰아갈 것이기 때문이다. 또한 과거는 인간이 위대하고 놀랍고 영원하고 신적이라고 부르는 모든 것의 위계질서를 계속 유지해나갈 것이기 때문이다.

그러나 우리가 과거를 관찰해야 한다면, 아무튼 우리에게는 과거와 함께 창조적이 되는 서로 다른 두 가지 방식 중 하나의 선택이 주어진다. 나는 이를 명확하게 역사적인 방식과 비역사적인 방식이라 부르고 싶다 : 그런데 내가 첫 번째 방식을 그 이름으로 칭찬한다고 생각하거나 더욱이 내가 다른 방식, 즉 비역사적인 방식을 그 이름으로 비난하려 한다고 생각해서는 안 된다. 그럴 경우 비역사적 방식을 잘못된 역사적 방식과 혼동하는 것과 무엇이 다르겠는가. 잘못된 역사적 방식은 미성숙과 변질된 상태에 있는 역사적 방식으로 이해된다. 반대로 저 비역사적 방식은 독보적sui generis이고 독립적sui juris이다 ; 각각의 시대와 민족이 한쪽 또는 다른 한쪽에 매몰되어 항상 두 가지 방식 가운데 단 하나만 유효한 것으로 간주하고 다른 것은 납득할 수 없는 것으로 파악해 기껏해야 진기한 것으로 남겨놓을지라도 비역사적 방식은 역사적 방식과 마찬가지로 충분한 권리가 있다 ; 예컨대 우리 시대는 일반적으로 비역사적 관찰 방식을 생소하고 이해할 수 없는 것, 그렇기 때문에 비난받아 마땅한 것으로 또는 적어도 어느 정도 미친 것으로 간주하는 습관이 있다. 최근의 십 년 또는 이십 년의 삶을 다시 한번 살기를 원하는지 자신에게나 아는 사람들에게 물어보라고 데이비드 흄은 요구한다. 아니다! 그들은 다가올 이십 년이 좀더 나을 것이라고 말한다―

　　　"최초의 기운찬 흐름이 줄 수 없었던 것을
　　　인생의 찌꺼기에서 받기를 원하는 자들."

　　이렇게 대답하는 자들이 역사적인 인간들이다 : 과거를 바라보는 시선은 미래로 나아가고 더 오랫동안 삶과 겨루는 용기를 달아오르게 한다. 그것은 정의가 도래할 것이고 우리가 향해 걸어가는 산 뒤에 행복이 있다는 희망에 불을 붙인다. 왜냐하면 역사적 인간들은 현존의 의미가 과정에 있다고 믿기 때문이다. 그렇기 때문에 그들이 과거를 되돌아보는 이유는 다만 지금까지의 과정을 관찰하면서 현재를 이해하고 미래를 격정적으로 열망하는 것을 배우기 위해서이다. 그러나 이제, 한번 대답되었던 먼저 번의 질문에 다시 한번 달리 대답할 수 있을 것이다 : 하지만 아마도 결과적으로 볼 때 다시 아니다!로 대답할 것이다. 우리는 다시 한번 십 년을 살길 원치 않는다. 그런데 어떤 이유 때문인가? 과정 속에서 구원을 보지 않고, 대신에 각각의 인간, 각각의 체험, 또한 각각의 체험된 시대 공간, 각각의 나날, 각각의 시간 속에서 도대체 무엇을 위해 사는가를 인식한다고 생각하는 비(초)역사적 인간이 존재하는 이유에서 : 그래서 그의 세계는 모든 개별적인 순간에 완성된 채로 있고 종말에 이른다. 가르칠 수는 없고 다만 다시 한번 체험될 뿐이라면, 새로운 십 년과 과거의 십 년이 무엇을 가르칠 수 있단 말인가! 도대체 교훈의 의미가 행복인지 아니면 체념인지 아니면 덕인지 아니면 참회인지에 대해 비역사적 인간들은 서로 합의에 이르지 못했다.

그러나 그들은 과거에 대한 모든 역사적 관찰 방식에 대항하여 다음 법칙에 관해서는 완전히 의견이 일치한다 : 과거와 현재는 하나이자 동일한 것이다. 즉 모든 다양성에서 동일하고 사멸하지 않는 유형들의 편재로 정지해 있는 변함없는 가치와 영원히 동일한 의미의 형상이다. 수백 개의 서로 다른 언어들은 유형적으로 확고하게 인간의 동일한 욕구들에 조응하기 때문에 이런 욕구들을 이해한 사람은 어떤 언어에서도 새로운 것을 배울 수 없다 : 이와 마찬가지로 비역사적 인간은 명민함 속에서 통용되는 상형문자의 원래 의미를 알아차리고 더욱이 서서히 매번 새롭게 밀려오는 기호문자를 피해가면서 모든 민족과 개인의 운명을 내부에서 밝혀낸다 : 그는 끝도 없이 넘쳐나는 사건 속에서 포만에 이르지 않겠는가!

우리의 경우 이러한 관찰 방식은 생소한 것이고 불쾌감을 유발한다. 왜냐하면 우리는 사건을 관찰할 때 바로 불만족을 요구하기 때문이다. 우리는 이런 불만족 속에서 갈망하며 살아가는 민족을 이른바 항상 '진보하는' 민족이라 부르고, 찬양하는 의미에서 '역사적' 민족이라 부른다 ; 그렇다. 우리는 달리 생각하는 민족, 예컨대 인도인을 경멸한다. 그리고 우리는 그들의 유형을 더운 기후와 일반적 나태함에서, 특히 이른바 '허약한 인격'에서 추론해내는 습관이 있다 : 마치 비역사적으로 살고 사유하는 것이 필연적으로 퇴화와 정체의 표시이기라도 한 것처럼. 우리의 학자들은 인도의 역사를 완성된 것으로 만들 수 없다는 데 고통스러워하고 있다 : 그들은 스스로 서양의 도식에 따른 문학 장르의 추론에 회의적이다. 예컨대 상캬 철학처럼 강력하고 완성된 철학이 불교 이전인가 이후인가라는 질문이 갖는 일반화를 회의한다 : 그들은 그런 회의와 실패 때문에 저 심술궂고 나태하고 지체하는 민족을 멸시함으로써 분풀이한다. 역사적 인간들은 자신들이 비역사적이라는 것 그리고 역사를 다루는 것은 인식이 아니라 삶에 봉사함에 있다는 것을 모르고 있다. 반대로 인도인은 아마도 우리의 역사를 향한 열망과 '역사적인' 민족과 인간에 대한 높은 평가를 서양의 선입견이나 두뇌의 질병으로 관찰할 것이다 : 그들은 말할 것이다─"너희 스스로 현자라고 부르는 저 모든 남성도 우리처럼 비역사적으로 체험하지 않았던가? 또는 플라톤은 비역사적 인간이지 않았던가? 바로 너희가 찬양하는 그리스인 세대 전체가 아니라 그중 단 한 사람만 너희에 대립시켜 보여준다면 말이다. 진정 너희는 수천 년 동안의 역사적 사물을 경험한 사람이 유익한 발걸음으로 이런 모든 사물에 대해 아무것도 경험하지 못한 사람보다 지혜의 여신에게 더 가까이 갈 것이 틀림없다고 믿는가? 하지만 아마도 역사를 다루고 요구하는 현재의 너희 태도야말로 진정 이른바 '허약한 인격'의 표현일 것이다 : 아무튼 최소한 너희의 강한 인격과 역사적 위대함에서는 특수한 '역사적 의미'나 '역사적 객관성'이나 연도, 전쟁 이름, 민족정신을 가르치는 의무는 거의 찾아볼 수 없다 : 그런 것들은 특성을 감출 이유가 전혀 없다. 왜냐하면 그것들은 너희 속에서 살고 있었지 우리 속에서 살았던 것이 아니기 때문이다."

그러면 인도인이 욕하도록 내버려두자 : 그들이 우리보다 현명할 것이다. 그러나 우리는 오늘날 다시 한번 지혜롭지 못한 것에 진정 기뻐하길 원하고 '행동하는 자와 진보하는 자'로서 멋진 하루를 만들려고 한다. 왜냐하면 역사의 유익함에 대해 숙고해야 하기 때문이다. 즉 우리가 이미 역사에서 얻을 수 있는 가능한 한 최상의 유익함을 얻었는가 그렇지 않은가에 대해 숙고해야만 하기 때문이다. 역사에 대한 서양의 선입견이 있다고 한다 : 우리는 진보에 대한 신앙의 경우에도 또한 저 '선입견' 속에서의 진보를, 어쨌든 아직 존재하지 않았던 어떤 곳을 향한 우리의 진보를 살펴보기만 하면 된다.

그러나 우리는 역사에서 파생될 수 있는 해로움에 대해 가능한 한 잘 이해하고 있을 경우에만, 역사에서 최대한의 유익함을 추론해낼 수 있을 것이다. 왜냐하면 과잉된 덕들에서 고통을 받을 뿐만 아니라 몰락하게 된다면, 즉 역사도 해로움을 줄 수 있고 역사에서 고통받고 몰락할 가능성이 있다는 것을 알게 된다면, 사람들은 역사의 위엄에 조심스럽게 단절을 고할 수 있을 것이다. 그렇기 때문에 모든 덕의 과잉에서 자신을 보호해야만 하는가? 고통받을 위험이 역사의 과잉 속에 존재하기 때문에 역사의 유익함을 포기해야만 하는가? 아니면 역사에서 그리고 역사 속에서 몰락할 수 있다는 인식이 더욱이 용기 있는 자를 독려하기까지 하게 될 것인가? 결국 모든 영웅주의의 목표가 몰락에서 최대의 유익함을 발견하는 것은 아닌가? 원하는 대로 결정한다면, 역사의 과잉을 의심할 것이고 역사가 하나의 덕이라는 것 자체를 부인할 것이다—이 문제에서 나타나는 것은 사람들이 얼마나 멀리 그리고 깊이 생각하는지, 진정 사람들이 사유하는가 그렇지 않은가이다. 그러나 우리는 그 동안 어떤 점에서 역사(즉 나의 독자들이 허용한다면 : 역사를 다루는 모든 것)도 해로울 수 있는지에 대해 논의하길 원한다.

30[3]

짧게 쓰기. 빙켈만은 짧게 쓰는 것이 어렵다고 말한다. 아무나 할 수 있는 말은 아니다 ; 왜냐하면 사람은 씌어진 액면 그대로 쉽게 받아들여져서는 안 된다. 이 편지를 짧게 만들 시간이 없었다고 누군가에게 쓴 사람은 짧은 글쓰기 방식에 무엇이 필요한지 인식했다.


30[4]

어떤 격정도 없이. 거의 주기 없이. 질문이 없다. 몇 안 되는 모범들. 모든 것은 아주 압박 받은 채로. 평화적인. 반어 없이. 정점 없이. 논리적인 것이 강조된 채로, 그러나 아주 짧게.


30[5]

지혜란 무엇인가? 학문에 대립하여.　　　　　　　　| 머리말.
현재 지혜를 추구하는 노력이 있는가? 아니다.　　　| 본문.
지혜를 추구하는 노력이 필요한가? 요구되는가? ―아니다. 그러나 아마도 언젠가는 곧 요구될 것이다. 언제?
묘사.　　　　　　　　　　　　　　　　　　　　| 후기.


30[6]

교양은 인간의 본성과 대립 관계에 있다.

본성이 자기 스스로 형성되도록, 즉 순전히 우연의 작용들 속에서 형성되도록 방치한다면, 어떤 일이 벌어지는가 : 아마도 본성은 형성될 것이고 우연히 형성되어 형태를 얻게 될 것이다. 물론 본성의 거대한 비이성 때문에 수많은 전형 가운데 하나의 아름다운 전형만이 존재할 것이다. 그 밖의 수많은 것은 파괴된 싹으로 존재할 것이다. 그것들은 내적 힘의 분열이나 외부의 영향으로 파괴된다. 내적 분열(힘이 강해지면서)이나 외부에 의한, 그리고 생명에 필요한 공기의 결핍 등으로 인한 몰락.

강력한 일면성을 지향하는 시대적 경향이 존재한다. 왜냐하면 강력한 일면성은 어찌 됐든 본성의 생동적 힘을 알려주기 때문이다 : 그리고 물론 본성의 힘이 전제이다. 사람들은 결코 약한 본성을 교육 계획에 포함시켜서는 안 된다 ; 그것은 좋은 의미에서건 나쁜 의미에서건 어느 경우에도 크게 강조해서는 안 될 것이다.


30[7]

교육과 관련해 두 가지 원칙이 있다 : 1) 한 개인이 지닌 강한 힘을 빨리 인식한 후, 다른 약한 힘들을 희생시키면서 이런 강한 힘을 교육시키기 위해 온갖 노력을 기울이는 것이다 : 그러면 교육이 바로 저 강한 힘의 성과가 될 것이다. 2) 존재하는 모든 힘을 동원해 조화로운 관계를 만드는 것이다. 미약한 힘, 즉 다른 데로 옮겨가는 것이 [필요한] 힘을 강화하고, 너무 강한 힘을 약화하는 것이다. 그렇다면 사람들은 어디에서 그 척도를 갖는가? 개인의 행복? 개인이 공동체에 보여주는 유용성? 부분적인 교육은 유용한 것이고, 조화로운 교육은 행복한 것이다. 즉시 새로운 문제가 발생한다 : 하나의 거대한 공동체, 하나의 국가, 하나의 민족. 특별히 하나의 부분적 힘을 교육시킬 것인가 아니면 다양한 힘을 교육시킬 것인가? 첫째, 개인의 부분적 특성이 국가의 목표 안에 있을 경우에만 국가는 부분

적으로 교육받은 개인들을 참아낼 수 있다. 말하자면 그런 경우에
만, 국가는 개인의 어떤 한 부분을 그들의 장점에 따라서 교육시킬
수 있다. 그렇지 않을 경우, 국가는 더 이상 강함과 약함을 판단할
수 없고 원래 약한 것일지라도 어쨌든 일정한 특성이 **발전**한 것이라
고 판단하게 될 것이다. 국가가 조화를 원한다면, 이를 항상 두 가
지 방식을 통해서만 할 수 있다 : 모든 개인을 조화롭게 교육하거나
아니면 부분적으로 교육받은 개인들의 조화를 통해. 둘째, 국가는
오로지 서로 충돌하는 강력한 힘에서 평균율을 만들어낼 것이다.
말하자면 국가는 부분적인 배타성 안에 존재하는 강한 힘들을 서로
대립하는 적대성에서, 순간적인 파괴에서 분리시켜야만 한다. 국가
는 하나의 공동 **목표**(교회, 국가 행복 등)를 통해 모든 것을 묶어내
야 한다.

　후자의 유형이 아테네이고, 전자의 유형이 스파르타이다. 전자
의 유형은 상당히 어렵고 인위적인 것이다. 그것은 대개 부패에 노
출되어 있다. 그것은 감시하는 의사를 필요로 한다.

　우리 시대에 모든 것은 난잡하고 모호하다. 현대 국가는 계속
스파르타화될 것이다. 위대하고 고귀한 힘들이 쇠약함과 과잉 지도
를 통해 바싹 말라 죽어가는 것이 가능할 것이다. 왜냐하면 나는 바
로 학문과 철학이 이를 준비하고 있다는 것을 깨닫고 있기 때문이
다. 그것들은 더 이상 방벽이 아니다. 그것들은 더 이상 고유한 **목표**
를 가질 수 없기 때문이다 ; 말하자면 어떤 공동체도 그것들의 존재
를 공동체의 목표로 받아들이지 않기 때문이다. 그래서 일종의 문
화의 피난처라 불리는 현재의 기만적인 국가에 대립하는 문화국가
의 건설이 긴급하게 요구될 것이다.

30[8]

국가 내의 개인의 행복은 전체 행복에 종속된다 : 이것은 무엇을 의미하는가? 이는 소수가 다수의 행복을 위해 이용됨을 의미하는 것이 아니다. 개인이 고귀한 개인과 고귀한 전형의 행복에 종속됨을 의미한다. 최상의 도덕적 인간이건 중대한 의미에서 유용한 인간이건 간에, 고귀한 개인은 창조적인 인간이다. 즉 가장 순수한 유형이자 인류의 개선자이다. 어떤 대가를 치르더라도 국가를 보존하는 것이 아니라 고귀한 유형이 국가 안에 살면서 창조할 수 있도록 하는 것이 공동체의 목표인 것이다. 사람들은 간혹 잘못된 의견을 갖기도 하지만, 고귀한 유형, 종종 정복자, 왕조 등도 국가 생성에 기초가 된다. 국가가 더 이상 존재하지 않아 위대한 인간이 그 안에서 더 이상 살 수 없게 된다면 : 그렇다면 무시무시한 위기의 국가와 약탈국가가 생겨날 것이다 : 이때 가장 강력한 개인이 최고 자리를 차지할 것이다. 국가의 과제는 가능한 한 많은 사람들이 그 안에서 선하고 도덕적으로 사는 것이 아니다 : 숫자가 문제가 아니다 : 오히려 국가 안에서 일반적으로 훌륭하게 또 아름답게 살 수 있게 되는 것이다 : 아마도 국가가 문화의 토대를 제공하게 될 것이다. 짧게 말해 : 고귀한 인간성이 국가의 목표이다. 국가의 목적은 국가 외부에 존재한다. 국가는 수단이다.

현재는 전체의 부분적 힘들을 결속시키는 것이 없다 : 바로 모든 것이 서로 적대적이고 모든 고귀한 힘이 서로 대립하여 소모적인 파괴 전쟁 안에 있음을 우리는 본다. 이러한 것이 철학에서 제시되어야 한다 : 철학은 파괴한다. 왜냐하면 철학은 어떤 것으로도 제한되지 않기 때문이다. 철학자는 **공동체에 해로운 존재**가 되었다. 그는 행복, 덕, 문화, 최종적으로는 자기 자신을 파괴한다.—그러나 철학은 문화의 의사로서 결속시키는 힘의 연합이어야 한다.

30[9]

시작! 무엇! 조화로운 발전! 조각에 재능 있는 자가 음악을 하도록 폭력적으로 강요해야만 하는가? 첼리니Benvenuto Cellini가 그의 아버지에게서 끊임없이 불쾌한 호른과 지긋지긋한 피리를——구두장이를 재단사로 만들어야 하는가? 그런 한 인간의 평범한 학문이 뭐가 중요하겠는가!—사람들은 때때로 허약한 본성을 조화로운 본성과 혼동한다. 오히려 모든 것이 하나의 중심점과 하나의 근본적 힘에 연관되어 있을 때, 다양한 허약한 힘이 동시에 활동하지 않을 때, 조화로움은 존재한다.

미적 인간은 조화로운 인간으로 존재해야 하는가? 그는 결코 미적으로 사용될 수 없다. 그는 피상적이다. 그러나 라파엘로는 확실히 조화롭다.

30[10]

웅변술은 무엇인가?

자신을 이해할 수 있도록 만드는 것인가? 그러나 화가, 상형문자, 동작도 그렇게 하고 싶어 한다.

말을 통해 자신을 이해하도록 만드는 것인가?

글로 된 또는 구술된 웅변술은 정의상 차이가 없다.

그러나 여기에 시와 산문이 빠져든다. 그런데 시 안에는 수사학이 존재하나 시는 수사학의 부분이 아니다.

그러면 이해하도록 만드는 것이란? 그것은 단지 오성에 호소하는 것일 뿐인가? 그러나 수학에는 수사학이 없다.

말을 통해 낯선 지성과 의지를 고무하는 것?

그러나 술 취한 사람처럼 쉽게 흥분하는 사람도 이렇게 한다.

이것은 신중하게 하는 것인가?

그러나 사기꾼과 거짓말쟁이도 한다. 도덕성을 정의하는 것과 관련하여 고려하는 것이 가능한가? 자신을 은폐하는 규정이 없다.

예술적 신중함으로 이렇게 하는 것?

그러나 배우도 이렇게 한다. 또한 그는 웅변가는 아니다(배우가 웅변가를 연기할 때에도 진정한 웅변가와는 무엇인가 다르다).

그러나 목적은 예술적이지 않은가?

단지 수단일 뿐인가? 건축술을 회상하기 위한.

예술적 신중함 속에서 말을 통해, 누군가 사물에 대해 사람들이 원하는 것처럼 생각하고 느끼는 것.

그러면 '성취하다' 가 그 정의에 속하는가?

아니다. 목표를 성취하지 못해도 수사학은 언제나 존재한다.

웅변가는 예술적 신중함 속에서 말과 동작을 사용해 그와 접촉한 사람에게 자신이 원하는 것을 생각하고 느끼게 하도록 노력한다.

그러나 이것은 또한 **사람들이 변증법에서 원하는 것**이 아닌가?

사람들은 어떻게 말을 통해 오성에 영향을 미치는가?

어떻게 감정에?

무엇이 웅변가를 격정적인 연사와 구별토록 하는가? 무엇이 사기꾼과? 배우와?

근본적으로 시인과 웅변가는 하나이다. 나중의 구별은 어떤 것인가?

그것은 예술이고 능력인가? 확실히 웅변가는 예술가이다. 그런데 태고의 웅변가들은 예술에 대해 아무것도 모르는가? 그들은 그것을 살아 있는 실천으로 체험했다.

가장 중요한 것은 : 테마 바로 세우기이다.

그런 다음 : 목차, 묘사, 건축.

그런 다음 : 채색, 장식 등.

학문적 인간과 대립하고 있는 웅변가.

변증법의 전략stratagemata을 연설에 적용하는 것.

30〔11〕

진정한 문제는 진실성과 예술성이다 : 키케로와 로마의 장식원칙을 생각해보라.

30〔12〕

시학. 수사학. 고대 철학. 신화. 국가.

30〔13〕

그리스인들에 대한 하나의 시도.

국가. 윤리. 종교. 철학. 시학. 수사학.

30〔14〕

I장.

이른바 세계의 날과 염세주의의 파괴.

어디에서부터? 비인간들. 나는 철학자라는 이름을 말하려 하지
않는다.

현대의 인간은 힘을 제공했다.

곳곳의 허약함에 대한 묘사.

서로 대립하는 적대성. 왜냐하면 쬠쇠가 없기 때문이다.

원자적인 것.


결코 하르트만을 언급하지 않을 것.


30[15]

## 철학의 곤경

A. 시대의 위기, 철학자에게 제기되는 요구.

    1. 서두름.

    2. 영원을 위한 건축이 없음(새로운 집들).

    3. 빛 바랜 종교.

    4. 의학적 도덕. 자연주의.

    5. (역사, 자연과학을 통해) 약화된 논리.

    6. 교육자 부족.

    7. 욕구와 의무의 불필요하고 위험한 복잡성.

    8. 화산적 근거.


B. 철학에 대한 공격들.

    1. 좀더 엄밀한 방법의 불신.

    2. 역사는 체계의 유효성을 빼앗는다.

3. 교회는 대중적 영향을 상실했다.

4. 국가는 순간적인 삶을 요구한다.

C. 철학자의 모습.

1. 빛 바랜—사유의 방종은 영향 없이(클라이스트).

2. 그들은 학자가 시작하는 지점을 찾는다.

3. 성직자 논쟁.

4. 원시 시대.

5. 윤리적이고 위대한 모범 부족.

6. 어디에서나 삶과 사유의 갈등이 지연된다.

7. 불충분한 논리.

8. 무의미한 학생 교육.

9. 철학자의 삶과 생성.

D. 철학—철학이 문화의 기초일 수 있는가? 그렇다—그러나 이제 더 이상은 아니다 : 철학은 너무나 세련되었고 전문화되었다. 사람들은 더 이상 철학에 따라 행동할 수 없다. 철학은 사실상 현재의 교육 흐름에 자신을 편입시켰다 : 철학은 결코 그 흐름을 지배하지 못한다. 기껏해야 학문이 되었다(트렌델렌베르크).

쇼펜하우어의 모습. 그의 행복주의의 실천(스페인 사람처럼 너무 무르익은 시대의 처세술)과 오직 관조적인 심층철학의 대립. 그는 현재를 두 가지 측면에서 비판한다. 나는 당분간 실천에 대한 쇼펜하우어의 처세술과 심층 욕구를 위한 지혜

외에 다른 어떤 가능성을 보지 못한다.

이러한 모순 속에서 살기를 원치 않는 자는 개선된 자연(문화)을 위해 투쟁해야 한다.

30[16]

울리치Ulrici 씨는 현명한가? 아니면 그는 다만 지혜를 따르는 지혜의 애호가 중 한 사람으로 머물러 있는가? 아니다 : 유감스럽게도 아니다. 그가 현명한 자가 아닌 것이 내 책임은 아니다. 우리 독일인에게는 할레의 현자와 뮌헨의 현자 등이 있다는 인식이 강조될 수 있다 : 우리는 카리에르Carrière에게서, 즉 현실주의와 나무로 된 철의 고안자에게서 정말 마지못해 달아난다 : 만약 그가 조금만 더 현명하다면, 우리는 기꺼이 그가 완전하게 인정되길 원할 것이다. 왜냐하면 민족에게 단 한 번도 현자가 존재하지 않고, 다섯 명의 사유의 요리사만 있다는 것은 부끄러운 일이기 때문이다 : 그리고 E. 폰 하르트만이 자신이 아는 것을 알릴 수 있는 것 : 현재 독일에 철학자가 없다는 것은 부끄러운 일이기 때문이다.

30[17]

칸트 철학의 영향. 클라이스트.

고대인의 단순성.

철학을 추체험할 수 있는 한, 철학을 소유한다고 한다 : 모든 것이 말이 되지 않기 위해(플라톤의 경우에서처럼, 일곱 번째 편지).

30〔18〕

　　1. 현재 철학은 철학자에게 어떤 영향을 미치고 있는가?—철학자는 다른 모든 학자처럼, 게다가 정치가처럼 살고 있다. 쇼펜하우어는 이미 예외이다. 그들이 뛰어난 것은 예의범절에서가 아니다. 그들은 돈을 위해 산다. 아우크스부르크 알게마이네의 다섯 명의 사상가. 최고 전형의 삶을, 즉 칸트와 쇼펜하우어의 삶을 관찰해보라—그것이 현명한 자의 삶인가? 학문에 머물러 있다 : 그들은 자신의 작품에 예술가로서 관계한다. 따라서 쇼펜하우어의 경우, 성공을 향한 열망이 있다. 철학자로 존재하는 것은 편안한 일이다 : 왜냐하면 아무도 철학에 요구하지 않기 때문이다. 디오게네스의 첫 번째 밤. 그들은 순전히 정점들apices을 다룬다 : 소크라테스는 다시 인간으로 철학을 끌어내리도록 요구할 것이다 ; 대중철학은 아예 없거나 대단히 좋지 못한 대중철학만이 존재한다. 이 철학은 시대의 모든 악덕과 조급함을 미리 보여주고 이 방향으로 글을 써나간다. 이 철학은 가르치는 것을 부끄러워하지 않는다. 이미 너무 어리다.

　　철학이 철학 생도에게, 말하자면 학자에게, 어떤 영향을 미치는지 사람들은 알고 있는가? 우리에게는 대화의 최상의 요소, 즉 세련된 윤리가 없다. 라모의 조카.

　　위대함과 삶에 대한 관찰을 위해 만연하고 있는 미적 관점.


30〔19〕

　　독일의 학자와 문필가들에게 적용해볼 때, 철학이라는 단어 때문에 요즘 나는 고통스럽다 : 내게 그 단어는 부적합한 것처럼 보인다. 나는 사람들이 그 말을 피하고 장래에는 독일어로 강하게 사유기업이라고 부르길 원한다. 그리고 내가 어떻게 이런 통찰에 이르렀는지 말하려 한다.

30〔20〕

　　나는 '사유의 민족'에게 독일의 사유기업(철학이라는 말을 하지 않기 위해)을 말할 정도로 매우 불손하다. 이 민족은 어디에 살고 있는가?라고 외국인은 물을 것이다. 다섯 명의 사상가가 사는 곳에 산다. 현재 독일 철학의 총괄 개념인 이들이 최근 공공적인 장소에서 관심을 끌게 되었다 : 울리치, 프로샤머Jakob Frohschammer, 후버Huber, 카리에르, 피히테Johann G. Fichte. 피히테와 관련해서는, 그에 대해 어떤 좋은 것을 말하기는 쉽다 : 왜냐하면 악한 힘센 장사인 뷔히너조차도 그렇게 했기 때문이다 : "젊은 피히테 씨에 따르면, 모든 사람은 날 때부터 자신을 안내하는 정신을 소유하고 있다 : 피히테 씨에게만 그것이 없다." 그리고 다른 네 명의 남자와 관련해, 물질에 광신하는 이 친구는 젊은 피히테에게서는 발하지 않는 어떤 인광이 그들에게서는 발한다고 내게 고백할 것이다. 말하자면 : 한 사람은 정신이 없고, 나머지 네 사람은 인광을 발한다 : 통틀어 말하면 : 다섯 사람 모두 철학을 한다. 이를 표준 독일어로 말한다면, 그들은 사유기업에 종사하고 있는 것이다. 그러나 외국은 우리 독일인이 아직 사유의 민족이라는 것을 인식하려 할 경우 그들을 가리킨다. 정당한 이유로 E. 폰 하르트만은 함께 지칭되지 않는다 : 왜냐하면 이 사람은 젊은 피히테가 아마도 기꺼이 갖고 싶어 한 것을 실제로 소유하고 있기 때문이다 : 그는 정말 무례하게 이것을 매개로 그 다섯 사상가의 민족, 즉 독일인을 오도했다 : 따라서 그는 더 이상 사상가의 민족을 믿지 않은 것처럼 보인다. 아마도―더 나쁜 것인데―한 번도 다섯 개의 사유기업을 믿지 않은 것처럼 보인다. 현재는 단지 그들을 믿는 자만 찬양된다: 그렇기 때문에 하르트만은 독일제국의 유명한 이름 속에 존재하지 않는다. 왜냐하면 그가 정신을 가지고 있기 때문이고, 현재 '제국'은 오로지 정신이 가난한 자들만의 것이기 때문이다.


30〔21〕

철학 교수들은 더 이상 노련함을 연습시키지 않는다. 이제 결코 논쟁하는 것을 연습시키지 않는다. 지금 가르치는 것과 같은 논리는 완전히 무용지물이다. 그리고 학문적 교육자 이상으로 존재하기에 선생은 너무나 어리다 : 그들은 어떻게 지혜를 가르쳐야 하는가?


30〔22〕

덕, 시대에 뒤진 말. 윤리 교육자의 모습을 원하는 젊은 김나지움 교사만 생각해보라!


30〔23〕

학문은 나무와 같은 상황에 처해 있다 : 사람들은 오직 거친 줄기만 붙잡을 수 있을 뿐이다 : 높이 있는 가지는 더 이상 붙잡을 수 없다. 사람들은 떨어지고 대개 가지도 부러뜨린다. 인식론도 이와 같은 상황이다.

30〔24〕

디드로와 프리드리히 대제 시대에는 얼마나 사려 깊었고 얼마나 영혼과 친숙했는가! 완전히 프랑스 사교언어의 토대 위에서 만들어진 미나 폰 바른헬름Minna von Barnhelm 시대조차도 현재에서 볼 때는 매우 훌륭하다. 우리는 조악한 자연주의자이다.

나는 윤리적 자연주의를 찬양하면서 우리가 얼마나 완벽하게 예수회원이 되었는지 보여주려 한다. 우리는 자연적인 것을 사랑하나 윤리학자가 아니라 미학자로서 사랑한다 : 그리고 윤리학자는 존재하지 않는다. 슐라이어마허를 생각해보면 된다.

30〔25〕

지혜에서 가장 중요한 것은 인간이 순간에 지배되는 것을 막는 것이다. 그렇기 때문에 지혜는 신문에 어울리지 않는다. 지혜의 의도는 인간을 온갖 불행에 대해 동일하게 확고히 세우는 것이고, 영원히 무장시키는 것이다. 지혜는 그다지 민족적이지 않다.

30〔26〕

고대인과 비교해보면 몽테뉴도 윤리학의 자연주의자이다. 그러나 그는 무한히 풍부하고 사려 깊다. 우리는 생각 없는 자연주의자이고 모든 지식에서 그렇다.

30〔27〕

원시 상태에 대한 호감은 실로 시대의 취미이다. 게다가 진화론을 종교에 적합한 형태로 가르칠 수 있다니 얼마나 우스운 일인가!

즐거움은 확고한 것이라고는 없는 곳에, 영원한 것과 범할 수 없는
것이라고는 없는 곳에 있다.


30〔28〕

윤리의 저명 인사들이 없다 ; 결정적으로 그들을 인정하는 감각
이 없다. 반대로 힘의 이론이 출몰한다. 한 예 : 헤겔은 좋지 못한
문장가라고 어떤 사람이 말한다 : 다른 사람은 말한다 : 하지만 그
는 독창적이고 대중 어법에 아주 능하다. 그러나 이것은 단지 재료
에만 해당된다 : 문장가는 아름다운 대리석을 소유하고 있는 데서
가 아니라 그 대리석을 다듬는 방법에서 자신을 보여준다. 윤리적
인 것에서도 마찬가지다.


30〔29〕

철학자는 언제나 영혼의 안식을 추구했다 ; 현재는 절대 동요
를 추구한다 : 그래서 인간은 오직 자신의 직무와 사업에 전념한다.
어떤 철학자도 언론의 전제정치를 좋아하지 않을 것이다 : 괴테의
경우에는 주간 번호와 공책만이 발행될 것이다.


30〔30〕

사물에 사람이 붙여준 단어와 이름을 통해서만 사물에서 멀리
떨어지려는 예술이 있다 : 외래어는 때때로 우리가 정확하게 썩 잘
알 수 있는 것을 낯설게 만든다. 철학이라고 말할 때보다 지혜와 지
혜를 향한 사랑이라고 말할 때 확실히 무엇인가 더 친숙하고 효과
적인 것으로 느낀다 : 그러나 언급했듯이, 때때로 예술은 바로 사물

가까이 다가오지 않게 만드는 것이다. 그런데 종종 친숙한 단어에
는 부끄러움을 느끼게 하는 것이 많지 않은가! 자신을 현명한 자라
고 부르거나 또는 단지 현명해지고 있는 자라고 부를 경우 부끄럽
지 않을 사람이 누가 있겠는가! 그러나 철학자라고 부른다면? 누구
나 이를 쉽게 말하려 한다 : 예컨대 선생이 될 때 자신의 오만한 신
앙 고백에 대해서는 단 한 번도 생각하지 않고 누구나 박사 칭호를
가지는 것처럼 쉽게. 그러면 철학자란 외래어는 부끄러움과 겸손에
서 생각된 것이라고 가정해보자 : 아니면 아마도 지혜를 향한 사랑
은 결코 존재하지 않을 것이고 예컨대 '박사' 라는 단어 같은 이국적
명칭은 내용 결핍과 개념의 공허함을 은폐하고 있을 뿐이라는 생각
이 옳은가? 때때로 한 사물의 존재를 입증하는 것은 정말로 어렵다
: 이름은 참을성이 강하고 게다가 유혹적인 반면에, 사물은 연결되
고 번역되고 은폐되고 희석되고 희미한 채로 있다. 우리가 지금 철
학이라고 명명한 것은 진정 지혜를 향한 사랑인가? 두려워하지 말
고 지혜를 향한 사랑을 철학이란 단어의 자리에 놓아보자 : 그것들
이 일치하는지 그렇지 않은지는 생각보다 빨리 나타날 것이다.


30〔31〕

　　플루타르크에 대한 무지. 그에 대해서 몽테뉴. 매우 유력한 저
술가(스마일스Smiles의 경우). 새로운 플루타르크가 가능할 수 있
을까? 정말 우리는 모두 양식 없는 자연주의적 인륜성 속에서 살고
있다 ; 우리는 고대의 형태들을 쉽게 과장된 것으로 간주한다.

30[32]

기독교는 고귀한 형식들을 보여주었다 : 그러나 좀더 위대한 많은 것들이 떨어져나갔다. 현재 다시 고대인의 단순성으로 되돌아가기는 매우 어렵다.

30[33]

예수회는 기독교의 힘을 계속 주장하기 위해 기독교의 요구들을 약화시켰고 가라앉혔다. 프로테스탄티즘은 최대한 차이 없음 Adiaphora에 대한 설명과 함께 시작된다.

30[34]

그라시안Gracián은 삶의 경험 속에서 지혜와 처세술을 보여준다. 현재 이와 비교되는 것은 아무것도 없다. 우리는 아마도 현실에 대한 미시론자일 것이다. 소설을 이해하고 있음을 볼 수는 있다(발자크, 디킨스). 하지만 아무도 소설을 요구하고 설명하는 것을 이해하고 있지는 못하다.

30[35]

우리 철학자의 경우 신비주의의 경향은 동시에 분명한 윤리에서 도피하는 것이다. 이때 도덕적 요구는 더 이상 없고 선함과 초월적 동정심의 천재들도 존재하지 않는다. 책임성이 본질에 잘못 놓일 경우 고대의 도덕 체계는 무용지물이 된다.

30〔36〕

철학자는 학문에서 멀리 도망가려 한다 : 철학자는 학문에 사냥된다. 사람들은 철학의 어느 부분이 약한지 알고 있다. 철학은 더 이상 앞서 가지 못한다 : 왜냐하면 철학조차도 학문으로만 존재하기 때문이다. 점차 오직 국경감시대로만 존재하게 될 것이다.


30〔37〕

24  서론.

8  내면적.

8  객관적.

8  하르트만.

8  대항 수단.
___

56


30〔38〕

반시대적 고찰 구상

1. 교양 속물.

2. 역사.

3. 철학자.

4. 학자.

5. 예술.

6. 선생.

7. 종교.

8. 국가 전쟁 민족.

9. 언론.

10. 자연과학.

11. 민중 사회.

12. 교류.

5      13. 언어.

[31 = Mp XIII 5. 1873년 가을~1873/74년 겨울]

31〔1〕

아침은 지나갔고 낮은
뜨거운 시선의 머리를 축복하고
우리를 정자에 앉게 한다
그리고 우정의 노래를 부르게 한다.
그것은 삶의 아침놀이었다 :
우리에게 그것은 저녁놀이 될 것이다
그러나 낮에는 다만 하나의 울림이다 :
아침구름은 말하고 약속한다
우리에게 아름다운 승리가 아니라— — —

31〔2〕

  페리클레스는 아테네의 축제에 대해 말한다. 그리고 그는 나날
의 광경이 음울한 존재를 몰아내는 아름답고 소중한 집의 장소들에
대해 말한다. 우리 독일인은 이런 음울한 존재로 대단히 고통스러
워한다 ; 실러는 아름다움과 위대함의 쇄도와 미적 고양을 통해 도
덕적 고양과 관련된 영향을 희망했다. 거꾸로 바그너는 독일인의
도덕적 힘이 이제 마침내 진지함과 위엄을 요구하기 위해 예술의
영역으로 향하기를 희망한다. 그는 예술을 가능한 한 엄밀하고 진
지하게 받아들인다 : 그래서 우선 그는 기분 좋게 하는 예술의 작용

을 체험하려 한다. 우리의 경우 그것은 정말 전도되어 있고 비자연적이다 ; 우리는 예술을 통해 기분 좋아지고 싶은 사람들에게 도덕적 독창성과 품성을 요구하기 때문에 그들을 대단히 곤란하게 만든다. 재능 있는 예술가들은 자신을 형성하는 데 어려운 상황에 처하게 되고 모든 힘을 투쟁에 소비해야 하기 때문에, 역으로 우리 비예술가들은 자신에 대해 매우 느슨한 도덕적 요구를 갖게 된다 : 편안함이 삶의 원칙과 직관을 지배하게 된다. 우리는 그렇게 삶을 태만하게 받아들이면서 예술의 진정한 욕구를 잃고 만다. 아테네에서처럼 삶이 의무, 요청, 계획, 고난을 계속 품고 있을지라도 축제와 교양을 찬양하고 열망하는 예술을 알고 있다 : 이로써 예술은 기분 좋게 해준다. 그렇기 때문에 독일인의 도덕적 허약함이 바로 독일인이 문화를 소유하지 못하는 원인인 것이다. 그러니까 : 그들은 기이할 정도로 일을 한다. 모든 것이 성급하다. 유전된 성실성은 거의 자연력으로 나타난다. 여기서 그들의 도덕적 허약함이 모습을 드러낼 것이다!

31〔3〕

강한 일면성을 향한 시대 경향이 있다. 그것들은 적어도 삶의 본성적 힘을 보여주기 때문이다 : 무엇인가 형성되려면, 먼저 힘이 존재해야 한다. 힘이 허약할 경우에는 어떤 희생을 치르더라도 보존하려는 노력이 등장한다 : 아무튼 이때 기쁨을 줄 수 있는 형성물은 존재하지 않는다. 삶을 덥석 물고 어떤 순간에도 건강, 즉 생존을 생각해야 하는 결핵환자와 비교. 한 시대에 그러한 본성이 상당히 많을 경우, 거칠고 적대적인 힘일지라도 마침내 그 시대는 힘을 찬양하게 될 것이다 : 마르비츠Marwitz-편지의 경우 건강한 노란 호랑이로서의 나폴레옹.

31〔4〕

<sup>5</sup> 고대의 도덕을 아는 사람은, 현재 의학적으로 다루어지는 것이 당시에는 도덕적인 것으로 간주되었음을, 영혼과 두뇌의 수많은 장애를 치료하는 것이 당시에는 철학자, 현재는 의사의 해당 사항임을, 특히 현재는 신경과 신경의 진정을 위해 알칼리나 마취제가 고려되고 있음을 알면 놀라게 될 것이다. 고대인들은 일상의 삶에서 <sup>10</sup> 매우 절제 있게, 의도적으로 절제 있게 살았다 : 그들은 자신에 대한 통제력을 잃지 않기 위해 절제하고 거절하는 것을 알고 있었다. 도덕에 대한 그들의 말은 항상 이 말의 내용처럼 체험된 것의 살아 있는 예에서 출발한다. 나는 현대 윤리학자들이 왜 그렇게 멀리 떨어져 있는 드문 것들에 대해 말하는지 모르겠다 : 그들은 인간을 놀 <sup>15</sup> 라운 영적인 존재처럼 간주한다. 그들은 너무 단순히-고대적으로 인간을 다루는 것을, 그리고 필요하나 저급하기 때문에 인간의 다양한 욕구에 대해 말하는 것을 점잖지 못하다고 생각하는 것처럼 보인다. 이런 부끄러움은 너무 확장되어서 현대인은 육체를 단지 가상으로만 가질 뿐이라고 믿고 싶어 할 정도다. 나는 원칙 속에서 <sup>20</sup> 좀더 간단하고 적게 식사하는 채식주의자들이 새로운 도덕 체계를 모두 합친 것보다도 더 유익하다고 믿는다 : 이때는 아무것도 과장되어 있지 않다. 장래의 교육자는 다시 인간에게 좀더 엄격한 식이 요법을 제정해주리라는 점은 의심할 여지가 없다. 사람들은 의학적 자극과 독을 통해, 또한 공기, 태양, 집, 여행 등을 통해 현대인을

건강하게 만들 수 있다고 믿는다. 그래서 인간을 어렵게 만드는 모든 것은 정리되지 않는 것처럼 보인다 : 편안하고 안락한 형태로 건강하고 병드는 것이 격언처럼 보인다. 그러나 이것이 바로 계속될 편협한 무절제, 즉 끝내는 일반적 조급함과 무능력으로 나타날 자기 규율의 결핍이다.

31〔5〕

많은 사물이 약해질 때에야 비로소 견고해진다 : 이때까지는 순간적이고 위력적인 몰락의 위험이 위협한다. 고령에서 건강은 더욱 건강해진다. 예컨대 기독교는 현재 아주 성실히 방어되고 있고 오랫동안 계속 방어될 것이다. 왜냐하면 기독교는 가장 안락한 종교가 되었기 때문이다. 세계에서 너무 오래되어 가장 진저리 나는 사안과 인간의 게으름과 안락함을 자기 진영으로 끌어들인 후 기독교는 현재 거의 불멸에 대한 전망을 갖고 있다. 마찬가지로 철학도 바로 현재 자신에 대한 높은 평가와 수많은 대변자를 갖고 있다 : 왜냐하면 철학은 더 이상 사람들을 고통스럽게 하지 않기 때문이다. 즉 많은 사람들이 철학을 즐기기 때문이고 모든 사람이 어떤 위험 없이도 입을 열고 지껄이는 것이 허락되기 때문이다. 격렬하고 강력한 것들은 위험 속에서 갑자기 파멸로 돌변할 수 있고 벼락 맞을 수 있다. 급작스러운 졸도가 활짝 꽃핀 것을 앗아갈 수 있다. 확실히 오늘날 우리 철학은 졸도해서 죽은 것이 아니다. 특히 역사적 학문이 된 후로 철학은 무해성과 함께 영원성을 보장받았다.

31〔6〕

　　〔+++〕철학자는 이런 결속의 현명한 대변자로 더 이상 인정 받지 못하고, 신뢰도 얻지 못하고 너무 많은 것을 약속하는 자로서 사기꾼으로 간주되는 반면에. 3) 상대주의 체계로 변한 엄밀한 개념 속의 철학 방향은 대략 인간은 만물의 척도이다*pantōn metron anthrōpos*와 유사하다. 이것으로 그것은 사라졌다 : 왜냐하면 "여기서 더 이상 가서는 안 된다", "그쪽으로 가서는 안 된다", "저 사람은 길을 잃었다", "우리는 어떤 것도 절대적으로 신뢰하지 않음을 알고 있다" 등 밖에는 알고 있지 못한 국경의 초병보다 견디기 어려운 것은 없기 때문이다. 그것은 전적으로 비생산적인 지반이다.— 그렇게 그것은 정말 사라졌을까?—아주 어린 소년이었을 때 아우구스투스 황제는 울음소리가 불쾌하게 들려 별장의 개구리에게 울음을 그치라고 명령했다 : 수에톤이 말하듯이 개구리는 이때부터 잠잠해졌다고 한다.—

31〔7〕

　　현재 철학자들이 폴리스를 꿈꾸고 싶어 한다면, 그것은 확실히 플라톤의 폴리스가 아니라 일에서 해방된 폴리스(한가로운 사람들의 도시)일 것이다.

31〔8〕

시대 묘사를 위해.

　　나는 종교 문제와 관련하여 피로를 감지한다. 사람들은 중요한 상징에 마침내 피곤해하고 지쳐 있다. 기독교적 삶의 모든 가능성,

즉 진지하고 부주의한 가능성, 천진난만하고 경솔한 가능성, 반성된 가능성이 하나하나 시험되었다. 이제 어떤 새로운 것을 위한 시대이다. 아니면 사람들은 다시 낡은 순환에 빠져들 것이 틀림없다 : 물론 소용돌이가 몇 천 년 동안 우리를 휘감고 돌았기 때문에 여기에서 벗어나는 것은 어려운 일이다. 조롱, 냉소주의, 기독교에 대한 적대도 마지막까지 연주되었다 ; 사람들은 훈훈한 날씨에 얼어붙어 있는 얼음의 표면을 본다. 곳곳에서 얼음은 구멍 나 더럽혀져 있고 광채도 없이 웅덩이가 되어 위험하다. 이때 내게는 오로지 사려 깊고 아주 예의바른 절제만이 적합한 것처럼 보인다 : 나는 이런 절제를 통해 이미 사멸해가는 것일지라도 종교를 존경한다. 우리의 작업은 희망 없는 중병에서처럼 온화하고 잔잔하다 ; 단지 나쁘고 경솔한 사이비-의사들(이들 대부분은 학자이다)에게만 항의해야 할 것이다.—기독교는 이제 곧 비판적 역사, 즉 해부학의 대상이 될 것이다.

## 31[9]

수많은 철학은 이미 상속되었음을, 즉 인간은 거의 포만 상태임을 고려해야 한다. 어떤 대화가, 어떤 사회-책이, 어떤 학문이 응용된 철학을 갖고 있지 않단 말인가! 현재 인간의 수많은 행동은 무한히 많은 철학이 상속되었음을 보여주고 있다. 이미 호메로스의 인간들은 이런 상속받은 철학을 보여준다. 나는 교수가 존재하지 않을지라도 인류는 철학함을 그만두지 않을 것이라고 생각한다. 신학은 무엇을 자신 안에 포함시키지 못했는가! 내가 생각하기로는 모든 윤리학이다. 기독교 같은 세계 관찰은 서서히 다른 모든 윤리학

을 수용하고 투쟁하고 자신 안으로 끌어당길 것임이 틀림없다. 그
것은 모든 윤리학과 논쟁할 것임이 틀림없다―그것은 윤리학이 강
력하게 되어 발판을 얻게 되면 파괴할 것이 틀림없다.

31〔10〕

　　나는 디오게네스의 첫 번째 밤을 생각한다 : 고대의 모든 철학
은 삶의 단순성을 지향했고 사회 전복 사상에 대한 가장 중요한 처
방 수단으로 일정한 무욕을 가르쳤다. 이러한 관찰로 볼 때, 몇 안
되는 철학적 채식주의자들은 모든 새로운 철학자들보다 인간에게
많은 성과를 가져다주었다 ; 완전히 변화된 삶의 질서를 추구하고,
예를 통해 제시하는 용기를 획득하지 못할 경우에 철학자는 아무것
도 얻지 못할 것이다.

31〔11〕

　　학문은 나무와 같은 상황에 처해 있다. 사람들은 오로지 거친
줄기와 아래쪽 가지만 붙잡을 수 있을 뿐이다. 높이 있는 작은 가지
와 끝 부분은 더 이상 붙잡을 수 없다 : 그러지 않을 경우 사람들은
아래로 떨어지거나 대개 가지도 부러뜨린다. 철학도 이와 같은 상
황이다 : 자신의 우상에 매달리길 원하는 청춘에게 화 있을지어다!

[32 = U II 5a. 1874년 초~1874년 봄]

32〔1〕

　자신을 그렇게 부르는 모든 것은 여전히 기독교적인가? 아니면 좀더 상세하게, 동시에 좀더 깊이 고려해서 물어보자. 현재 우리의 삶에서 도대체 어떤 것이 실제적으로도 기독교적인 것인가? 이와 달리 어떤 것이 오직 습관이나 공포 때문에 기독교적인 것으로 불리는가? 그리고 한 번도 기독교적이라 불린 적이 없고 〔그리고〕 오히려 의심할 여지 없이 비기독교적인 것이 존재하는가? 우선 후자의 문제를 대답하기 위해 예를 든다면, 나는 학문 전체를 언급하겠다 : 현재 학문 전체는 비기독교적이고 그렇게 불리길 원하고 있다.

32〔2〕

키케로.


장식.

성실함.

장식 문화.

이제 또한 그리스인들에게서 배우는 것.

키케로의 도덕적 결핍이 그의 (진지성에 있어) 미적 결핍을 설명하는가?

모든 새로운 시대는 이런 결핍 때문에 고뇌한다 : 우리의 양식은 은폐한다.

키케로의 방식에 따라 그리스인들과 겨룰 수 있다. 레오파르디.

그의 성격의 강점과 성실성은 예술가로서 나타난다. 그러나 그
의 취미의 순수함은 그렇게 크지 않아서 데모스테네스를 모방할 수
있었다 : 그가 이미 데모스테네스와 대단한 경쟁을 하고 있다 할지
라도. (바[그녀]와 베토벤.) 그는 예술가로서 성실하고 마음에 드는
것을 완전하게 제시한다. 그러나 그의 마음에 드는 것은 대개 최고
가 아니라 아시아적인 것이다. 그것은 정말로 로마적이다.

문명의 가능성이 떠오른다.

로마 문화에는 '형식'의 분열이 본질적이다 ; '내용'은 형식을
통해 은폐되거나 칠해진다. 생소한 완성된 문화를 모방하는 것이
뚜렷하게 관찰된다. 그리스인들도 그런 문화를 모방했다. 새로운
형성물이 결과이다. 로마의 웅변술은 거대한 힘으로 존재했기 때문
에 낯선 것을 동화시킬 수 있었다. 우선 아시아 수사학, 그런 다음
로더스 예술의, 그러고 나서 아테네 예술의 화려함, 난폭함, 유혹 :
말하자면 뒤쪽으로, 좀더 간단한 것으로.

32〔3〕
서사시(언어, 문화의 생성)—헤시오도스의 노동과 나날.
서정시(여기에 리듬성)—단편들.
연극(국가와 예술)—제주를 바치는 여인들, 오이디푸스 왕.
웅변가(그리스인과 로마인)—데모스테네스. 화관에 관하여de

corona.

철학자(종교에 대한 투쟁)— 파에도.

역사가(신비적인 것에 대한 투쟁)— 투키디데스.

32[4]

### 그리스적인 것과 야만적인 것.

1. 음악의 정신에서 비극의 탄생.
2. 플라톤과 그의 선배들.
3. 키케로와 데모스테네스.

### 반시대적 고찰.

슈트라우스.

역사.

읽기와 쓰기.

1년간–자발적으로.

바그너.

김나지움과 대학.

기독교의 특성.

절대적 선생.

철학자.

민족과 문화.

고전문헌학.

학자.

신문―노예.


32[5]

| | |
|---|---|
| 1874년 투키디데스. I 페르시아인들. 고르기아스. 화관 앞에서. | 웅변가.<br>서사시 |
| 1875년 투키디데스. II 트라키스의 여인들. 아리스토텔레스. 윤리학. 연설. | 연극. |
| 1876년 투키디데스. 3 안티고네 아리스토텔레스. 정치학. 연설. | 서정시. |
| 1877년 투키디데스. 4 콜로노스의 오이디푸스. 플라톤. 국가론. 연설. | 신화. |
| 1878년 투키디데스. 5 개구리들. 법률. 연설. | |
| 1879년 투키디데스. 6 새들. 테오프라스토스. 성격. 연설 | 역사가. |


32[6]

역사 – 작품.

비극.

단편소설.

도덕과 의학          그리스 문학에 대해.


32[7]

철학자들.

라에르티우스 디오게네스.

*의견 diadoxai*

언어.

32[8]

괴테가 전위된 화가이고 실러가 전위된 웅변가라면, 바그너는
전위된 배우이다. 그는 특[히] 음악을 보탠다.

32[9]

바그너는, 연극예술을 판단할 때나 음악에 관해서 관객이 매우
다른 방식으로 교육받았다고 생각했다. 그는 관객을 통일체로 받아
들였고 관객의 성향 분출을 하나의 뿌리에서 생성되는 것으로 설명
했다. 말하자면 효과는 개별 효과들의 동일한 참여 비율의 합산으
로 전제했다. 음악에서의 이런저런 수많은 기쁨, 마찬가지로 수많은
연극예술과 연극에서의 기쁨.

이제 그는 위대한 여배우가 이러한 계산을 혼란에 빠뜨린다는
것을 배운다―그리고 동시에 그의 이상은 상승한다―위대한 음악
등이 동등하게 존재한다면, 무엇이 효과를 정점에 이르게 할 것인
가?

32[10]

그는 아마도 무절제와 방종을 자연으로 간주할 것이다.

괴테도 마음에 드는 것을 할 수 있음을 의심하지 않았다. 그의
취미와 능력은 병행해간다. 가정적인 것.

자신에게 강한 영향을 준 것을 바그너도 하기를 원했다. 모방할 수 있었을 때 그는 더 이상 자신의 모범들을 이해하지 않았다. 배우-본성.

바그너에게는 법칙 제정의 본성이 있다 : 그는 많은 관계를 무시하고 작은 것에 매몰되지 않는다. 그는 모든 것을 위대함 속에서 정돈한다. 그는 독립된 개별적인 것에 따라 평가되어서는 안 된다—음악, 연극, 시, 국가, 예술 등.

음악은 가치가 크지 않다. 시 또한 〔없다〕. 연극 또한 없다. 연극예술은 때때로 다만 수사학일 뿐이다—그러나 모든 것은 위대함 속에서 하나이고 정점에 있다.

사유하는 자로서 바그너는 음악가와 시인으로서의 바그너와 마찬가지로 고귀하게 존재한다.


32〔11〕

바그너의 첫 번째 문제 '내가 효과를 지각할 때 왜 효과는 일어나지 않는가?' 이것은 그를 관객과 국가와 사회에 대한 비판으로 몰고간다. 그는 예술가와 관객의 관계를 주체와 객체의 관계로 설정한다—매우 소박하다.

바그너의 재능은 개체로서의 한 그루 나무가 아니라 성장하는 숲이다.


32〔12〕

그는 서로 다른 것들 안에서 통일의 감정을 가진다—그렇기 때문에 나는 그를 문화 수행자로 간주한다.

## 32〔13〕

복잡한 자물쇠 안으로 열쇠를 돌리는 경우처럼, 그는 조화 속에서 편안하게-저항적인 것을 지니고 있다.

전체적으로 바그너는 합법칙적이고 리듬이 있다. 개별적인 몇몇 경우에 그는 종종 폭력적이고 리듬이 없다.

바그너는 다양한 예술을 동일하게 감지하는 데 익숙해져 새로운 음악에 대해 매우 둔감하다 : 그래서 그는 그것을 이론적으로 비난한다. 시에 대해서도 마찬가지다. 이 때문에 동시대인들과 많은 불화가 있다.

## 32〔14〕

모든 예술은 수사학의 단계를 거친다. 시와 수사학 또는 예술과 수사학의 근본적인 차이.

엠페도클레스의 경우 생성은 특징적이다. 수단 존재.

배우와 웅변가 : 첫 번째 사람이 전제되었다.

자연주의. 자극에 대한 계산. 위대한 관객에 대한 계산.

수사학이 비도덕적 예술과 일치하는 모든 근거를 계산하는 것.

수사학의 여운으로서 산문 문학의 생성.

누군가 예술가로서 실제로 자신의 주관성을 뚜렷이 설정하는 경우는 매우 드물다 : 대개 그것을 채택한 방식과 양식으로 은폐한다.

솔직한 예술과 솔직하지 않은 예술—주요 차이점. 이른바 객관 예술은 자주 솔직하지 않은 예술일 뿐이다. 그렇기 때문에 수사학이 더 솔직하다. 왜냐하면 수사학은 기만을 목표로 승인하기 때문이다. 그것은 결코 주관성을 표현하길 원치 않는다. 그것은 민중이 생각하는 주체의 특정한 이상과 강력한 국가원수 등에 〔조응하길〕 원한다.

모든 예술가는 말하자면 그의 스승들처럼 말하며 솔직하지 않게 시작한다(소포클레스, 아이스킬로스의 과장). 인식과 능력 사이의 빈번한 대조에서 영원하다 : 그런 다음 예술가들은 취미의 편에 서고 영원히 솔직하지 않게 존재한다. 세계제국의 장식적 인간 키케로. 그는 자신을 완성된 인간 그리고 자연의 기쁨으로 간주하기 때문에 명예의 느낌을 갖고 있다. 그의 정치적 행동들은 장식이다. 그는 모든 것을, 예컨대 학문과 예술 같은 것을 그것의 장식적 힘에 따라 사용한다. '격정 자체'와 아름다운 격정의 창안자. 덮어 감싸는 장식으로서의 문화.

과제 : 그런 본성의 생성을 심리학적으로 설명하는 것.


32[15]

바그너의 한 특성 : 난폭함과 무절제. 그는 자신의 힘과 감각의 마지막 싹에까지 간다.

바그너의 명랑함은 거대한 위험과 방탕함에서 제한된 친숙함으로 회귀하는 것을 확신하는 감정이다 : 그가 교류한 모든 인간은 그 자신의 삶의 과정에서의 제한된 단면들이다(적어도 그는 그들에게서 아무것도 느끼지 않는다). 그렇기 때문에 이때 그는 명랑하고 우월하게 존재할 수 있다. 왜냐하면 이때 그는 모든 문제와 함께 숙고의 놀이를 할 수 있기 때문이다.

다른 특성은 전위된 위대한 예술 재능이다. 이것은 첫 번째 가까운 노정에서가 아니라 다른 노정에서 터져나온다 : 이때 그에게는 형태, 목소리, 필요한 만족이 결핍되어 있다.

우리의 위대한 음악가 가운데 어느 누구도 28세의 바그너처럼 그렇게 형편없는 음악가는 없었다.

그는 〈탄호이저〉에서 한 개인의 일련의 도취 상황을 고무시키려 한다 : 그는 이러한 상황에서 비로소 자연스러운 인간이 나타난다고 생각하는 것처럼 보인다.

〈마이스터징어〉와 〈니벨룽겐〉의 부분에서 그는 다시 자기 지배로 회귀한다 : 그는 도취적 흥분 속에서보다 이때 더 위대하다. 그에게 제한은 바람직하게 존재한다.

자신의 예술 욕구를 통해 단련된 인간.

그는 자신의 허약함을 현대에 전가시킴으로써 분출한다 : 자연이 자유롭게 주재할 경우 자연의 덕에 대한 자연스러운 믿음.

그는 자신의 예술을 척도로 국가, 사회, 덕, 민중과 같은 모든 것을 판단한다 : 그리고 그는 불만족스러운 상황에서 세계가 몰락하기를 희망한다.

바그너의 청년 시절은 다방면의 예술 애호가의 시절이었다. 이 애호가에게서는 옳은 것이 전혀 나올 수 없었다.

나는 바그너가 음악적 재능을 가지고 있는지 불필요하게 회의했다.

그의 본성은 서서히 분화된다 : 지크프리트, 발터, 탄호이저와 더불어 작스-보탄이 등장한다. 그는 매우 늦게 사람을 파악하는 법을 배운다. 탄호이저와 로엔그린은 애송이의 좋지 않은 산물이다.

그는 자신의 공직에서 달아났다. 더 이상 봉사하고 싶지 않았기 때문이다.

32[16]

　　배우로서 그는 인간을 오로지 가장 활동적이고 실제적인 인간으로만 모방하려 했다 : 최고의 자극 속에서. 왜냐하면 그의 극단적인 본성은 다른 모든 상황에서는 허약함과 비진리를 보았기 때문이다. 자극적 회화의 위험은 예술가들에게 특별하다. 어떤 대가를 치르더라도 도취적인 것, 감각스러운 것, 황홀한 것, 급작스러운 것, 감격스러운 것―끔찍한 경향들!

32[17]

　　험구가를 위한 음악은 과장된 것이다 : 그것은 매 맞고 학대받는 자를 더 이상 표현할 수 없다. 곱사등이가 조롱당하는 경우처럼 사람들은 정말 동정심을 갖는다.

32[18]

바이로이트의 리하르트 바그너.


1. 실패의 원인. 그 가운데 무엇보다도 생소하게 만드는 것. 바그너에 대한 호감의 결여. 어렵고 복잡하다.
2. 바그너의 이중적 본성.
3. 자극. 도취. 위험.
4. 음악과 연극. 병렬적인 것.
5. 가정한 것.
6. 뒤늦은 남성성―더딘 발전.
7. 문필가로서의 바그너.

8. 친구(새로운 생각을 자극한다).

9. 적(반목하는 자들에 대한 어떤 존경과 관심도 유발하지 않는다).

10. 생소하게 만드는 것이 설명한다 : 아마도 고양되었는가?

모토 : ━ ━ ━

32[19]

휴식과 신뢰를 향한 동경―난폭함과 무절제에서―방황하는 네덜란드인 속에서.

32[20]

바그너에게는 지배 본성이 있다. 그는 오로지 이럴 경우에만 자신의 영역 안에 있고 어느 정도 절제 있고 확고하다. 이러한 욕구가 방해받을 경우 그는 무절제하고 괴팍하여 까다로워진다.

괴테가 화가의 손이 없이도 화가인 것과 마찬가지로 바그너는 선천적인 배우이다. 그의 재능은 해결책을 탐색하고 찾는다.

이제 이러한 좌절된 욕구가 함께 작용하는 것을 생각할 수 있을 것이다.

32[21]

개별적으로 세분된 예술에 몰두하는 독일인을 바그너가 망쳐놓는 일은 실제로 가능하다. 더 나아가 그의 영향으로 인해 통일된 교양의 형상을 얻을 수도 있을 것이다. 이 형상은 개별적인 능력과 지식을 합산해서는 이를 수 없는 것이다.

32〔22〕

잊지 말아야 할 것 : 바그너의 예술이 말하는 언어는 연극적 언어이다 ; 그것은 방이나 막힌 공간에 어울리지 않는다. 그것은 대중 연설이며, 고귀함조차도 거칠게 표현하지 않으면 생각할 수 없도록 만든다. 그것은 널리 영향을 미치고 대중의 혼란을 정돈시켜야 한다. 예컨대 황제의 행진.

32〔23〕

많은 실책은 비평가가 자신의 부분 예술(하우스-예술)에서 출발하는 데 있다.

32〔24〕

그는 배우처럼 음악과 관계한다 : 그렇기 때문에 그는 말하자면 다양한 음악가의 영혼에서 말하고 완전히 분리된 세계(〈트리스탄〉, 〈마이스터징어〉)를 나란히 세울 수 있다.

32〔25〕

사람들은 부당하게 존재하지 않아도 되고 루터 등이 가진 순수성과 무욕을 예술가에게 요구하지 않아도 된다. 그러나 바흐와 베토벤에게서는 순수한 본성이 빛난다. 바그너의 경우 도취적인 것은 때때로 폭력적이고 충분히 순박하지 않다. 특히 두드러진 대조를 통해 너무 강하게 상연되었다.

32[26]

　　그의 자연으로의 도주, 즉 자극으로의 도주는 의심스럽다. 왜냐
하면 자극이 가장 영향력이 크기 때문이다. 순수하게 즉흥적인 예
술의 가능성은 잘못된 것이다 : 그것은 독일 음악과 대립하는 그저
소박한 견해일 뿐이다. 바그너의 경우 유기적 통일성은 연극에 있
다. 그렇기 때문에 (종종) 음악과 마찬가지로 텍스트도 꿰뚫고 나가
지 못한다. 그것은 즉흥적으로 만들어진 인상을 준다(이는 단지 최
고의 예술가들의 경우에만 좋은 것이지 성장하는 예술가의 경우에
는 아니다 : 그리고 그것은 항상 기만하고 풍부하다는 인상을 불러
일으킨다).

32[27]

　　음악과 언어 사이에는 실제로 유기적인 연결이 가능하다 : 노
래에서. 또한 때때로 전체 장면에서. 연극과 음악을 그러한 관계로
만드는 것은 하나의 이상이다. 전형은 고대의 합창가무단이다. 이
렇게 되면 목표는 너무 높이 설정된 것이다 : 왜냐하면 우리에게는
아직 운동 양식이 없고 음악과 마찬가지로 관현악단도 다양하게 형
성되어 있지 않기 때문이다. 그러나 자연주의적 격정에 봉사하도록
음악을 몰아가는 것은 음악을 소멸시키고 음악 자체를 혼란스럽게
하고 음악이 나중에 공동의 과제를 해결할 때 무기력하게 만든다.
바그너와 같은 예술이 최고로 만족스러운 예술이고 예술 발전의 무
한한 미래를 보여준다는 점은 의심의 여지가 없다. 그러나 독일적
인 형식 감각! 음악이 나빠지지 않으면서 형식이 존재하면 좋을 텐
데! 한스-작스의 동작에 봉사하면서 음악은 변질됨이 틀림없다(험

구가).

32〔28〕

    여기 무언가 이상한 것이 있다 : 바그너는 연극을 진지하게 받
아들이도록 독일인들을 설득할 수 없다. 그들은 차갑고 느긋하다—
그는 마치 독일인들의 구원이 여기에 달려 있는 것처럼 열을 낸다.
특히 현재 독일인들은 매우 진지하게 열중하고 있다고 믿고 있다.
그들은 누군가 그렇게 격식을 갖춰 예술에 몰두하고 있는 것을 재
미있는 광신 행위처럼 받아들인다.

    바그너는 개혁가가 아니다. 왜냐하면 지금까지 모든 것은 낡은
것에 머물러 있기 때문이다. 독일에서는 누구나 자신의 문제를 진
지하게 받아들인다. 그래서 사람들은 오로지 자기 자신만이 진지하
다고 자부하는 자를 비웃는다.

    금융 위기의 영향.

    정치적 상황의 일반적인 불확실성.

    독〔일의〕 운명의 신중한 지배에 대한 회의.

    예술적 흥분(리스트 등)의 시대는 지나갔다.

    진지한 민족은 몇몇 경박성이 위축되는 것을 원치 않는다. 독일
인들은 그러한 것을 연극예술에서 원치 않는다.

    주요 사안 : 바그너가 소유하고 있는 것과 같은 예술의 의미는
우리 사회의 노동 환경에 어울리지 않는다. 따라서 부적합한 것에
대한 본능적 혐오.

32〔29〕

　　바그너는 독일인 한 사람에게 너무나 불손하다 ; 사람들은 루
터, 우리의 총사령관을 생각할 것이다.


32〔30〕

　　문필가로서 바그너는 자신의 형상을 충실하게 표현하지 않는
다. 그는 작곡하지 않는다 : 전체는 직관적으로 드러나지 않는다 :
그는 개별적인 것에서 이탈하고 불명료하고 순진하지 않고 숙고하
지 않는다. 그에게는 명랑한 오만불손함이 전혀 없다. 그는 모든 기
품과 우아함을, 그리고 변증법적 명민함도 거절한다.


32〔31〕

　　바그너는 어떻게 추종자를 얻는가? 극작가로서 관심을 끌었고
아마도 별것 아닌 목소리에서 완전히 새로운 가능성을 보여줄 수
있었던 가수들. 연주의 대가에게 배운 음악가들 : 연주는 작품 자체
에 대해서는 어떤 의식에 이르지 못하게 할 정도로 독창적이어야
한다. 예전에 지루했던 극장의 교향악단 단원들. 관객의 도취와 매
혹을 직접적인 형태로 만들어냈고 바그너적인 관현악단의 색채 효
과를 습득한 음악가들. 전복 속에서 무엇인가 자신에게 이로운 것
을 획득하기를 희망한 온갖 종류의 불평불만을 가진 자들. 이른바
'진보'에 열광하는 모든 사람. 지금까지의 음악에는 지루해했고 이
제 자신의 신경이 세차게 운동하고 있음을 느끼는 그러한 자들. 모
든 무모하고 비상한 것에 감정이 휩쓸리는 사람들.—그는 쉽게 연
주의 대가들을 얻었고 쉽게 일부 작곡가들을 얻었다 ;—이 사람도

저 사람도 그 없이는 지낼 수 없다. 대단히 모호한 개혁 욕구를 가진 작가들. 독립적으로 사는 방식을 찬미하는 예술가들.

32〔32〕

'잘못된 전능함' 이 어떤 '압제적인 것' 을 바그너 안에서 발전시킨다. 유산(遺産)과 무관하게 존재하는 감정―그렇기 때문에 그는 자신의 개혁 이념의 폭을 최대한 넓히려 한다. 말하자면 그는 양자를 통해 번식하고자 한다. 정당성 추구.

그 폭군은 자신과 자신에게 친숙한 개성과 다른 개성은 전혀 인정하지 않는다. 브람스 등과 : 또는 유대인을 인정하지 않는다면, 바그너가 안고 있는 위험은 크다.

32〔33〕

바그너는 현대적 인간이다. 그는 신에 대한 믿음을 통해 자신에게 용기를 북돋아 강해질 수 없다. 그는 선한 존재의 손 안에 있다고 믿지 않는다. 그러나 그는 자기 자신을 믿는다. 오직 자기 자신만을 믿는 사람은 누구도 자기 자신에 대해 더 이상 완벽히 솔직하지 않다. 바그너는 시대와 적대자에게 허약함을 짊어지게 함으로써 자신의 모든 허약함을 제거한다.

32〔34〕

거대한 것에 대한 폭군적 감각.

그에게는 어떤 외경심도 없다. 진정한 음악가는 그를 불청객으로, 부당한 자로 본다.

32〔35〕

바그너가 높은 지위를 가진 귀족으로 태어나지 않은 것과 정치
영역으로 옮겨가지 않은 것은 행운이다.


32〔36〕

이런 거대한 환희와 자기 희생에 능력이 있다고 느끼는 인간이
겸손하다는 것은 어렵다. 왜냐하면 오직 아는 사람에게만 겸손함이
요청되기 때문이다. 무지하고-도취된 자는 제한이 없다. 천재 예찬
이 더해진다. 쇼펜하우어를 통해 접근된다.


32〔37〕

사람들은 실패 때문에 바그너를 더 이상 자극하지 않는 것이 좋
다 : 사람들은 그를 너무 격분하게 만든다.


32〔38〕

현재 그는 아마도 독일의 저급한 덕과 편협함을 가장 공정하게
평가하는 자일 것이다. 왜냐하면 그는 그것들이 굴복하고 있다고
보고 현재 승리하고 있는 것에 대항해 그것들과 함께 모반을 꾀하
기 때문이다.


32〔39〕

그는 자신이 정치적 가능성에 대한 숙고에서 자유롭지 못하다
고 생각했다 : 바〔이에른〕〔의〕 왕과의 불행한 관계를 의미한다. 왕
은 첫째 바그너가 작품을 상연할 수 없게 했고, 둘째 임시 상연을

통해 작품의 반은 포기하게 했고, 셋째, 바그너에게 좋지 않은 평판
을 만들어주었다. 왜냐하면 사람들이 이 영주의 과도함을 보통 바
그너의 탓으로 돌렸기 때문이다. 마찬가지로 그는 불행하게도 혁명
에 관여했다 : 그는 능력 있는 후원자들을 잃었고 공포감을 유발시
켰고 다시 사회주의적 당파에게는 변절자로 나타난 것이 틀림없다
: 모든 것은 자신의 예술에 어떤 장점도 주지 못했고 고귀한 필연성
도 없었다. 이는 영리하지 못하다는 표시이다. 그는 1849년의 상황
을 전혀 간파하지 못했기 때문이다.

세 번째로 그는 현재 독일에서 대부분의 돈과 언론을 장악하고
있는 유대인을 모욕했다. 그가 그렇게 했을 때 게다가 직업도 없었
다 : 나중에 그것은 보복이었다.

그가 비스마르크에 두었던 커다란 신뢰가 정당한지는 그리 멀
지 않은 미래가 가르쳐줄 것이다.

32[40]

그는 위대한 음악가들을 평가할 때 너무 강한 표현을 사용했다.
예컨대 그는 베토벤을 성자라고 부른다. 또한 9번 교향곡에 가사를
끌어들인 것을 중대 행위로 묘사한 것은 너무 지나친 행동이다. 그
는 비난과 마찬가지로 칭찬을 통해서도 불신을 조장한다. 우아함,
기품, 순수한 아름다움, 완전한 평정 속에서 움직이는 영혼의 광채
가 그에게는 없다 : 그리고 그는 이것들을 평가절하하려 한다.

32[41]

배우로서의 그의 재능은 사적인 삶에서는 전혀 그렇지 않다는

데서 나타난다. 문필가로서 그는 설득하는 힘이 없는 웅변가이다.

32[42]

　　물론 화려한 리듬이 있는 복합문의 소멸과 박자를 지닌 문장의
보존은 틀림없이 무한성의, 바다의 인상을 만들어낸다 : 그런데 그
것은 예술 수단이지 바그너가 제정하기를 원하는 정규 법칙은 아니
다. 우리는 우선 그것을 잡으려 애쓰고 복합문을 추구하고 끊임없
이 기만당한다. 결국 사람들은 물결 속으로 몸을 던진다.

32[43]

　　춤에서 교향곡에 이르는 노정에는 비약이 없다 : 리듬이 없는
현실적 격정의 자연주의의 짝으로 무엇이 남아 있는가. 그러나 예
술은 양식화되지 않은 자연에서는 아무것도 시작할 수 없다. 매우
우려할 만한 유형의 트리스탄의 방종, 예컨대 2막 끝 부분에서의 분
출. 마이스터징어의 때리는 장면의 무절제. 바그너는 형식의 관점
에서 독일인의 철저한 난폭함을 가지고 있다고 느끼고, 프랑스인이
나 그리스인의 표어 아래서 싸우는 것보다는 한스 작센의 표어 아
래서 싸우길 원한다. 그러나 우리의 독일 음악(모차르트, 베토벤)은
민요처럼 이탈리아의 형식을 내적으로 받아들였다. 그것은 잘 정돈
된 윤곽의 풍부함을 갖고 있기 때문에 농부적-시민적인 조야한 태
도에 걸맞지 않는다.

32[44]

　　바그너의 예술은 스쳐 지나가고 초월적이다. 우리의 가련한 독

일적 천박함은 무엇과 함께 시작해야 한단 말인가! 그의 예술에는 이 세계에서의 도피 같은 어떤 것이 있다. 그의 예술은 이 세계를 부정하며 찬양하지 않는다. 그렇기 때문에 그의 예술은 직접적으로 도덕적인 영향을 미치지 않고 간접적으로 정관주의적인 영향을 미

5 친다. 오직 이 세계 안에서 그의 예술의 자리를 준비할 경우에만, 우리는 그를 전념하고 있는 능동적인 인간으로 본다 : 그러나 우리는 탄호이저, 로엔그린, 트리스탄, 지크프리트와 무슨 관련이 있단 말인가! 그러나 지금 같은 시대에 그것은 예술의 숙명인 것처럼 보인다. 예술은 사멸해가는 종교에서 힘의 일부를 빼앗는다. 따라서

10 바그너와 쇼펜하우어의 연합. 이것은 아마도 문화는 곧 다시 한번 수도원 풍으로 침전된 종파 형태로만 존재하게 될 것임을 암시하고 있다 : 주위 세계에 거절하는 태도를 취하는 종파들. 쇼펜하우어의 '삶에의 의지'는 이때 예술적 표현을 획득한다 : 목적이 없는 어리석은 추구, 이러한 도취, 이러한 회의, 고통과 열망의 이러한 분위

15 기, 사랑과 정열에 대한 이러한 강조. 드물게 청명한 태양 빛, 그러나 매우 마술적인 빛의 마법들.

예술을 그렇게 설정하는 데는 강점과 약점이 있다 : 여기에서 단순한 삶으로 되돌아가는 것은 매우 어렵다. 현실 개선은 더 이상 목표가 아니다. 현실의 파괴 또는 기만이 목표이다. 강점은 종파주

20 의적인 성격에 있다 : 예술은 사람들에게 무조건적인 결단을 요구한다.―인간은 이런 예술과 쇼펜하우어의 철학을 통해 더욱 개선될 수 있는가 그렇지 않은가? 확실히 진실성과 관련해서. 거짓과 인습이 그렇게 지루하고 관심 없는 시대에 마찬가지로 진실성도 관심거리가 되지 않을 것이라면! 그렇게 재미있게 이야기하면서! 미적으

로 자극적인!

32〔45〕

　　예술적 힘은 제어할 수 없는 욕구를 고귀하게 만들고 압박해 집
중시킨다(이 작품을 가능한 한 완전하게 형성하려는 희망으로). 그
것은 바그너의 본성 전체를 고귀하게 만든다. 그가 단지 보기만 하
면 될 때까지 그렇게 높이, 그것은 항상 더 높은 목표를 향해 뻗는
다 : 이러한 목표들은 점점 더 발전하게 되고 또한 마침내 더욱 명
료해지며 이를 통해 가까워진다. 그렇게 지금의 바그너는 오페라와
드라마의 바그너나 사회주의자로서의 바그너와 일치하지 않는 것
처럼 보인다 : 예전의 목표는 높이 있는 것처럼 보이지만 단지 멀리
있고 모호한 것일 뿐이다. 현존재나 독일 등에 대한 현재의 그의 견
해는 대단히 보수적이기는 하나 좀더 깊어졌다.

32〔46〕

　　연극 장치에서의 단순함은 배우를 나타낸다.

32〔47〕

　　셰익스피어와 베토벤은 공존한다―가장 과감하고 미친 사유.

32〔48〕

　　죄와 부당함을 전가시키면서― 왜냐하면 그는 항상 성장하고
그래서 부당함을 빨리 잊기 때문이다 : 새로운 단계에서 그는 그것
을 이미 미미하고 상처가 아문 것으로 간주한다. 쇼펜하우어처럼

모든 것에 대해 자신을 위로할 수 있다.


32[49]

가정상의 인간에 관한 괴테의 언급은 27, 507에 있다.


32[50]

사람들은 바그너의 경우 훌륭한 '행위형상음악'에 대해 말할 수 있을까?

그에게는 가시화될 내면과 운동으로 직관될 심정의 형상이 아른거린다―그는 그 형상에 조응하려고 한다 : 완전히 쇼펜하우어적으로 의지를 직접적으로 파악하는 것.

차례로 실존의 복사로서의 음악.


32[51]

연극의 운동과 행위에 음악의 운동 동기가 있다는 것은 위험하다. 또한 그것이 이끌려나온다는 것도 위험하다. 두 개 중 하나가 이끄는 것은 불필요하다―우리는 완전한 예술 작품 안에서 필연적인 공존의 느낌을 갖는다.


32[52]

바그너는 오페라 장르에서 표현 수단인 음악이 목적이 되고 반대로 표현 목적이 수단이 되는 것을 오류라 한다.

즉 그에게 음악은 표현 수단에 해당한다―배우에게는 매우 특징적인 것이다. 현재 교향곡에 대한 질문이 생겨난다 : 여기서 음악

이 표현 수단이라면, 무엇이 목적인가? 목적은 음악에 있지 않다 :
본성적으로 표현 수단인 것은 이제 표현해야 할 어떤 것을 가져야
만 한다 : 바그너는 연극을 생각한다. 그에게 연극과 무관한 음악이
란 단지 넌센스일 뿐이다 : 그것은 "왜 소음인가?"라는 질문을 일깨
5 운다. 그는 9번 교향곡을 베토벤의 진정한 업적으로 간주한다. 왜냐
하면 여기서는 가사를 첨가함으로써 음악에 표현 수단으로서의 의
미를 부여하기 때문이다.

수단과 목적―음악과 연극―예전의 이론.

일반과 실례―음악과 연극―새로운 이론.

10 후자의 이론이 참된 것이라면, 일반은 결코 실례에 의존해서는
안 된다. 말하자면 절대음악이 옳고, 또 연극의 음악은 절대음악이
어야만 한다.

하지만 그것은 여전히 언제나 비유이고 형상일 뿐이다―연극
은 음악의 일반성에 대한 하나의 예일 뿐이라는 점이 완전히 옳은
15 것은 아니다 : 유와 종, 그러면 어디에? 인물의 운동에 대비되는 소
리의 운동으로서(단지 몸짓을 흉내내는 연극에 대해서만 말할 때).

그러나 또한 인물의 움직임은 좀더 일반적인 형태일 수 있다 :
왜냐하면 인물의 움직임은 무대 밖의 인간들의 움직임이 낳는 결과
보다 풍부하고 강조된 내면 상황을 표현하기 때문이다 : 그렇기 때
20 문에 우리는 상당히 자주 동작을 오해한다. 그 밖에 모든 동작에는
무한히 많은 관습이 들어 있다―완전히 자유로운 인간이란 환영이
다. 인물의 운동성을 제외시키고 고양된 감정에 대해 말한다면, 이
제 음악이 일반적인 것이고 인물의 고양된 감정은 특수한 것이 된
다. 그러나 음악은 바로 소리로 표현된 음악가의 고양된 감정이다.

즉 아무튼 한 개인의 고양된 감정이다. 그리고 그것은 항상 그랬다 (순수 형식주의적인 음악 멜로디 이론을 도외시한다면). 그렇다면 그것은 완전한 모순일 것이다 : 감정의 매우 특수하고 매우 특정한 표현으로서 음악—더불어 매우 특정한 감정들의 공존, 즉 언어와 움직임을 통한 극중 인물들의 공존으로서의 연극. 이런 것들은 어떻게 서로 일치할 것인가? 아마도 음악가는 연극의 과정 자체를 반복 체험하고 순수음악으로 재현할 수 있을 것이다(〈코리올란〉 서곡). 그럴 경우 물론 이런 모사는 연극 자체에 대해 일반화의 의미를 가진다. 정치적 동기와 이유, 이 모든 것은 제거된다. 단지 어리석은 의지만이 말하게 된다. 다른 모든 의미에서 연극음악은 좋지 않은 음악이다.

그러나 음악가와 연극의 전체 과정에 요구된 **동시성**과 정확한 병행! 이때는 이제 음악이 극작가를 방해한다. 왜냐하면 음악은 어떤 것을 표현하기 위해 시간이 필요하기 때문이다. 때로는 연극의 탁월한 감동을 위해 전체 교향곡이 필요하기도 하다. 이 동안 연극은 무엇을 만드는가? 바그너는 이를 위해 대화와 언어 자체를 이용한다.

바로 이때 하나의 새로운 힘과 어려움이 추가된다 : 언어. 언어는 개념 속에서 말한다. 또한 개념은 고유한 시간법칙을 가지고 있다 : 짧은

오직 배우만이 근본에

　　놓여 있는 감정을 〔표현〕한다. 　　　각각은 다른 시간 척도에서

개념 세계　　　　　　　　　　　　　　　〔표현한다〕.

음악

많은 시간이 필요한 힘인 개념이 언어 연극을 지배한다. 그렇기 때문에 행위는 종종 고요하고 구상적이고 집단적이다. 특히 고대에서는 : 고요한 조각은 하나의 상황을 표현한다. 즉 배우는 언어 연극을 통해 의미 있게 규정된다.

5 　이제 음악가에게는 완전히 다른 시간이 필요하다. 기본적으로 그에게는 결코 법칙이 미리 제정될 수 없다 : 자극받은 지각은 한 음악가의 경우에는 길고 다른 음악가의 경우에는 짧다. 이때 개념 언어와 소리언어가 동시에 나란히 갈 것을 요구한다면 이것은 어떤 요구란 말인가!

10 　그러나 언어 자체도 음악적 요소를 포함하고 있다. 강하게 지각된 문장은 일반적인 의지 자극의 형상을 동반하는 멜로디를 지닌다. 이런 멜로디는 무한하게 예술적으로 사용되고 해석될 수 있다.

　이런 요소들을 모두 통일하는 것은 불가능한 것처럼 보인다 : 한 음악가는 연극을 통해 고무된 몇몇 분위기를 재현하지만 연극의 15 거대한 부분에 대해서는 어떻게 해야 할지를 모른다 : 따라서 아마도 서창과 수사학. 시인은 음악가를 도울 능력이 없기 때문에 자기 자신을 도울 수 없을 것이다 : 그는 사람들이 노래할 수 있을 만큼 시를 쓰길 희망한다. 그러나 이에 대해 그는 다만 이론적인 의식만을 가지고 있을 뿐, 내면의 의식은 가지고 있지 않다. 특히 배우는 20 다시 가수로서 입을 활짝 벌리는 것 등 연극적이지 않은 것을 많이 해야 한다. 그는 관습적인 태도를 필요로 한다. 언젠가 배우가 동시에 음악가이자 시인이 될 경우 모든 것은 변할 것이다.

　배우는 동작, 언어, 언어멜로디를 이용한다. 또한 음악 표현에서 인정된 상징을 이용한다. 그는 매우 풍부히 발전된 음악을 전제하고 있다. 이 음악은 이미 무수한 움직임을 확실히 인식하고 반복할 수 있는 표현을 획득했다. 그는 이런 음악을 인용함으로써 관객이 일정한 분위기를 회상하도록 만든다. 이 분위기에서 그는 상술한 대로 자신을 인식하길 원한다. 현재 실제로 음악은 '표현 수단'이 되었다 : 그렇기 때문에 음악은 예술적으로 저급한 단계에 있다. 왜냐하면 음악은 더 이상 내적으로 유기적이지 않기 때문이다. 이제 음악의 대가는 언제나 정교한 방식으로 상징들을 엮어낼 수는 있을 것이다 : 그러나 고유한 맥락과 계획은 음악을 벗어나 외부에 있기 때문에 음악은 유기적으로 존재할 수 없다. 그러나 이 때문에 극작가를 비난하는 것은 아마도 정당하지 못한 일일 것이다. 회화를 수단으로 이용하는 것처럼 그가 연극을 위해 음악을 수단으로 이용하는 것은 가능하다. 그 자체로 음악은 회화적 알레고리와 비교된다 : 고유한 의미는 형상에 있지 않다. 그렇기 때문에 의미는 아주 아름답게 존재할 수 있다.

32〔53〕

　　음악에 대한 연극 음악의 위험.

　　연극적 시인에 대한 음악적 연극의 위험.

　　가수에 대한 위험.

32〔54〕

　　위대한 것은 모두 위험하다. 특히 새로운 것은 위험하다 : 대개 그것은 마치 자신만이 유일하게 정당한 것처럼 등장한다.

　　지금 어떤 시대가 예술을 창조하고 있는지 사람들은 정확히 사

유해야 한다 : 완전히 이완된 채 숨이 가쁘고 신앙심은 없고 탐욕스
러우며 형태는 없고 기초가 불확실하고 거의 절망적이고 소박하지
않고 철두철미하게 의식적이고 귀족적이지 않고 폭력적이고 비겁
한.

32〔55〕

    배우로서의 바그너는 최상으로 재생산한다. 그는 낯선 (음악가
의) 영혼에 찾아온다.

32〔56〕

    현대 독일인의 경우, 예술은 자극으로 간주된 모든 것을 수집한
다—성격, 지식 같은 것이 모두 집합한다. 자신을 주장하고 지배하
려는 엄청난 시도—예술에 어긋나는 시대에. 독에 맞서 독이 : 지
나친 긴장은 모두 예술에 어긋나는 거대한 힘들에 공격적이다. 종
교적이고 철학적인 요소들을 포함해서, 목가적인 것을 향한 동경,
모든 것, 모든 것.

32〔57〕

    바그너는 연극 장치의 단순함을 평가한다. 왜냐하면 그것이 가
장 강하게 작용하기 때문이다. 둔감하기 때문에 매우 거칠고 강력한
수단이 필요한 시대에, 그는 온갖 효과적인 요소를 수집한다. 화려
한 것, 도취적인 것, 당황하게 하는 것, 장엄한 것, 끔찍한 것, 소란
스러운 것, 추한 것, 열광적인 것, 신경질적인 것, 이 모든 것이 정
당하다. 무서운 차원, 무서운 수단.

불규칙적인 것과 과장된 광채와 장식은 풍요함과 풍부함의 인
상을 준다. 그는 무엇이 아직도 우리 시대의 사람들에게 영향을 미
치고 있는지 알고 있다 : 이때 그는 '우리 시대의 사람들'을 이상화
했고 매우 높게 생각했다.

32〔58〕

바그너가 지닌 공명심의 특별한 형식은 과거 속의 위대함과 관
계를 맺고 있다 : 실러-괴테, 베토벤, 루터, 그리스 비극, 셰익스피
어, 비스마르크. 그는 르네상스와만 관계를 맺고 있지 않다. 그리고
그는 독일 정신을 로마 정신과 대립되는 것으로 파악한다. 그의 모
범에 따른 독일 정신의 재미있는 성격화.

32〔59〕

반종교개혁의 한 유형 : 초월적 관찰은 확실히 약화되었다. 아
름다움, 예술, 현존에 대한 사랑은 프로테스탄트 정신의 영향 속에
서 상당히 통속화되었다. 가톨릭식의 이상화된 기독교.

32〔60〕

언어는 강한 표현으로 상승되었다—두운법. 마찬가지로 관현
악단도. 언어의 명확성이 아니라 예감의 도취적 힘이 최상의 것이
다.

32〔61〕

—바그너는 아직 유일하게 남아 있는 기초인 극장에서 예술의

새로움을 추구한다 : 그러나 이때 실제로는 대중만이 선동되고 있을 뿐, 박물관과 음악회에서처럼 아무 모범도 보이지 않는다. 물론 매우 거친 대중이며, 연극에 의한 지배를 다시 잘 활용하는 것은 현재까지 불가능한 것으로 판명되었다. 문제 : 예술은 영원히 종파적이고 고립된 채로 존재해야만 하는가? 예술이 지배하도록 만드는 것이 가능할까? 여기에 바그너의 의미가 있다 : 그는 연극 대중의 도움으로 전제정치를 시도한다. 만약 바그너가 이탈리아인이라면 자신의 목표에 이르게 될 것이라는 점은 의심할 여지가 없다. 독일인은 오페라에 대해 아는 바가 없고 오페라를 항상 수입된 것으로, 비독일적인 것으로 간주한다. 정말이지 독일인은 전체 연극 제도를 진지하게 받아들이지 않는다.

32〔62〕

전쟁.

승리자는 대개 어리석다. 패배자는 악의가 있다.

전쟁은 단순화한다. 남성을 위한 비극. 문화에 미치는 영향은 무엇인가?

간접적 : 전쟁은 야만적으로 만들고 이를 통해 자연적으로 만든다. 그것은 문화의 동면 상태이다.

직접적 : 복무 기간 일 년 수행이라는 프로이센의 시도 : 군 복무의 일정한 경감을 문화-조건들에 연결시키는 것.

삶에 대한 교훈.

현존재에 대한 약어.

그리스인들은 소포클레스를 사령관으로 만든다. 이 때문에 그도 두드려 만들어졌다.

학문의 전쟁.—개인의 무관심과 의무. 인간성에 대립하는 의무에 따르는 행위 —놀라운 교훈을 주는 갈등. '국가'가 아니라 영주나 장관이 전쟁을 수행한다. 사람들은 말을 가지고 사기치지 않아도 된다.

국가의 의미는 국가도 아니고 더욱이 사회도 아니다 : 그것은 개인들이다.

개인의 가치에는 무관심하게 전쟁이 진행되어가는 것처럼 자연도 그렇게 진행되어간다.

나는 오래지 않아 많은 독일인들이 나와 같이 지각하게 될 것임을 알고 있다 : 정치와 민족과 직업 교육적인 신문에서 벗어나 자유롭게 살고자 하는 욕구. 교육-종파의 이상.

32[63]

나는 행동하는 자가 정치 연구에서 이탈하는 것은 불가능하다고 본다. 내게 종교적 정당을 포함하여 전체 정당들이 참을 수 없을 정도로 무가치하다는 것은 명확하다. 나는 정치에서 벗어나기를 고대한다 : 그리고 공동체 내의 우선적인 시민의 의무 수행을 고대한다. 나는 프로이센의 대의-헌법이 불필요하다고 생각한다 : 말하자면 너무나 해로운 것으로. 그것은 정치적 열병을 접종하는 것이다. 그러나 폭넓은 내용을 가진 예전의 교단 같은 집단들이 존재해야만 한다. 아니면 아테네의 철학자 계층과 같은 집단들. 국가 교육에 의한 교육은 경멸되어야 한다.

32[64]

　　감사에서 비롯된 오래된 채무를 통해서도 연합동맹을 통해서도
다른 사람과 연관되어 있지 않음에도 불구하고 누군가 다른 사람의
도움을 갈망한다면—이것이 바로 우리의 경우이다 : 그렇다면 그
는 두 가지를 증명해야 한다 : 우선 자신의 간청이 다른 사람에게
유익함을 가져다준다거나 또는 최소한 해로움은 가져다주지 않는
다는 것을 증명해야 한다. 그런 다음 사람들이 감사하는 자신의 마
음을 확실히 고려하리라는 점을 증명해야 한다. 이 두 가지 점에 대
한 모든 회의를 걷어내는 것이 성공하지 못하면, 사람들이 간청을
거절하더라도 그는 노여워할 이유가 전혀 없다.


32[65]

　　바그너의 자연.

　　그의 예술 작품.

　　시대에 대한 투쟁.

　　정당한 저항.

　　폭력 국가의 시도.


32[66]

　　바그너가 예술에 부여하는 의미는 독일적인 것이 아니다. 여기
에는 장식적인 예술조차도 없다. 예술에 대한 공적인 예의바른 태
도가 없다. 본질적으로 현학적이거나 대단히 조야하다. 어디에나
흩어져 있는 아름다움에 대한 욕망들. 음악만이 유일하게 존재한
다. 그러나 이 음악조차도 조직을 만들어내지 못했다 : 한번도 수입

된 연극 음악을 막지 못했다.


오늘 극장에서 박수를 친 사람은 내일 그것을 부끄러워한다 :
왜냐하면 우리는 베토벤과 바흐 같은 우리의 가정 제단을 소유하고
5    있기 때문이다—이때 기억은 희미해진다.


32[67]

### 시대에 대하여.


10    자연은 선하지 않다—잘못된 허약한 의견과 현세계화에 대립
하는 교의.

삶의 의미는 제도의 보존 또는 제도의 진보에 있는 것이 아니라
개인에 있다. 이들이 나타나야만 한다.

어떤 사람이 정당성의 과제를 넘겨받을 경우, 현존재는 그에게
15    정당성의 의미를 가르칠 것이다.

삶은 가능한 한 편안하고 견딜 만하게 설정되어서는 안 되고 가
혹하게 설정되어야 한다. 어떤 경우에도 형이상학적 의미 속에서
견고하게 건설되어야만 한다.

사물의 박약한 근거는 배우는 우리의 부담을 덜어준다. 아무것
20    도 보호해서는 안 된다. 진리는 표명되어야만 하고 이때 거기서 원
하는 것이 나타날 것이다.

온갖 모호함과 어중간함에서 다시 벗어나고 현존재에 대해 우
리를 기만하지 않는 우리의 과제. 왜냐하면 현재 전 인류는 천박함
속에 매몰되어 있기 때문이다(물론 종교 종파들도 포함되어 있다. 또

한 교황권 지상주의자들도. 왜냐하면 그들은 솔직하지 못하게 신화적 표현을 참되고 적합한 감각으로 방어하면서 자신의 대외적인 힘을 확고히 하길 원하기 때문이다).

괴테적인 그리스 문화는 첫째 역사적으로 틀렸다. 다음으로 너무 약하고 남성적이지 않다.

무기력의 위험은 존재하지 않는다 : 정의는 가장 무거운 의무 중의 하나이다. 그리고 동정은 위대한 자극제이다.

만약 가능한 삶을 넘어 자유로워지는 것이 우리의 과제라면 처방이 존재할 것이다. 특히 괴테적인 처방이 있을 것이다.

사물을 관찰하는 것은 좋은 일이나 사물이 되는 것은 끔찍한 일이다.

개인적인 상처들을 우리에게 받아들이는 진실성의 자유로운 고통.

고통은 현존재의 의미이다.

우리의 진정한 본질에 대한 모호함이 존재하는 한, 우리를 감싸고 있는 수많은 속임수는 삶의 의미에 대해 우리를 기만할 것이다 : 자기 자신을 인식하려는 그런 용기는 또한 속임수 없이 현존재를 바라볼 것을 가르친다 : 또는 역으로.


32[68]

문화의 형이상학.

현세의 삶에 형이상학적 의미를 부여하는 모든 것이 촉진되어야 한다.

종교적인 것은 더 이상 순수하지 않고 가능한 한 혼합되어 있다.

어디에서 교육과 지식 등에 대한 갈망이 오는가? 현존 투쟁을 위한 유익함?

천재와 천재에 대한 갈망의 불멸.

32〔69〕

바흐와 헨델의 의미는 독일적이다.


32〔70〕

독일인들은 소국 분립을 참아내지 못했다. 순종적이고 비겁하고 내적으로는 풍부한.

그들이 거대 국가를 참아낼 수 있단 말인가! 거만하고 내적으로는 공허한.


32〔71〕

독일 문화.


현재까지 아무도 독일 문화의 위대한 목표를 세우지 못했다.

정치적 의미의 위험.

우리는 강력한 민족으로서 엄청난 책무가 있다 : 앞서나가는 것! 달팽이처럼 마무리하는 것은 결코 가능한 일이 아니다.

진정한 인간적 우월성과 무관한 정치적 우월성은 커다란 해로움이다.

사람들은 정치적 우월성이 좀더 개선되도록 노력해야 한다. 자신의 힘을 부끄러워하는 것. 힘을 가장 유익하게 사용하는 것.

독일인은 자신의 도덕적이고 지성적인 탁월함 속에서 휴식을 취하게 될 것이라고 모든 사람이 믿고 있다.

아마도 현재가 바로 어떤 다른 것을 위한 시대, 즉 국가를 위한 시대라고 사람들은 생각한다. 지금까지는 '예술'을 위한 시대 등. 이것은 창피스러운 오해이다 ; 인간의 훌륭한 발전을 위한 씨앗이 존재하고 있다. 이런 것들이 국가를 위해 몰락해야만 한단 말인가! 도대체 국가가 무엇인가!

학자의 시대는 지나갔다. 그들의 자리에 진리를 사랑하는 사람 Philalethen이 등장해야 한다. 거대한 힘.

현재 독일의 힘을 올바로 사용하는 유일한 방식은 독일인에게 주어진 엄청난 **책무**를 파악하는 것이다. 문화 과제의 무기력은 이런 힘을 잔혹한 폭정으로 만들었다.


32[72]

시대.


―계몽의 파괴.

―현존재의 형이상학적 의미 재건.

―기독교에 대한 적대. 왜냐하면 기독교는 그와 같은 것을 간과하기 때문이다.

―혁명 사상에 대항하여.

―행복을 지향하지 않는다 : '진리'를. 편안한 휴식에서가 아니라 영웅적이고 강하다.

―국가와 민족에 대한 과대평가에 대항하여. 야[콥] 부[르크하

르트]

　　—오해된 쇼펜하우어.

　　—사랑 없이 또는 아주 짧게 자신의 사랑 속에서.


32〔73〕

철학자의 교육.


　　때 이른 여행을 통해 민족적인 것에 대해 무관심하게 만드는 것.

　　인간을 아는 것, 적게 읽는 것.

　　병영문화와 무관하게.

　　국가와 의무를 단순하게 받아들이는 것. 또는 이주하는 것.

　　현학적이지 않게. 대학과 무관하게.

　　또한 철학의 역사와도 무관하게 ; 그는 책을 쓰기 위해서가 아

니라 자신을 위해 진리를 추구해야 할 것이다.


32〔74〕

　　현재 정말 허약한 그런 철학자들의 세대가 존재한다고 가정해

보자—그러나 더 나은 세대는 그것을 대학에서 참아낼 수 없을 것이

다.


32〔75〕

　　대학철학

　　　　신학자들에게 봉사하는

　　　　역사에 봉사하는(트렌델렌부르크).

학자들 중의 학자로서 철학자.

모범이 아니다.

그는 직무를 가져서는 안 된다.

어떻게 젊은 사람을 철학에서 시험할 수 있을까.

5     그들의 젊은 시절과 직업을 위한 교육.


32〔76〕

1) 결코 국가에 필요한 만큼 그렇게 많이 존재하지 않는다. 따라서 악화, 너무 어린 등.

10    2) 이들은 학식을 위한 제도들에 따라 분류된다.

3) 이들은 소년이 원한다면 누구나 일정한 시간과 더욱이 일정한 규율 속에서 가르쳐야만 한다.

4) 이들은 신학에 의해 방해받는다.

5) 마찬가지로 국가의 목적에 의해서도.

15    6) 그들은 박학다식해야 하고 학문의 역사(와 평가)를 알아야 한다.

7) 도대체 모든 경험을 하기 전에 어린 사람들을 가르쳐야 (또는 부패시켜야) 하는가? 시험해야만 하는가?

그리스의 소년들은 경험이 좀더 많았다.

20    8) 진정 그들이 말할 자격이 있는가 : 너희가 나를 따라서 모든 것을 능가하라고? 국가도 대학도 이것을 허용하게 되지는 않을 것이다.

9) 그들은 삶 속에 있지 않기 때문에 경험이 없다. 여기에는 적대적인 환경들이 많기 때문에 세대는 진정 기형적으로 성장한다.

여기에서 생성된다 : 철학에 대한 경시.

그들은 이것을 감지하면서 나쁘게 될 것이고 결코 참된 철학자를 허용하지 않을 것이다. 그들은 악의적으로 자신들의 지역과 동료들 속에서 작업할 것이다 등.

존경할 만한 가치가 있는 몇몇 학자는 예외이다 : 그러나 그들조차도 바로 학자이기 때문에 모범은 아니다 ; 그러나 철학에 대한 역사적 작업들은 문헌학자에 의해 잘 이루어졌다 : 그래서 그리스 철학은 언제나 지루함의 저주에서 해방될 수 있다 : 선배들처럼 라에르티우스를 읽어라.

그리고 그들의 봉급은 진정한 의미의 업적에 대한 보수나 사례가 아니다. 그들은 조건에 따라 노동력을 판다 : 이와 같이 그것은 사실상 국가에서 자유롭게 받는 특혜가 아니다.

32〔77〕

IV장에 대해.

루소적 인간과의 차이. 그는 현세의 행복을 원치 않는다. 그는 또한 인간을 위해 행복을 추구하는 것도 아니다.

괴테적 (인간과의 차이). 그는 삶에 대해 자신을 기만하려 하지 않는다 ; 그는 또한 자기 자신만을 위해 살려는 것이 아니다. 고귀한 이기주의 안에서 살려고 한다.

그의 진실성에서 비롯된 시대에 대한 항의.

선한 자연에 대한

계몽에 대한

변질된 기독교에 대한

혁명 사상에 대한

국가의 과대평가에 대한

역사적인 것에 대한

서두름에 대한.

5 　형이상학적 의미 형성.

쇼펜하우어적 인간의 일그러진 형상.

메피스토펠레스적 측면에 따라, 호의 없이.

괴테의 안락한 측면에 따라, 새롭고 달리 인식된 것에 매혹,

결과 없이.

10 　영웅적인 것의 부재. 결론.


32[78]

진실성의 고통은 어디에 있는가?

사람들은 자신의 현세의 행복을 파괴한다.

15 　사람들은 사랑하는 인간들에게 적대적이어야만 한다.

사람들은 공감을 통해 연결된 제도의 정체를 폭로하고 거부

해야 한다.

사람들은 정의를 추구할 때 때때로 부당해질 것이다.

사람들은 개인들을 보호해서는 안 되고 그들과 함께 고뇌해

20 　야 한다.

얼마나 자주 우리의 신념은 순수하지 않고 증오와 경멸로

오염되어 있는가.

사람들은 종종 제도들을 방어하는 것처럼 보이고 경멸되는

것의 동맹연합으로 간주될 것이다.

진실성의 신념.

　순수하고 비인격적

　차갑거나 학문적이지 않고

　항상 자기 자신을 포기하면서

5　불평과 까다로움 없이

　거기에서 생겨나는 고통에 대한 인식과 더불어.


32〔79〕

　신과 구원자에 대한 신앙은 종교의 본질과는 아무런 관련이 없

10 고 바로 신화의 부속물일 뿐이다.


32〔80〕

V장. 독일 문화.

　위대한 힘이라면 모두 위대한 책무를 지니고 있다.

15　그렇기 때문에 위대한 의무와 위대한 목표.

　그렇게 자신만을 위해 편안히 살고 타자들은 그저 살도록 내버

려두는 것은 결코 허락되지 않는다.

　아주 악의적으로 말한다면, 현재 독일인들은 정치적이 되고 있

다. 이전에는 미적이었다.

20　독일인들은 자신의 루터에서 이상을 찾아내려 했다 ; 우리가

문화에 관해 아는 어떤 것보다도 독일 음악은 고귀하다.

　독일인들은 정치적 힘을 가지고 있기 때문에 음악의 추구를 중

단해야 하는가? 바로 힘은 (자신의 음흉함 때문에) 어느 때보다도

강하게 그들을 음악 쪽으로 끌고 가야 한다.

그는 힘을 자신의 높은 문화 목표를 위해 사용해야 한다.

현세계화에 대항해 싸우는 것.

가톨릭 교회에 대항하는 투쟁은 계몽주의적 행위로서 고귀한 것이 아니다. 그리고 그 투쟁은 가톨릭 교회를 지나치게 강화시킨다 : 이것은 결코 바라는 바가 아니다. 물론 가톨릭 교회는 일반적으로 볼 때 정당하다. 국가와 교회가 서로를 먹어치우기를 원한다면!

현대 국가 숭배는 바로 모든 문화의 파괴를 초래할 것이다.

현존재에 대한 형이상학적 의미는 또한 모든 문화의 의미이다.

이와 반대로 사람들은 우아함과 장식하기의 과제를 설정하고 있다니!


32[81]

독일인들 사이에서의 쇼펜하우어의 목적론.

천재와 삶의 의미.

문화에 이르는 교량으로서의 진실성.

그러한 인간들에게는 예술이 필요하다.


32[82]

페르시아인 : 잘 쏘고 말을 잘 타고 빌리지 않고 속이지 않는.


32[83]

문화와 형이상학적 의미의 공동의 적―계몽, 혁명, 자연 등. 그렇기 때문에 그것들은 서로 짝을 이룬다.

형이상학적인 것에 적대적인 계몽 형성의 종말 : 그리고 괴테
처럼 고대를 바르게 알지 못했던 르네상스의 종말.

　　음악이 완전히 피어났다. 진정 베토벤이 괴테보다 무한히 높지
않은가!

5　　그런 의미는 쇼펜하우어에 의해 이해되었다.

　　새로운 문화의 문제.

　　이런 것이 민족적인 것인가?라는 문제.

　　현재 독일인들이 민족문화로 열망하는 것 : 우아함.

　　두보이스-레이몬드.

[33 = Mp XIII 4, 1~5. 1874년 1월~2월]

5  33〔1〕

　　괴테의 문학 창작이 화가가 되지 못한 것을 알리는 일종의 수단
이었다면, 실러의 드라마를 전위된 민중적 웅변이라고 말할 수 있
다면, 바그너의 선천적 재능을 배우의 재능이라고 간주하는 것도
정당하다. 그가 가진 배우의 재능은 짧은 경로 속에서 자신을 충족
10  시킬 수 없었다. 그것은 다른 모든 예술을 끌어들임으로써 위대한
연극적 이상을 알리고 출구를 찾는다.


33〔2〕

　　극장에 앉아 있는 관객은 극장의 다양한 예술을 위해 아주 다양
15  하고 이질적으로 형성되어 있다 ; 관객의 지식과 느낌의 정도는 연
극예술과 음악의 경우에 서로 다르고 다시 연극문학의 경우에도 다
른 것이다. 바그너는 일찍이 이런 관객에 영향을 미치는 것을 관찰
했다. 그는 이런 영향을 설명하기 위해 관객은 항상 가장 내면에서
부터, 말하자면 자기 본성의 뿌리에서 선호와 혐오를 표현한다고
20  전제했다. 그러니까 그는 영향의 원천을 개인의 생동하는 본질의
다양한 형성에서 찾았다. 어떤 관객도 음악을 즐기는 것과 연극과
배우의 연기를 즐기는 것을 구분할 수 없고 또한 전체 오페라가 만
들어내는 효과는 각각의 예술이 완전히 동일한 수로 기여하는 다수
의 개별적인 효과들이 총체적으로 합산된 것임을 그는 예컨대 오페

라를 보면서 본능적으로 받아들였다. 나중에 그의 이런 생각은 위
대한 여배우 때문에 혼란에 빠지게 되었다. 슈뢰더 데브리엔트
Schröder-Devrient는 연기를 통해 보잘것없는 음악과 천박하고 꼭
두각시 같은 희곡 작품을 위대한 비극적 영향으로 끌어올린다 ; 그
5 런데 그런 여배우와 위대한 음악과 전체 연극 자체가 서로 조응할
경우 도대체 얼마나 많은 영향을 만들어낼 것인가라는 질문이 제기
되기 때문에, 즉시 바그너의 이상은 상승되고 그의 계산은 다시 무
의미해진다.

10 33[3]
　　괴테가 자신에 관해 말했던 것을 바그너도 말할 수 있었다 :
"나는 나 자신보다 더 예측 가능한 인간을 만나보지 못했다 ; 그리
고 내가 말한 것은 이미 내가 말한 것이 참되다는 것을 보여준다.
나는 언제나 어떤 것에 이르리라는 것을 믿지 않았다. 나는 항상 이
15 미 그것을 소유하고 있다고 생각했다 ; 사람들은 나를 왕좌에 앉힐
수 있었을 것이다. 그리고 나는 그것을 자명한 것이라고 생각했을
것이다. 그러나 나는 내 힘을 통해 포착된 것을 끝까지 완수하려 했
고 내 공적에 포함된 이익을 획득하려 했다는 점에서 바로 다른 인
간들과 같은 인간일 뿐이었다. 이를 통해 나는 정말 광기가 있는 사
20 람과 나를 구별했다." 이렇게 바그너도 자신의 마음에 드는 것은 할
수 있다는 것을 결코 의심하지 않았다 ; 그의 취미와 능력은 함께
성장했다. 그는 자신에게 강한 영향을 미쳤던 것도 하기를 원했다 ;
그는 모범들에 대해 각 단계마다 자신이 모방할 수 있다는 것 이상
의 의미를 두지 않았다.

33〔4〕

바그너에게는 법칙 제정의 본성이 있다. 그는 많은 관계를 하나의 관점에서 조망하고 작은 것에 매몰되지 않는다. 그는 모든 것을 위대한 척도에 따라 질서 있게 만든다 : 그의 음악이나 연극이나 나아가 그의 국가관이나 사회관을 개별적인 것에 따라 평가한다면 사람들은 언제나 그를 잘못 평가하게 될 것이다.

33〔5〕

사람들은 그의 초기 작품들에 대해 말할 때, 이때의 음악은 별로 가치가 없고 시도 드라마도 가치가 없고 연극예술도 단지 자연주의적 수사학일 뿐이나 모든 것은 통일되어 높은 수준에 있기 때문에 위대하다고 말할 것이다. 바그너가 음악가와 시인으로 고귀하게 존재하는 것과 마찬가지로 사상가로서도 고귀하게 존재하는 것이 가능할 것이다.

33〔6〕

바그너의 초기 문제는 : 내가 영향을 받을 때 다른 사람에게는 왜 영향이 미치지 않는가 하는 점이다. 이 문제가 그로 하여금 관객 비판, 사회 비판, 국가 비판을 하게 한다. 그의 본능은 우선 예술가와 관객 사이에 주체와 객체의 관계를 전제하도록 만들었다. 그의 경험은 유감스럽게도 그 관계가 완전히 다른 관계라는 것을 보여주었다. 그는 시대의 비판가가 된다.

33〔7〕

바그너의 재능은 성장하는 나무가 아니라 성장하는 숲이다. 그의 가장 강력한 힘은 다양한 것들 속에서 통일성을 느끼는 힘이다. 그러니까 그는 자신의 외부에서는 예술가를 느끼고 자신의 안에서는 개인을 느낀다. 그의 눈은 본성적으로 예술의 상호 관계와 국가와 사회와 예술의 연결을 향하고 있다.

33〔8〕

나는 복잡〔한〕 자물쇠를 열쇠로 돌리는 것처〔럼〕 바그너적인 조화의 많은 결과에는 기분 좋게 저항하는 어떤 것이 있음을 느낀다. 저항이 강도를 잃어가는 것이 얼마나 합법칙적인지에 대해 사람들은 의아하게 생각한다.

33〔9〕

바그너의 경우 리듬이 있고 합법칙적인 것은 단지 거대한 차원의 척도에서만 나타난다. 그는 개별적인 것에서 때때로 폭력적이고 리듬이 없다.

33〔10〕

바그너에게는 서로 다른 예술들은 동시에 느끼고 창조하면서 개별적인 예술들은 때로 아주 무관심하고 부당하게 대하는 습관이 있다. 더욱이 그가 이론적으로 가장 엄격했던 시기에는 개별적인 예술들의 권리를 부인했다. 이 시기에 그는 동시대인들과 수없이 불화를 일으켰다.

33〔11〕

　　바그너의 특성 가운데 하나는 통제 불능과 무절제이다. 그는 언제나 자신의 힘과 느낌의 마지막 가지에까지 상승한다. 그는 이때 비로소 자유로운 본성 안에 존재하고 있다고 믿는다. 그의 다른 특성은 탁월한 배우의 재능이다. 이 재능은 방해받고 억제되어 첫 번째의 가까운 궤도와는 다른 노정에서 등장해야만 했다. 배우로서의 그는 형태, 목소리, 필요한 절제가 없다.

33〔12〕

　　바그너의 명랑함은 거대한 위험과 방종과 망아에서 제한된 친숙함으로 회귀한 자의 안정감이다. 그가 교류한 모든 인간은 그의 무제한적인 경로에서 제한된 단면들이다(적어도 그는 그들에게서 더 이상 아무것도 느끼지 않는다) ; 그렇기 때문에 그는 그들과 명랑하게 상당히 호의적으로 교류할 수 있다. 그러나 그들의 모든 고통, 곤궁, 의심은 그의 것과 비교해볼 때 기이한 장난이다.

33〔13〕

　　우리의 위대한 음악가 가운데 어느 누구도 28세의 바그너처럼 형편없는 음악가는 없었다.

33〔14〕

　　그는 〈탄호이저〉에서 일련의 다양한 망아 상태를 한 개인의 표현의 동기로 설명하려 했다. 그는 당시에 아마도 이런 상황에서 비로소 자연적이고 자유로운 인간이 현시한다고 생각했던 것 같다.

〈마이스터징어〉와 〈니벨룽겐〉의 일부분에서 그는 자발적으로 자기 지배와 자기 제한으로 회귀한다. 이때 그는 망아 속에서 자제력을 잃는 초기보다 더 위대하다.

5    33[15]

바그너는 더욱 강력해진 예술 욕구의 요구들에 의해 윤리적 본성이 훈육되는 인간이다. 그의 본성은 가지에서 줄기 하나가 뻗어 나가듯이 서서히 분리되어 간다 ; 탄호이저, 발터, 지크프리트 외에도 작스와 보탄이 등장한다. 그는 남자를 파악하는 것을 배우지만 10    이것을 상당히 늦게 배운다. 탄호이저와 로엔그린은 한 젊은이의 반영이다. 바그너의 유년 시절은 어떤 특별한 것이 되길 원치 않는 다방면에 능통한 아마추어의 유년 시절이다. 그러나 나조차도 도대체 바그너가 음악적 재능을 갖고 있는 것인지에 대해 지난 수년 동안 두세 번 어리석게도 의심했다.

15

33[16]

그는 국가, 사회, 청년, 민족의 재능 등 아무튼 모든 것을 자신의 예술로 평가했다 ; 불만족스러운 상황에 있던 그는 아마도 이런 현대 세계 전체가 몰락하길 희망했던 것이다. 그는 [언젠]가 자신의 20    허약함을 인식하고는 이를 현대 [세계]에 전가함으로써 자신의 허약함에서 벗어난다. 인간 본성이 자유롭게 존재하는 것이 전제된다면 그는 인간 [본성]의 선함을 믿는다. 그는 모든 [나]쁜 것을 예속과 억제로 환원시킨다. 그는 예술가로서 자유롭게 존재하기 [위해] 드레스덴의 공직을 그만두었다. 결국 그는 더 이상 복무하기를 원하지 않았고 의전담당관과 악장을 하지 않기 위해 혁명을 이용했다.

[34 = U II 6. 1874년 봄~여름]

34〔1〕

독일인의 교육자와 교사

쇼펜하우어.

**1874년 초.**

34〔2〕

생성하는 철학자 지크프리트.

34〔3〕

고대 이래 신앙심의 감소.

아마도 그것은 수백 년 후에는 결코 더 이상 순수하지 않게, 언제나 장식을 단 채 등장할 것이다.

상징에 대한 피곤함.

34〔4〕

쇼펜하우어적 인간 :

자발적으로 고뇌하면서

보호하지 않으면서

비극적―왜냐하면 그는 틀림없이 어디에서나 부당할 것이기 때문이다. 그는 자신이 사랑하는 인간에게 상처를 주어야만 하기 때문이다.

　그는 참되게 산다―그래서 그는 자신의 삶과 마찬가지로 자유
롭게 삶의 형이상학적 의미를 전파하면서 다른 사람에게 영향을 미
친다.

5

## 34〔5〕

　그는 문화 안에서 무엇을 해야 하는가?

　그는 모든 현존재의 현세화에 맞서 투쟁했다. 그는 우아함을 생
각할 수 없다.

10　그는 자신의 진실성의 도움으로 문화의 의미를 파악한다 : 삶
을 형이상학적으로 이해하는 인간을 항상 다시 만들어내는 것.

## 34〔6〕

　사람들은 철학적 천재의 생성을 어떻게 지원하는가? 여행, 민
15　족으로부터의 자유. 철학 교수들을 통하지 않고.

## 34〔7〕

　시대에 대한 묘사 : 쇼펜하우어에게 희망적인가 그렇지 않은가
는 의미가 없다. 그는 참되게 존재하기 때문에 근원적인 본성과 삶
20　의 의미를 재건한다. 현세의 행복에 대한 희망은 존재하지 않는다 :
사람들이 그런 행복은 결코 가능하지 않았음을 진실의 힘으로 솔직
히 인정한다면 충분하다. 개인의 삶의 의미는 어느 시대에나 항상
동일하다. 그는 행복과의 관계에서는 희망 없이 존재해야만 한다 :
그러나 그는 스스로 삶의 의미를 더 잘 파악하리라고 희망할 수 있

다.—그에게 문화의 정화란 우선 참된 욕구에 대한 진실성으로 간주된다. 그것은 삶의 아름다움이나 광채가 아니다.

34〔8〕

쇼펜하우어는 시대에 맞서 자기 자신을 키웠다. 그는 시대의식과 투쟁하면서 자기 자신과 투쟁했다. 그렇게 그는 자신의 중심으로 되돌아가는 것을 추구한다. 그곳에서 그는 천재이고 인류를 최고의 힘 속에서 인식한다. 여기에서 그는 천재로서 현존재에 대해 말하고 세계의 찬미자로서 세계에 대해 말한다—세계의 무가치와 천재의 무가치에 대해서도 언급한다.—그는 자기 자신에 이르고 또한 자기 자신을 넘어선다는 점에서 모범적이다. 누구나 우선 현존하고 사물을 완전히 새롭게 보는 한 근본적으로 천재이다. 그는 본성을 증가시킨다. 그는 이러한 시각 속에서 생산한다.

34〔9〕

페르시아인은 어떻게 교육되는가 : 활을 쏘고 진리를 말하는 것.

34〔10〕

계획.

4장의 서론. 왼쪽을 보라.

그런 다음 시대 묘사.

세 가지 형상.

쇼펜하우어적 인간의 변질. 야〔콥〕 부〔르크하르트〕 등.

34〔11〕

독일인의 일정한 스토아주의 유형. 가래〔痰〕, 392쪽, 보론 II에 서.

34〔12〕

본질 안에서의 의지의 자유—이것이 의식되는 것? 대부분의 사람들이 그렇게 되지 않은 것은 아마 행운일 것이다(왜냐하면 그들의 본질은 매우 악하기 때문이다).

34〔13〕

나는 내가 쇼펜하우어를 올바로 이해했다는 믿음에 거리를 둔다. 나는 다만 쇼펜하우어를 통해 나 자신을 조금 더 잘 이해하는 것을 배웠을 뿐이다 ; 이것이 내가 그에게 깊이 감사해야 하는 이유이다. 현재 사람들은 어떤 철학자가 진정 무엇을 가르쳤고 가르치지 않았는지 엄밀한 언어 이해 속에서 정확히 규명하고 밝혀야 한다고 생각한다. 그러나 내가 생각할 때 그것은 그렇게 중요한 것 같지 않다 : 어쨌든 그러한 인식은 기억을 위해 새로운 학식을 추구하는 것이 아니라 삶을 위해 철학을 추구하는 사람들에게는 적합하지 않다 : 그리고 끝으로 나는 그런 어떤 것이 정말로 규명될 수 있다는 것을 믿을 수 없다.

34〔14〕

사람들은 어떻게 그런 숭고한 고독의 순간들에서 이른바 삶으로 다시 되돌아가는가? 도대체 그것을 어떻게 견뎌낼 수 있을까?

그것은 마치 방금 깨어난 것과 같은 느낌일 것이다 : 그리고 동시에 꿈들이 뱀 떼처럼 수백 개의 선회와 굴곡과 함께 갑자기 영혼에 등장한다 : 그리고 이제 꿈에 빠져 있는 상태로 그러한 느낌은 반대의 느낌으로 바뀐다. 즉 마치 우리가 방금 꿈을 꾸었고 지금 막 깨어난 것 같은 느낌을 말한다.

34〔15〕

문화라 불리는 것은 국가와 일하는 자와 형식이 필요한 자와 학자의 작용과 상호작용에서 기인한다. 이들은 서로 더불어 사는 데 익숙해졌고 더 이상 반목하지 않는다. 커다란 소음과 외면적 성공.

그러나 진정한 시험을 통과하지 않았다는 것 : 그와 반대로 위대한 천재들은 습관적으로 반목한다. 괴테와 학자들, 그리고 바그너와 국립극장들을 생각해보라. 쇼펜하우어와 대학 : 위대한 인간들이 최고이고 이들 때문에 다른 모든 것이 존재함은 사실상 인정되지 않고 있다.―천재의 생성을 위한 조건들은 결코 개선되지 않았고 오히려 나빠지고 있다. 독창적 인간들에 대한 일반적 반감. 소크라테스는 우리 시대에 일흔 살까지 살 수 없었을 것이다.

34〔16〕

이제 나는 이런 현대 세계의 온전한 존립을 그다지 믿지 않는다. 여기에 많은 것들이 등장할 것이다. 그렇기 때문에 우리는 아무것도 은폐하고 싶지 않고, 사람들이 방해하지 않는다면 문화의 형이상학에 대한 믿음에서 오랫동안 진리를 말할 것이다. 아무튼 시간이 흐르면서 언젠가 적지 않은 일들이 일어날 것이고 변화할 것

이다. 하나의 제도를 발견할 수 있을까?—아무튼 우선 개념이 정화
되고 많은 제도가 개선되어야만 한다. 인류는 좀더 신중하게 고귀
한 생산물과 교류하는 것을 배워야만 한다.

5  34〔17〕
  인간이 독창성을 지지하는 것은 대단히 어려운 일이다.


34〔18〕
  위대한 개별적 전형들의 교육
10  인간의 엄청난 노동과 불안
  통찰보다 극복이 더욱 필요하다,— — —


34〔19〕
  그러니까 내가 지금 다시 한번 쇼펜하〔우어〕 철학이 나의 교육
15 자로서 무엇이었고 무엇인지 간명하게 표현한다면, 나는 이것을 한
  다— — —


34〔20〕
  숭고한 고독의 순간에 배운 것을 말할 경우, 어느 누구도 쇼펜
20 하우어가 자신의 경험을 서술하기 위해 사용한 것과 동일한 표현들
  을 통해 말할 권리가 없다. 그러한 표현들은 그의 고유한 자산이고
  그렇게 존재해야만 한다 ; 그리고 더욱이 메마르고 깡마른 발췌에
  서, 예컨대 철학사의 개요에서 일상적인 삶과 평범한 두뇌는 단 한
  번도 접근할 수 없는 말들을 만나는 것은 화나는 일이다. 오히려 법

칙으로 간주해야 한다 : 각자는 오로지 자신의 내적 경험을 위한 자신의 언어를 발견할 경우에만 그것을 표현할 권리가 있다. 왜냐하면 위대한 사상가의 언어가 재산이 아니라 길거리에 있는 것처럼 다루어진다면, 이는 예의에 어긋나는 것이고 또한 기본적으로 공정함에 반하는 것이기 때문이다.

## 34〔21〕

쇼펜하우어 철학은 바로 우리가 현존재의 무디고 냉혹한, 즉 악한 원천적 본성을 축소하고 은폐하는 것에 대해 경고했다. 쇼펜하우어 철학은 화강암처럼 단단한 본성의 본래적 특성을 읽도록 하기 위해 우리를 알프스의 얼음 같은 공기로 이끌고 간다. 그것은 이를 통해 소름 끼치는 숭고함의 감정을 고무시킨다. 이때 이것을 견디지 못하고 무릎을 덜덜 떠는 자는 재빨리 다시 그를 미화하는 유약함으로 달아날 것이다.

## 34〔22〕

그렇기 때문에 그들은 쇼펜하우어처럼 자신의 욕구를 인식하고 제동장치처럼 부담을 주는 자들에게 적대적이고 난폭하게 군다 ; 이때 그들은 거칠고 무절제한 동작과 표정을 보여준다. 따라서 그들의 '우아함'과 '아름다운 형식'의 가면은 곧잘 충분히 떨어져나간다. 그런데 더욱이 그런 제동장치가 꽤 많이 그들에게 들이닥치면, 그들의 문화는 완전히 소멸된다 : 왜냐하면 그들이 더 이상 자신을 제어할 수 없고 예술적인 자기 지배를 상실하게 되자마자 그들의 힘 자체도 소멸되기 때문이다 : 왜냐하면 추한 내용이 노출되자마자 그들은 더 이상 아무도 속일 수 없기 때문이다.

이런 인간의 추한 내용이 의식의 조망 안에서— — —모든 것은 여기에 달려 있다.

이제 저 진실한 자들의 눈은 바로 이런 내용을 향한다— — —

34〔23〕

우리 영혼의 탁월한 선과 인간성 그리고 현대 지성의 탁월함.

사람들은 그것을 믿지 않는다 : 그러나 사람들은 그것을 믿는 것처럼 **보여야** 한다.

그런 사이비 문화의 의도는 잘못된 결론에 이른다 : '아름다운 형식'이 '좋은 내용'을 보증한다고 한다 ; 현대인은 전적으로 자기 자신에게 만족하고 행복하게 사는 것처럼 보인다는 것이다. 즉 이전의 시대들이 자기 자신에게 매우 불만족스러워했다면, 현대인은 이것을 지성의 힘뿐만 아니라 자연적인 선과 인간성을 통해 멀리 벗어난 것처럼 보인다는 것이다.

하지만 오히려 사람들은 어느 시대도 알지 못했던 탐욕스러운 독특한 이기심을 방자한 무절제에 이르기까지 풀어놓는다—그리고 항상 온갖 현대의 학문으로 무장하면서 일어난 모든 것을 철학적이고 윤리적으로 설명하고 미화하는 것을 배우고 있다.

현재 '미화하기'는 대개 순수하지 않은 사물을 다룰 때 가장 선호되는 방식이다 : 국가, 전쟁, 금융시장, 인간의 불평등.

34〔24〕

모든 삶의 순간은 우리에게 무엇인가를 말하려 한다. 그러나 우리는 들으려 하지 않는다 ; 홀로 조용히 있을 경우, 무엇인가가 우리에게 귓속말로 속삭이는 것을 우리는 두려워한다—그렇게 우리는 고요함을 미워하고 사회성을 통해 우리를 마비시킨다. 인간은 힘 닿는 대로 고통에서, 더욱이 견뎌낸 고통의 의미에서 달아난다. 그는 항상 새로운 목표 속에서 그 배후에 놓여 있는 것을 잊으려고 한다. 가난하고 고통받는 자가 현존재의 황량한 해안가로 던져지는 운명에 반항할 경우, 그는 자신의 고통의 중심에서 질문하면서 자신을 바라보는 심오한 눈을 회피하는 것이다 : 마치 현존재를 파악할 때 좀더 쉬운 길을 택하지 그랬는가라고 말하고 싶어 하는 것처럼. 가난한 자들이여 축복받으라!—겉보기에 행복한 자들이 예컨대 국가나 노동이나 소유와 같은 것의 자연적으로 악한 속성을 철저히 외면하기 위해 사실상 자기 자신에 대한 불안과 도주로 기진맥진하게 된다면—누구의 질투를 불러일으킨단 말인가!

34[25]

사람들이 일정한 예외는 있으나 예컨대 전 인류 대중을 기진맥진하게 만드는 '노동'의 가혹한 법칙을 생각해본다면———

그렇게 사람들은 어디에서나 말할 것이다———

34[26]

가난한 자와 억압받는 자가 억압에 반항하게 하는 충동과 국가나 부자를 매우 비인간적으로 만드는 충동은 같은 충동이다 : 그들은 철저히 교훈을 만들려 하지 않는다. 국가는 이러한 신념을 두려워한다 : 국가는 그 신념을 국가문화를 통해 가능한 한 제거하길 원

한다 : 국가예술은 대화하고 유혹해야 한다. 국가는 '교양인'을 허리에 두르고 있다.

내가 생각하는 '교양인'에 대한 서술. 그는 모든 계층 속에 교육받은 정도와 무관하게 존재한다. 성자와 천재로서의 부활을 향한 깊은 열망. 공동의 고통과 기만 통찰. 같은 유형의 사람들과 같은 종류의 고뇌하는 사람들을 감지하는 날카로운 후각. 몇 안 되는 구원자에 대한 깊은 감사.


34〔27〕

모든 행위는 속죄될 수 있다는 확신으로 서서히 치장되고 있음이 틀림없다. '노동의 축복!' 이것은 달콤한 습관이다. 이것은 사람들이 무엇인가를 완성하거나 그와 비슷한 것에서 비롯된 기쁨이다. 그러나 의미는 : 삶의 즐거움에서 오는 것이 아니라 자신을 삶 속에 보존하는 데 있다 : 그런데 누구나 기꺼이 순간적으로 죽을 준비가 되어 있다. 그러나 교과서는 우리 손 안에 없다 : 우리는 교과서를 임의로 끝내서는 안 된다.


34〔28〕

그러나 일반적으로 : 현재 비난받는 것과 같은 그런 역겨운 양식에 자신을 만족하게 할 정도니 영혼은 얼마나 공허하고 굶주려 있는가.


34〔29〕

그리고 누군가 여기에서 좋은 '취미'를 보여주건 나쁜 '취미'를

보여주건 실제로는 그다지 상관이 없다 : 말하자면 그가 오로지 '미
식가'로만 예술과 관계하는 동안에는, 예술은 완전히 경멸할 만한
사안이고 그것에 머무른다. 이때 예술은 진지하게 행동하고 고뇌하
는 인간에게 적합하지 않다. 현재 우리의 예술적 문필가들이 터뜨
5 리는 '아름다운 형식'과 '우아함'을 향한 외침을 들을 경우, 내게
그것은 마치 인디언들이 문신을 새기거나 코에 링을 달기를 원할
때 외치는 것과 별반 다르지 않게 들린다.


34〔30〕

10     예전의 사람들은 행복과 진리를 찾았다— 우리는 어디에서나
비진리를 찾고 사물에서 불행을 찾는 것에 우리를 제한시키자.


34〔31〕

그는 모든 것을 인식하길 원한다.

15 그는 자기 자신을 희생하고 자신을 그다지 중요하게 생각하지 않는
    다.

그는 괴테적 인간처럼 잘 유지되기만을 원치는 않는다.

그는 루〔소적〕 인간처럼 더 이상 희망하지 않는다(왜냐하면 그가
    희망하는 것은 말로 표현할 수 없고 인간적 장치의 변화와는
20     아무런 상관이 없기 때문이다. 인간들이 이렇게 저렇게 행동하
    는 것은 중요한 문제가 아니다).

마침내 그는 그것을 인간에게 말하며 침묵하지 않는다. 자신의 생성
    에 대한 진실성의 반작용.

이론적 인간의 새로운 이상. 그는 오로지 놀이를 위해서만 국가 등

에 관여한다. 이는 인간의 최고 가능성―진지함이 배후에 있는
놀이에 모든 것을 해소시키는 것.

음악―쇼펜하우어는 음악의 본질을 인식한다.

이미 깨어 있는 삶이 작용하는 꿈.

5

34[32]

쇼펜하우어는 우리가 거의 잊었고 아무튼 잊고 싶었던 것을 회
상하도록 만들었다 : 개인의 삶은 역사적으로 살거나 어떤 하나의
유적 집단, 즉 민족, 국가, 사회처럼 크고 변화하는 형태나 공동체,
10  가족과 같은 작은 형태 속에서 사라질 때 의미를 갖는 것이 아니라
는 것. 역사적인 사람만이 삶을 교과서로 이해하지 못했고 틀림없
이 다시 배우게 될 것이다. 인간은 아주 기꺼이 자신의 삶을 가볍게
만들기를 좋아한다. 그는 거대한 운반 수단을 위해 노력하고 항상
표면에 머물러 있음으로써 현존재를 만족시켰다고 믿는다. 그는 깊
15  이를 원치 않는다. 그러나 모든 이런 일반성은 또한 교회와 학문의
미명하에 너를 너 자신에게서 소외시킨다. 현존재의 비밀은 네 안
에 있다 : 너 자신 외에 어느 누구도 그것을 해결해주지 않는다. 그
사람은 자신을 사물에 넘기면서 이러한 과제에서 도망친다.―이제
그가 관찰을 전도시킬 경우 자신의 빈곤을 보게 된다. 또한 그는 이
20  런 모든 일반성의 속임수를 깨닫게 된다. 그는 일반성에서 아무것
도 희망하지 않는다 : 반대로 그가 원하는 것은 모든 인간이 삶의
교과서를 올바로 이해하는 것이다. 그는 국가 등에 관여해야 할 것
이다. 그러나 격정적인 성급함 없이 : 물론 그에게 외부에서 아무것
도 오지 않는다. 그것은 그에게 더욱더 놀이로 다가올 것이다. 그는

민족이 오직 놀이를 위해 민족과 국가이고 오직 놀이를 위해 상인과 학문적 인간이 존재하는 때를 가장 축복된 시기로 예견한다—이 모든 것에 대해 우월감을 느끼면서. 이를 설명하는 음악이 존재한다 : 어떻게 모든 것이 놀이일 뿐이고 기본적으로 축복일 뿐인지. 그렇기 때문에 음악은 찬양하는 예술이고 철저히 형이상학적이다.

34〔33〕

세계는 결코 인간보다 나을 수가 없다 : 왜냐하면 세계는 오로지 인간의 지각으로만 현존하기 때문이다.

34〔34〕

우리는 우리의 무엇을 놀라워하고 우리에게 확고히 머물러 있는 것은 무엇인가! 모든 것은 중요하지 않다. 자신에 대한 진리가 우리가 우리에게서 얻는 최고의 것이다 : 왜냐하면 사람들은 대부분 자신을 속이기 때문이다. 마음에서 우러나오는 자기 경멸과 함께 우리는 우리의 높이에 이른다 : 우리는 그런 인간의 사물과 생산물이 얼마나 경멸적인 것인지 보고 대중을 통해 우리를 더 이상 속이지 않도록 한다.

염세주의.—자기 경멸의 깊이 : 기독교는 너무나 좁다.

왜 파괴는 부정적인 작업이어야만 하는가! 우리는 압박감과 유혹을 제거한다.

34〔35〕

고대 철학자들은 개인의 행복을 찾고 있었다. 아, 그들은 행복을 발견할 수 없었다. 왜냐하면 그들이 행복을 찾고 있었기 때문이다. 쇼펜하우어는 불행을 찾고 있다 : 이런 사람이 사실상 불행을 찾고 있기 때문에 불행을 발견할 수 없다는 것은 최고의 위안이다 : 찾는 것은 그렇게 다양한 형태로 보답한다.

5

34〔36〕

3~4 장. 그는 영웅적 진실성의 천재이다. 그가 자기 자신을 어떻게 교육시켰는지는 위험들에 관한 장을 통해 증명된다. 그러면 그는 무엇을 통해 이런 천재에 이르렀는가?

10    참되게 존재하려는 노력을 통해.

그것은 해소하고 파괴하는 노력이다 ; 그러나 개인은 이를 통해 위대하고 자유로워진다. 아마도 그가 이때 내면적으로가 아니라 외면적으로 몰락하는 것.

4장. 자기 시대의 해방적 파괴자로서의 쇼펜하우어. 아무것도 더 이
15    상 보호받지 못한다.

모든 것은 어중간하고 썩었다.

5장. 그는 독일 문화에 대해서도 마찬가지다. 해방적 파괴자.

6장. 그의 작품의 지속. 이를 위해 진리를 사랑하는 사람들의 세대를 교육하는 것이 필요하다. 그들은 어떻게 교육될 것인가?

20

34〔37〕

모든 철학자는 우선 자신을 위해 그 다음은 다른 사람을 위해 철학자이다 : 그는 이러한 관계의 이중성을 피할 수 없다. 그가 함께 사는 사람들과 자신을 엄격하게 분리시켰을지라도, 바로 이러한

분리는 그의 철학에서 하나의 법칙이다 : 그것은 공공적인 교리가 될 것이고 명백한 전형이 될 것이다. 한 철학자의 진정한 생산물은 자신의 삶이다. 삶은 그의 예술 작품이고 바로 그러한 것으로서 그것을 창조한 사람뿐만 아니라 다른 사람도 향하게 된다. 국가, 사회, 종교, 농업, 원예술―모든 것을 질문할 수 있다 : 내게 이런 철학자는 무엇이란 말인가? 그는 우리에게 무엇을 줄 수 있고 무엇을 이롭게 하고 무엇을 해롭게 할 것인가?―쇼펜하우어와 관련해서 볼 때, 이제 독일 문화 또한 이렇게 묻는다.

이렇게 중요한 고려를 하면서 나는 그를 독일인들의 교육자라고 부른다. 그리고 바로 독일인들이 그러한 사람을 얼마나 간절히 필요로 하고 있는지는 프랑스 전쟁이 끝난 후 시간이 흐를수록 내게 좀더 명확해졌다 : 어떤 통찰력 있는 자는 이런 최신의 교훈을 필요한 것으로 결코 수용하지 않을 것임에도 불구하고. '우리는 프랑스인에게서 배워야 한다'―그러나 무엇을? '우아함!' 그것은 전쟁 후 독일인들이 집으로 모두 함께 가져왔던 교훈인 것처럼 보인다. 전쟁 전에 이러한 호소는 거의 들리지 않았다 : 질투하면서 프랑스 쪽으로 눈짓하는 작가들이 충분히 있었음에도 불구하고. 예컨대 르낭의 우아함은 우선 슈트라우스의 펜이나 최근에 신학자 하우스라트Hausrath의 펜을 잠들게 하지 않았다〔……〕

34〔38〕

  4. 어느 정도 인간에 대한 교육자로서의 쇼펜하우어에 대해.

  5.                                    독일인에 대해.

  6.                                    철학자에 대해.

34〔39〕

철학자의 이런 행동은 자신을 위한 것이 아니다. 그것은 규칙적인
　　반복에 속한다.

문화. 주요 성격.

5　사이비문화.

　　　　이용된다.

　　　　　벌이를 위해

　　　　　국가를 위해.

　　　　아름다운 형식, 기만한다.

10　진정한 문화가 성장하는 지배적인 분위기.


34〔40〕

그것은 하나의 이상이다. 이것에 비추어 개인은 자신을 부끄럽게
　　느낀다. 그는 어떻게 그것을 위해 자연적이고 행동적인 관계를

15　맺는가? 교육의 길은 발견될 수 있을까?

이런 그의 분위기는 현세화된 문화를 이용한다. 문화의 목표들은 좀
　　더 가까워지고 개인들을 그렇게 해롭게 하지는 않는다.

진정한 문화의 형이상학적 의미는 확립되어야만 한다. 교육의 첫 번
　　째 원칙.

20　천재의 교육은 실천적 과제이다.


34〔41〕

　　하나의 이상.

고안 : 이중의 방식으로 살 필요가 있다. 구속하는 행위는 발견되지

못했다.

좀더 선명한 귀결이 저급한 목표로 물러난다.

이와 반대로 : 그것은 이상적인 것의 영역인 문화에 속한다.

저 저급한 목표는 도정에서의 한 단계가 아니라 다른 적대적인 관점이다.

형상의 위대함의 경우 두 가지 위험 :

1) 거대한 목표는 포기된다(길을 잃은 문화)

2) 목표는 확립되었다. 그러나 이것에 우리를 연결하는 행동이 발견되지 않았다. 허약한 본성들은 굴복한다. 그렇기 때문에 쇼펜하우어는 행동하는 자에 비해서는 단지 일부분일 뿐이다.

길 잃은 문화의 의미.

그런 완전한 개념에서 의무를 추론하는 시도.

개별적인 순간에 사람들은 그 안에 있다.

우리가 비틀거리지 않고 실제로 서 있을 수 있는 저급한 단계를 발견해야 할 필요가 있다.

34[42]

그러나 그것은 철학의 초보자와 청년의 질병 재발과 징후이다 : 좀더 남성적이고 고집스럽게 암흑과 광명, 깨어 있음과 꿈의 기만적 차이 없이 사는 것은 틀림없이 가능하다 : 그런 방식으로 사물의 본성에 대한 내 시각은 침착하고 명민하게 고유한 본성으로 되돌아간다. 즉 어떤 새로운 다른 것으로 되돌아가는 것이 아니라 드물게 존재하고 주의를 덜 기울일수록 점점 더 사라지는 개별적인 예로 되돌아가는 것이다. 이런 자아가 언젠가 비로소 우리 안에서 녹아 없어진다면, 우리가 더 이상 또는 거의 더 이상 개인이 아니라 생동적이고 의식적인 것 자체로 고뇌한다면, 모든 생성의 놀이가 결코 쇠퇴하지 않는 변용이 등장하게 될 것이다. 또한 자연히 그의 거울에 비친 자신을 관찰하기 위해 갈망하는 인간이 탄생하게 될 것이다.

34〔43〕

시작.

이 문제는 좀더 상세히 관찰되었으면 한다. 시대의 개혁가로 존재하려는 어떤 시도도 없이 쇼펜하우어는 어떻게 자신의 시대를 견뎌낼 수 있었는가?

그리고 현대의 허약함이 그의 삶의 형상을 약화시킨 것은 아닌가?

1)에 반대하여. 그는 해방적 파괴자이다. 자유정신.

2)에 반대하여. 그는 자신을 시대의 허약함에 대항하는 천재로 설정한다. 그는 그렇게 시대의 전체 힘 속에서 본성을 안다.

34〔44〕

마지막 장.

우리는 어떻게 철학자를 교육시키고 있는가?

정의를 자신의 목표로 삼는 자!

34〔45〕

　　오디세우스는 희생했다, 그림자를— — —

　　아카데미아의 철학은 사라졌다Philosophia academica
delenda est고 말하면서 우리는 쇼펜하우어의 정신이 비슷한 희생
을 치르도록 하자.


34〔46〕

　　그들은 스스로 심오하다고 믿지만 공허할 뿐이다Ils se croient
profonds et ne sont que creux.


34〔47〕

　(II)장.

　　여하튼 쇼펜하우어가 그런 위치에 이르렀고 실존할 수 있었던
　　　것은 놀라운 일이다.

　　위험들 : 칸트로부터.

　　　　고독.

　　　　독일 교육의 기후.

　　　　내적 갈등 : 트라피스트 수도원과 천재(이런 제한된
　　　　　　　느낌에 그의 위대함이 있다. 그것은 시대와 관
　　　　　　　련이 전혀 없다 : 하나의 영원한 갈등.)

　예 : 삶 속에서 칸트에게서 쇼펜하우어를 향한 걸음.

　　학자의 극복.

　　낭만적인 것의 극복.

　　고전주의적 이상 보완.

그의 시대에 대한 충동적 경멸.

(III)장. 그는 성공했는가?
　　　그가 기대될 수 있는 곳 : a) 철학과 관련해, 대학.
5　　　　　IV장.　　　　b) 시대의 인식과 교정.
　　　　　V장.　　　　c) 독일의 교훈 : 천재의 생성.


34[48]
문필가로서 : 솔직한
10　　　　　명랑한
　　　　　남성적이고 (전혀 늙지 않았고) 다정다감하지 않다.
　　　　　그는 분노하지 않는다.

[35 = Mp XIII 3. 1874년 봄~여름]

35〔1〕

　　이미 선천적으로 그 계급으로 태어나지 않은 자는 아무도 속할
수 없는 윤리적 귀족 계급이 있다.

　　이제 이 안에서 무엇이 다뤄지는지 관찰하는 것이 가치가 있다.

　　사람들은 쇼펜〔하우어〕의 윤리가 명령 형식을 갖고 있지 않다
고, 더욱이 이를 솔직하게 거부하고 있다고 비난한다.


35〔2〕

　　그러나 진리의 영역은 도덕의 영역과 일치하지 않는다.


35〔3〕

　　힘이 있고 강하고 단단하고 자신을 표현하도록 요구하는 명민
함은 특히 높이 평가해야 한다 : 반면 독일인의 경우 그 명민함은
희미하고 약하고 불안정하게 보존되어 있다. 용기 있는 학자는 드
물다. 독일의 경우 행동하는 강인한 사상가는 더욱 드물다.


35〔4〕

　　아리스팁Aristipp은 세계에 대한 자신의 지혜에서 얻은 가장 고
귀한 유익함은 자신이 어느 누구와도 자유롭게 가슴을 열고 이야기
했던 것이라고 말했다,—

아리스톤Ariston은 말했다―정화시키지 못하고 정결하게 만들지 못하는 목욕과 말은 아무 쓸모가 없다.

35[5]

곤경에
빠진 철학.
임시적인 것과 개별적인 것.

35[6]

괴테 "친구들이여, 모든 것을 오직 진지함과 사랑으로 행하라. 이 두 가지는 그처럼 많이 손상된 독일인들에게 매우 잘 어울린다."

35[7]

그들의 문화 결핍을 말하고 있음에도 불구하고 독일인들이 우아함의 결핍을 비난하고 있다고 알아들을 것을 생각하면 끔찍하다.

35[8]

독일인들 사이에 있는 쇼펜하우어. 바로 여기에서 그의 등장은 무엇을 의미하는가? 철학이 몰락한 민족 안에서 쇼펜하우어의 청년은 무엇을 의미하는가? 독일인들에게 철학은 어떤 의미를 지니는가?

그는 아마도 이탈리아인들 사이에서 아주 잘 태어날 수도 있었을 것이다 : 레오파르디를 보라.

레오파르디 "단지 그것(아름다움에 관한 생각)만이 줄일 수 있다.

운명의, 가혹한 운명의 죄를,

이는 쓸모없이 여기 대지 위에 있다.

그렇게 참아야 할 많은 것이 우리 인간에게 있다.

오직 그것을 통해서만 때때로

단순히 천박한 영혼이 아니라 고귀한 영혼이

그리고 삶이 죽음보다 달콤하게 나타날 수 있을 것이다."

35[9]

쇼펜하우어적 인간상을 이상으로 간주하고 가치를 두는 사람은 아마 그리 많지 않을 것이다.

35[10]

신화적 이상이고 게다가 위험한 이상! 이 쇼펜하우어적 인간— 소심하고 평범한 사람은 말한다—그런 인간이 우리와 무슨 상관이 있는가?

35[11]

쇼펜하우어는 단순하고 솔직하다. 그는 미사여구와 겁쟁이 문장을 추구하지 않는다. 대신 거짓의 나락으로 떨어진 세계에 "보라, 이것이 바로 다시금 인간이다!"라고 말한다. 그의 모든 고안, 의지 (의지는 아우구스티누스, 파스칼, 인도인들과 우리를 연대하게 만든다), 부정, 유적 천재에 대한 이론은 어떤 힘을 지니는가 ; 쇼펜하우어는 서술할 때 동요하지 않는다. 그는 해가 떠 있을 때 미동도 하지 않고 있거나 가볍게 물결을 일으키는 호수의 현명한 깊이를 지닌다. 그는 루터처럼 거칠다. 그는 지금까지 독일의 산문 작가 가운데 절대적인 전형이다. 언어와 언어가 부여하는 의무를 그렇게 진지하게 받아들인 사람은 없었다. 얼마나 많은 고귀함과 위대함을 〔그가〕 가지고 있는지 오히려 그의 모방자 하르트만(사실은 그의 적대자이다)을 살펴본다면 알아차릴 수 있을 것이다. 현학적인 왜곡 없이, 철학적 스콜라주의의 피로함을 낳는 지체와 그물치기 없이, 다시 가슴속에서 현존재를 들여다보는 그의 위대함은 뛰어나다. 이후에 등장하는 변변치 못한 철학자들에 대한 연구는 현학적인 찬성과 반대의 상황, 골똘히 생각하고 항의할 뿐인 상황, 특히 삶이 허락되지 않는 상황에 그들이 얼마나 빨리 빠져드는지 보기 위해 흥미로운 것일 뿐이다. 그는 현세화와 마찬가지로 학문의 야만적 힘을 파괴한다. 소크라테스가 그런 욕구를 부활시킨 자였던 것처럼, 그는 매우 거대한 욕구를 부활시킨다. 예술은 삶에 대해 어떤 의미를 갖는지와 마찬가지로 종교는 어떤 것이었는지는 잊은 채였다. 쇼펜하우어는 현재 문화에 해당하는 모든 것과 모순관계이다 : 플라톤은 당시 그리스에서 문화였던 모든 것과 모순관계였다. 그는 미리 미끄러져나갔다.

35〔12〕

5.

그는 철학자로서 현세화에 맞서는 진정한 적대자, 온갖 피상적이고 유혹적인 행복의 파괴자, 그런 행복을 약속하는 모든 것, 즉 인간 가운데 국가, 혁명, 부, 명예, 학문, 교회의 파괴자이다—이런 철학자는 우리 모두의 구원을 위해 무한히 많이 다시 태어나야 한다. 쇼펜하우어 같은 한 철학자의 가냘픈 출현으로 끝났다고는 말할 수 없다. 그러나 그는 다가올 모든 시대에 하나의 철학자로 존재할 것이다 : 일정하게 저 진실성의 장엄한 의미를 타고났고 동시에 이를 위한 수단으로 명민함과 통찰력을 타고난 몇 안 되는 인간들에게 의미 있는 교육자와 부담을 완화시키는 자다. 확실히 이와 같은 세계에 적대적이고 반시대적인 근본 신념이 다른 다양한 형태로 계시되는 것은 여전히 가능하다. 바로 성급하고 경솔한 현세화의 상황에 있고 동시에 온갖 현세의 행복 때문에 무시무시한 위험의 경계에 처해 있는 우리 시대는 민족적이고 좀더 상징적이고 애정 깊고 확실한 계시—이들 중 적지 않은 것을 여전히 품고 있을 것이다. 아직도 가능한 이런 계시의 전체 순환을 한마디로 말한다면—누가 오해 없이 깨어나게 만들 것인가? 그러나 언제나 : 나는 '문화'라는 이름을 말하고 싶다. 나는 그러한 문화 속에서 전체 생성의 순환을 이해하고 알기를 원한다.

다가올 이 문화의 목표는 이 세계 안에 있는 것이 아니다. 마찬가지로 과거 문화들의 위대한 표현은 말로 표현할 수 없는 종말을 지시하고 있으며 세계에 적대적이고 생성에 적대적이었다. 진정한 예술 작품이라면 모두 아리스토텔레스의 명제들이 거짓으로 드러나 죗값을 치르게 하는 고백을 강요하지 않는가? 예술이 모방하는 것은 자연이 아니지 않은가? 자연은 생성의 동요 속에서 충분하지 않은 언어와 항상 새로운 시도를 통해 예술가가 순수하게 말하는 것을 더듬거리며 따라하고 있지는 않은가? 자연은 불완전성에서 자신을 구원해줄 예술가를 동경하고 있지 않은가? "나는 자주 그렇게 말했고 또 자주 반복하게 될 것이다. 즉 세계와 인간 행위의 목적 원인은 연극적 창작 예술이다. 그렇지 않다면 도구는 결코 어떤 것을 위해서도 사용되지 않기 때문이다"라고 매우 명랑하고 사려 깊은 말을 했던 사람은 괴테이다. 모든 문화는 밀고 당기고 가루로 만드는 역사의 물결에서 개인을 끄집어내기를 원치 않는가? 모든
5 문화는 개인이 역사적으로 제한되어 있을 뿐 아니라 모든 현존재가 시작하고 그치는 출발점으로 완전히 탈역사적인 무한한 존재라는 것을 이해하기를 원치 않는가? 슬픈 근면함과 더불어 삶 전체를 관통해 기어들어가 배우고 계산하고 정답을 나누고 책을 읽고 아기를 낳고 죽는 것이 바로 인간이라고 믿는 것을 나는 좋아하지 않는다
10 ―이것은 아마 유충에 불과할 것이다. 어떤 비굴하고 허무한 것이고 완전히 표면적인 것이다. 그렇게 사는 것은 매우 나쁜 종류의 꿈을 꾸는 것을 의미할 뿐이다. 이제 철학자와 예술가는 깨어 있는 세계에서 꿈꾸는 자에게 몇 마디 말을 소리쳐 알린다 ; 그 말은 근심스럽게 자고 있는 자를 깨우게 될 것인가? 그것은 매우 드문 일이
15 다 : 습관적으로 볼 때 그는 이러한 어조로는 자신의 꿈을 파괴하는 것을 전혀 듣지 못한다. 그는 그 말을 안으로 짜 엮어내고 삶의 불명확성과 혼란을 증가시킨다.

　　세계와 생성에 친화적이고 인간을 매우 엄격하게 역사적 실존 영역으로 집어넣기 위해 부단히 전념하는 일종의 길 잃은 문화가 있
20 다. 이 문화는 한 세대의 정신적 힘이 널리 퍼져 바로 한 세대가 이 힘을 매개로 현존하는 제도에, 즉 국가, 교통, 교회, 사회에 가장 유용해질 수 있도록 하는 과제를 해결해야 한다 : 그러나 그러한 한도 내에서만 : 작은 힘으로 물레방아를 돌리기 위해 둑과 구조물을 통해 숲의 개울 방향이 부분적으로 바뀌어야 하는 것과 같다. 반면에

숲의 개울이 가진 완전한 힘은 물레방아를 파괴할 것이다. 그러한 발산은 말하자면 아니면 그 이상으로 말해 속박에 이르게 한다. 기본적으로 거대한 역사의 폭력이 세계에 적대적인 문화와 자신을 화해시키려는 시도를 감행하고 승인한다면, 그 폭력들은 언제나 다만 자신의 물레방아를 향해 개울을 막아 둑을 쌓는 것과 끌어올리는 것을 화해라고 이해할 뿐이다. 이것이 현대 국가에서처럼 성공한다면, 이때 사람들은 마치 유용하고 허약하고 세계 친화적인 문화만이 바로 문화이고 그 외의 것은 어떤 것도 문화로 존재해서는 안 되는 것처럼, 이 문화에만 특별한 단독 권리를 주려는 격렬하고 장황한 노력을 감지하게 될 것이다 : 이 문화 자체, 즉 이 오용된 문화는 가장 시끄럽게 소리친다. 왜냐하면 그것은 자신이 죄가 있음을 알고 있고 문화의 본질에서 떨어져나왔기 때문이다. 표현이 무한히 풍부하고 가장 놀라운 세계 적대적 문화의 개별 현시와 표현 방식 중의 하나인 기독교는 그렇게 서서히 현세의 권력의 물레방아를 돌리기 위해 수백 가지 방식으로 이용되었고 그렇기 때문에 뿌리에 이르기까지 꾸며지고 기만되었다 ; 기독교의 마지막 사건인 종교개혁조차도 만약 현세의 국가, 특히 교황을 신봉하는 독일 국가가 종교개혁의 불꽃에서 새로운 힘들과 불길을 도둑질하지 않았다면, 순간적으로 타오르다 꺼지는 불꽃에 불과했을 것이다. 기독교 신학자들이 현대의 국가문화가 기독교와 화해했던 것처럼 지금 다시 행동한다면, 오로지 말만이 중요해질 것이다 : 왜냐하면 기독교는 국가 문화 형태와 다르게는 결코 더 이상 존재하지 않기 때문이다.

그리고 일상의 예술? 현대의 조급하고 지나치게 자극적인 현세화의 복사로, 더욱더 광범위한 오락과 잡담 수단으로, 자극과 흥분

이 교대로 변하는 가운데 말하자면 전체 서양과 동양의 조미료 상
점에서, 어떤 취미가 유쾌한 냄새나 불쾌한 냄새를, 세련된 것이나
조잡하고 거친 것을, 그리스적인 것이나 중국적인 것을, 비극이나
극적인 음담을 탐내건 말건 이것과 무관하게 모든 취미에 적합한
상태 속에서, 이 예술은 바로 삶의 현대적 유형을 정당화해야 한다.
그리고 실제로 누군가 이때 좋은 '취미'를 보여주건 나쁜 '취미'를
보여주건 그것은 별로 중요하지 않다. 그가 단지 미식가로서만 예
술과 관계할 경우 예술은 공허하고 경멸할 만한 사안이다. 그리고
그것은 그렇게 계속 존재할 것이고 진지하게-행동하는 자와 진지
하게-고뇌하는 자에 어울릴 수 없다. 현재 우리의 예술적 문필가들
이 터뜨리는 '아름다운 형식'과 우아함을 향한 외침을 들을 경우,
내게 그것은 인디언들이 문신을 새기기 위해 외치거나 코에 링을
걸고 싶어 하는 것과 별반 다르지 않게 들린다.

독일인은 비슷한 희망사항을 지난 프랑스와의 전쟁에서 고향으
로 가져온 것처럼 보인다. 저 전쟁은 많은 사람에게 우아한 세계 반
쪽으로 떠난 첫 번째 여행이었다 ; 이제 승리자의 비당파성은 얼마
나 멋있게 나타나는가. 그는 패배자에게서 '문화'를 가져오는 것을
부끄러워하지 않는다. 특히 예술 작품은 재차 새롭게 좀더 교양 있
는 이웃과의 경쟁심을 가리키게 되었다. 독일의 집 설비들은 프랑
스와 비슷해져야 한다. 독일어조차도 프랑스풍으로 건립된 학교들
을 매개로 해서 '건강한 취미'를 배워 익혀야 하고 언어에 미쳤던
괴테의 미심쩍은 영향에서 정화되어야만 한다. 우리의 연극은 '건
강한 취미'와 프랑스적 우아함을 향한 충동으로 충만해 있음은 베
를린의 학자 두보이스-레이몬드Dubois-Reymond 같은 사람의

말을 통해서가 아니라 행동을 통해 이미 오래전부터 증명되고 있다. 우아한 독일학자조차 발견되었다 : 이제 현재의 우아함의 법칙에 귀속되고 싶지 않은 모든 것, 즉 독일 음악, 비극, 철학은 서서히 '비독일적인 것'으로 또는 사람들이 즐겨 말하는 것처럼 '제국에
5 적대적인 것'으로 제거되는 것이 기대된다. 제국에 우호적인 것이 우아하다—자, 이 둘에 신의 가호가 있기를!—또는 독일어로 하면, 첫 번째의 것은 꺼져버려라, 이것이 우리에게 우아함이라는 구역질 나는 개념을 이식시키려 한다면. 독일인은 문화가 결핍되어 이를 획득하려 한다. 그러나 독일인이 문화 속에서 친절 외에 다른
10 어떤 것도, 좀더 명확하게 말해, 일정한 사교춤의 대가와 도배공의 착상 외에 다른 어떤 것도 이해하지 못한다면, 독일인이 언어 속에서 오직 학문적으로 허용된 규칙만 따르고 예의바른 태도를 취하라는 명령에 따라서만 움직이고 싶어 한다면, 실로 아무도 독일 문화에 손대지 못한다. 지난 전쟁과 프랑스인과의 비교는 높은 사회적
15 요구를 만들어낼 수 없었다 : 오히려 독일인은 예전의 의무에서 강제로 벗어나기를 원하는 것처럼 보인다. 그 의무는 그의 놀라운 재능, 즉 그의 본성의 묵직하고 명민한 고유 감각이 부여한 것이다 ; 그는 흔들거리며 떠다니고 원숭이로 있는 것을 더 좋아한다 ; 그는 삶을 찬미하고 빛으로 채우는 태도와 예술보다는 삶을 예쁘게 장식
20 하는 태도와 예술을 배우기를 더 좋아한다. 사람들이 독일 정신을 마치 밀랍으로 만들어진 것처럼 다루어 어느 날 우아함을 반죽해낸다면, 결코 이것 이상으로 독일 정신을 모욕할 수 있는 것은 없다. 그런데 유감스럽게도 독일인들 가운데 일부분이 기꺼이 그런 형태로 자신을 반죽하고 형성하기를 원하는 것이 사실이라면, 이에 맞

서 사람들이 들을 때까지 때때로 이렇게 말해야만 한다 : 너희에게
는 저 독일적 유형이 결코 더 이상 존재하지 않는다. 독일 정신은
조야하고 떫고 매우 저항적이기는 하나 훌륭한 재료이다. 이 재료
는 단지 훌륭한 예술가들만이 작업하도록 허용된다. 그들만이 그
재료에 어울리기 때문이다. 너희가 너희 안에 갖고 있는 것은 유약
하고 걸쭉한 재료이다 : 이것을 가지고 너희가 원하는 것, 특히 너
희가 할 수 있는 것을 만들어보라. 이것으로 어리석은 꼭두각시와
민족적 우상을 만들어보라. 그런 다음에는 그 앞에서 기도의 자세
를 취해보라―또한 그것은 여기 리하르트 바그너의 말 속에 남아
있게 될 것이다 : "독일인은 점잖게 존재하길 원하면 모나고 뻣뻣하
고, 화염 속으로 들어가면 고귀해서 모든 것을 능가한다." 그리고
우아한 자들은 이 독일의 화염에 주의를 기울일 이유가 충분하다.
그렇지 않으면 이 화염은 온갖 그들의 꼭두각시와 우상을 포함해
그들을 먹어치울 것이다.―

　　그러나 단지 독일인들에 대해서만 말하지 않는다면 : 외적으로
는 예의바름과 최신의 유행을, 내적으로는 매우 성급한 지식과 덧
없는 것, 즉 일시적인 것을 이용하라고 요구할 정도로, 저 세계와
생성에 친화적인 사이비 문화는 대체로 어디에서나 등장한다 : 그
외에는 아무것도! 따라서 저 사이비 문화는 기자의 사악한 존재 속
에서, 그리고 세 가지 엠M : 순간Moment, 의견Meinung, 유행
Mode의 노예가 된 사악한 존재에서 자신을 구체화한다 : 그리고
누군가 저 문화와 가까워지면 가까워질수록 더욱 기자와 비슷한 모
습을 띠게 될 것이다. 그래서 바로 모든 기자의 속성에 대항하는 이
론을 부단히 가르치는 것은 철학에서 가장 가치 있는 것이다. 이는

순간을 너무 중요하게 받아들이고 여기에 사로잡히는 것에서 인간
을 보호하기 위함이다. 대항이론의 의도는 인간을 운명의 모든 일
격과 돌발에 똑같이 대응하게끔 확고히 세우고 온갖 놀라움에 대해
무장시키는 것이다. 그렇게 그것은 저 조급함, 순간에 대한 저 쉼
5 없는 파악, 아직 푸른 모든 사물을 가지에서 떼내는 저 서두름, 인
간의 얼굴에 주름살을 만드는, 말하자면 인간이 행하는 모든 것에
대해 문신을 새기는 저 경주와 사냥의 위대한 적대자이다. 마치 그
것들 안에 더 이상 편안히 숨쉬지 못하게 하는 구정물이 있는 것처
럼, 인간은 점잖지 못한 근심을 보이며 앞으로 달려간다 : 그래서
10 당연히 위엄의 결핍은 매우 수치스럽게도 명백하다. 이제 다시 위
엄 없는 조급함의 병을 은폐하기 위해 거짓의 우아함이 필요하게
된다. 왜냐하면 이른바 그 '아름다운 형식'에 대한 유행의 열망은
현재 인간의 추한 내용과 관련 있기 때문이다 : 저것을 은폐해야 한
다. 이것은 은폐되어야 한다. '교양 있게 존재하는 것'이 이제 : 얼
15 마나 빈곤하고 나쁜지, 노력을 할 때 얼마나 맹수적인지, 수집에서
얼마나 만족하지 못하는지, 향유하는 가운데 얼마나 이기적이고 부
끄러워하지 않는지 스스로 감지하지 못하게 만드는 것을 말한다.
그렇게 놀랄 만한 등급이 생긴다 : 돈이 많을수록 더 많은 교육을,
또는 달리 표현해서 : 열망과 천박성이 더 많을수록 더 많은 가장과
20 광택이. 누군가 어떤 희생을 치르더라도 현존재를 긍정하길 원한다
면, 마치 스스로 나무의 맛 좋고 기품 있는 열매인 것처럼, 현존재
전체가 긍정할 만한 가치가 있는 것처럼 행동해야 한다 : 왜냐하면
이를 통해 그는 다른 사람들도 똑같이 믿도록 유혹하기 때문이다.
부자가 '아름다운 형식'의 재주 위에서 자신을 이해하는 동안에는

가난한 자도 부자가 되기를 고대할 것이다.

누군가에게 독일 문화의 부재에 대해 보여주었을 때, 나는 이미 많은 경우에 반대에 부딪혔다. "그러나 저 부재는 말하자면 완전히 자연스러운 것이다. 왜냐하면 독일인들은 이제까지 너무나 가난했기 때문이다 : 당신이 우리 국민을 부자로 만든다면, 그러면 당신은 문화를 가지게 될 것이다!" 물론 이 믿음은 행복하게 만들 것이다 : 이 믿음의 이러한 유형은 나를 불행하게 만든다. 왜냐하면 여기 미래에 대해 신뢰를 얻고 있는 독일 문화―부, 광택, 예의바른 가장의 문화―는 내가 믿기로는 독일 문화에 가장 적대적인 반대 형상이기 때문이다. 독일인들 사이에서 살아야만 하는 사람은 그들의 삶과 감각이 가진 악명 높은 회색성, 무형식과 우둔함, 세련된 교류에서의 서투름 때문에, 더욱이 성격상의 악의와 일정한 은밀함과 불결함 때문에 대단히 고통스러워한다 ; 허위와 거짓, 잘못 모방된 것, 좋은 이국적인 것을 나쁜 토착적인 것으로 번역하는 것 속에 널리 퍼져 있는 즐거움은 그에게 고통을 주고 감정을 상하게 한다 : 그러나 정말 구역질 나는 것은 이런 모든 질병과 허약함이 결코 근본적으로 치료되지 않고 단지 항상 표면적으로 치장될 뿐이라고 생각할 수밖에 없는 데 있다―반인간적 부가 어느 시대에서건 인간다움의 가상을 만들어내기 위해 확산시킨 그러한 사치의 문화를 통해. 그러한 문화는 거친 현존의 욕망이 지닌 저급하고 동물적인 얼굴 위에 베일처럼 걸려 있다 : 사이비 종교, 사이비 예술, 사이비 학문, 사이비 철학으로 짠, 〔+++〕

35〔13〕

사람들은 시대 일반이 복고적으로 파악됨을 알았을 경우, 빈번히 자신의 시대의 뒤편에 남아 있는 선행을 한다고 언젠가 쇼펜하우어가 말한 적이 있다.

5

35〔14〕

그렇기 때문에 나는 시대와 변화에 친화적인 이런 현재의 전체 문화의 뿌리를 두 가지로 관찰하고 구별한다 : 하나는 획득과 소유를 향한 사회의 과잉된 방향이고, 다른 하나는 현대 국가의 영리한 10 이기주의이다. 그것은 문화를 그물망으로 유인하는 미끼의 두 가지의 경우에서 : 현세의 행복이라 불린다 ; 부자이고 힘 있는 인간, 자유로운 인격, 문화국가―이러한 것은 우리 동시대인을 속이는 약속이다. 우리가 세계에 적대적인 진정한 문화의 뿌리를 볼 수 있는 저 동굴로 단 한순간만이라도 내려간다면, 말하자면 이때 기만이 문 15 제라는 점이 즉시 하나의 계시처럼 우리를 엄습할 것이다.

모든 시대의 사려 깊은 인간들은 바로 동물이 삶에 고통스러워하나 자기 자신을 향한 고통의 가시를 뒤집고 자신의 현존재를 형이상학적으로 이해할 수 있는 힘을 가지고 있지 못하기 때문에 연민을 느꼈다 ; 의미 없는 고통을 보는 것은 심층적으로 볼 때 화가 20 나는 일이다. 그래서 큰 죄를 진 인간의 영혼이 이러한 동물의 육체에 들어가 있다는 추측, 단적으로 화나게 하는 의미 없는 저 고통은 영원한 정의 앞에서 진정한 의미와 의의로, 말하자면 형벌과 참회로 해소된다는 추측은 지구의 한쪽에서만 등장한 것은 아니다. 그런데 더 가혹한 처벌이 고안될 수 있을 것이다. 이것은 예컨대 맹수

로, 사막의 갉아먹는 고통에 쫓기고 드물게 욕구가 해소되며 이러
한 경우에도 해소는, 다른 동물과의 갈기갈기 찢는 투쟁으로 인해
또는 구역질 나는 탐욕과 과잉 만족으로 인해 괴로움이 되어버리는
방식으로 결핍과 욕구 속에서 동물로 살고 삶에 대해서는 전혀 숙
고하지 않는 것을 의미한다. 그렇게 삶에 맹목적으로 미친 듯이 매
달려 있고, 사람이 그렇게 벌을 받고 있다는 것과 왜 그런지 결코
알려 하지 않고 바로 무시무시한 욕망의 우둔함을 가지고 그러한
형벌을 마치 행복처럼 갈망하는 것—이것은 동물로 존재함을 의미
한다 ; 그런데 자연은 인간을 향해 밀고 나갈 경우 자신의 구원을
위해 인간이 필요하다고 느낀다. 또한 인간 안의 현존재가 삶이란
더 이상 의미 없는 것이 아니라 형이상학적 유의미성에서 현상한다
는 것을 훈계한다고 느낀다. 그러나 동물은 어디에서 그치고 인간
은 어디에서 시작하는가! 누군가 삶을 마치 행복처럼 요구하는 동
안에는, 그는 동물의 지평을 넘어서 자신의 시각을 고양시키지 못
한다. 그는 동물이 맹목적인 갈망으로 추구하는 것을 단지 좀더 의
식적으로 원할 뿐이다—말하자면, 우리는 우리 현존재의 매우 중
요한 부분을 모두 동물성에서 탕진하고 있다. 우리 자체는 의미 없
이 고뇌하는 것처럼 보이는 동물들이다.

그러나 구름이 흩어지고 모든 자연을 포함하여 우리가 인간을
향해 밀고 나가는 순간들이 존재한다. 우리는 전율을 느끼면서 저
갑작스러운 밝은 빛 속에서 과거를 되돌아본다 : 우리는 세련된 맹
수들이 경주하는 것을, 그것들 사이에서 우리가 경주하는 것을 본
다. 거대한 지구의 황야 위의 인간의 무시무시한 움직임, 그들의 도
시와 국가 건설, 그들의 전쟁 수행, 그들의 부단한 수집과 살포, 그

들의 혼잡스러운 달리기와 서로 익히고 편취하는 것, 그들의 상호
기만과 제압, 곤궁에 빠진 그들의 아우성, 승리한 그들의 즐거운 비
명―이 모든 것이 동물성의 전개이다 : 마치 인간이 의식적으로 퇴
화하고 자신의 형이상학적 기질이 빼앗긴 것처럼, 즉 마치 자연이
오랫동안 인간을 그리워하고 획득한 다음에 이제는 인간을 두려워
하여 충동의 무의식성으로 인간을 다시 되돌려보내길 원하는 것처
럼. 아, 자연은 인식을 필요로 한다. 그리고 자연은 자신이 필요로
하는 인식을 두려워한다 ; 그리고 불꽃은 거칠게 타고 있다. 말하자
면 자신의 과제에 놀란다. 이리저리로, 인식이 필요한 일반적 이유
를 파악하기 전에 자연은 우선 수천 개의 사물을 파악한다. 우리 삶
의 광대한 장치들은 우리의 고유한 과제에서 달아나기 위해 어떻게
만들어졌는지, 우리는 마치 수백 개의 눈을 가진 우리의 양심이 우
리를 알아차릴 수 없는 것처럼 어딘가에 우리의 머리를 얼마나 기
꺼이 숨기려 하는지, 우리가 어떻게 국가나 재화 획득, 학문, 사교
에 대한 우리의 마음을 단순히 더 이상 갖지 않기 위해 그 마음을
성급히 되돌려주는지, 우리는 얼마나 정열적이고 숙고 없이 ―왜냐
하면 숙고하지 않는 것이 우리에게 더 필요한 것처럼 보이기 때문
이다―힘든 일상의 노동에 대해 그것이 삶을 위해 필요한 것이기
라도 한 것처럼 기뻐하는지 우리 모두 매순간 알고 있다. 일반적으
로 모든 것은 서두른다. 왜냐하면 누구나 자기 자신에게서 달아나
는 도정 위에 있기 때문이다. 모든 것은 또한 이런 서두름의 소심한
은폐이다. 왜냐하면 사람들은 만족스럽게 보이길 원하기 때문이다.
그리고 좀더 통찰력 있는 관찰자는 자신의 빈곤을 속이려 하기 때
문이다. 일반적으로 방울 소리를 내는 단어에 대한 욕구가 있다. 삶

은 이것으로 장식하여 어떤 축제의 소음을 얻는다. 때때로 불편한 회상들이 얼마나 갑자기 무의식적으로 떠오르고, 그럴 경우 우리는 얼마나 격렬한 몸짓과 언어를 통해 그런 기억을 생각에서 지우려 노력하는지 누구나 자신의 경험으로 알고 있다―바로 우리 삶의 일반적인 형태는 우리가 그런 상황에 처하는 것을 감지하도록 만든 다 : 그러면 그것은 무엇인가? 그렇게 자주 우리를 괴롭히는 것은 무엇인가? 어떤 모기가 우리를 잠들지 못하게 하는가? 어떤 것이 유령처럼 우리에게 다가온다. 삶은 매순간 우리에게 무엇인가를 말 하려 한다. 그러나 우리는 이런 유령의 목소리를 들으려 하지 않는 다. 우리는 홀로 조용히 있을 경우 어떤 것이 우리의 귀에 대고 속 삭일까 봐 두려워한다 ; 그리고 그렇게 우리는 고요함을 싫어하고 사교를 통해 우리를 마비시킨다. 인간은 힘 닿는 데까지 고통을 피 하려 하고 더 나아가 겪은 고통을 해석하지 않으려고 한다. 그는 항 상 새로운 목표를 통해 배후에 놓여 있는 것을 잊으려 한다. 빈곤하 고 쇠약한 자가 바로 자신을 이런 현존재의 거친 해안가로 던지는 운명에 거역할 경우, 오로지 자신을 속이고 싶어 하는 것일 뿐이다 : 심층의 눈은 고통의 중심에서부터 질문하면서 스스로를 조망한 다. 그는 현존재를 파악하는 것이 네게는 더 쉬운 일이 아니냐고 말 하는 것처럼 심층의 눈을 들여다보려 하지 않는다. 동요와 자기 자 신에 대한 두려움으로 병든 저 피상적으로 행복한 자들은 사물과, 예컨대 국가와 노동과 소유의 악한 천성을 단지, 동의하고 [+++]

[36 = U II 7b. 1874년 5월]

36〔1〕

플라톤에 관한 서론. 1874년.

고대의 운율학.

라에르티우스 디오게네스.

호메로스에 대하여.


36〔2〕

1874년.

쇼펜하우어.

학자.

1875년.

두 개의 반시대적인 것.

1876년.

하나의 반시대적인 것.


36〔3〕

읽을 것 :

2 그리스 문헌.

1 백과전서.

1 운율학.

[37 = U II 7c. P II 12a, 220. P II 12b, 59. 58. 56. 1874년 말]

37〔1〕

변종이 되다 변질되다degenerare(아버지의 아들)

부식제를 써서 제거하다(목초지) 풀을 뜯어먹다depascere

월급을 지급하다

사태를 초기 상태에 망가뜨리다 = 너무 서두르다

그는 아무것도 부러뜨리지 않는다 = 아무것도 망치지 않는다

시간은 미신을 이미 제거할 것이다

단절된(3격) = 해로운

불빛을 줄이다(약하게 하다)

거기에서 아무것도 얻어낼 수 없다

사람들이 우리에게 강요하는 모든 것

미신과 어두움

누구에게 무엇을 빨리 떼내다(급히 떼내다)

저녁 무렵에 간다

그럴듯한 추측들에 모험을 건다

모험을 찾아 나서는

너무나도 영리한 너희들의 세기(世紀)

배반과 경멸로 온다

규칙은 예외를 견뎌야만 한다

그것에 따라 본을 뜨다

음흉하고 교활한 두뇌

결핍, 퇴장, 궁핍

폐물이 된 옷(닳아빠진)

그는 동반자의 모습을 보였다

5  불이 소멸하도록 만든다

우리에게서 아무것도 떠나지 않은

시대에 뒤진 날들

우리의 가장 반대되는 적

나는 쉽게― 을 통해 너를 이기길 원한다

10  갈기갈기 찢긴 돛단배, 갈빗대가 탐지되다

그는 자신의 무절제한 버릇을 버렸다

거기 죽은 자는 빨리 덜어낸다

청명한 밤에 빛의 사라짐

내게 행복은 악의 있는 것이었다

15  그는 그들에게서 아무것도 받을 수 없었다는 것을

창을 풀어 뽑다 = 포위망을 풀다

그는 결코 아무것도 지탱하지 못한다 = 견뎌내지 못한다

나는 나 스스로를 상실했다

나는 완전히 그들의 의지에 의존한다

20  자연은 인간을 대지에 의존하게 만든다. 허영심을 향한 강력한
    조준과 같은 정서는 의존적이다

맑아진 공기에서

내게서 고통을 없앤다

쓰레기(음식의 제거ablatio ciborum)

나는 아무것도 속아 빼앗기지 않도록 한다

법정에서 증인을 심문하다

모든 악덕을 싫어하다

공모하다

5 속죄하다

세계를 등지다

한 해가 서서히 지나간다. 바람이 남은 그루터기를 넘어간다

쥐어 뜯긴 형식들

그가 추위에서 약간 벗어났을 때

10 쇠약한 병자들

그는 자신에게 돈의 어떤 가치도 표현하지 못하도록 만든다

다 마친 여행 후에

이웃을 방문하다

바젤에서 온 편지를 뜯다

15 말이 길을 따라간다

그의 이점과 가치는 끝났다

그의 눈은 빛 속에서 더욱 노린다는 것을 너는 알고 있다

다른 쪽으로 돌리다

포도주를 마실 수 있으려면 그 전에 우선 모든 포도주가 오래두

20     어 연해져야만 한다.

저당 잡힌 담보물을 해결하다

취급 방법을 깨닫다

논쟁을 호의적으로 해결하다

바람에 떨어진 과실과 바싹 마른 나무의 우듬지는 아마 사람들이

쳐서 잘라낼 것이다

너는 너 자신에게 순간을 쓰라고 아마 강요할 수 있을 것이다

유사성에 따라 규칙을 추정하다

광부들은 탄광을 헛되게도 포기해야만 하고 수갱을 많이 파내
 려 가야만 한다.

나는 무엇을 부정하지 않는다

내가 그것을 잘 간 것이 아니라 단지 종이 위에서 좋지 않게 뜯
 어냈을 뿐

신문에 글을 쓰는 모든 사람에 대해 거부하는 편지를

행복은 그를 거절하고 그에게 저항한다

오랫동안 많은 판매를 만들었던 성향

이 세계에서의 행복한 이별

저 영주는 얼마나 경솔하게 자신의 하인들에게 그것을 중단시키
 고 과세했는가

아, 얼마나 혐오스럽고 무서운 광경인가

사람들이 내게 하게 했던 그에 대한 묘사로부터

나는 어떤 거절이나 임시적 관계를 수용하지 않는다

모든 폭력적인 제국을 쳐서 해체시키다

도대체 그는 어디에 자신의 목표를 세울 수 있을까?(갖고 있는
 가)

그의 장점을 빨리 예측하다

낮과 밤은 그렇게 확실히 서로 구분된다

오래된 죽은 언어

그것은 거대한 논쟁을 중단시켰다

일정한 의도로, 작용의 의도로.


37〔2〕

　　균형

애히트ächt가 아니라 에히트echt가 옳다

에에ehe는 틀리다 : 에eh라고 쓰는 것

가장 이른ehest 기회와 함께

눈에 띄고 인상 깊은

거칠고 인적이 드문 장소로

그는 거대한 얼음 조각을 부러뜨렸다


37〔3〕

라틴어로 글쓰기의 가치.

번역.

읽기의 등급과 유형.

문체의 모범에 대해.

수집의 유익함.

글쓰기의 척도.

말하기와 듣기.

논리적 문장.

보석에 대해.

전체 색조.

저술의 생성―착상.

설득―가르침과 다른 의도.

기술을 숨기다artem tegere.

읽기에 대한 균형으로서 쓰기의 즐거움.

우선 작은 형식 아니면 위대한 형식?

전체 비율을 느낄 수 있어야 한다.

고대인들은 본성적으로 글을 잘 쓰지 못한다.

인용에 대해(색깔을 방해하면 안 된다).

신문을 멀리하기(읽고 쓰면서).

단순한 것이 어려운 것이고 최종적인 것이다.

개별적인 것은 우선적으로 도출되어야만 하고 그런 다음에는
　　　깨져야만 한다.

구두점을 찍다, 횡선 등.

언어의 보존은 단지 예술적인 취급에만 연결된다.


37〔4〕

번역하다 : 그러나 시를 짓는 것이 언어를 부패시킨다.

저자보다 명료해지는 것을 결코 두려워하지 않는다.

'행간을 읽는다' 는 것은 좀더 열려 있는 시사적인 것에 적용되
　　　어야 한다.

때때로 사람들은 아리스토텔레스에게서 흰 뼈대를 아주 많이 본
　　　다(빈약함이 적합함에도 불구하고).

언어의 미래에 대한 전망들 ; 언어의 미래에 대한 평생의 작업
　　　이 요구되는 시기이다.

학원에 대한 불행한 생각에서 출발하는 것―

문화에 이르는 우리의 수단과 방법은 문화의 힘과 건강에 적대

적이다.

문학적 산문의 문제 ; 아직 언어를 보존하고 있는 유일한 것으로서 일정한 시기에 반드시 필요하다 ; 그러나 엄청난 손실이 함께 고려된다.

산문을 둘러싼 투쟁(문자 산문과 구술 산문).

각각의 문학 유형의 비도덕적 조건들, 예컨대 연극의 경우 관객의 성급함 ; 마찬가지로 모든 특수한 예술에 필수적인 지성의 한계들.

읽기를 위해 : 우리는 문화의 수단에서 문화가 몰락하는 시대에 있다.

켈러. 아우어바흐. 하이네. 그림.

아우어바흐는 말하지도 않고 사유하지도 않는다 ; 그는 다만 그렇게 단지 처신하고 있을 뿐이다. 대신 그가 유약하고 수다스러운 감동에 흠뻑 젖을 수 있다면, 그는 자신의 요소에 충실한 것이다 ; 우리는 기꺼이 그의 요소에 충실하지 않는다.

좋은 저작은 영향을 미칠 때 자신이 문학적이라는 것을 잊게 만들 것이다 ; 그것은 친구의 말이나 행동처럼 작용한다 ; 누가 그런 것을 인쇄하려고 하겠는가!

교양의 몰락은 언어의 빈곤에서 드러난다; 신문에서 독일적인 것은 이미 *천박한koinē* 것이다. 사람들은 언어를 외적으로 개선할 수 있다(서기 2세기와 3세기).

37〔5〕

　　언어의 빈곤은 의견의 빈곤과 일치한다 : 우리의 문예신문을
생각해보자 : 지배적인 견해가 얼마나 적은가! 어떤 책을 판단할 경
우, 이것은 오직 전문가의 일이라고 사람들은 믿는다 : 지금 나는
5　그 배후를 본다.

　　교회의 통일과 마찬가지로 민족의 통일과 연관된 해로움 ; 투
쟁의 축복. 뻣뻣하고 분리하길 좋아하는 독일의 본질은 민족들과
경쟁하면서 안으로는 말라비틀어지고 밖으로는 호전적이고 오만하
고 향락을 추구하며 탐욕스러워질 것이다.

10　지금 아름다운 양식에 쏠려 있는 모든 자에게 저주가 있을지어
다 : 너희에게 나타나는 것에 따라 글을 쓰도록 하라!

　　피타고라스적으로 5년 동안 책을 읽지 않는 것.

　　괴테의 받아쓰기를 위한 구술 : 그의 장점, 말하기에 가깝게.

　　'아름다운 양식'은 호사스러운 연설가의 발명이다.

15　"왜 사람들은 언어를 가지고 그렇게 노력해야만 하는가!" 에피
쿠로스가 말한 것처럼 명료함이면 충분하다. 이런 명료함의 원칙
때문에 상실된 것을 묘사하는 것. 도대체 인간은 논리일 뿐이란 말
인가?


20　37〔6〕

　　인간들 사이의 모든 교류는 한 사람이 다른 사람의 영혼을 읽을
수 있다는 데 근거한다 ; 그리고 공유하는 언어는 공유하는 영혼의
소리를 통한 표현이다. 그러한 교류가 좀더 긴밀하고 정성스러울수
록 언어는 좀더 풍부해진다 ; 이렇게 언어는 공통의 언어와 성장하

거나 아니면—위축된다. 기본적으로 말하기는 함께 있는 인간에게 나와 동일한 영혼을 가지고 있는지 묻는 것이다 ; 태고의 문장은 내게 의문문으로 보인다. 나는 강조 안에서 영혼이 자기 자신에게 던진 태고적 질문의 여운을 추측한다. 그러나 다른 틀에서. 너는 너자신을 다시 인식하는가?—이러한 느낌에는 모든 말하는 자의 문장이 뒤따른다 ; 그는 독백인 자기 자신과의 대화를 시도하는 것이다. 그가 자신을 점점 더 적게 인식하면 할수록, 점점 더 말수가 적어질 것이다. 그리고 강요된 침묵일 경우 그의 영혼은 더욱더 가난해지고 작아질 것이다. 이제 지금부터 침묵하는 인간이 필요할 것이라면, 그들은 말, 바다표범, 암소로 불리게 될 것이다 ; 왜냐하면 사람들은 이러한 존재들을 자명하게 말할 수 없는 존재 : 즉 아주 멍청한 영혼을 가진 존재로 간주하기 때문이다.

사실상 많은 인간과 모든 시대의 인간이 진정 암소 같은 어떤 것을 종종 갖고 있다 ; 그들의 영혼은 멍청하고 태만하다. 그들은 비약하고 헤매고 노려보기를 좋아한다. 이는 단지 그들에게 공통으로 드러나는 빈곤한 영혼의 일부분일 뿐이다. 따라서 그들의 언어는 고갈되거나 기계적으로 될 수밖에 없다. 왜냐하면 곤궁이, 즉 개인의 곤궁이 언어를 창출한다는 것은 사실이 아니기 때문이다 ; 적어도 어떤 집단 전체나 부족의 곤궁이 언어를 창출한다. 그리고 이러한 곤궁이 공통으로 지각되기 위해 영혼은 개인이 존재했던 것보다 일찍 형성되었음이 틀림없다. 영혼은 여행을 하고 다시 자신을 찾기를 원했음이 틀림없다. 영혼은 말하기 전에 우선적으로 말하기를 원했음이 틀림없다 ; 그리고 이런 의지는 개인적인 것이 아니다. 원시인의 형태로 파악되는 수백 개의 다리와 머리와 손을 가진 신화적인 태고의 존재를 생각해보자 : 그렇게 그것은 자기 자신과 대화할 것이다 ; 그리고 그것이 두 번째, 세 번째, 그렇게 수백 번째의 존재와 대화하는 것과 마찬가지로 자신과 대화할 수 있음을 알았을 때, 그것은 자신을 부분으로, 즉 개별적인 인간으로 분리시킬 것이다. 왜냐하면 그것은 자신의 통일성을 완전히 상실하지는 않으리라는 점을 알았기 때문이다 : 왜냐하면 통일성은 잡다한 수백 명의 인간처럼 공간에 있지 않기 때문이다 ; 수백 명이 말할 때 신화적 괴물은 다시 완전히 하나라는 것을 느낀다.

그리고 정말로 언어의 위대한 음향적 본질이 언어의 어머니인 곤궁에 따라 파악되는가? 모든 것은 즐거움과 풍요로움과 함께 탄생하지 않았는가? 관찰의 명민함의 기호들과 함께 자유롭게 탄생하지 않았는가? 원숭이 같은 인간이 우리의 언어와 무슨 상관이 있단 말인가! 6격을 가지고 수백 개의 형태로 동사를 변형시키는 민족은 완벽하게 공유하고 흘러 넘치는 영혼을 소유하고 있다 ; 그리고 그런 언어를 창조한 민족은 자신의 풍부한 영혼을 모든 후세에 쏟아 붓는다 ; 같은 능력이 이후에 시인, 음악가, 연극인, 연설가, 선지자의 형식 속에서 등장하게 될 것이다 ; 그리고 첫 번째 유년시대의 넘쳐흐르는 충만 속에 있었던 이런 능력이 바로 언어의 창시자들을 탄생시킨 것이다 : 이들은 모든 시대를 넘어 가장 창조적인 인간들이다. 그리고 그들은 모든 시대의 음악가와 예술가가 표현하는 것을 표현했다 : 그들의 영혼은 더욱 위대하고 사랑스럽고 공통적이었다. 그들의 영혼은 답답한 개별적인 구석에 있는 것이 아니라 거의 모든 곳에서 생동하고 있다. 그들 안에서 보편적 영혼이 스스로 말했다.

37〔7〕

　　미래의 문필가를 위해 다양한 언어는 유익한가? 아니면 대개 외
국어가? 특히 독일의 문필가를 위해서는? 그리스인들은 자기 자신
에게 의존했고 외국어를 위해 노력하지 않았다 : 그러나 아마도 자
5　신의 언어를 위해 노력했을 것이다. 우리의 경우 반대이다 : 독일의
연구들은 비로소 서서히 팽창하고 있다. 독일의 연구들은 현재 다
루어지고 있는 것처럼 대개 외국적인 것과 현학적인 것을 내적으로
가지고 있다. 라틴어의 양식을 가르치기 위해 많은 것이 시도되었
다 ; 그러나 독일어로 언어와 문학의 역사를 가르친다 : 그런데 역
10　사는 오직 실제 훈련의 수단과 보조의 의미밖에 없다. 이전 시대의
독일어를 읽을 수 있다는 것은 아무것도 아니거나 별로 의미가 없
다. 그러나 현재 언어의 황폐화에 대한 판단에 이르기 위해 과거를
이용하는 것은 중요하다. 현재 누구나 사용하는 어휘와 관용어의
총 수는 고갈되었다고 간주하고 생각해야 한다 ; 실제로 언어는 사
15　람들이 어휘와 관용어의 총 수에 대해 생각하는 것보다 훨씬 풍부
하다 ; 마찬가지로 문장은 복잡하게 사용된다. 그러니까 역겨움을
모면하려면 사람들은 언어를 예술적으로 다루어야만 한다 ; 예컨대
내가 멘델스존의 관용어를 더 이상 견디지 못하는 것처럼 ; 나는 더
강력하고 자극적인 언어를 요구한다. 물론 현재 글을 쓰는 것은 예
20　전보다 많이 어려워졌다 ; 사람들은 자신의 언어를 만들어야 한다.
이것은 마치 어떤 복장에 싫증나서 새로운 유행을 갈망하는 것과
같은 표면적인 갈망은 아니다. 우리 언어의 무딘 성격 속에서 무뎌
진 우리의 독일 정신과 사라진 개성을 내가 아주 잘 알고 있어서이
다. 여기저기에서 벌어지는 투쟁은 다만 아직 우리가 믿고 있는 탁

37＝U II 7c. P II 12a, 220. P II 12b, 59. 58. 56, 1874년 말　553

월하고 강력한 독일 정신의 파괴에 대한 저항일 뿐이다. 정확한 것과 관습적인 것을 본 양식의 이론이 우리가 최종적으로 필요로 하는 것이다 : 반면에 그 이론은 다른 사람에게는 전혀 필요하지 않다. 왜냐하면 그들은 본의 아니게 이미 그 안에서, 말하자면 정확한 것과 관습적인 것의 억압 안에서 살고 있기 때문이다. 독일어의 미래를 약속하길 원하는 자는 현재의 독일어에 대항하는 조류를 만들어야 한다. 사람들은 많은 불행과 고통을 고려해야 한다 ; 다음으로 중요한 것은 전력을 다해 언어에 온 힘을 쏟는 것이다. 현재 우리와 전혀 상관없는 단어들은 아름답거나 추하다. 좋은 '취미' 는 결코 존재할 수 없다. 모든 유약함과 안락함의 죽음.

그러니까 : 언어의 빈곤과 퇴색은 독일 영혼 일반의 발육 부진의 징후이다 ; 반면에 단어와 숙어의 대단한 규칙성은 반대로 나타날 것이다. 즉 정치적 통일성의 짝으로서, 공동 영혼의 획득으로 나타날 것이다. 최소한 사람들은 이렇게 말할 것이다 : 축소와 확장에 의해 통일은 생성된다 ; 현재 사람들은 첫 번째 유형을 가지고 있다. 사람들은 두 번째 유형을 가지고 있지 못하다. 우리의 위대하고 풍부한 사상가들이 주변 사람들에게 더 이상 자신을 이해시킬 수 없다는 사실이 이것을 증명한다. 그들은 자의와 무관하게 망명자가 된다. 마찬가지로 어떤 유형의 문필가와 예술가가 현재의 일반적 영혼에 조응하고 이해되고 있는지의 문제가 이것을 증명한다. 예를 들면 슈트라우스, 아우어바흐, 그리고 동종의 사람들이다.

37[8]

어떻게 양식과 표현만을 중요시할 수 있단 말인가! 오직 자신을 이해하도록 만들었는지가 중요한 것이다.—동의한다 : 그러나 그것은 가벼운 것이 아니라 매우 중요한 것이다. 인간이 〔얼마나〕 복잡한 존재인지 생각해보라 : 인간이 자신을 실제로 표현하는 것이란 얼마나 어려운 일인가! 인간은 대개 바로 자신 안에 매몰되어 있고 밖으로 드러낼 능력이 없다. 그러나 이것은 노예적 상황이다. 말하고 쓸 수 있는 능력은 자유로워지는 것을 의미한다 : 언제나 최상의 것이 도출되지는 않는다 하더라도 ; 그러나 가시화되는 것과 단어와 색채를 얻는 것은 좋은 것이다. 야만인은 표현할 수 없고 비굴하게 수다만 떠는 사람이다.—물론 '아름다운 양식'은 어떤 새로운 새장이나 황금칠을 한 야만일 뿐이다.

나는 책에 통일과 척도의 분위기를 요구한다 ; 그것은 단어 선택, 비유의 유형과 수, 과정과 종결을 규정한다.

[38 = Mp XII 5. 1874년 말]

38〔1〕

프로메테우스와 그의 독수리는 고대 올림포스 산의 신들의 세계와 그들의 힘이 파괴되었을 때 잊혀졌다.

프로메테우스는 언젠가 인간이 자신을 구원해주길 기대한다.

그는 제우스에게 비밀을 누설하지 않았다. 제우스는 자신의 아들로 인해 몰락했다.

아드라스테이아가 소유하고 있는 벼락.

제우스는 인간을 파괴하길 원했다─전쟁과 여자와 이들을 찬양하는 자 호메로스 : 요약하면 그리스 문화를 통해 후대의 모든 인간이 삶을 혐오하기를 원했다 ; 그는 그리스인을 모방하고 질투해 그들이 죽기를 원했다.

그의 아들은 그들을 이러한 종말에서 보호하려 했다. 그는 그들이 어리석고 죽음을 두려워하도록 만들었다. 그리고 그는 그들이 그리스적인 것을 증오하도록 만들었다 ; 그렇게 그는 제우스 자체를 파괴했다. 그들에게 불을 선사했던 프로메테우스의 행위 이전의 상황을 중세와 비교하는 것. 또한 이 제우스의 아들은 인간을 파괴하기를 원한다.

프로메테우스는 그들을 돕기 위해 그들에게 매우 오래된 판도라를 다시 받아들인 에피메테우스를 보낸다(역사와 회상). 그리고 실제로 인류는 다시 소생한다. 제우스는 인류와 함께 신화 속의 우화에서 소생한다. 훌륭한 그리스 민족은 살라고 유혹한다—정확히 보면, 신화가 다시 삶에서 **이탈**할 때까지 : 신화의 기초는 대단하고 모방할 수 없는 것으로 인식된다.—

(프로메테우스는 인간에게서 죽음에 대한 시선을 빼앗았다. 누
5 구나 자신을 불멸의 개인으로 간주하고 실제로 고리의 일부분으로 사는 것과는 다르게 산다.)

제우스와 그의 아들에 대한 의심의 시대 : 또한 프로메테우스에 대해서도. 왜냐하면 그는 그들에게 에피메테우스를 보냈기 때문이다.

10 혼돈의 준비.

프로메테우스는 에피메테우스를 통해 자신이 인간을 창조할 때 저지른 실수를 깨우쳤다. 그는 자신의 형벌을 시인한다.

독수리는 더 이상 먹어치우기를 원치 않는다. 프로메테우스의 간은 무척 빨리 자란다.

15 제우스, 그의 아들 그리고 프로메테우스는 서로 이야기한다. 제우스는 그를 풀어준다. 프로메테우스는 인간을 다시 한번 짓이기고 형식을 새롭게 세워 미래의 인간을 만든다. 대중을, 즉 반죽을 만드는 것과 같은 수단. 짓이겨 만들어질 인류의 고통을 줄이기 위해 아들은 음악을 선사한다.

20 말하자면 : 프로메테우스에게 허가되는 것. 인간은 다시 생성되어야 한다 ; 제우스와 아들에게 허가되는 것. 그들은 우선 몰락해야 한다.

38[2]

　　전체 형식에 대해 : 독수리 혼자 말하고 이야기한다 : 나는 프로메테우스의 독수리이고 매우 희귀한 상황을 통해 어제부터 자유이다. 제우스가 내게 프로메테우스의 간을 먹어치우라는 과제를 부여했을 때, 그는 나를 멀리하려 했다. 왜냐하면 그는 가니메데스 때문에 질투가 심했기 때문이다.


38[3]

　　모든 종교에는 인간에게 해로운 어떤 것이 있다. 프로메테우스가 메코네에게 교활하게 굴지 않았다면 어떤 일이 벌어졌을까! 아들의 상황. 이때 성직자는 모든 것을 먹어치운다.


38[4]

　　"아, 나는 불행한 새다. 내가 전설이 되었구나!"


38[5]

　　기독교적 인간은 저승 속의 그리스인들처럼 그림자 같다. 피를 마신다. (전쟁들).


38[6]

　　인간을 만들 때 프로메테[우스]는 인간의 능력과 경험이 시간적으로 분리된다는 점을 소홀히 했다 : 모든 지혜에는 노인의 쇠약함이 있다.

38[7]

신들은 어리석다(독수리가 앵무새처럼 지껄인다) ; 제우스는 아킬레우스, 헬레나, 호메로스를 창조했을 때 근시안적이었고 인간을 몰랐다 ; 실제 결과는 인간의 파괴가 아니라 그리스 문화이다. 그 후 그는 세계 정복자(알렉산드로스와 로마, 학문)를 남성과 여성으로 창조했다. 그의 아들 디오니소스는 세계 극복자(어리석으나 환상적으로, 피는 모면한 채로, 광신적 저승의 그림자가 대지 위에 펼쳐진다. 대지 위에 저승을 세움)를 창조했다. 세계 극복자는 세계 정복자의 생각을 수용한다―그리고 이제 인간은 끝장난 것처럼 보인다. 이때 제우스는 거의 몰락에 이른다. 또한 디오니소스-세계 극복자도 마찬가지다. 프로메테우스는 어떻게 모든 인류가 그림자가 되었고 아주 깊숙이 부패하고 겁 많고 악해졌는지 파악한다. 그는 동정하여 인류에게 유혹하는 판도라(그리스 문화)와 함께 에피메테우스를 보낸다. 이제 인간들 사이는 진짜 섬뜩하고 역겨운 난장판이 된다. 프로메테우스는 회의한다 〔+++〕

# 해설

·

# 초기 니체의 '문화의 형이상학' 시도

이상엽

I

　니체의 철학은 어떠한 시대 상황을 배경으로 하고 있는가? 1871년의 독일제국은 좁은 의미에서 보면 1848년의 혁명에 대한 반작용의 산물로 이해할 수 있다. 비스마르크 제국은 국가와 시민사회의 연합 속에 제4계급에 대항하면서 형성되었다. 즉 독일의 민족국가는 프랑스의 경우와 달리 시민혁명의 산물이 아니다. 독일의 시민 계급은 1848년 혁명 이후 귀족주의에 기초를 둔 행정 및 군사국가와 자신을 동일시하면서 점차 보수적 권력에 편입되어나갔다. 시민 계급은 그들만의 전통이 없었다. 시민 계급은 독일이상주의나 고전주의와 단절되어 있었고 영국이나 프랑스의 계몽주의 전통에 뿌리를 두고 있지도 않았다. 지도적인 교육의 힘과 철학의 전통적 힘을 행사하고 있었던 훔볼트, 랑케, 드로이젠의 역사주의는 1850~1860년대 이후 현실적인 유물주의와 성장하는 자본주의에 의해 문화의 중심에서 밀려났다. 이제 산업혁명과 과학의 시대가 시작되었고 실증주의적이고 자연과학적인 세계상이 문화와 삶의 지배적인 위치에 들어서게 되었다.

　시민 계급은 정치적으로 체념적이었고 한쪽에서는 역사와 사회의 진보를 믿으며 산업화나 경제 행위에 열중하거나 아니면 다른 한쪽에서는 '문화'의 재생에 관심을 두고 있었다. 회의주의적 성향의 시민 계급 속에서는 진보주의와 낙관주의에 대한 쇼펜하우어의 비판이 공감을 획득해나가고 있었다. 이들은 '문화 가치'를 다시 재생시키고자 한다. 이들은 "정신적인 것"에 관심을 두고, 당대의 삶에 대항할 수 있는 교양과 문화의 세계를 추구했다. 회의주의적 시민 계급의 교양과 문화 이념에 대한 깊은 숙고는 예컨대 니체가 광기에 이르는 순간까지 존경해 마지않았던 야콥 부르크하르트의 사상에서 잘 표현되고 있다. 바로 니체도 새로운 문화 창조를 주장하면서 이를 자신의 삶의 과제로 삼고 있다. 그러나 그는 부르크하르트처럼 소극적이지도 체념적이지도 않다. 청년 니체는 새로운 독일 문화의 희망을 그리스 문화와 바그너에게서 찾았고 자신의 '문화혁명'을 바그너의 예술관과 결합시켰다.

청년 니체는 자기 시대의 근본 현상을 기독교에서의 이탈 과정으로 파악했다. 승승장구하는 근대의 자연과학은 서서히 기독교를 몰락시켰고 이것은 필연적인 것으로 보였다. 그러나 니체에게 기독교의 몰락은 곧 삶의 의미 지평의 상실로 현상했다. 따라서 그는 19세기 후반기 독일의 시대 상황을 문화의 위기 상황으로 체험했던 것이다. 이렇게 니체의 철학은 현대의 위기 경험에서 출발하는데 나중에 이런 경험에 허무주의라는 명칭을 부여하고 있다. 달리 말하면 그의 철학의 출발점은 두 가지 관점에서 파악된다. 한편으로 깊은 허무주의적 경험이고 다른 한편으로 과학에 의해 파괴된 기독교 문화를 새로운 문화를 건설함으로써 대체하는 것이다. 과학의 지식 문화는 의미 지평 설정과 통합의 능력이 없을뿐더러 오히려 파괴의 과정을 촉진시킬 뿐이다. 초기 니체는 자신의 시대에 대한 비판에 정열을 쏟으나 이것이 그의 주된 관심사는 아니다. 그는 기독교 세계의 몰락이 야기한 의미의 진공 상태를 새롭게 채우고 과학 문화에 대항할 수 있는 새로운 문화를 고안하는 작업에 집중하고 있다. 그가 현대의 문화를 새롭게 건설하기 위해 채택하는 시도는 바로 '형이상학적-예술 문화'의 고안이다.

1872년 초 출간된 니체의 첫 번째 위대한 저작인 《비극의 탄생》은 다양한 의도 속에서 저술되었다. 물론 니체는 고전문헌학 교수로서 이 책을 출간했다. 그러나 이 책은 결코 문헌학적 연구에 기여하는 것에만 자신의 과제를 국한시키지 않는다. 표면적으로 볼 때는 디오니소스 음악의 정신에서 비극이 생성되었고 소크라테스주의에 의해 비극이 몰락했음을 증명하려는 것처럼 보인다. 그러나 이 책의 근본 사유는 "예술가-형이상학"을 기초로 하는 비극적 예술 문화의 건설, 다시 말해 독일민족의 정신과 바그너 음악에서 그리스 비극 문화의 재생을 지향하고 있는 것이다.

## II

이 책은 1872년 여름부터 1874년 말까지의 메모와 기록들을 시간의 경과에 따라 편집한 유고집이다. 《인간적인 너무나 인간적인》(1878년 출간)을 위해 작업하던 1876년 이전의 시기, 즉 1869년부터 1875년까지의 시기는 초기 니체의 시기로 간주될 수 있다. 이 시기는 또한 1869년부터 1872년 초까지의 《비극의 탄생》의 저작을 중심으로 한 시기와 1872년 여름부터 1875년까지의 《반시대적 고찰》을 중심으로 하는 시기로 나누어 논의될 수 있다. 따라서 이 책에 등장하고 있는 니체의 기록들은 중요한 두 개의 소논문인 〈그리스 비극시대의 철학〉 및 〈비도덕적 의미에서의 진리와 거짓에 대하여〉와 《반시대적 고찰》을 위한 사유의 흔적들이다.

니체는 1872년 바젤 대학의 여름 학기에 플라톤 이전의 철학자들에 관한 강의를 한다. 이 강의를 토대로 다음해에 〈그리스 비극시대의 철학〉이 쓰어졌다. 또한 1872년 5월부터 니체는 〈비도덕적 의미에서의 진리와 거짓에 대하여〉에 대한 소묘를 시작한다. 이 두 개의 소논문에서 피력된 니체의 사유는 후기의 그의 철학을 이해하는 데 중요한 열쇠로 간주된다. 이 시기에《반시대적 고찰》을 위한 프로그램이 모습을 드러내고 있다.《반시대적 고찰》의 첫 번째 편인《다비드 슈트라우스, 고백자이자 문필가》는 1873년에 출간된다. 1874년 1월에는 두 번째 편인《삶에 대한 역사의 유익함과 해로움》의 마지막 장이 완성되고 2월에 출간된다. 세 번째 편인《교육자로서의 쇼펜하우어》는 1874년 3월부터 집필되고 10월에 출간된다. 따라서 이 유고집에서는 언급된 두 편의 소논문과 세 편의《반시대적 고찰》을 위한 고안과 구성의 흔적들을 엿볼 수 있으나, 1875년 여름부터 본격적으로 집필한 네 번째 저작《바이로이트의 리하르트 바그너》에 대해서는 몇몇 단초들만이 발견된다.

## II—1

먼저 〈그리스 비극시대의 철학〉을 고안할 시기의 사유를 살펴보자. 《비극의 탄생》에서는 비극적 예술 문화의 필요성과 정당성이 중심 문제였다면, 이 시기는 좀더 구체적으로 그런 문화의 건설의 주체에 대해 논하고 있다. 이런 과제를 모범적으로 수행했던 자들이 바로 그리스인들이다. "그리스인들은 예술이 무엇을 할 수 있는지 우리에게 보여준다 : 우리에게 그리스인들이 없다면, 우리의 믿음은 아마도 신기루에 불과할 것이다."(19〔36〕)

니체가 1872년부터 심층적으로 다루었던 고대의 그리스 철학자들은 그가 원했던 질문의 해답을 제공해준다. 문화 건설의 주체는 철학자인 것이다. 우선 니체는 철학과 철학자란 무엇인가라는 질문을 반복하여 던지고 있다. 그리스 철학에 비추어볼 때 철학은 인식이 아니라 시적 창작이다. 니체는 철학자란 "시를 쓰면서 인식하고 인식하면서 시를 쓴다" (19〔62〕)라고 말한다. 예술가가 그림을 그리듯이 철학자는 자신의 언어로 새로운 세계를 그려내는 것이다. 고대의 그리스 철학자들은 '거짓', 즉 아름다운 가상을 만들어내고 그런 사유를 통해 세계를 만들어낸다. 그리고 이런 세계는 곧 전체 예술 세계와 문화 세계로 편입되는 것이다. 철학을 한다는 것은 일종의 시작 행위로서 예술인 것이다.

그렇다면 철학자의 과제는 무엇인가? 1873년 초의 한 메모에는 다음과 같이 씌어 있다: "그는 고삐 풀린 인식 욕구를 통제한다. 그러나 하나의 새로운 형이상학을 통해서는 아니다. 그는 새로운 신앙을 세우지 않는다. 그는 형이상학의 파괴된 토대를 비극적으로 인식한다. 그러나 그는 결코 학문의 화려한 소용돌이 안에서 만족할 수 없다. 그는 새로운 삶을 건설한다 : 그는 다시 예술에 권리를 되돌려준다."(19〔35〕) 현대의 종교는 "진공 상태가 되어버린 곳에 신화적 건물을 세워 이를 통해 **믿음을 불러일으킬**"(19〔39〕) 수 있는가? 니체는 "이런 것이 다시 일어날 수 있는 가능성은 순수이성의 비판 이후 **없을 것 같다**"(19〔39〕)라고 말한다. 따라서 우리는 예술로, 문화로 방향을 선회해야 한다는 것이다. 한계를 넘은 인식 욕구를 통제하고 진공 상태가 되어버린 삶의 세계에 의미를 제시해주는 문화를 건설하는 데 기초가 되는 것은 예술이고 이런 예술의 주체가 바로 철학자인 것이다.

진정한 철학자는 비극적 인식의 소유자이다. 이때 비극적인 것의 의미는 "스스로 환상을 원해야만 한다"는 데 있다. 우리 인간은 "모든 진정한 존재에 대해 표피적으로 관계한다." 우리는 존재 자체에 대해 인식할 수 없다. 세계는 단지 우리에게 드러나는 현상으로서의 세계일 뿐이다. 따라서 세계는 '거짓'과 은폐와 환상의 결과물일 뿐이다. 그러나 "삶은 환상을, 즉 진리로 간주된 비진리를 필요로 한다."(19〔43〕) 그것이 가상임에도 불구하고 예술을 통해 삶을 위한 가상을 만들어야만 하는 인간의 운명을 인식하고 삶에 의미와 방향을 제시하는 가치를 창조하는 자가 진정한 철학자인 것이다. 인간의 "구원은 인식이 아니라 **창조**에 있다"(19〔125〕)라고 니체는 말한다.

철학자의 과제란 바로 삶에 봉사하는 예술 작품을 만들어 새로운 통일적 문화를 건설하는 것이다. 따라서 그는 "미적 가치들을 기반으로 하여 균열 안으로 예술 작품을 만드는 아주 새로운 유형의 철학자-예술가를 상상"(19〔39〕)해내려 한다. 이러한 작업은 나중에 《차라투스트라는 이렇게 말했다》의 '위버멘쉬'와 이후 저작 속에 등장하는 '주권적 개인'의 형식에서 최종적으로 완결된다.

## II—2

니체의 진리와 지성에 관한 생각들은 〈비도덕적 의미에서의 진리와 거짓에 대하여〉에서 구체화된다. 니체의 질문은 진리에의 욕구는 어디에서 생성되고, 진리란 무엇이고, 진리와 거짓의 차이는 무엇인가 하는 것이다. 니체에게 지성은 단지 인간의 자기 보존을 위한 수단일 뿐이다. 지성은 목적과 의미 없는 생성의 세계를 도식화하여 인간이 살 수 있게끔 만드는 삶의 장치, 세계를 의인화하는 장치일 뿐이다. 고전적 의미에서의 순수 인식이란 존재하지 않는다. 사실상 지성과 인식과 관련해 볼 때 진리와 거짓은 구별되지 않는다. 우주론적 관점에서 말하자면 진리는 자연에 대한 합목적적인 기만이고 인간에게 이익을 선사하는 은유들일 뿐이다. 진리는 도덕적 관점에서만 논의될 수 있는 것이다. 진리는 확고한 관습의 요구에 복종하고 있는 거짓일 뿐이다. 진리는 만인에 대한 만인의 투쟁을 종식시키는 수단으로서 공동체를 가능하게 한다. 이로부터 진리에의 욕구가 생성된다. 이 유고집에서 니체는 다음과 같이 말하고 있다 : "인간은 진리를 요구하고 인간과의 도덕적 교류에서 진리를 행한다. 모든 공동생활은 여기에 바탕을 둔다. 사람들은 서로의 거짓이 가져올 나쁜 결과를 예측한다. 여기에서 진리의 의무가 생성된다."(19〔97〕)

하지만 예술가에게는 거짓이 허용된다. "왜냐하면 이 경우에는 해로운 영향이 식별되지 않기 때문이다.—즉 거짓을 받아들일 수 있는 것으로 간주하는 곳에서는 거짓이 허용된다 : 만약 거짓이 해롭지 않다면, 거짓의 아름다움과 위엄은 허용된다. 그렇게 사제는 자신의 신들의 신화를 창조한다 : 이것은 신들의 숭고함을 정당화한다. 자유로운 거짓의 신화적 느낌을 다시 생동하도록 만드는 것은 매우 어렵다. 아직도 위대한 그리스의 철학자들은 죄다 이런 거짓의 정당화 속에서 살고 있다."(19〔97〕) 인간은 거짓과 환상 속에서 산다. 위대한 예술의 거짓은 철학의 최고 정점인 것이다. 플라톤도 자신의 국가를 위해 거짓을 필요로 했다고 니체는 말하고 있다.


## II — 3


《반시대적 고찰》에서 니체는 문화의 비판가, 시대정신의 파괴자로 등장한다. 그는 비극적 예술 문화의 회귀를 눈앞에 두고 있다고 생각한다. 바그너의 음악으로 대표되는 독일 음악과 칸트와 쇼펜하우어로 대변되는 독일 철학이 비극적 예술 문화의 회귀를 가능하게 하는 토대와 추동력이다. 그에 따르면 특히 칸트와 쇼펜하우어의 용감한 철학은 이성주의의 적대자와 시대의 비판가로서 지성의 확실성을 회의적으로 만들었고 예술에 권리를 부여하는 가능성을 열었다. 니체 자신은 예술 문화의 회귀를 앞당기기 위해 현대 문화를 뿌리에서부터 흔들어 전복시키려 한다.

철학자는 건설하기 위해 파괴해야 한다. 소크라테스적 문명의 퇴폐의 정점에 이른 자신의 시대를 비판하는 것은 다가올 미래의 문화를 위한 준비 작업에 해당되는 것이다. 니체는 반시대적 철학자로서 시대의 병폐들에 파괴적 진단을 가하고 있다. 물론 이때에도 비극적 예술 문화의 정당화의 노력과 현실화 방법의 모색은 동시에 진행되고 있다. 이에 대한 사유의 결과물이《반시대적 고찰》이고 이 유고집에서는 그런 사유의 발전 과정이 세세히 드러나 있다.

니체는 시대의 모든 것에 비판의 칼날을 들이댄다. 1873년 9월, 니체는《반시대적 고찰》이라는 틀 속에서 자신이 공격할 대상을 다음과 같이 열거하고 있다 :

1) 교양적 속물.

2) 역사적 질병.

3) 많이 읽기와 쓰기.

4) 문학적 음악가(천재의 추종자들이 어떻게 천재의 영향을 파괴하는가).

5) 독일적 그리고 사이비 독일적.

6) 병사—문화.

7) **보통 교육**—사회주의 등.

8) 교육적—신학.

9) 김나지움과 대학.

10) 철학과 문화.

11) 자연과학.

12) 시인 등.

13) 고전문헌학.(19[330])

물론 다른 고안들에서는 이뿐만 아니라 국가, 전쟁, 민족, 도시, 사회 등도 등장한다. 어떤 계획은 이런 작업을 1879년까지 배분하여 진행하려 한다. 매년 두 개의《반시대적 고찰》을 출간하려는 계획이다. 이런 계획 중에서 네 편의《반시대적 고찰》이 출간된다.

첫 번째《반시대적 고찰》은 독일의 자유주의적 진보주의에 대한 빈정대는 패러디를 담고 있다. 1872년《낡은 신앙과 새로운 신앙. 하나의 고백》이라는 책을 출간한 다비드 슈트라우스는 니체에 의해 교양 속물의 전형으로 간주되고 웃음거리로 묘사된다. 교양 속물이란 학문과 여론과 사회의 진보를 믿고 위장된 명랑성 속에 살면서 반면에 개인의 실존에서 비극적 성격을 거부하고 삶의 의미에 관한 문제 설정을 회피하는 자를 말한다. 이 유고집은 슈트라우스의 글에 대한 니체의 간략한 비평들을 싣고 있는데 니체의 분노를 실감나게 전달하고 있다.

니체의《반시대적 고찰》중에서 가장 중요하게 평가되는 것이 두 번째《반시대적 고찰》인《삶에 대한 역사의 유익함과 해로움》이다. 역사는 삶에 봉사해야 한다고 니체는 주장한다. 삶에 봉사하기는커녕 삶을 파괴하고 있는 것이 자기 시대의 역사주의와 역사철학이라고 그는 파악한다. 역사주의로 대변되는 학문적 역사는 역사를 인간의 실천적 삶과 연관 없는, 맥락 없는 추상적 지식의 축적으로서만 다루고 있다. 역사적 현상이 순수하게 하나의 인식 현상으로 환원된다면, 그것은 삶에 아무런 영향을 줄 수 없고 인간과 과거의 관계를 소외시킨다. 더 나아가 학문적 역사에서 비롯되는 역사적 지식의 과잉은 행위의 정향성(定向性) 위기를 야기한다. 또한 역사철학적 의미에서의 역사는 역사의식의 다양성 속에 존재하는 현실 파악과 미래 고안의 다양성을 '객관적 과정'의 관점으로 환원, 축소시킨다. 역사가 내적 목적을 향해 나아가는 하나의 진보 과정으로 파악된다면 인간의 삶은 그 과정에 편입되고, 새로운 삶을 고안하는 예술적 조형력과 실천력은 상실되고 말 것이다. 학문으로서의, 철학으로서의 근대적 역사가 만들어낸 역사와 역사의식은 망각의 대상이다. 학문적 역사는 삶을 위한 양식으로 과거를 사용할 줄 모를 뿐만 아니라 객관성의 이름으로 삶의 예술적 조형력을 공격하고 있다. 목적론적 역사철학이 절대적인 힘을 가지게 된다면, 그것은 일종의 삶의 종결이고 청산일 것이다.

역사 지식의 과잉과 그릇된 역사의식에서 비롯된 '역사적 질병'에 대한 치료제로 그가 제안한 것은 '비역사적인 것(망각)'과 '초역사적인 것(예술과 종교)'이다. 인간은 망각을 통해 역사와 만날 수 있는 새로운 출발점을 만들고 '기념비적', '골동품적', '비판적 관점'에서 역사를 관찰하여 예술적 조형력을 통해 역사를 초역사적인 차원으로, 즉 하나의 예술 작품으로 상승시켜야 한다. 역사를 살아 있는 것으로 구조해내고, 이를 통해 삶의 일정한 실천적 목표와 목적을 획득하려는 니체의 파토스는 예술적 역사관에 놓여 있다. 역사는 현대의 학문적 역사가 지향하는 지식 축적적-분석적 역사를 탈피하여, 하나의 예술 작품으로 변형되어야 한다. 역사를 하나의 예술 작품으로 만드는 것, 즉 예술의 정신에서 역사를 추구할 때, 역사는 삶에 봉사하는 것이다. 왜냐하면 예술적 역사만이 삶과 행위에 가치를 설정해줄 수 있기 때문이다. 역사가는 예술가가 되어야 하는 것이다. 또한 역사의 과제는 문화를 창조하는 천재들을 "매개하는 것, 위대한 것과 아름다운 것을 항상 다시 생산할 수 있도록 동기를 부여하고 힘을 선사하는 것이다. 인류의 목표는 최종점에 놓여 있을 수 없다. 인류의 목표는 수천 년을 관통하여 흩어져 모든 인류 속에 은폐되어 있는 위대한 힘들을 함께 재현하는 최고의 유형 속에 있다."(29〔52〕) 이 유고집은 한편으로 당대의 역사주의와 역사철학에 대한 니체의 고뇌를 표현하고 있고 다른 한편으로 그의 역사관이 생성되는 일련의 과정을 생생하게 전달하고 있다.

니체는 세 번째《반시대적 고찰》인《교육자로서의 쇼펜하우어》에서 당대의 국가, 경제, 학문과 문화의 적대적 관계를 서술하면서 반복하여 예술 문화의 탄생에 희망을 걸고 있다. 이때 중심에 놓여 있는 것은 철학적 천재이다. 그는 영웅적 삶의 이력을 가진 유일무이한 개인으로 묘사되고 있다. 이 시기에 쓴 한 메모에서 니체는 "진정한 문화의 형이상학적 의미는 확립되어야만" 하고 "천재의 교육은 실천적 과제"(34〔40〕)라고 말하고 있다. 니체가 볼 때 쇼펜하우어도 천재다. "쇼펜하우어는 시대에 맞서 자기 자신을 키웠다. 그는 시대의식과 투쟁하면서 자기 자신과 투쟁했다. 그렇게 그는 자신의 중심으로 되돌아가는 것을 추구한다. 그곳에서 그는 천재이고 인류를 최고의 힘 속에서 인식한다. 여기에서 그는 천재로서 현존재에 대해 말하고 세계의 찬미자로서 세계에 대해 말한다―세계의 무가치와 천재의 무가치에 대해서도 언급한다.―그는 자기 자신에 이르고 또한 자기 자신을 넘어선다는 점에서 모범적이다. 누구나 우선 현존하고 사물을 완전히 새롭게 보는 한 근본적으로 천재이다. 그는 본성을 증가시킨다. 그는 이러한 시각 속에서 생산한다." (34〔8〕) 쇼펜하우어는 현존재의 무의미 때문에 고뇌했으나 이 때문에 몰락하지 않았다. 쇼펜하우어는 "예술의 명랑성"을 다시 가능하게 만들었고 "삶의 형이상학적 의미"(34〔4〕)를 전파했다. 쇼펜하우어는 니체에게 철학적인 의미에서뿐만 아니라 실존적인 의미에서도 스승이었다. 그가 쇼펜하우어를 존경하는 모습들은 이 유고집의 메모들 속에 생생하게 간직되어 있다.

이미 1873년 초부터 니체와 바그너와의 관계에서는 미묘한 균열이 일어나게 된다. 이 유고집에서는 나중에 네 번째《반시대적 고찰》로 출간될

《바이로이트의 리하르트 바그너》의 표제어가 등장하고 있다. 여기에는 한편으로 니체의 바그너의 철학과 음악에 대한 진지한 사유가 담겨 있고 다른 한편에서는 바그너와의 관계를 새롭게 정립하려는 작은 모색이 등장하고 있다. 그는 바그너에 대한 전적인 의존에서 독립적인 철학자로 변모하려는 사유의 자유를 시도하고 있는 것이다. 따라서 여기서는 바그너에 대한 찬양만이 지배적이지는 않다.

## III

1869년부터 1875년의 초기 니체는 '문화의 형이상학'을 위해 모든 것을 헌신하고 있다. 이성과 종교의 형이상학, 즉 대중의 형이상학이 몰락한 자리에 천재의 신화 창조적 예술 능력에 기초를 두는 문화의 형이상학이 들어서야 한다.

디오니소스적 지혜, 즉 비극적 인식의 소유자인 '예술가-철학자'는 진리의 기만, 인식의 한계, 현존재의 무의미를 체험한다. 니체는 대중에게 이렇게 외친다. "예술은 매우 진지한 것이다! 새로운 형이상학은 매우 진지한 것이다! 우리는 형상을 통해 너희가 전율을 느낄 정도로 세계를 바꾸길 원한다. 그리고 그것은 우리의 손에 달려 있다! 너희의 귀를 막아라. 너희의 눈은 우리의 신화를 볼 것이다. 우리의 욕설은 너희에게 적중할 것이다!"(19[69])

이 유고집은 이 시기에 출간된 책들에서 느낄 수 없는 니체의 인격적 진지함을 전달하고 있다. 이 책을 차근차근 읽다 보면 신의 죽음 그리고 절대가치란 존재하지 않는 허무주의 세계에서 눈앞의 물질적 이익과 행복에 자신을 저당 잡히고 삶의 깊이와 의미를 외면하는 현대인들에게 삶과 문화에 대해 되돌아볼 것을 피 끓는 가슴으로 이야기하는 니체의 절규를 듣게 될 것이다.


IV


이 유고집에 수록된 것은 메모와 단편들이다. 일부는 고안과 계획들이고 일부는 인용들이고 일부는 순간적으로 떠오른 착상의 기록들이고 일부는 다듬어지지 않은 원고들이다. 그때마다 일정한 주제와 목적 속에서 탄생한 것들이지만 출간을 고려하여 기술된 것이 아니기 때문에 단어나 맥락 없는 문장이 많이 나열되고 있고 완성되지 않은 문장이나 기호에 의해 축약된 문장이나 암호와 같은 문장도 적지 않다. 누가 자신의 메모노트를 논문을 작성하듯 쓰겠는가? 물론 어느 번역이나 마찬가지겠지만 니체의 유고집을 번역할 때 더욱더 많은 어려움을 느꼈던 이유는 다양한 해석의 가능성을 지닌 문장이 너무나 많았다는 데 있다.

다양한 해석이 가능할 경우에는 우선 가장 중립적인 해석이라고 여겨지는 것을 채택했다. 해석은 어떤 경우에도 폭력일 테지만 최대한 니체의 목소리에 부합하려고 노력했다. 그리고 의미 전달에 커다란 장애가 없을 경우에는, 원서에 사용된 그침표(:), 머무름표(;), 말바꿈표(—)등의 표기 방식을 그대로 살렸다. 또한 그리스어와 라틴어의 번역은 처음 1회에 한하여 한글 번역어 옆에 원어를 병기했다. 오역이 발견된다면 앞으로 수정해나갈 것이다.

이 책이 출간되는 데 도움을 많이 준 분은 책세상의 김미진님이 아닌가 싶다. 그분의 독려와 격려가 없었다면 아직도 번역을 끝내지 못했을 것이다. 또한 조언을 아끼지 않았던 니체 전공 선생님들과 철학의 즐거움을 함께했던 선배님들께 감사드린다. 끝으로 번역에 편안히 전념할 수 있도록 도움을 준 아내에게 감사한다.

## 연보


### 1844년

10월 15일 목사였던 카를 루드비히 니체Carl Ludwig Nietzsche와 이웃 고장 목사의 딸 프란치스카 욀러Franziska Öhler 사이의 첫 아들로 뢰켄에서 태어난다. 1846년 여동생 엘리자베트가, 1848년에는 남동생 요제프가 태어난다. 이듬해 아버지 카를이 사망하고 몇 달 후에는 요제프가 사망한다.


### 1850년

가족과 함께 나움부르크Naumburg로 이사한다. 그를 평범한 소년으로 교육시키려는 할머니의 뜻에 따라 소년 시민학교Knaben-Bürgerschule에 입학한다. 하지만 학교에 적응하지 못하고 곧 그만둔다.


### 1851년

칸디다텐 베버Kandidaten Weber라는 사설 교육기관에 들어가 종교, 라틴어, 그리스어 수업을 받는다.

이때 친구 쿠룩의 집에서 처음으로 음악을 알게 되고 어머니에게서 피아노를 선물받아 음악교육을 받기 시작한다.


### 1853년

돔 김나지움Domgymnasium에 입학한다.

대단한 열성으로 학업에 임했으며 이듬해 이미 작시와 작곡을 시작한다. 할머니가 사망한다.

### 1858년

14세 때 김나지움 슐포르타Schulpforta에 입학하여 철저한 인문계 중등 교육을 받는다. 고전어와 독일문학에서 비상한 재주를 보일 뿐만 아니라, 작시도 하고, 음악서클을 만들어 교회음악을 작곡할 정도로 음악적 관심과 재능도 보인다.

### 1862년

〈운명과 역사Fatum und Geschichte〉라는 글을 작성한다. 이것은 이후의 사유에 대한 일종의 예견서 같은 역할을 한다. 이 외에도 다양한 문학적 계획을 세운다.

이처럼 그는 이미 소년 시절에 창조적으로 생활한다. 그렇지만 음악에 대한 천부적인 재질, 치밀한 분석능력과 인내를 요하는 고전어에 대한 재능, 그의 문학적 능력 등에도 불구하고 그는 행복하지는 못한 것 같다. 아버지의 부재와 여성들로 이루어진 가정, 이 가정에서의 할머니의 위압적인 중심 역할과 어머니의 불안정한 위치 및 이들의 갈등 관계, 자신의 불안정한 위치의 심적 대체물로 나타난 니체 남매에 대한 어머니의 지나친 보호 본능 등으로 인해 그는 불안스러운 어린 시절을 보내게 되며 이런 환경에서 아버지와 가부장적 권위, 남성상에 대한 동경을 품게 된다.

### 1864년

슐포르타를 우수한 성적으로 졸업한다. 본Bonn 대학에서 1864/65년 겨울학기에 신학과 고전문헌학 공부를 시작한다.

동료 도이센과 함께 '프랑코니아Frankonia' 라는 서클에 가입하며 사교적이고 음악적인 삶을 살게 된다. 한 학기가 지난 후《신약성서》에 대한 문헌학적인 비판적 시각이 형성되면서 신학공부를 포기하려 한다. 이로 인해 어머니와의 첫 갈등을 겪은 후 저명한 문헌학자 리츨F. W. Ritschl의 강의를 수강한다.

## 1865년

1865/66년 겨울학기에 리츨 교수를 따라 라이프치히로 학교를 옮긴다. 라이프치히에서 니체는 리츨의 지도하에 시작한 고전문헌학 공부와 쇼펜하우어의 발견에 힙입어 학자로서의 삶을 시작하다. 하지만 육체적으로는 아주 어려운 시기를 맞게 된다. 소년 시절에 나타났던 병증들이 악화되고 류머티즘과 격렬한 구토에 시달리며 매독 치료를 받기도 한다. 늦가을에 고서점에서 쇼펜하우어의《의지와 표상으로서의 세계》를 우연히 발견하여 탐독한다. 그의 염세주의 철학에 니체는 한동안 매료되었으며, 이러한 자극 아래 훗날《음악의 정신으로부터의 비극의 탄생 *Die Geburt der Tragödie aus dem Geist der Musik*》(이하《비극의 탄생》)이 쓰여진다. 이 시기에 또한 문헌학적 공부에 전념한다.

## 1866년

로데E. Rhode와 친교를 맺는다. 시인 테오그니스Theognis와 고대 철학사가인 디오게네스 라에르티우스Diogenes Laertius의 자료들에 대한 문헌학적 작업을 시작한다. 디오게네스에 대한 연구와 니체에 대한 리츨의 높은 평가로 인해 문헌학자로서 니체라는 이름이 알려지기 시작한다.

## 1867년

디오게네스 논문이 《*Rheinische Museum für Philologie*》(이하 RM), XXII에 게재된다. 1월에 아리스토텔레스 저작의 전통에 대해 강연한다. 호머와 데모크리토스에 대한 연구를 시작하고. 칸트 철학을 접하게 된다. 이어 나움부르크에서 군대생활을 시작한다.

## 1868년

여러 편의 고전문헌학적 논평을 쓰고 호머와 헤시오도스에 대한 학위논문을 구상한다. 이렇게 문헌학적 활동을 활발히 해나가면서도 문헌학이 자신에게 맞는가에 대한 회의를 계속 품는다. 이로 인해 그리스 문헌학에 관계되는 교수자격논문을 계획하다가도 때로는 칸트와 관련된 철학박사논문을 계획하기도 하고(주제: Der Begriff des Organischen seit Kant), 칸트의 판단력 비판과 랑에G. Lange의 《유물론의 역사 *Geschichte des Materialismus*》를 읽기도 하며, 화학으로 전공을 바꿀 생각도 잠시 해보았다. 이 다양한 논문 계획들은 1869년 초에 박사학위나 교수자격논문 없이도 바젤의 고전문헌학 교수직을 얻을 수 있다는 리츨의 말을 듣고 중단된다. 3월에는 말에서 떨어져 가슴에 심한 부상을 입고 10월에 제대한 후 라이프치히로 돌아간다. 11월 8일 동양학자인 브로크하우스H. Brockhaus의 집에서 바그너를 처음 만난다. 그와 함께 쇼펜하우어와 독일의 현대철학 그리고 오페라의 미래에 대해 의견을 나눈다. 이때 만난 바그너는 니체에게 깊은 인상을 심어준다. 이 시기에 나타나는 니체의 첫 번째 철학적 작품이 〈목적론에 관하여 Zur Teleologie〉이다.

## 1869년

4월 바젤Basel 대학 고전어와 고전문학의 원외교수로 위촉된다. 이 교수직은 함부르크 대학으로 자리를 옮긴 키슬링A. Kiessling의 후임자리로, 그가 이후 독일 문헌학계를 이끌어갈 선두적 인물이 될 것이라는 리츨의 적극적인 천거로 초빙되었다. 5월 17일 트립셴에 머물던 바그너를 처음 방문하고 이때부터 그를 자주 트립셴에 머물게 한다. RM에 발표된 그의 논문과 디오게네스 라테리우스의 자료들에 대한 연구를 인정받아 라이프치히 대학으로부터 박사학위를 받는다. 부르크하르트Jacob Burckhardt를 존경하여 그와 교분을 맺는다. 스위스 국적을 신청하지 않은 채 프로이센 국적을 포기한다.

## 1870년

1월과 2월에 그리스인의 악극 및 소크라테스와 비극에 대한 강연을 한다. 오버벡F. Overbeck을 알게 되고 4월에는 정교수가 된다. 7월에는 독불전쟁에 자원 의무병으로 참가하지만 이질과 디프테리아에 걸려 10월에 다시 바젤로 돌아간다.

## 1871년

〈Certamen quod dicitur Homeri et Hesiodi〉를 완성하고, 새로운 RM(1842~1869)의 색인을 작성한다. 2월에는 《비극의 탄생》의 집필을 끝낸다.

## 1872년

첫 철학적 저서 《비극의 탄생》이 출판된다. 그리스 비극 작품의 탄생과 그 몰락에 대해서 쓰고 있는 이 작품은 바그너의 기념비적인 문화정치를 위한 프로그램적 작품이라고 여겨지기도 하지만 니체의 독창적이고도 철학적인 초기 사유를 제시하고 있다고 평가받는다. 그렇지만 이 시기의 유고들을 보면 그가 얼마나 문헌학적 문제와 문헌학에 대한 근본적인 비판에 전념하고 있는지를 알 수 있다.

《비극의 탄생》에 대한 학계의 혹평으로 상심한 후 1876년 바그너의 이념을 전파시키는 데 전념할 생각으로 바이로이트 축제를 기획하고 5월에는 준비를 위해 바이로이트로 간다.

## 1873년

다비드 슈트라우스에 대한 첫 번째 저작《반시대적 고찰*Unzeitgemässe Betrachtungen : David Strauss, der Bekenner und der Schriftsteller*》이 발간된다. 원래 이 책은 10~13개의 논문들을 포함할 예정이었지만, 실제로는 4개의 주제들로 구성된다. 다비드 슈트라우스에 대한 1권, 삶에 있어서 역사가 지니는 유용함과 단점에 관한 2권, 교육자로서의 쇼펜하우어를 다룬 3권은 원래의 의도인 독일인들에 대한 경고에 충실하고, 바그너와의 문제를 다룬 4권에서는 바그너에 대한 긍정적 평가가 행해진다. 여기서 철학은 진정한 삶을 가능하게 하는 예술의 예비절차 역할을 하며, 다양한 삶의 현상들은 문화 안에서 미적 통일을 이루는 것으로 제시된다. 이러한 시도는 반년 후에 쓰이는 두 번째의《반시대적 고찰》에서 이루어진다.

1872년 초에 이미 바이로이트에 있던 바그너는 이 저술에 옹호적이기는 했지만, 양자의 관계는 점점 냉냉해진다. 이때 니체 자신의 관심은 쇼펜하우어에서 볼테르로 옮겨간다. 이 시기에 구토를 동반한 편두통이 심해지면서 육체적 고통에 시달린다.

1874년

《비극의 탄생》 2판과 《반시대적 고찰》의 2, 3권이 출간된다. 소크라테스 이전 사상가에 대한 니체의 1873년의 강의를 들었던 레P. Ree와의 긴밀한 관계가 형성되기 시작한다. 10월에 출간된 세 번째의 《반시대적 고찰》인 '교육자로서의 쇼펜하우어Schopenhauer als Erzieher'에서는 니체가 바그너와 냉정한 거리를 유지한다는 사실이 드러난다.

1875년

《반시대적 고찰》의 4권인 《바이로이트의 바그너Richard Wagner in Bayreuth》(1876년에 비로소 출간된)는 겉으로는 바그너를 위대한 개인으로 형상화시키지만, 그 행간에는 니체 자신의 청년기적 숭배를 그 스스로 이미 오래전에 멀리해버린 일종의 기념물쯤으로 생각하고 있다는 사실이 숨겨져 있다. 이것이 출판되고 나서 한 달 후, 즉 1876년 8월 바이로이트 축제의 마지막 리허설이 이루어질 때 니체는 그곳에 있었지만, 바그너에 대한 숭배의 분위기를 더 이상 견뎌내지 못하고 축제 도중 바이로이트를 떠난다.

겨울학기가 시작할 때 쾨젤리츠Heinrich Köselitz라는 한 젊은 음악가가 바젤로 찾아와 니체와 오버벡의 강의를 듣는다. 그는 니체의 가장 충실한 학생 중의 하나이자 절친한 교우가 된다. 니체로부터 페터 가스트Peter Gast라는 예명을 받은 그는 니체가 사망한 후 니체의 여동생 엘리자베트와 함께 《힘에의 의지》 편집본의 편집자가 된다. 이 시기에 니체의 건강은 눈에 띄게 악화되어 10월 초 1년 휴가를 얻어 레와 함께 이탈리아로 요양을 간다. 6월과 7월에 니체는 《반시대적 고찰》의 다른 잠언들을 페터 가스트에게 낭독하여 받아 적게 하는데, 이것은 나중에 《인간적인 너무나 인간적인 *Menschliches, Allzumenschliches*》의 일부가 된다.

## 1876년

《인간적인 너무나 인간적인》의 원고가 씌어진다. 3월 제네바에 있는 '볼테르의 집'을 방문하고 그의 정신을 잠언에 수록하려고 한다.

## 1877년

소렌토에서의 강독모임에서 투키디데스, 마태복음, 볼테르, 디드로 등을 읽으며 8월까지 요양차 여행을 한다. 9월에는 바젤로 돌아와 강의를 다시 시작한다. 가스트에게 《인간적인 너무나 인간적인》의 내용을 받아 적게 했는데, 이 텍스트는 다음해 5월까지는 비밀로 해달라는 부탁과 함께 12월 3일에 출판사에 보내진다.

## 1878년

5월 바그너가 《인간적인 너무나 인간적인》의 1부를 읽으면서 니체와 바그너 사이의 열정과 갈등, 좌절로 점철되는 관계는 실망으로 끝난다. 12월 말경에 《인간적인 너무나 인간적인》의 2부 원고가 완결된다.

《인간적인 너무나 인간적인》의 1부, 2부는 건설의 전 단계인 파괴의 시기로 진입함을 보여주며 따라서 문체상의 새로운 변화를 보인다.

## 1879년

건강이 악화되어 3월 19일 강의를 중단하고 제네바로 휴양을 떠난다. 5월에는 바젤 대학에 퇴직 희망을 밝힌다. 9월에 나움부르크로 오기까지 비젠Wiesen과 모리츠St. Moritz에서 머무르며, 《인간적인 너무나 인간적인》

의 2부 중 한 부분인 《혼합된 의견 및 격언들*Vermischte Meinungen und Sprüche*》을 발간한다. 모리츠에서 지내는 여름 동안 2부의 다른 부분인 《방랑자와 그의 그림자 *Der Wanderer und sein Schatten*》가 써어지고 1880년에 발간된다.

### 1880년
1월에 이미 《아침놀 *Morgenröthe*》을 위한 노트들을 만들고 있었으며, 이 시기에 특히 도덕문제에 대한 독서를 집중적으로 한다. 가스트와 함께 3월에 베네치아로 간 후 여러 곳을 전전하여 11월에는 제노바로 간다.

### 1881년
다른 작품들과 마찬가지로 《아침놀》의 원고들이 가스트에 의해 옮겨 적혀 7월 1일에 출간된다. 7월 초 처음으로 실스 마리아Sils-Maria로 간다. 그곳의 한 산책길에서 영원회귀에 대한 구상이 떠올랐다는 이야기는 유명하다. 10월 1일 제노바로 다시 돌아간다. 건강 상태, 특히 시력이 더욱 악화된다. 11월 27일 처음으로 비제의 〈카르멘〉을 보고 감격한다. 《아침놀》에서 제시되는 힘의 느낌은 나중에 구체화되는 《힘에의 의지》를 준비하는 단계이다.

### 1882년
《아침놀》에 이어 1월에 가스트에게 첫 3부를 보낸다. 이것들은 4부와 함께 8월 말에 《즐거운 학문 *Die fröhliche Wissenschaft*》이라는 제목으로 출판된다. 3월 말에는 제노바를 떠나 메시나Messina로 배 여행을 하며 그곳에서 4월 20일까지 머무른다. 〈메시나에서의 전원시 Idyllen aus Messina〉에 대한 소묘들은 이 여행 며칠 전에 구상되었다. 이것은 니체가 잠언적인 작품 외에 유일하게 발표한 시가로서 《*Internationale Monatsschrift*》 5월호에 실린다(267~275쪽). 4월 24일에 메시나를 떠나 로마로 가고 모이센부르크의 집에서 살로메를 소개받는다. 5월 중순에는 타우텐부르크에서 여동생과 살로메와 함께 지낸다. 27일 살로메가 떠난 뒤 나움부르크로 되돌아오고, 10월에 라이프치히에서 살로메와 마지막으로 만난 후 11월 중순부터 제노바를 거쳐 이탈리아의 여러 곳을 전전하면서 《차라투스트라는 이렇게 말했다》의 첫 부분을 구상하기 시작한다.

지속적인 휴양 여행, 알프스의 신선한 공기나 이탈리아나 프랑스의 온화한 기후도 육체적인 고통을 덜어주지는 못한다. 아주 한정된 사람들과 교제를 했고, 특히 이 교제방식이 살로메와의 만남으로 인해 변화의 조짐을 보이지만, 그는 다시 고독한 삶의 방식으로 되돌아갈 수밖에 없었다.


1883년

《차라투스트라는 이렇게 말했다》의 1부가 씌어진 후 아주 빠른 속도로 3부까지 씌어진다.


1884년

1월에 《차라투스트라는 이렇게 말했다》의 4부를 완성한다.

건강은 비교적 호전되었고, 정신적인 고조를 경험하면서 그의 사유는 정점에 올라 있었다. 그러나 이 시기에 여동생 및 어머니와의 화해와 다툼이 지속된다. 여동생이 푀르스터B. Förster라는, 반유대주의자이자 바그너 숭배자이며, 파라과이에 종족주의적 원칙에 의한 독일 식민지를 세우려는 계획을 갖고 있던 자와 약혼을 결정하면서, 가까스로 회복된 여동생과의 불화는 다시 심화된다.

### 1885년

《차라투스트라는 이렇게 말했다》의 4부를 출판할 출판업자를 찾지 못하여 이 책을 자비로 출판한다. 5월 22일 여동생이 결혼하지만 결혼식에 참석하지 않는다. 6월 7일부터 9월까지 실스 마리아에서 지내고, 그 후 나움부르크, 뮌헨, 플로렌츠를 경유하여 11월 11일 니차로 온다. 실스 마리아에서 여름을 보내면서 《힘에의 의지》라는 책을 쓸 것을 구상한다. 저술 제목으로서 '힘에의 의지'는 1885년 8월의 노트에 처음으로 등장한다. 이후에 따르는 노트들에는 힘에의 의지라는 제목으로 체계적이고 일반적인 내용을 서술하겠다는 구상들이 등장한다. 이 구상은 여러 번의 변동을 거치다가 결국에는 니체 자신에 의해 1888년 8월에 포기된다.

### 1886년

《선악의 저편 Jenseits von Gut und Böse》 역시 자비로 8월 초에 출판한다. 이전의 작품들을 다시 발간하는 데 관심을 가지고 이전의 작품들에 대한 새로운 서문을 쓰기 시작한다. 《인간적인 너무나 인간적인》의 서문, 《비극의 탄생》을 위한 〈자기비판의 시도 Versuch einer Selbstkritik〉라는 서문, 《아침놀》과 《즐거운 학문》의 서문들이 이때 씌어졌다.

### 1887년

악화된 그의 건강은 6월에 살로메의 결혼소식을 접하면서 우울증이 겹쳐 심각해진다. 이런 상태에도 불구하고 그의 의식은 명료했다.

### 1887년

6월에《아침놀》과《즐거운 학문》,《차라투스트라는 이렇게 말했다》의 재판이 출간된다. 6월 12일 이후 실스 마리아에서《도덕의 계보 *Zur Genealogie der Moral*》를 집필하며 11월에 자비출판한다.

### 1888년

4월 2일까지 니차에 머무르면서 '모든 가치의 전도'에 대한 책을 구상하고 이 책의 일부를《안티크리스트 *Der Antichrist*》란 제목으로 출판한다. 7월에는《바그너의 경우 *Der Fall Wagner*》를 출판사로 보낸다. 6월에 투린을 떠나 실스 마리아에서《우상의 황혼 *Götzen-Dämmerung*》을 쓴다. 투린으로 다시 돌아가《이 사람을 보라 *Ecce homo*》를 11월 4일에 끝내고 12월에 출판사로 보낸다. 그 사이《바그너의 경우》가 출판된다.《디오니소스 송가 *Dionysos-Dithyramben*》를 포함한 이 시기에 씌어진 모든 것이 인쇄를 위해 보내진다.

1887~88년이라는 그의 지적 활동의 마지막 시기의 유고글에서도 니체는 여전히 자신을 실현시키고자 하는 강한 저술적 의도를 보인다. 그렇지만 그는 파괴와 건설작업에서 그가 사용했던 모든 도구들이 더 이상은 쓸모없다는 생각을 한다.

### 1889년

1월 3일(혹은 1월 7일) 카를로 알베르토 광장에서 졸도하면서 심각한 정신이상 신호가 나타나기 시작한다. 오버벡은 니체를 바젤로 데리고 가서 정신병원에 입원시킨다. 1월 17일 어머니에 의해 예나 대학 정신병원으로 옮겨진다.《우상의 황혼》,《니체 대 바그너 *Nietzsche contra Wagner*》,《이 사람을 보라》가 출판된다.

1890년
3월 24일 병원을 떠나 어머니 옆에서 머무르다가 5월 13일 나움부르크로 돌아온다.

1897년
4월 20일 어머니가 71세의 나이로 사망하고 여동생을 따라 바이마르로 거처를 옮긴다. 1892년 가스트는 니체 전집의 편찬에 들어가고, 같은 해 가을에 차라투스트라의 4부가 처음으로 한 권으로 출판된다. 1894년 초에 여동생은 가스트의 전집을 중지할 것을 종용하고, 니체 전집의 편찬을 담당할 니체 문서보관소Nietzsche Archiv를 설립한다.

1900년
8월 25일 정오경 사망.

■ 옮긴이 이상엽

성균관대학교 한국철학과를 수료하고 독일 베를린 자유대학교에서 학사, 석사, 박사학위를 취득했다. 지금은 연세대학교에서 박사 후 과정(Post-Doc.) 중이며 성균관대학교 등에 출강하고 있다. 박사학위 논문으로 《니힐리즘과 위버멘쉬*Nihilismus und Übermensch*》(Berlin, 1999)를 발표했고, 〈니체의 역사, '삶에 대한 역사의 유익함과 해로움'에 대하여〉, 〈문화 인문학—인문학의 문화학적 기획〉, 〈니체, '힘에의 의지'로서의 세계 해석에 관하여〉, 〈니체, 도덕적 이상에의 의지로부터 형이상학적 세계 해석의 탄생〉, 〈'현대 이념들'의 계보학—니체의 '마지막 인간' 비판〉 등의 논문을 발표했다.

**니체전집 5(KGW III4) 유고(1872년 여름~1874년 말)**

초판 1쇄 발행 2002년 8월 31일
초판 5쇄 발행 2021년 1월 27일

**지은이** 프리드리히 니체
**옮긴이** 이상엽

**펴낸이** 김현태
**펴낸곳** 책세상
**등록** 1975. 5. 21. 제1-517호
**주소** 서울시 마포구 잔다리로 62-1, 3층(04031)
**전화** 02-704-1250(영업) 02-3273-1334(편집)
**팩스** 02-719-1258
**이메일** editor@chaeksesang.com
**광고·제휴 문의** creator@chaeksesang.com
**홈페이지** chaeksesang.com
**페이스북** /chaeksesang   **트위터** @chaeksesang
**인스타그램** @chaeksesang   **네이버포스트** bkworldpub

ISBN 978-89-7013-352-2 04160
    978-89-7013-542-7 (세트)

이 도서의 국립중앙도서관 출판예정도서목록(CIP)은 서지정보유통지원시스템 홈페이지
(http://seoji.nl.go.kr)와 국가자료종합목록 구축시스템(http://kolis-net.nl.go.kr)에서
이용하실 수 있습니다.(CIP제어번호: CIP2016025139)